Kunst im 20. Jahrhundert
Das Museum Ludwig – Köln

Karl Ruhrberg

Kunst im 20. Jahrhundert

Das Museum Ludwig – Köln

Klett-Cotta

Dieses Katalogbuch erscheint auch als Auswahlkatalog anläßlich der Eröffnung des neuen Museums Ludwig, Köln, September 1986

Redaktion: Karl Heim
Redaktionsassistenz: Hedwig Ladner
Gestaltung: Rolf Brenner, Michael Maegraith

Umschlag: Max Beckmann, *Zwei Frauen,* 1940

CIP-Kurztitelaufnahme der Deutschen Bibliothek

Ruhrberg, Karl:
Kunst im 20. Jahrhundert : d. Museum Ludwig – Köln /
Karl Ruhrberg. – Stuttgart : Klett-Cotta, 1986.
ISBN 3-608-76220-5

Anschrift: Klett-Cotta, Rotebühlstraße 77,
D-7000 Stuttgart 1.
Gesetzt in der 10/12 p Poppl-Pontifex
von Steffen Hahn, Kornwestheim.
Reproduziert von VSO Merk + Steitz,
Villingen-Schwenningen.
Gedruckt von den Graphischen Betrieben Eberl,
Immenstadt, auf 115 g/m² BVS matt von Scheufelen.
Gebunden von Lachenmaier, Reutlingen
und Monheim, Monheim.

Printed in Germany

Inhaltsverzeichnis

Dr. Kurt Hackenberg
Kulturdezernent der Stadt Köln von 1955–1979
gewidmet

Die Kunst des 20. Jahrhunderts

Es ist ein weitverbreitetes Vorurteil, daß die Kunst des 20. Jahrhunderts bei Null begonnen und somit keine Vergangenheit, keine geschichtliche Perspektive habe. Die kurze zeitliche Distanz zu den sich überstürzenden kunstimmanenten Revolutionen und Konterrevolutionen, die im 19. Jahrhundert wurzelnde Entfremdung von Künstler und Publikum, das Fehlen eines übergreifenden, verbindlichen „Stils" und das dadurch verursachte, unmittelbare Neben- und Gegeneinander widerstreitender Strömungen und Tendenzen haben solche Vorstellungen gefördert. Hinzu kamen: der Aufstand gegen Akademie und Konvention, die Ablehnung direkter Nachfolgeschaft im Protest gegen einen blutleeren Historismus, polemische Manifeste der Künstler und ihrer Dichter- und Kritikerfreunde zur Eroberung und Verteidigung der eigenen Position, schließlich der generelle Widerstand gegen Reglementierung und Restauration. So wird der voreilige Befund zwar verständlich, aber der Wirklichkeit hält er nicht stand.

Auch die Kunst unseres Jahrhunderts, die sogenannte Moderne, hat ihre Traditionen und eine lange Vorgeschichte. Der bedeutende Museumsmann und Theoretiker Werner Hofmann, Direktor der Hamburger Kunsthalle, hat die „Inkubationszeit" bis ins Mittelalter zurückverfolgt. Die Motivation für die Auseinandersetzung mit der Kunst der Vergangenheit ist allerdings eine grundlegend andere als je zuvor. Sie unterscheidet sich von der Beziehung der Renaissancekünstler zu den Werken der Antike, vor allem aber vom historischen Verständnis der akademischen und der Salonkunst des 19. Jahrhunderts. Man wendet sich kompromißlos gegen die unkritische Klassikverehrung der Zeit, die, wie man erkannte, zu einem als lähmend empfundenen, imitativen Historismus klassizistischer Prägung führen mußte. So werden die „klassischen" Epochen zunächst einmal zugunsten anderer, bisher vernachlässigter Perioden (wie des „präraffaelitischen" Quattrocento, des Manierismus) übersprungen. Es wird eine radikal neue, unkonventionelle Auswahl getroffen.

Wichtiger noch ist die Tatsache, daß die „Modernen" die Kunst der Alten nicht länger als Vorbild, sondern primär als Anregung verstehen. Man ahmt nicht mehr nach, man läßt sich nur noch inspirieren, um dann frei mit Ideen und Formen zu verfahren, sie dem eigenen Ausdruckswillen und den eigenen Formvorstellungen dienstbar zu machen. Außerdem ist – dies wiederum ein Verdienst systematischer Geschichtsforschung – die Verfügbarkeit in Zeit und Raum größer denn je, wie allein der Blick auf das komplexe Werk eines Picasso erkennen läßt. Die Einflüsse Ostasiens werden schon früh im „Japonismus" der Impressionisten und ihrer Nachfolger evident, das quasiromantische Interesse für die Kunst der „Exoten" und der „Primitiven" europäischer und außereuropäischer Kulturen (Schwarzafrika, Ozeanien) nimmt – nicht zuletzt auf der Suche nach einer zivilisationsfernen neuen „Ursprünglichkeit" – immer mehr zu. Hier hat der „Anti-Traditionalismus" der frühen Moderne ihren Ursprung. Nicht bei allen handelt es sich wie bei Gauguin, der eine antigeschichtliche Kunst wollte, um eine grundsätzliche Geschichtsfeindlichkeit.

Die Lexika übersetzen das spätlateinische, aus dem Französischen ins Deutsche übernommene Adjektiv „modern" mit: heutig, neu, neuzeitlich oder zeitgemäß. In diesem Sinne trifft die Definition auf manche, wenn nicht die meisten Epochen der Kunst unseres Jahrhunderts bereits nicht mehr zu. Was gestern noch „heutig" und „zeitgenössisch" war, kann heute schon „gestrig" und „unzeitgemäß" sein. Das Gesetz der potenzierten Beschleunigung, unter dem die wissenschaftlichen, politischen, sozialen und ökonomischen Prozesse unserer Zeit stehen, der enorme Verschleiß der Ideen hat auch den Bereich der Kunst nicht verschont, wie uns fast täglich auf bisweilen schockierende Weise vor Augen geführt wird. Impressionismus und Symbolismus, Kubismus und Futurismus, Konstruktivismus und Surrealismus, Jugendstil und die abstrakte Kunst als Weltsprache sind Geschichte geworden; man hat ihnen und den Künstlern, die diese Bewegungen repräsentierten, entweder die klassischen Weihen verliehen oder sie auf die Hinterbank der jeweiligen Zeitgeschichte verbannt. Das schließt nicht aus, daß sie auf einer anderen Drehung der Spirale eine neue Aktualität bekommen können.

Dies gilt beispielsweise in unseren Tagen für die Malerei der frühen Fauves um Matisse und insbesondere für die Kunst der deutschen Expressionisten der „heroischen" Zeit, von der viele der antiheroischen Neuen Wilden unserer Tage beeinflußt worden sind. Das gehört zur späten Wirkungsgeschichte der expressiven Malerei, die nicht immer synchron zur Geschichte ihrer frühen Tage verläuft. Das historische Beispiel in der Gegenrichtung ist die Wiederentdeckung und Aufwertung des Manierismus, der lange für eine Art dekadente Renaissance gehalten wurde, durch den Surrealismus.

Kunst ist immer zeitgenössisch

Kunst, die alte ebenso wie die neue, unterliegt immer wechselnden Urteilen, sie existiert nur, sofern sie gesehen wird. Wir sehen sie aber, nicht anders als die Generationen vor uns, mit den Augen der jeweiligen Gegenwart. Wir können Rembrandt nicht mehr mit den Augen des 17. Jahrhunderts betrachten; auch sind die Italiener des Quattrocento, spätestens seit den Präraffaeliten, für uns nicht mehr die genialen „Primitiven" auf dem Weg zur Vollendung der klassischen Kunst in der Hochrenaissance, als die sie noch dem 19. Jahrhundert erschienen waren. Die biologische Vorstellung einer geradlinigen Kunstentwicklung von Jugend, Reife, Alter und Verfall ist heute nur noch als historische Kuriosität interessant. Und auch der Fortschrittsglaube, der, frei nach Hegel, den Künstler zum „Geschäftsführer des Geistes" – man könnte auch sagen: des Zeitgeistes – machte, den Kritiker und Apologeten aber zum Wegweiser in eine bessere Zukunft, hat endlich abgedankt.

Allerdings: „Nur in der Bewegung, so schmerzlich sie sei, ist Leben", postulierte selbst der konservative Jacob Burckhardt. Statische Unbeweglichkeit bewirkt Stillstand, Erstarrung und Tod. An die Stelle der Vorstellung vom geradlinigen Verlauf der Entwicklung hin zu einem idealen Ziel im Zeichen des Hegelschen metaphysischen Optimismus ist – entsprechend der Wendung vom statischen zum dynamischen Wissenschaftsbegriff in den Naturwissenschaften – die pragmatischere Erkenntnis getreten, daß Burckhardts „Bewegung" immerwährende Wandlung mit offenem Ende bedeutet. Infolgedessen muß die Geschichte der Kunst auch dieses Jahrhunderts, das nun zur Neige geht, wie die der Vergangenheit immer wieder neu geschrieben und interpretiert, in kritisch-analytischen Untersuchungen und Ausstellungen öffentlich zur Diskussion gestellt werden. Nur durch dieses fortwährende Gespräch, die niemals endende Befragung der bildnerischen Zeugnisse, den Wechsel der Ansichten und Einsichten in Vergangenheit und Gegenwart bleibt die Kunst, jenseits aller Tagespolemik, lebendig.

Dem entspricht die permanente Neuordnung, die Verschiebung der Akzente in den Sammlungen der Museen, aber auch der Widerspruch gegen die gefährliche Neigung, scheinbar wertlos gewordene oder vorübergehend unaktuelle Bestände zu verschleudern. Was wäre zum Beispiel nach 1945, als vor allem in Deutschland der Nachholkurs zum Thema „Entartete Kunst" auf vollen Touren lief, aus den Kunstwerken des 19. Jahrhunderts geworden, die nicht als Vorstufe zur Klassischen Moderne zu werten waren, wenn man dieser Neigung pauschal nachgegeben hätte? Wir wären heute, da wir viel klarer sehen, daß die Probleme des 20. Jahrhunderts, auch die künstlerischen, im 19. Jahrhundert ihren Ursprung haben, um viele wichtige bildnerische Zeugnisse ärmer.

Mit der überfälligen Integration der Kunst des 20. Jahrhunderts in die Geschichte, die weder Mutationen und Sprünge noch den Gegensatz zwischen „Kontinuität und Widerspruch" (László Glozer) ausschließt, wird ihre spätzeitliche Ausnahmestellung, wird der Bruch mit einer über vierhundertjährigen Epoche, die nach dem Ende des Mittelalters mit der italienischen Renaissance begann, nicht verleugnet. Und auch Daumiers und Courbets kategorische Forderung: „Il faut être de son temps" (Man muß mit seiner Epoche leben), ist nicht außer Kraft gesetzt. Die Sehgewohnheiten haben sich radikal geändert, die Tendenzen und Strömungen wechseln, da es einen verbindlichen Stil nicht mehr gibt, in einem bisweilen atemberaubenden Tempo.

Gustave Courbet, *Meeresstrand,* um 1866

Die Bruchstelle

Die Bruchstelle liegt im letzten Drittel des 19. Jahrhunderts, als der europäische Optimismus, der Glaube an die Segnungen der Technik, die Organisierbarkeit der Welt, als die Gewißheit, in Wohlstand und stetig wachsender Mobilität „herrlichen Zeiten" entgegenzugehen, unterschwellig ins Wanken gerieten, nicht nur im kaiserlichen Deutschland der Gründerjahre. Der Zwei-

Camille Corot, *Ville d'Avray,* o. J.

fel, in späteren Stadien der Entwicklung oft der Verzweiflung benachbart, spiegelt sich in den Werken der Künstler, deren Sensibilität und genaue Beobachtungsgabe sie auf die Veränderung des Lebensgefühls der Epoche frühzeitig – ob bewußt oder unbewußt – reagieren ließ. Man sollte allerdings der Versuchung widerstehen, sie deshalb aus heutiger Sicht pauschal zu „Propheten" der Zukunft hochzustilisieren. Auch wo sie diagnostisch den gröber organisierten Zeitgenossen weit voraus sind, denen die Antenne für Kommendes fehlt, das sich in der Gegenwart ankündigt, bleiben sie Kinder der eigenen Zeit, selbst die Expressionisten, deren Deformationen eine Welt vorführen, die aus den Fugen gerät.
Das wird bereits deutlich bei der Betrachtung des Impressionismus. Auf der einen Seite ist diese farbig leuchtende Malerei die Manifestation der „letzten Stunde europäischen Glücks", wie der Dichter Emil Barth unter dem Eindruck eines Besuches in der Louvre-Dépendance „Jeu de Paume" formuliert hat, Höhepunkt und letztes Glied in der gloriosen Kette, die von der Frührenaissance bis tief ins 19. Jahrhundert hineinführt. Die illusionistische Kunst feiert auf den Bildern von Renoir, Manet, Pissarro, Sisley, Degas und vor allem Monet, in den Skulpturen Rodins ihre späten Triumphe. Anknüpfend an die neugewonnene Frische der Malerei durch die Freilichtmaler der Schule von Barbizon um den „père" Corot, Charles Daubigny und

Pierre Auguste Renoir, *Das Frühstück der Ruderer,* 1881

Théodor Rousseau und die Befreiung von akademischer Reglementierung, von idealisierender Verklärung im gefilterten Licht des Ateliers, ferner durch Courbets kraftvollen Realismus, wird von den Impressionisten nun auch der letzte Zipfel der Wirklichkeit bildnerisch erschlossen. Sie verleihen dem flüchtigen Augenblick Dauer, stellen damit nicht nur das So-Sein des Realen, ob Mensch oder Landschaft, im Bilde dar, sondern auch die permanente Veränderung, der die Motive unterworfen sind. An die Stelle des Seins tritt auf den impressionistischen Bildern das Werden, wie Carl Einstein, der erste bedeutende Interpret der Kunst des 20. Jahrhunderts, schon 1926 erkannt hat.
Die andere Seite des durchaus diesseitigen Wirklichkeitsbegriffs der Maler ist die Freude an der Darstellung des Alltäglichen, der Mut zu banalen Motiven. Ein „Frühstück der Ruderer" (Renoir), der „Bahnhof St. Lazare" (Monet) und ein „Spargelbündel" (Manet) werden zu bildwürdigen Themen. „Ein Kohlkopf kann genauso schön sein wie eine Madonna", wird Max Liebermann später sagen. Gemeinsam ist solchen stilistisch höchst unterschiedlichen Werken der Verzicht auf überhöhende formale Gestaltung, auf wissen-

Pierre Auguste Renoir, *Ehepaar Sisley,* 1868

Edouard Manet, *Spargelbündel,* 1880

Claude Monet, *Nymphéas (Seerosen),* um 1914–1917

schaftliche Perspektive, auf die Prinzipien klassischer Bildkomposition, vor allem aber die Autonomisierung, die Verselbständigung der Farbe als Emanation des Lichts. Dem entspricht die bewegte Oberfläche der Plastiken Rodins mit ihren Buckeln und Höhlungen, mit dem lebendigen Spiel von Licht und Schatten.
Damit ist ein Grundthema der Kunst unseres Jahrhunderts angeschlagen, das in vielen Variationen und dialektischen Umkehrungen über van Gogh und die Expressionisten, den abstrakten Impressionismus Bazaines, die „informelle" Kunst, das amerikanische „Action Painting", die Farbfeldmalerei bis zu den „heftigen" oder „wilden" Bildern von heute seine Aktualität bewahrt hat.
Bereits an dieser Stelle ist daran zu erinnern, daß einige der bedeutendsten Impressionisten die folgende „Revolution der Künste" durch die Fauves, die Expressionisten, Kubisten, Futuristen, Dadaisten und Surrealisten nicht nur miterlebt, sondern in ihrem wandlungsreichen Werk zum Teil mitbeeinflußt, auf jeden Fall aber überdauert haben. Monets „Heuschober" und die grandiose Serie seiner Seerosenbilder haben ganze Legionen abstrakter Maler von Kandinsky bis zu den Informellen der fünfziger Jahre inspiriert. Auch das bedeutende Spätwerk von Lovis Corinth gehört in diesen Kontext. Bonnard, der letzte Großmeister der Lichtmalerei, in seiner überragenden Bedeutung erst in unserer Zeit nach Gebühr gewürdigt, starb 1947, sieben Jahre vor Henri Matisse, der „Revolutionär" und Klassiker zugleich war und in dem wir – neben dem Dramatiker Picasso – den besten, auf jeden Fall aber kultiviertesten Maler des Jahrhunderts verehren. Er war nur zwei Jahre jünger als Bonnard.
Die Gleichzeitigkeit des Gegensätzlichen ist ein lange vernachlässigtes Thema, das einer gründlichen Untersuchung wert wäre. Allein das Beispiel Bonnard –

Lovis Corinth, *Walchensee-Panorama,* 1924

Matisse zeigt deutlich, daß die Phänomenologie der Kunst sich der chronologischen Anordnung, die das Handicap des Geschichtsschreibers ist, verweigert. Diese Erkenntnis sollte Publikum und Kenner gleichermaßen davor bewahren, sich einäugig nur dem „Neuesten und Aktuellsten aus allen Ländern der Erde" zuzuwenden und die Augen vor dem zu verschließen, was zwar aus der Vergangenheit, der jüngsten zumal, auf uns gekommen ist, seine Gegenwärtigkeit aber durch seine unvermindert wirksame künstlerische Substanz und die Lebendigkeit seines Fortschreitens von Stufe zu Stufe behauptet. Nichts ist müßiger, als darüber zu streiten, ob ein Bild von Otto Dix, Georges Grosz oder von Max Beckmann aus den zwanziger Jahren „moderner" sei als eines aus der Reihe der „Nymphéas" des späten Monet, das ungefähr zur gleichen Zeit entstanden ist.

Der Kulminationspunkt

Verläuft die impressionistische Malerei und – wie wir heute wieder deutlicher als noch vor ein paar Jahren sehen – auch das plastische Schaffen Rodins ziemlich genau an der Bruchlinie entlang, welche die Kunst seit der Renaissance von der „Moderne" trennt, so zeigt das Beispiel des Neo-Impressionismus, besser: Pointillismus, wie eine die Zeit beherrschende Strömung auf ihrem Kulminationspunkt in ihr Gegenteil umschlägt. Die Pointillisten, an ihrer Spitze der unvergleichliche Seurat, trieben das impressionistische Prinzip der autonomen Farbe, das lockere Geflecht ihrer Farb-Kommata, ins äußerste Extrem, indem sie aus den Kommata Punkte machten und die reinen, unvermischten Farbtupfen ohne Grenzüberschreitung systematisch und emotionslos nebeneinandersetzten. Parallel dazu führte aber ihre strenge, wissenschaftlich orientierte Systematik wieder zurück zur Form, zu einer unbewegten Bildarchitektur klassischer – fast möchte man sagen: klassizistischer – Prägung.
Diese Bildgestalt behauptet sich auch im spröderen, geistigeren Schwarzweiß der Zeichnung, vor allem wieder bei dem so früh verstorbenen genialen Bildarchitekten Georges Seurat, der seinen gefälligeren, dichter an der Natur bleibenden Weggenossen und Nachfahren Paul Signac weit überragt, wie im Abstand der Zeit immer deutlicher wird. Der unpersönliche, typisierte Habitus der Seurat-Figuren („La Grande Jatte", „Le Chahut") ist – unabhängig vom jeweiligen Bildformat – in seiner schlagenden Simplizität, der Lautlosigkeit der angehaltenen Bewegung geprägt von einer inneren Monumentalität archaischen Zuschnitts. Die „dionysische" Formauflösung der Impressionisten, ihre offene Bildstruktur in der Nachfolge von Ruskins „confused modes of execution" (seiner verwirrenden Art und Weise der Ausführung), wird

Georges Seurat, *Ein Sommersonntag auf der Insel Grande Jatte,* 1884–86

Pierre Bonnard, *Frauenakt im Spiegel,* 1910

sozusagen mit – wissenschaftlich – weiterentwickelten impressionistischen Mitteln auf der Basis alter und neuer Farblehren und Farbanalysen in ihr „apollinisches“ Gegenteil verkehrt. Das immanent Fragmentarische, Ausschnitthafte des impressionistischen Bildes wächst wieder zur geschlossenen Form zusammen. Schiller hatte um die Wende des 18. zum 19. Jahrhundert festgestellt: „Die Reduktion empirischer Formen auf ästhetische ist die schwierige Operation.“ Diese Operation ist den Pointillisten, ist vor allem Seurat gelungen. Seine kühl-distanzierte, positivistische Wissenschaftlichkeit, die ihn viel weiter vom natürlichen Vorbild entfernte als Signac, markiert den Einbruch des Rationalismus in die Kunst unserer Zeit.

So wurden noch im 19. Jahrhundert, in unmittelbarer zeitlicher Nachbarschaft der Impressionisten und Neo-Impressionisten, die Richtungspfähle zu den beiden Hauptwegen der Kunst des 20. Jahrhunderts eingeschlagen, deren einer über van Gogh zu den Expressionisten, zum frühen Kandinsky, zum europäischen Informel und zum abstrakten Expressionismus amerikanischer Prägung (Action Painting), schließlich zur ungehemmt neo-expressiven, rückbezüglichen Kunst der achtziger Jahre führt. Der andere beginnt mit Cézanne, wird fortgesetzt vom Kubismus, vom Konstruktivismus west-östlicher Prägung, von den strengen Rhythmen des späten Mondrian, der platonisierenden Abstraktion von Josef Albers' „Huldigungen an das Quadrat“ (vgl. S. 118) und von den schweigenden Farbfeldern Barnet Newmans. Er mündet gleichfalls in die unmittelbare Gegenwart.

Entschiedener als bei den Impressionisten ist die endgültige Absage an Perspektive und Raumillusion bei Paul Gauguin, dessen abenteuerliche Lebensgeschichte und dessen exotische Themen den Blick auf die zukunftweisende Bedeutung seiner Malerei lange verstellt haben. Das Entscheidende für seine Kunst ist nicht die romantische Zivilisationsflucht eines wohlhabenden Mannes nach Tahiti, so symptomatisch sie für die Suche nach einer unverbrauchten Ursprünglichkeit auch sein mag. Es ist auch nicht der gescheiterte Versuch, aus der Vereinigung von Heidnischem und Christlichem einen neuen, „synthetischen“ Mythos zu gewinnen; es ist vielmehr das eindeutige Bekenntnis zur Zweidimensionalität und – unabhängig vom Motiv – zur Abstraktion. „Man bedenke“, schrieb der fromme Symbolist Maurice Denis, der zu den Anhängern des frühen Gauguin der bretonischen Jahre gehört hatte, in einem berühmten Essay von 1890, „daß ein Bild, bevor es ein Schlachtroß, eine nackte Frau oder eine beliebige Anekdote wird, seinem Wesen nach eine ebene, in einer bestimmten Ordnung mit Farben bedeckte Fläche ist.“

Gauguins malerische Praxis setzt diese programmatische These in Bilder um. Ihr Kennzeichen ist die kontrastreiche Harmonie aus horizontalen und vertikalen Ordnungen, aus frei geführten Linien und reinen Farben. Auch die synästhetische Vorstellung einer „Musik in Farben“, das Verständnis des Kolorits als Klang, das später bei Kandinsky eine so wichtige Rolle spielt, sind charakteristisch für Gauguins Kunstverständnis. Ihm

Paul Gauguin, *Reiter am Strand, Tahiti,* 1902

liegt zweifellos – trotz seiner vehementen Attacken auf Delacroix' konservativen Antipoden Ingres – ein heimlicher Klassizismus zugrunde. Er bildet den Kontrapunkt zu Gauguins lebenslanger Suche nach neuen Quellen der Inspiration jenseits des alten Europa und alter Völker Müdigkeiten. Die Idee einer „reinen Malerei", die unabhängig ist vom Motiv, kündigt sich im Schaffen dieses Abenteurers an, der alles andere als ein „Naiver" war. Daniel-Henry Kahnweiler, der Freund und Entdecker Picassos und der Kubisten, hat Gauguin vorgeworfen, seine Bilder seien zu dekorativ, auf ihnen gebe es nichts zu „lesen".

Wer wie Kahnweiler Malerei als Schrift versteht, muß wohl so urteilen. Doch Gauguin war, anders als die Kubisten, ein potentieller Wandmaler: „Man muß immer die Fläche, die Mauer spüren, Tapisserien brauchen keine Perspektiven", sagte er und empfahl seinen Kollegen „die Silhouettenform jedes Gegenstandes". Sein Werk steht zwischen den Zeiten; es zeigt Einflüsse vergangener europäischer und außereuropäischer Kulturen von Java bis Indien, von den Azteken bis zu den Japanern, vom Parthenon-Fries bis zur Südsee-Plastik, von der bretonischen Volkskunst bis zu den frühen Italienern, von islamischer Keramik bis zum christlichen Kirchenfenster. Aber auch die Zeitgenossen, der 24 Jahre ältere Klassizist Puvis de Chavannes, der vorimpressionistische Manet und Edgar Degas, haben Gauguin beeinflußt. Ohne ihn wiederum ist die Arabeske Toulouse-Lautrecs und des Jugendstils nicht denkbar, auch nicht der Japonismus Bonnards und Vuillards, die leuchtende Farbigkeit eines Henri Matisse, der Farbklang Kandinskys.

Schon der Blick auf das Werk dieses einen Wegbereiters der Kunst unseres Jahrhunderts und seine Entwicklung (Gauguin starb 1903) zeigt deutlich, wie vielfältig die Wurzeln der „Moderne" sind. Die Rückgriffe auf die Schätze des „Imaginären Museums" (André Malraux), die in dieser Fülle erst unter dem Vorzeichen eines neuen Geschichtsverständnisses möglich waren, verweisen bereits auf die Verbindung zur Geschichte und auf die Neubewertung außereuropäischer Kulturen unter Umgehung der „klassischen" Epochen europäischer Kunst, die durch Nachahmer und akademische Reglementierung diskreditiert worden waren.

Trotz Gauguins Flucht aus Europa ist festzustellen, daß es sich im folgenden nicht um einen Ausstieg aus der Geschichte, sondern nur um eine entschlossene Kehrtwendung gegen den unschöpferischen, leblos-epigonalen „Historizismus" handelte, um Karl R. Poppers Formulierung zu verwenden. Keiner der Wegbereiter der modernen Kunst propagierte den totalen Ausstieg aus der Kunstgeschichte; sie trafen nur eine andere Auswahl, um sich nicht in die Fesseln starrer Regeln schlagen zu lassen.

Auf der anderen Seite sind schon früh Tendenzen erkennbar, die weite Bereiche der Kunst unserer Zeit bis in die Gegenwart hinein geprägt haben: das sichtbare Bekenntnis zur zweidimensionalen Fläche (von der Gauguin noch gelegentlich abwich), die das Bild selbst zum Abstraktum macht, zur Bildarchitektur, aber auch das Bekenntnis zur reinen, ungemischten Farbe. Zwei gegensätzliche Prinzipien, Konstruktion und Formauflösung unter dem Primat der lebendig strömenden Farbe („couleur vivante" nannte man sie später in den fünfziger Jahren), sind die Pole, zwischen denen sich bis heute in vielfältigen Variationen und Mischungen das kontrastreiche Feld gegenwärtiger Kunstpraxis entfaltet, vergleichbar etwa den Kontrastprogrammen „offene" oder „geschlossene" Form, Poussin oder Rubens, Ingres oder Delacroix in anderen Jahrhunderten.

Demgegenüber hat Gauguins persönliches Schicksal nur anekdotische Bedeutung. Bereits er ist an dem Versuch, der Zivilisation zu entkommen und das irdische Paradies zu entdecken, gescheitert, wie spätere Künstlergenerationen auch. Man denke an die Versuche, sich in neue Elfenbeintürme außerhalb der Wirklichkeit zurückzuziehen, an die neo-romantischen „Individuellen Mythologien" der siebziger Jahre: Auch die Wege nach innen führten schließlich in die Sackgasse.

Der Vorsatz, die Welt durch radikale Kritik und Ablehnung aller überlieferten Wertvorstellungen, einschließlich der künstlerischen, zu verändern, ist schon den – schließlich auf sich selbst zurückgeworfenen – Dadaisten mißlungen. Auch die zeitweise politisch agierende und agitierende Gruppe unter den Surrealisten konnte neue Kriege und neues Elend nicht verhindern. Das gilt letztendlich auch für die studentische Massenbewegung der sechziger/siebziger Jahre.

Kunst und Revolte

„Die gesellschaftliche Relevanz bildender Kunst kann", so schrieb Eberhard Roters schon 1970, „entgegen den Hoffnungen mancher heutiger Künstler nicht gering genug eingeschätzt werden." Das mag man im Falle militanter Futuristen, die sich schließlich in den Dienst des Faschismus stellten, begrüßen. Im Falle der Dada-

Vincent van Gogh, *Die Kirche von Auvers,* 1890

isten, des moralischen Rigorismus der 68er Jugend mag man es hingegen bedauern, zumal im Anblick einer teilweise angepaßt-affirmativen, profitorientierten Kunstpraxis der achtziger Jahre. An der ernüchternden Erkenntnis, daß die „Revolution der modernen Kunst" von ihren Feinden wie von ihren Anhängern in ihrer außerkünstlerischen Effektivität gleichermaßen überschätzt wurde und zum Teil noch wird, ändert das nichts. Das trifft für einen konservativen Historiker wie Hans Sedlmayr, der unter dem unausgesprochenen (Köstler-)Motto „Gottes Thron steht leer" den „Verlust der Mitte" als Folge künstlerischer Umwälzungen polemisch beklagte, ebenso zu wie für die Apologeten der jeweiligen Avantgarde. Manche von ihnen glauben, wie im Katalog der Baseler Ausstellung „Alles – und noch viel mehr" nachzulesen ist, auch heute noch, mit Hilfe der Kunst – und nur der Kunst – lasse sich ein Atomkrieg vermeiden. Sie alle haben die begrenzten Möglichkeiten einer übergreifenden Wirksamkeit des Aufstands gegen die Tradition nicht erkannt. Die Revolte blieb, das wird im Rückblick immer deutlicher, in ihrer Effektivität weitgehend auf den kunstimmanenten Bereich beschränkt. Die Kassandrarufe der kritischen Künstler wurden nicht gehört, ihre Entwürfe „möglicher Welten" (Paul Klee) von den Mächtigen nicht beachtet oder gar nicht erst zur Kenntnis genommen. Am Ende dieser Erkenntnis steht der Beginn der illusionslosen „Zweiten Moderne" in den vierziger Jahren, fast zeitgleich mit dem Beginn des Zweiten Weltkriegs.

„Halst den armen Dichtern keine Sendung auf!" hat Gottfried Benn halb zynisch, halb resignierend postuliert. Auch ein bildender Künstler hätte sich so oder ähnlich ausdrücken können. An die Stelle der Forderung „Verändert die Welt!" trat das – bescheidenere – Motiv der Bewahrung der Freiheit, des „unkorrumpierbaren Raums", den Theodor W. Adorno in einem späten Essay für die Künste gefordert hat, eines ideologiefreien Raums als letztes Reservat des Humanen, eines Raumes, in dem man sich keine schmutzigen Hände macht.

Unter solchen Aspekten kommt dem Leben und Sterben Vincent van Goghs exemplarische Bedeutung zu. Denn: Anders als Gauguin versuchte Vincent, der erste Nordländer unter den Leitfiguren der Kunst unseres Jahrhunderts, der zivilisierten Welt nicht zu entfliehen, sondern sie zu verändern. Doch wie der Großinquisitor den wiedergekehrten Christus in Dostojewskis Roman „Die Brüder Karamasow", so wies die institutionelle Kirche den Hilfsprediger Vincent, der in einer entgötterten Zeit das Urchristentum in tätiger Nächstenliebe zu praktizieren versuchte, rigoros zurück; und auch die Menschen, die er liebte, wandten sich von ihm ab.

Weil er als Prediger und Weltverbesserer gescheitert war, wurde van Gogh Maler. Er agierte als einzelner, außerhalb der Gesellschaft, die ihn zurückgewiesen hatte, außerhalb dessen, was wir heute die Kunstszene oder, salopper, den Kunstbetrieb nennen. Das Einpersonenstück seines Lebens macht auf beklemmende Weise bewußt, wie tief der Graben zwischen Künstler und Publikum, wie unmöglich die Verständigung mit den Zeitgenossen jenseits tradierter Klischees seit der Romantik geworden war. Der britische Maler Francis Bacon, unser Zeitgenosse, hat die Isolation des Niederländers aus wahlverwandtem Empfinden heraus und mit kongenialer Meisterschaft in einer Serie von Bildern dargestellt. Sie zeigen, inspiriert von Vincents eigener Darstellung, wie Kreuzwegstationen, den einsamen Niederländer in der Provence, gebeugten Schritts, das Gesicht tief im Schatten, auf dem Weg zur Arbeit, das Malgerät auf dem Rücken, als sei es das Kreuz.

Die Frage ist, ob es heute, da die zeitgenössische Kunst mehr Öffentlichkeit hat als je zuvor, da selbst die mondänen Zeitschriften ihre Seiten gelegentlich den jungen Malerstars zur Verfügung stellen, besser um die Verständigung zwischen Kunst und Gesellschaft bestellt ist, ob nicht auch die Umarmung durch Wohlwollen den Künstler genauso unschädlich machen könnte wie die gesellschaftliche Ächtung vergangener Zeiten. Diese Frage stellt sich von selbst, wenn man sich die neue Aktualität vergegenwärtigt, die van Goghs expressive, lodernde Linie, die Leuchtkraft seiner pastos und stürmisch auf die Leinwand aufgetragenen Farbe, vermittelt durch Expressionismus und Action Painting, bekommen haben. Doch nicht nur das Flamboyant seiner Zypressen, die ins Wanken geratenden Konturen seiner Bäume und Kirchen, nicht nur das gleißende Licht des „midi" über seinen Landschaften, nicht nur die erregende Dramatik seiner Pinsel-

Vincent van Gogh, *Die Zugbrücke,* 1888

schrift markieren den Beginn eines der beiden Hauptwege, die bis zur Kunst unserer unmittelbaren Gegenwart führen; auch die Thematik ist revolutionär. Ein verlassener Stuhl, ein Paar ausgetretene Schuhe, das armselige Ambiente seines Zimmers in Arles, die unheimliche Atmosphäre zwielichtiger Nachtlokale, Volksküchen, Spitäler – und natürlich das Irrenhaus, in dem er behandelt wurde – werden ebenso bildwürdig wie die armen Kartoffelesser im Frühwerk. Es gibt keine verklärende Romantik mehr wie bei Spitzwegs „Armem Poeten", kein liebenswürdig-unordentliches Genre wie bei Jan Steen, auf dessen Bildern auch die einfachen Leute stets guter Laune sind, keine erotisierte Exotik wie bei Gauguin. Das Elend wird ernst genommen, die banalsten Dinge sind darstellenswert: Die Hierarchie der Bildthemen ist zerbrochen.

Van Goghs Bildwelt weist weit voraus, nicht nur auf die sozialrevolutionäre Kunst der Expressionisten und – unter ganz anderen stilistischen Bedingungen – auf die des Nachkriegsrealismus der zwanziger Jahre, sondern auch auf wesentliche Aspekte im komplexen Werk eines Joseph Beuys. „Der gelbe Stuhl" von van Gogh und der Fettstuhl von Beuys sind, über die Zeiten hinweg, miteinander verwandt, nicht stilistisch, aber in der Haltung, die in ihnen zum Ausdruck kommt.

Vincent van Gogh, *Van Goghs Schlafzimmer in Arles,* 1888

Paul Cézanne, *Mont Sainte-Victoire,* 1904–1906

Der Klassiker der Moderne

Der zweite Hauptweg der Kunst unseres Jahrhunderts, der über Kubismus, Konstruktivismus, de Stijl und die geometrische Abstraktion bis an die Schwelle zu unseren Tagen führt, beginnt bei Paul Cézanne, dem einsamen Maler aus Aix-en-Provence, den seine Umgebung für einen verbohrten Verrückten hielt, dessen Tod man in seiner Heimat ohne großes Bedauern zur Kenntnis nahm, obwohl ihn der Ruhm am Ende seines Lebens doch noch eingeholt hatte.

In Cézannes frühen Tagen hätte niemand vermuten können, daß er einmal der große Klassiker der Moderne, der malende „Konstrukteur" einer farbigen Bildwelt „parallel zur Natur" werden würde. Er begann mit eher hektischen, „wilden" Bildern auf den Spuren von Delacroix und Monticelli, in denen es auf geradezu barocke Weise turbulent und chaotisch zuging. Aufruhr, Mord, Vergewaltigung und ausschweifende sexuelle Phantasien sind einige seiner teilweise recht wüsten Themen, bevor er sich, von der Akademie abgewiesen, unter der leitenden Hand Camille Pissarros, der auch als Vaterfigur der Impressionisten das stabilisierende Bildgerüst nie ganz aufgegeben hatte, dem Impressionismus zuwandte. Aus ihm machte Cézanne dann bald, dem eigenen Vorsatz gemäß, „etwas Festes und Beständiges wie die Kunst der Museen". Die Venezianer Tintoretto und Veronese, vor allem aber Nicolas Poussin, der „Maler für Maler" mit dem großen Kunstverstand, waren seine Leitbilder. Im Werk Tintorettos interessierte ihn nicht die unklassische, offene Form, auch nicht die manieristische Streckung der Figuren und die spiralige Krümmung ihrer Bewegungen, sondern der Zusammenhang der Farbklänge, die dichte Struktur ineinandergreifender Formen. Über den bewunderten Venezianer hinausgehend und der eigenen Zeit weit voraus, hat Cézanne die Farbe als Form begriffen, ein Thema, das auch in unserer Zeit nicht an Aktualität verloren hat, wie bereits ein flüchtiger Blick auf so unterschiedliche Œuvres wie die eines Nay, eines Graubner oder eines Morris Louis beweist. Das Ineinandergreifen der Pinselstriche – „meine Leinwand verschränkt die Hände", sagte Cézanne – hat ein dichtes Gewebe aus Farbe in strikter Zweidimensionalität zum Resultat. Anders als den Impressionisten ging es dem Maler nicht um die

Darstellung des flüchtigen Augenblicks, sondern um Dauer, nicht um den Schein, sondern um das Sein der Dinge und Figuren.
Im Gegensatz zu van Gogh war Cézanne nichts als Maler. Die Zeichnung interessierte ihn als Vorstufe zur Malerei, nicht als Kunstwerk sui generis, die Begrenzung der Farbfelder durch konsequente Konturierung war ihm suspekt. Zeitkritik und Weltverbesserung durch Kunst gab es für ihn nicht, eine Haltung, an der seine Freundschaft zu dem sozialkritischen Dichter Émile Zola schließlich zerbrach. Cézanne wollte nichts Geringeres als die „Ewigkeit" der Natur sichtbar machen. Das Bild war für ihn eine autonome Schöpfung, die Antwort des Künstlers auf die Wirklichkeit, unter Zurückstellung der eigenen Person, die er als Medium verstand.
Cézannes Ideal einer zeitenthobenen Klassik wird gebrochen durch das unterschwellige Vibrato seiner Farbkonstruktionen, die in ihrer Vielfalt und Lebendigkeit darauf verweisen, daß es ein Sein im Werden ist, das auf den Bildern des Mannes aus der Provence Gestalt gewinnt. Die Farbbewegungen bewahren – wie später die aperspektivische Formzerlegung der Kubisten – die Klassik Cézannes trotz ihrer strengen Systematik vor den Gefahren akademischer Erstarrung, wie sie dann bei seinen späteren Nachfahren, den platonisierenden abstrakten Geometrikern – wie Magnelli, Mortensen, Dewasne, aber auch Herbin und Vasarély –, offenkundig wird: Schon 1955 sah Werner Haftmann sich genötigt, vor einer „Abstrakten Akademie" zu warnen.

Die ersten „Wilden"

Cézanne starb 1906. Ein Jahr vorher fand bereits die Ausstellung jener Maler im Pariser Herbstsalon statt, die unter dem mißverständlichen Namen „Les Fauves – Die Wilden" in die Kunstgeschichte eingegangen sind. Den Namen erfand der Kritiker Louis Vauxcelles, übrigens nicht in bösartiger, eher in ironischer Absicht. Die harmlos-klassizistische Kleinplastik des heute vergessenen Bildhauers Marque stand verloren inmitten der malerischen Provokationen der endlich befreiten, über die Kühnheiten der Impressionisten, Pointillisten, über Gauguin und sogar über Cézanne hinausgehenden reinen Farbe. „Donatello parmi les fauves!" (Donatello unter den wilden Tieren) soll Vauxcelles ausgerufen haben.
Matisse und Marquet hatten den neuen Weg schon sieben Jahre vorher als erste beschritten; doch Matisse ist der einzige, der ihn mit unverminderter schöpferischer Kraft bis ans Ende seines reichen Lebens ganz ausgeschritten hat und dabei – in immer neuen schöpferischen Variationen bis hin zu den wunderbaren „papiers découpés", den Scherenschnitten des alten Meisters – zum eigentlichen Klassiker der Moderne geworden ist. Die größte Begabung neben ihm, der grüblerische, geistige Georges Braque, der cartesianische „clarté" mit Intensität verband, wurde wenig später mit Picasso zum Begründer kubistischer Bildarchitekturen in programmatisch gedämpfter Farbigkeit. Georges Rouault, der dunkelste, nächtlichste unter den Fauves, wandelte sich vom Ankläger der ungerechten Richter, vom Parteigänger der Opfer, der Erniedrigten und Beleidigten, zum Ikonenmaler einer neuen, expressiven Religiosität in schwerer, pastoser, schwarz konturierter Farbigkeit, die mit der „Wildheit" früherer Jahre weder thematisch noch farbig oder formal viel zu tun hat.
Die Fauves wollen die Kunst revolutionieren, aber nicht die Welt verändern. Ihre Kunst ist „kulinarisch", um Brechts berühmte Formulierung zu verwenden. Schon der Titel des Schlüsselbildes von Matisse, das den Übergang vom Pointillismus zur endgültig „befreiten" reinen Farbe dokumentiert, läßt es deutlich erkennen: „Luxe, calme et volupté" (Luxus, Ruhe und Genuß). Der Elan der ersten Stunde war nicht zu konservieren. Der einzige „Wilde" blieb Maurice de Vlaminck, den man den Expressionisten unter den Fauves nennen könnte; doch ohne den tragenden Grund der Gruppe verloren seine Bilder im Laufe der Jahre an Substanz. Derain zog sich zurück auf eine mit gotischen Formen durchsetzte Klassizität, Marquets Farbigkeit wurde immer leiser, Dufy zum charmanten Illustrator. Matisse selbst aber, dem Moreau einst prophezeit hatte: „Sie werden die Malerei vereinfachen", wurde zum klassischen Maler der „Joie de Vivre", der Lebensfreude. Was er, über alle Stufen und Wandlungen seines Werks hinweg, realisierte, war, nach einem schönen Wort von Maurice Denis, „eine Malerei, die jeder Zufälligkeit entrissen ist, die Malerei an sich, das reine Malen", aber auch „die ureigentliche Suche nach dem Absoluten" durch bildnerisches Denken. Je älter er wurde, desto weiter entfernte er sich von der Fortschrittsideologie in der Kunst, die ja nur ein Reflex des wissenschaftlichen und des politischen Denkens der Zeit war. Matisse verstand sich nicht als Avantgardist: „Der Künstler", sagte er, „sieht nur alte Wahrheiten in einem neuen Licht, weil es keine neuen Wahrheiten gibt."

Henri Matisse, *Luxus, Ruhe, Sinnlichkeit (Luxe, Calme et Volupté)*, 1904

Henri Matisse, *Das blaue Fenster,* 1911

Im Gegensatz dazu steht die Auffassung des deutschen Expressionismus, von dem der bedeutende italienische Kunsthistoriker und ehemalige Bürgermeister von Rom, Giulio Carlo Argan, gesagt hat: „Zum erstenmal sieht und sagt hier Kunst das Bevorstehen einer ungeheuerlichen geschichtlichen Katastrophe voraus." Auch dazu gehörten weniger prophetische als diagnostische Fähigkeiten, die den schicksalsblinden Zeitgenossen ebenso fehlten wie der Generation vor dem Zweiten Weltkrieg. Wie wir wissen, sind sie auch heute, im Schatten der totalen globalen Bedrohung, noch nicht viel weiter entwickelt. Der Philosoph Günther Anders hat darauf hingewiesen, daß die fehlende Vorstellungskraft das eigentliche Verhängnis der Menschen sei, vor allem jener Mächtigen, die sich die Folgen ihres Handelns nicht vorstellen können und darum immer wieder neue Katastrophen heraufbeschwören. Er leitet daraus die Forderung ab, die „Veränderung" der Welt, die sich vor unseren Augen fast täglich – und im Verlauf von drei industriellen Revolutionen immer rasanter – vollzieht, „auch zu interpretieren. Und zwar, um diese (die Veränderung selbst nämlich) zu verändern. Damit die Welt sich nicht weiter ohne uns verändere."
Die von Anders beschworene Vorstellungskraft ist Künstlern in hohem Maße eigen, ebenso die Fähigkeit zur Interpretation. Dadurch unterscheiden sie sich von ihren weniger sensiblen Zeitgenossen. Das ist der Wurzelgrund ihrer „prophetischen" Gaben und ihrer „politischen" Bedeutung jenseits aller Ideologien und jeglicher Tagespolemik. Dies trifft, unabhängig von ihrem zeitbedingten Pathos, vor allem auf die deutschen Expressionisten zu, die – insofern näher bei dem großen Norweger Edvard Munch als bei ihren französischen Kollegen jener Zeit – nicht nur die Kunst, sondern auch die Welt und die Gesellschaft interpretierten. Ihr Ideal war die Solidarität aller Menschen im Kollektiv, zugleich aber auch die Freiheit des einzelnen –: die Quadratur des Kreises. Sie wollten nicht nur malen, sie wollten der Industriewelt ein neues Ethos geben. Das setzte Kritik an dieser Welt voraus, in der sie lebten, aber auch den alten Traum vom „Neuen Menschen". Sie wollten die alte Welt zerschlagen, um aus ihren Trümmern eine neue zu erbauen. Der Krieg zerstörte auch ihre utopischen Hoffnungen, die der Größte unter ihnen, Ernst Ludwig Kirchner, später resigniert als „Jugendeselei" bezeichnete. Doch die Bilder, vor allem die frühen, haben die Desillusionierung überdauert.
Anders als die Kunst der Fauves, die bei Cézanne und den Pointillisten ansetzte, ist der Expressionismus, der zunächst einmal bei den Franzosen erhebliche Anleihen aufnahm (Kirchner datierte, um dies zu verschleiern, einige seiner Bilder vor), nicht nur eine Kunst, sondern auch eine Weltanschauung, so unklar seine politischen Vorstellungen auch blieben. Seine Wurzeln liegen in der Romantik, sein Ideal ist nicht die Vollendung im Endlichen, sondern die Offenheit zum Unendlichen hin. Das tritt in den Bildern deutlich in Erscheinung. Da ist einmal – van Goghs loderndes Liniengeflecht aufnehmend und weiterführend – die

Edvard Munch, *Vier Mädchen auf der Brücke,* 1905

Subjektivität der Handschrift als Mittel zum Ausdruck elementarer Empfindungen. Schon bei Kirchner kann sie in ihrer nervösen, splittrigen Hieroglyphik, später dann vor allem bei Kandinsky zum „Psychogramm" werden.
Auch die Deformierung der Gegenstände und Figuren dient der Steigerung des Ausdrucks. Die Farbe, sosehr sie zunächst von den Franzosen beeinflußt ist, wird symbolisch aufgeladen, um die Wirklichkeit zu überhöhen, die Wiedergabe von Landschaft, Figur oder Stilleben zum bildnerischen Gleichnis zu machen. Die Spontaneität des zeichnerischen oder malerischen Vollzugs weist – in seinem Subjektivismus und in seiner Vehemenz – voraus auf die Ekstasen des Informel und vor allem des Action Painting, auch auf die „écriture automatique" (automatische Handschrift) surrealistischer Maler und Schriftsteller um André Masson. Diese erregte Bilderschrift ist nicht nur Anwendung kunstideologischer Lehren, sondern auch Zeichen existentieller Betroffenheit.

Ruhe nach dem Farbsturm

Ganz anders als mit den „Jungen Wilden" vor 1914 verhält es sich mit dem Kubismus, der eigentlich klassischen Kunst des Jahrhunderts. Nicht Ekstase, sondern äußerste Disziplin, nicht rückhaltloser, subjektiver „Ausdruck", sondern ein Höchstmaß an Objektivität, nicht emotionsgeladene Spontaneität, sondern eine tiefe Nachdenklichkeit sind die Grundlagen dieser Malerei.
Das mag auf den ersten Blick insofern überraschend sein, als der eine ihrer beiden Begründer, Georges Braque, neben Matisse die beherrschende Figur unter den Fauves gewesen war, vor allem aber, weil der andere Picasso hieß: der große Unruhestifter und

expressive Dramatiker unter den Malern und Bildhauern des Jahrhunderts. Tatsächlich weist ja das Schlüsselbild des Kubismus, die „Demoiselles d'Avignon", neben Hinweisen auf den harten, spanisch-katalanischen Realismus auch noch einige durchaus expressive Züge auf. Entscheidend allerdings sind die formalen Kühnheiten, die zum Kubismus hinführen: Die Figuren werden in die perspektivlose Fläche gezwungen; die Negermasken der Frauen in der rechten Bildhälfte sind durch parallele Reihung langgezogener Pinselstriche ebenfalls konsequent in die zweite Dimension gebracht. Nicht mehr der Hell-Dun-

Pablo Picasso, *Les Demoiselles d'Avignon,* 1906–07

kel-Kontrast bewirkt den Eindruck körperhafter Masse. Georges Braque, dem die befremdliche Radikalität des Bildes zunächst ebensowenig geheuer war wie den meisten anderen Picasso-Freunden, drückte bei seinem Anblick sehr drastisch die Vermutung aus, Picasso wolle wohl dem Publikum „Petroleum zu saufen geben".

Doch schon im folgenden Jahr reichte er selbst zum Pariser Herbstsalon Arbeiten ein, denen zwar der exotische Radikalismus der Demoiselles fehlte, in denen aber bereits gekrümmte Linien und „petits cubes" (kleine Kuben) der fauvistischen Farbe ein strukturelles – man könnte auch bereits sagen: konstruktives – Gerüst verliehen. Dahinter steht Cézannes berühmte Bemerkung, alle Formen der Natur ließen sich auf die Grundelemente Kugel, Kegel und Zylinder zurückführen. Man darf aber nicht vergessen, daß es bei ihm die Farbe war, die dem Bild die Struktur gab und seine Leinwand „die Hände verschränken" ließ.

Auch die Kubisten wollten aus der Kunst „etwas Festes und Dauerhaftes machen", aber ihr künstlerisches Mittel ist nicht die Farbe, die sie vielmehr zugunsten der Bildkonstruktion radikal dämpfen und sich auf Grau, Ocker, Braun, ein dunkles, klangvolles Grün beschränken: eine Skala, die nur gelegentlich von einem stärkeren Rot akzentuiert wird. Aus fauvistischer Bewegtheit wird stillebenhafte Ruhe, an die Stelle des organischen Wachsens tritt das Gebaute, an die Stelle der Natur die organisierte Bildordnung. Dahinter steht ein unbedingter, fast fanatischer Wille zur Wahrhaftigkeit, die Ablehnung aller schönen Täuschungen. Der Anti-Illusionismus wird auf die Spitze getrieben, es gibt nichts Atmosphärisches mehr. Die Bildwelt ist in sich geschlossen und steht von nun an der Außenwelt autonom gegenüber.

Dabei darf man nicht vergessen, daß erstes Ziel kubistischer Exerzitien ein höherer Grad an Realität war. „Wir alle hatten die Vorstellung, Realisten zu sein", hat Picasso später gesagt. Mit Hilfe malerischer Analysen, durch Umschreiten des Bildgegenstands, durch seine „Gesamtdarstellung" von verschiedenen Blickpunkten aus, durch Hinzufügen dessen, was sie von den Dingen wußten, zu dem, was sie von ihnen sahen (jeder Mensch sieht nicht nur, was er vor Augen hat, sondern auch, was er weiß), kamen sie zur Simultandarstellung ein und desselben Dings zu verschiedenen Zeiten und von verschiedenen Seiten. Damit bricht auch die Zeit in diese statische Bildwelt ein, in diese „Kadenz tektonischer Flächenformen" (Carl Einstein), ein Umstand, den sich dann die Futuristen zunutze machten.

So wollte man von der „Lüge" der optischen Täuschung zur „Wahrheit" der Definition vorstoßen, statt des Scheins das Sein der Dinge Gestalt werden lassen. „Eine Sache definieren heißt: die Definition an ihre Stelle setzen", sagt Georges Braque. Diese frühe Forderung ist gar nicht so weit entfernt von der aktuellen Forderung des Philosophen Anders, die Welt, die sich ohnehin verändert, nicht primär „bewußtlos" weiter zu verändern, sie vielmehr zunächst einmal gründlich zu analysieren.

Die Kubisten fügten in ihre Bilder und Collagen gelegentlich auch wieder Realitätsfragmente ein wie die Künstler des Mittelalters. Allerdings handelt es sich diesmal nicht um kostbare Materialien, die ins Immaterielle transzendieren, sondern um Dinge des täglichen Gebrauchs, die dem Bild Objektcharakter verleihen und so seinen Realitätsgrad erhöhen, es selbst zum „Ding an sich" machen. Dahinter steht ein bemerkenswerter, nahezu kantischer moralischer Rigorismus und auch ein – heute kaum glaublich erscheinender – bewußter Verzicht auf spektakuläre Breitenwirkung. Vor allem der analytische Kubismus der Jahre nach 1910, der – um der besseren „Lesbarkeit" willen – unter dem Einfluß von Juan Gris in den leichter dechiffrierbaren, anschaulicheren synthetischen Kubismus verwandelt wurde, ist geprägt von einem geheimen, unsinnlichen Puritanismus. Er verlangt vom Betrachter, daß er das Bild, assoziierend und sorgfältig „lesend", reflektierend vollende, wie es Kahnweiler, Händler und Interpret der Kubisten, sein Leben lang kompromißlos gefordert hat.

Diese Forderung wird später von den Concept-Künstlern, die nur noch die Idee liefern und dem Betrachter deren Verwirklichung durch eigenes Denken und Ima-

ginieren überlassen, zu hermetischer Verweigerung sinnlicher Anschaulichkeit radikalisiert. Der Kubismus, der sich selbst zunächst als rigoroser Realismus verstand, hat also nicht nur durch seine Betonung der Zweidimensionalität des Bildes, durch seine konstruktiven Elemente und seine platonisierende Absicht, hinter der Darstellung der Dinge auch deren „Idee" durchscheinen zu lassen, die geometrisierenden Abstrakten inspiriert; er ist nicht nur die klassische Kunst des Jahrhunderts, er ist vielmehr auch (wenn auch nicht nur) die „Concept Art" der ersten Jahrhunderthälfte.
Wenn man sich vergegenwärtigt, daß die Künstler, welche die tiefsinnigsten und sicherlich auch einige der schönsten Bilder der Moderne (und dazu großartige Skulpturen) hervorgebracht haben, trotzdem nach einigen Jahren ihre eigenen Verriegelungen aufbrachen, um für das Publikum wieder verständlich zu sein, dann ist es kaum mehr verwunderlich, daß der rigide Idealismus der radikalen Concept Art der siebziger Jahre erst recht zurückstecken mußte, um die Kunst wieder rezipierbar zu machen. Die Reaktion in Gestalt einer betont sinnlichen Kunst in den achtziger Jahren und schließlich sogar, im Extrem, die Ausrufung des „Dilettanten als Genie" (so Walter Bachauer im Katalog der Berliner „Zeitgeist"-Ausstellung) waren eine zu erwartende logische Folge.

Soziale Utopie

Die andere, realistische Komponente des Kubismus wurde mit eindrucksvoller, vitaler Konsequenz von Fernand Léger, einem Enkel normannischer Bauern, in Bilder umgesetzt. Bei ihm gibt es kein Mißtrauen gegenüber dem Wirklichkeitscharakter der sichtbaren Welt. Seine Malerei ist eine Kunst des Einverständnisses mit der technischen Existenz im Zeichen der Maschine. Aus seiner speziellen Form des Kubismus, die man – Légers Vorliebe für Röhren persiflierend – „Tubismus" (tubisme) taufte, wird im Laufe der Zeit seine originäre Form des „Nouveau Réalisme", eines Realismus, der mit dem der sechziger Jahre, wie er von Yves Klein, Arman, César, Christo, Spoerri und anderen in Paris kreiert wurde, nichts zu tun hat. Es ist eine immer gegenständlicher werdende Kunst des sozialen, humanitären Engagements, vor allem für die anonymen „kleinen Leute" in der Massengesellschaft, denen Léger sich seit seiner Soldatenzeit im Ersten Weltkrieg eng verbunden fühlte. „Ich falle aus einem intellektuellen Kreis", sagte er, „Apollinaire, Jacob und die anderen, um mich mitten unter Bauern, Erdarbeitern, Bergleuten und Schiffern wiederzufinden. Aber ich war genauso stark wie sie, sie machten mir keine Angst [...]. Ich bin bald ihr Kamerad geworden."
Der Simplizität seiner späten Figuren, der Konstrukteure und Artisten, ihrer Arbeits- und ihrer Sonntagswelt, entspricht die kraftvolle Einfachheit der bildnerischen Form, in welcher Kunst und Natur, Natur und Technik – anders als bei seinen Freunden – im Einklang sind. Dem entspricht auch das starke, in den späten Jahren vom Erlebnis Amerikas beeinflußte Kolorit. Léger hat die frühkubistische Eliminierung der Farbe nie mitgemacht und sich insofern dem strahlenden „Orphismus" eines Robert Delaunay immer näher gefühlt als dem grüblerischen Farbverzicht der „Analytiker". Die lapidare Schlagkraft seiner reduzierten, breit konturierten, Natur, Technik und Figur monumentalisierenden Formen hat darunter nicht gelitten. Dem metaphysischen Pessimismus seiner Kollegen stellt er seinen materialistischen Optimismus entgegen. In seiner Bildwelt fallen Mensch und Ding, Sonntag und Alltag in eins. Wenn es jenseits von wirklichkeitsfremder, süß-sentimentaler oder pseudoheroischer Verklärung der Alltagswelt einen brüderlich-solidarischen, optimistischen „sozialen Realismus" geben sollte, so wäre das Werk des späten Léger das Paradigma: eine Utopie, die nichts von ihrer Überzeugungskraft verloren hat, sofern ihre Verwirklichung, nicht nur in der kapitalistischen, sondern auch in der sogenannten sozialistischen Gesellschaft unserer Tage, immer noch sein mag.
Der Blick auf Léger und die ebenfalls beim Kubismus ansetzende strahlende Licht- und Farbenwelt Robert Delaunays, welche die Künstler des Münchener „Blauen Reiters" – Marc, Macke und teilweise auch Kandinsky – so intensiv beeindruckte, zeigt die ganze Spannweite des Kubismus vom Realismus bis zum Konzeptualismus und die Unverbrauchtheit dieser bis in die Gegenwart hineinwirkenden Kunst. Sie hat künstlerisches Terrain erschlossen, auf dem wir uns noch heute bewegen. Sie war „innovativ" im Sinne von Thomas Manns Definition des Genialen, „das durch Verwirklichung erst als möglich zu Erkennende" wurde sichtbar; aber „avantgardistisch im wörtlichen Sinne – und im politischen Nebensinn – ist sie nie gewesen. Braque, mit Picasso der große Neuerer bei der Inthronisierung des „analytischen" Kubismus, hat von sich gesagt: „Ich bin kein revolutionärer Maler, ich suche nicht die Überspanntheit: die Spannung genügt mir." So wurde aus dem „Revolutionär" früher fauvistischer und kubistischer Jahre einer der großen „Konservativen" unter den Malern des Jahrhunderts.

Museumsstürmer

Wirklich „progressivistisch", besessen vom Fortschrittsglauben, waren die italienischen Futuristen. Sie und die Dadaisten repräsentieren jene beiden Strömungen in der Kunst des Jahrhunderts, die tatsächlich einen Sturmangriff auf die Tradition unternahmen. Auch diese Museumsstürmer um den Poeten Filippo Tommaso Marinetti, beheimatet im klassischen Land der Museen, das sie mit seinem künstlerischen Konservatismus frustrierte, landeten freilich bald selbst – und durchaus zu Recht – im Museum. Wichtiger ist es, anhand des Beispiels so vorzüglicher Künstler wie Boccioni, Ballà oder Severini darüber nachzudenken, wohin unreflektierter politischer Anarchismus, fehlende geschichtliche Perspektive, naiver Fortschrittsglaube und eine aus der Kontrolle geratene Dynamik um ihrer selbst willen schließlich führen können – in den „Dynamismus" einer „Bewegung" nämlich, in diesem Fall in den Faschismus: Der vor allem als Bühnenbildner bedeutende Prampolini verherrlichte in einem – künstlerisch vorzüglichen – Bild Mussolinis Schwarzhemden, und auch der geringere Soffici erlag der Faszination des Duce. Das ist angesichts der Verherrlichung von Krieg und Gewalt durch den Wortführer Marinetti zwar nicht verwunderlich; doch sollte man auch andere Partien seines manchmal arg mysti-

Umberto Boccioni, *Dynamismus eines Fußballspielers,* 1913

Giorgio de Chirico, *Die beunruhigenden Musen,* 1916

fizierenden und ritualisierten Denkens einmal auf ihre angebliche Fortschrittlichkeit hin untersuchen. Man wird feststellen, daß es zu einem nicht unerheblichen Teil stockreaktionär ist. Auf der einen Seite steht die berühmte Sentenz: „Ein Rennwagen, dessen Karrosserie große Rohre schmücken, die Schlangen mit explosivem Atem gleichen, ist schöner als die Nike von Samothrake", für die wir, die wir bereit sind, einen Bugatti ins Museum zu holen, heute vielleicht mehr Verständnis haben als die Zeitgenossen. Auch Lenin hat ja einem Rolls-Royce aus dem Lande des Manchester-Kapitalismus zu musealen Weihen verholfen. Auf der anderen Seite finden wir bei Marinetti den finstersten Chauvinismus und die rigorose Zurückweisung der Gleichberechtigung für die Frau. Es ist lange (und schmerzlich) bekannt, daß die politisch „Progressiven" kulturell oft die Konservativsten sind; man sollte umgekehrt gelegentlich aber auch daran erinnern, daß „progressive" Künstler politische und philosophische „Reaktionäre" sein können. Die Ablehnung der Geschichte (einschließlich Kunstgeschichte) und ein zukunftsgewisser „Fortschrittsglaube" allein garantieren weder im Leben noch in der Kunst eine bessere Welt.

Die eindrucksvollen Bilder eines Boccioni, Carrà (der sich später unter dem Einfluß de Chiricos der prononciert geschichtsbezogenen „Pittura metafisica" zuwandte), eines Ballà oder Severini werden durch solche kritischen Überlegungen gewiß nicht schlechter; diese sollten aber dazu führen, mit den großen Worten „Avantgarde" und „Fortschritt" etwas vorsichtiger umzugehen und auch heute, da die „Krise der Avantgarde" in aller Munde ist, nicht gleich wieder neuen Schlagwörtern aufzusitzen, ob sie nun „Postmoderne" oder „Transavantgarde" heißen, oft von denselben Leuten benutzt oder sogar erfunden, denen es vorher nicht „avantgardistisch" und „innovativ" genug zugehen konnte.

Das kunstgeschichtliche Verdienst der Futuristen ist es, den Ablauf der Bewegung im Bild und in der Skulptur zum erstenmal nachvollziehbar gemacht und damit – als „Primitive eines neuen Weges" – eine Entwicklung in Gang gebracht zu haben, die später vom Film, der ihnen viele Anregungen zu verdanken hat, aufgenommen und fortgesetzt wurde. Die Unruhe, die Hektik, die nervöse Dynamik des „modernen" Großstadtlebens wurde zum erstenmal auf überzeugende Weise in bildnerische Formen gebracht. Boccionis berühmtes Gemälde „Der Lärm der Straße dringt ins Haus" ist unter diesem Aspekt ein Schlüsselwerk. Auch die Musik und das Theater haben vom Futurismus profitiert. Der „Bruitismus" bereitete der „musique concrète" der zweiten Jahrhunderthälfte den Boden.

Im Bereich des Bühnenbildes hat der Futurismus Lösungen vorgeführt, die ebenfalls bis in unsere Zeit hinein fruchtbar blieben. Schließlich ist die kurze, aber intensive Blüte der revolutionären russischen Kunst nachdrücklich von den italienischen Protagonisten gefördert worden.
Die Aufbruchsstimmung in Rußland nach dem Ende der Zarenherrschaft und die zunächst ebenfalls zukunftsfrohe Vision eines kollektiven Glücks hat als gesellschaftliche Voraussetzung dabei eine entscheidende Rolle gespielt, ehe durch Lenins kunstpolitische Wendung von 1923 zum „sozialistischen Realismus" und Stalins brutale Unterdrückung des künstlerischen Aufschwungs alles in kleinbürgerlich-pseudosozialistische Mittelmäßigkeit zurücksank. Die futuristische Ideologie der italienischen Künstler jedoch, die, „auf dem Gipfel der Welt stehend [...], noch einmal unsere Herausforderung den Sternen zuschleudern" wollten, ist im Ersten Weltkrieg und schließlich im Faschismus mussolinischer Prägung untergegangen.

Das Geistige in der Kunst

Die Kubisten waren weniger auf die Revolutionierung der Welt als auf die der Kunst bedacht. Ihr Werk hatte aber durch die Erschließung bisher unbekannter Räume für die Malerei sehr viel weiterreichende Folgen als die futuristischen Attacken auf Tradition und Geschichte. Das gilt auch für das künstlerische und kunsttheoretische Wirken Wassily Kandinskys. Es gibt kaum einen schärferen Gegensatz als den zwischen dem – eher esoterisch-elitären – bildnerischen und kunsttheoretischen Denken Kandinskys und dem der Dresdner „Brücke"-Expressionisten. Deren verschwommen sozial-utopistisches Engagement war den „Münchnern" von der Künstlervereinigung „Der Blaue Reiter" suspekt. Ihnen ging es um das „Geistige in der Kunst", wie der Titel von Kandinskys richtungsweisender kunsttheoretischer Schrift lautet. „Gerade die reine Kunst", schrieb auch sein Freund Franz Marc, „denkt so wenig an den ‚anderen', hat so wenig den ‚Zweck, die Menschen zu einigen', wie Tolstoi sagt, verfolgt überhaupt keine Zwecke, sondern ist einfach sinnbildlicher Schöpfungsakt, stolz und ganz ‚für sich'." Das Bild hat nichts abzubilden, nichts wiederzugeben, es besteht als Konkretum für sich allein. Insofern ist die Bezeichnung „abstrakt" irreführend. Kandinsky hat später auch den von dem holländischen „Stijl"-Künstler Theo van Doesburg vorgeschlagenen Terminus „konkrete Kunst" akzeptiert, obwohl er vorher selbst das „Große Abstrakte" und das „Große Reale", wie es sich für ihn vor allem in der „naiven" Malerei des Zöllners Rousseau manifestierte, als die beiden einzig legitimen, polaren Möglichkeiten bildnerischen Schaffens definiert hatte.
Das „Große Abstrakte" steht für das Geistige in der Kunst, das dem materialistisch-positivistischen Denken der Zeit entgegengehalten wird; ihm geht es nicht um die reale, sondern um die spirituelle Welt, in deren Räumen selbst so alltägliche, „materielle", d. h. irdische Gefühle wie Liebe, Lust und Angst keinen Platz haben. Es ist das Reich des reinen Geistes, in das viele der früheren Freunde Kandinskys und Marcs, darunter Erbslöh, Kanoldt und schließlich auch August Macke, den beiden nicht mehr folgen mochten. Das Phänomenale an dieser Kunst ist, wie geistige Vorstellungen, seelische Empfindungen sinnlich erfahrbar gemacht und selbst die „ungegenständlichen" Visionen des Künstlers Kandinsky der rationalen Kontrolle durch den Wissenschaftler Kandinsky unterworfen werden. Die Mittel hatten die Fauves und Robert Delaunays „Orphismus", die Lehre von den Simultankontrasten durch Zerlegung des Lichts, vorbereitet. Farbe wird von Kandinsky synästhetisch als „Klang" verstanden. (Schon Apollinaire hatte in der Malerei Kupkas und Delaunays poetische und musikalische Spiele gesehen.) Die Linie hat für Kandinsky ihre eigene Energie und ihre eigene Bedeutung. Sie soll in der Person des Betrachters verwandte Schwingungen auslösen: horizontal Ruhe, abwärts Trauer, aufwärts Freude. Auch ihr An- oder Abschwellen bewirkt psychische Reaktionen. Ähnliches gilt für die Formen: rund oder eckig, aufrecht oder liegend.
Ähnlich wie Kahnweiler für die Bilder der Kubisten erwartete Kandinsky für seine Werke und die seiner Freunde, daß man das neue Vokabularium lesen lerne. Auch von ihm wird, wenngleich unter weit weniger rationalen, eher romantisch grundierten Prämissen, Malerei als Schrift verstanden. Das Bild selbst wird zum „Weltinnenbild", die Empfindungen des Menschen werden nach außen projiziert. Daran haben natürlich Sigmund Freud und die Psychoanalyse ihren Anteil, ebenso wie die immer abstrakter werdenden Formeln der Wissenschaft, die Entdeckung der vierten Dimension und das Erlebnis der Kernspaltung, das Kandinsky so tief beeindruckte, daß ihm „alle Dinge durchsichtig [wurden], ohne Stärke oder Gewißheit".
Die äußere Wirklichkeit verlor ihre Tragfähigkeit, wurde zur bloßen Vorspiegelung der Einbildungskraft. Dem Mißverstehen der Kunst als Analogon zur Wissenschaft ist Kandinsky, im Gegensatz zu vielen seiner geringeren Nachfahren, die vor allem nach dem Zweiten Weltkrieg die Welt – entsprechend den Formeln der Wissenschaftler – in abstrakte Zeichen und Symbole zu fassen versuchten, gleichwohl nie erlegen. Allein Franz Marc, der Naivere, war davon überzeugt, die Kunst der Zukunft werde „die Formwerdung unserer wissenschaftlichen Überzeugung sein". Für Kandinsky hingegen war die Kunst ein Absolutum. Er war sich sicher, eines Tages die „absolute Malerei" realisieren zu können, eine Malerei, die die Sensationen des Innern bloßlegt und sie zugleich in der malerischen Niederschrift wieder chiffriert: Auch dies ein Hinweis darauf, daß der intellektuelle Romantiker Kandinsky seine Visionen unter Kontrolle hielt. Seine konstruktiveren Bildzeichen der folgenden Bauhausjahre, bis hin zu ihrer späten, buntfolkloristischen, etwas verzweifelt heiteren Auflösung in den Jahren der Emigration, sind ohne Kenntnis der Bilder, Plastiken und Modelle der frühen russischen „Avantgarde" schwerlich denkbar. Unter ihnen hatten die Suprematisten die „Suprematie

der reinen Empfindung" gegenüber der sichtbaren Welt zum Prinzip erhoben, die Konstruktivisten gaben der Technik den Vorrang gegenüber der Natur und schätzten den Ingenieur höher als den traditionellen Künstler. Kandinsky hat die Möglichkeiten der Malerei ins nahezu Grenzenlose erweitert. In dieser Weite haben sich viele verloren, die nach ihm kamen. Die abstrakte Internationale der Nachkriegszeit, die von Paris aus vor allem die Szene der fünfziger Jahre beherrschte, hat die Höhe seiner wegweisenden Kunst nicht mehr erreicht und erweist sich in der Rückschau vielfach als eklektizistisch bis epigonal.

Die universelle Harmonie

Der expressiven Ausdruckslinie und der Ausdrucksfarbe des frühen Kandinsky und seiner Freunde diametral entgegengesetzt sind die strengen, rechtwinkligen Ordnungen der niederländischen „Stijl"-Gruppe, vor allem die ihres Protagonisten Piet Mondrian. Dessen Utopie ist, trotz ihrer mystischen Grundierung, spröder und zugleich in gewisser Weise handfester, „weltlicher", als die des emigrierten Russen. Denn Mondrian und seine Weggefährten, vor allem Theo van Doesburg, wollten tatsächlich die reale Welt verändern. Nicht zufällig hat Georg Schmidt, der bedeutende Schweizer Kunsthistoriker und Museumsmann, Mondrian den großen Realisten des Jahrhunderts genannt; denn die Ideen der Niederländer waren trotz ihres philosophischen Ursprungs im Denken des anthroposophischen Mathematikers Schoenmaeker nicht der Wirklichkeit entrückt, sondern auf die Welt, in der wir leben, bezogen; sie waren auf Realisierung im Hier und Jetzt – und natürlich erst recht in der Zukunft – bedacht. Die „Stijl"-Ideologie ist eine konkrete Utopie. Kunst war für Mondrian die Verwirklichung einer „universellen Harmonie", der Entwurf einer irdischen Glückseligkeit. Er hielt sich nicht nur für deren Propheten, er hat vielmehr, wie Hans Jaffé, der „Stijl"-Interpret, gesagt hat, sein ganzes Leben dieser Utopie gewidmet und darin gelebt (vgl. S. 114).

Es ist kein Zufall, daß die Protagonisten der Gruppe, neben dem schwärmerischen Mondrian vor allem der nüchternere van Doesburg, der durch seine Gründung der Zeitschrift „Stijl" der Richtung den Namen gegeben hatte, ferner Bart van der Leck, der Bildhauer Vantongerloo, die einflußreichen Architekten Rietvield, Oud, van Esteren und van t'Hoff, mehrheitlich aus calvinistischen Familien kamen. Was sie wollten, war eine Kunst für alle, fern von der Natur und ganz gewiß nicht „parallel" zu ihr. Die neue Ästhetik des rechten Winkels mit ihrer Beschränkung der Palette auf die Grundfarben Rot, Gelb, Blau und die „Nicht-Farben" Schwarz und Weiß (gelegentlich zum Grau hin gebrochen) stellt die vom Menschen geschaffene Ordnung, in der sich sein Streben nach Harmonie ausdrückt, dem Wildwuchs der Natur programmatisch entgegen. Daher bleibt die Naturfarbe Grün heute noch bei Mondrian-Verehrern, wie z. B. dem Bildhauer Nicolas Schoeffer, strikt ausgeschlossen. Die von platonischem Denken inspirierte „universelle Harmonie", deren Meditationstafel das gemalte Bild ist, strebt nach dem Glück im Kollektiv und wird dem europäischen Individualismus programmatisch entgegengestellt. Sie berührt sich darin mit dem – freilich noch von romantischen Unendlichkeitssehnsüchten geprägten – Suprematismus und vor allem mit dem Konstruktivismus der frühen Russen.

Piet Mondrian, *Broadway Boogie-Woogie,* 1942–43

Mondrian war der große Maler des „Stijl", dessen künstlerische Entwicklung sich ganz konsequent vom harten, bereits architektonisch geprägten Naturalismus holländischer Herkunft über den Impressionismus und den analytischen Kubismus bis zu den kargen rechtwinkligen Ordnungen seiner reifen Jahre vollzog. Piet Mondrian war der visionäre Schwärmer, Theo van Doesburg der intellektuelle Kopf, der Propagandist und der Motor der Bewegung. Daß er später zur Architektur überging, auf das Bauhaus einen enormen Einfluß ausübte und dessen kunstphilosophische Abkehr vom Pathos der Anfänge zu größerer Sachlichkeit mitbewirkte, war eine logische Folge des Willens zur Veränderung der Welt, die ja auch im urbanen Bereich von Gropius über Mies van der Rohe, Le Corbusier, Oud und ihre Schüler bis zur monotonen „Wand mit Löchern" phantasieloser Epigonen tatsächlich stattfand. „In einem ästhetischen Käfig", so schrieb der Museumsmann Johannes Cladders, „hat [...] ein Künstler wie Mondrian gesessen. Er hat dort sein Glasperlenspiel des Konstruktivismus betrieben [...]. Was zunächst so wenig von der Gesellschaft wahrgenommen wurde, bestimmt heute in der Architektur, in der Innenausstattung, in nahezu allen Bereichen unseres Lebens die ästhetischen Kategorien. Genau sein Glasperlenspiel entartete in der Umarmung sogar zu dem, was uns heute als brutal empfundene Gegenwart begegnet. Insoweit war Mondrian [und, so muß man ergänzen, van Doesburg; d. V.] relevanter für unsere

Zeit und die Gesellschaft schlechthin als eine zur selben Zeit arbeitende Käthe Kollwitz." Die inzwischen eingetretene Reaktion der „postmodernen" Architektur, der Aufstand nostalgisch zitierender Söhne gegen ihre „progressiven" Väter, bestätigt das, was Cladders formuliert hat.
Enorm war auch der Einfluß von Stijl auf die Malerei und die Plastik. Fast alle Künstler, die der Reizüberflutung durch die Werbung und die neuen Medien, der optischen Umweltverschmutzung mit den sensiblen Wirkungen puristischer Bilder oder den kargen Strukturen einer antibarocken, architekturnahen Plastik ohne Piedestal (Minimal Art) entgegentraten, sind von Stijl inspiriert worden. Ähnliches gilt selbst für Barnett Newman, den führenden Kopf unter Amerikas Farbfeld-(„Color field"-)Malern, dem der rechte Winkel der Bilder seiner europäischen Vaterfigur Mondrian noch immer zu „naturalistisch" war, weil er auch in der Natur vorkommt. Er ersetzte ihn darum durch den „zip", den ohne Anfang und ohne Ende durchs Bild laufenden Streifen.

Kunst fürs Kollektiv

Auch im nachrevolutionären Rußland zielte die Kunst, zunächst von Lenin gefördert, auf ein kollektives Glück durch Veränderung der Umwelt und des Bewußtseins. Für die Suprematisten um Malewitsch und für die politisch-ideologisch programmierten Konstruktivisten und Produktivisten liefen die Modelle der bildenden Kunst – wie für die Protagonisten des „Stijl" – auf ihre Einbindung in die Architektur hinaus. „Eindeutig ist das organische Wachsen", heißt es unmißverständlich bei Malewitsch („Das Bauen. Architektur"). Die bürgerliche Vorstellung von den „schönen Künsten", von der zweckfreien Schönheit der Bilder und Plastiken, wurde verabschiedet und an ihre Stelle eine antiindividualistische, zweckdienliche, normative Kollektivkunst ohne Hierarchien gesetzt. Sie sollte ins Leben hineinwirken, ob durch Bilder, Plastiken, Design oder Typographie: also durch Mittel, die im Dienst einer alles überkrönenden, zusammenfassenden Architektur zu stehen hatten.
Im Gegensatz zu den Niederländern setzte aber Malewitsch seine Bildformen vor unendliche Hintergründe. Seine Architekturmodelle greifen aus in metaphysische, sphärische Räume, während die der Konstruktivisten unter dem Einfluß seines Antipoden Tatlin, fasziniert von der Technik, ihre Projekte auf die konkrete Wirklichkeit bezogen. So könnte man vereinfachend den Suprematismus Malewitschs und seiner Anhänger Sujetin, Kljun, Puni, Mansuroff, Popowa usw. als die im Ansatz „romantische" Variante bezeichnen. Die von Tatlin initiierte, von Rodschenko und vor allem von El Lissitzky aufgenommene und fortgesetzte konstruktivistische Version kann – im Sinne Georg Schmidts – als die „realistische" Strömung innerhalb der russischen Avantgarde jener Tage angesehen werden. Gemeinsam war allen die Anregung durch die Kubisten, vor allem durch deren frühe „Materialbilder" und Picassos Raumcollagen. Andere, wie Alexandra Exter, wurden vom Futurismus beeinflußt und entwickelten daraus den „Kubofuturismus".
Nicht alles, was die Maler und Bildhauer schufen, ging nach Lenins Verdikt in der Folge verloren, weil man sie im Bereich der sogenannten angewandten Kunst gewähren ließ. So durfte Lissitzky, der in Hannover mit seinem „Abstrakten Kabinett" das Modell für ein „Lebendes Museum" (A. Dorner) der Zukunft gestaltet hatte, noch 1927 das Design für den sowjetischen Pavillon auf der Kölner „Pressa" von 1928 entwerfen. Die Wirkungsgeschichte verlagerte sich aber bis in unsere Tage von der isolierten Sowjetunion weg nach Polen, nach West- und Mitteleuropa, nicht zuletzt durch das Wirken russischer Emigranten wie Kandinsky und Chagall. Malewitschs „Schwarzes Quadrat auf weißem Grund" ist die Urform jener „letzten Bilder", deren in unserem Jahrhundert noch so viele gemalt werden sollten, immer wieder neue Grenzsituationen dokumentierend. Ad Reinhardt, Yves Klein, Robert Ryman, Clyfford Still, Raimund Girke: sie alle haben von Malewitschs ästhetischem Radikalismus profitiert. Tatlins Konstruktionen beeinflußten entscheidend das Brüderpaar Gabo und Pevsner, den ungarischen Bauhausmeister Moholy-Nagy und später die Kinetik eines Calder, Tinguely oder Schoeffer, ganz zu schweigen von den weit in die folgende Zeit hineinreichenden Auswirkungen auf den abstrakten Film, das Design und die Fotografie.
Die so hoffnungsfroh und mit vorzüglichen Resultaten gestartete russische Architektur aber, die gedachte Krönung schöpferischer Arbeit, wurde vom pompös auftrumpfenden, leeren Monumentalismus der Stalin-Ära auf trostlose Weise überwuchert.
Die Idee des „Gesamtkunstwerks" war – und ist – seitdem in der Kunstgeschichte des 20. Jahrhunderts stets virulent, und zwar weit über Richard Wagners relativ

Kasimir Malewitsch, *Schwarzes Quadrat auf weißem Grund,* 1913

enge und vage Vorstellungen hinaus, die er auch nie ausformuliert und noch weniger realisiert hatte. Am Ende steht natürlich der jahrhundertealte Traum vom Leben als Kunstwerk, der nicht nur das Schaffen eines zeitgenössischen Künstlers wie Joseph Beuys bestimmt, sondern den künstlerischen Menschen bis ans Ende der Tage begleiten wird.

Die Bindung ans Soziale

Die große Idee einer ans Soziale gebundenen Kunst lag auch der Gründung des Weimarer, später Dessauer Bauhauses zugrunde. Hier wurde wie im Denken der Russen und des „Stijl" wiederum der Architektur die entscheidende Rolle oder vielmehr – um in der von dem amerikanischen Architekturpionier Sullivan inspirierten Bauhausterminologie zu bleiben – die entscheidende „Funktion" zugewiesen. Der Gründer dieser unakademischen Kunstschule neuen Stils, Walter Gropius, war allerdings einsichtig und liberal genug, auch den bildenden Künsten den ihnen gebührenden Platz einzuräumen, vor allem der Malerei.
Auch in Weimar wurden Hierarchien abgebaut, gab es keine Rangunterschiede mehr zwischen „freier" und „angewandter" Kunst, auch hier wollte man die Grundlagen für eine bessere (und besser funktionierende) Welt legen. Natürlich hatte man die Vision einer von Schönheit erfüllten Umwelt für eine klassenlose Gesellschaft übernommen, die dann in der Endphase nach Gropius' Rücktritt 1928 vom vorletzten Bauhauschef, dem Architekten Hannes Meyer, ins Extrem getrieben und ideologisch verengt wurde. Heute wissen wir, daß der totale „Funktionalismus", der Bruch mit der Geschichte, die utopische Sehnsucht nach dem Noch-nie-Dagewesenen die große Schwäche der Bauhausideologie im architektonischen Bereich war. „Die globale Weltzivilisation", sagt Wolf Jobst Siedler, „[...] ist brüchig geworden." In den zwanziger Jahren aber war der antihistorische Schwung noch ungebrochen.
Die Verbindung zum Stijl und zu den avantgardistischen Russen wurde durch Besuche van Doesburgs, Lissitzkys, Gabos und auch Malewitschs im persönlichen Ideenaustausch intensiviert. Paul Klee, Formmeister für Glasmalerei und Weberei, in dessen Werk sich das Konstruktive auf so unvergleichliche Weise mit dem Phantastischen verbindet, schrieb hier sein „Pädagogisches Skizzenbuch", das bis hin zur Concept Art und in unsere Tage hinein eine der wichtigsten kunsttheoretischen Schriften eines bildenden Künstlers geblieben ist. Kandinsky konnte hier unter idealen Voraussetzungen seine kunstwissenschaftliche und seine malerische Tätigkeit fortsetzen und weiterentwickeln, Oskar Schlemmer sein großes Thema „Figur im Raum" auf Bildern und auf der Bühne erproben, der Ungar Moholy-Nagy – auch er Emigrant – seine konstruktivistischen Studien experimentell fortsetzen. Diese Versuche haben – im Bereich der bildenden Künste – bis hin zur Lichtkunst der internationalen Zero-Gruppe, zur Kinetik, zu den „demokratischen" Massenauflagen der „ars multiplicata" und nicht zuletzt bis zur Fotografie und zu den Fotorealisten unter den Malern, zur Arbeit eines Chuck Close, aber auch eines Gerhard Richter ihre Aktualität bewahrt.
Der junge Josef Albers hat in Weimar, beeindruckt vom „Stijl", viel zum „industrial design" beigetragen, und selbst dem Werk des heimlichen Romantikers Lyonel Feininger liegt – in der Synthese von kubistischen und Bauhausprinzipien – eine „leidenschaftliche Sehnsucht nach strenger Raumgestaltung" zugrunde, „ohne alle malerische Sucht", wie der Amerikadeutsche hinzufügt. Mies van der Rohe, der den Dogmatiker Meyer ablöste, konnte das Bauhaus nicht mehr aus seiner letalen Krise herausreißen; die nationalsozialistischen Bilderstürmer machten es unmöglich. Doch allein der Name dieses bedeutenden Baumeisters verweist auf Amerika. Im „New Bauhaus" von Chicago, wo Moholy-Nagy, zum zweitenmal emigriert, wirkte, und am Black Mountain College, wo Albers lehrte, wurde die Lehre des Bauhauses aufgenommen und fortgesetzt, mit großem Einfluß auf die globale Architektursprache und die Kunstszene der sich allmählich von Europa emanzipierenden Neuen Welt. Der Versuch in den fünfziger Jahren, zunächst unter der Leitung des bedeutenden Schweizer Malers, Bildhauers, Architekten und Designers Max Bill, mit der Ulmer Hochschule für Gestaltung unmittelbar an die – im Zeichen einer hochentwickelten Technik aktualisierte – Bauhauslehre anzuknüpfen, konnte nicht zu Ende geführt werden. Er ist aber trotz zermürbender Konflikte, die 1956 zu Bills Rücktritt führten, von erheblichem Einfluß auf das Streben nach der „guten Form" im Industriezeitalter gewesen.

Zwischenkriegszeit

Blickt man auf die europäische Kunstszene der Zeit nach der bereits Ende der zwanziger Jahre ausbrechenden Bauhauskrise, also auf die der dreißiger Jahre bis zum Beginn des Zweiten Weltkriegs, so könnte man die bekannte Behauptung, die entscheidenden revolutionierenden Argumente der modernen Kunst seien ausnahmslos schon vor dem Ersten Weltkrieg geliefert worden und alles, was danach kam, sei letztendlich repetierende Variation, für richtig halten. Denn es ist nicht nur die Epoche des nicht mehr auf den Osten beschränkten, vielmehr nach Mitteleuropa übergreifenden Bildersturms, der sich auch bereits in der Endphase der Weimarer Republik ankündigt. Vielmehr lähmte auch das bedrückende, sich allzubald brutal bestätigende Gefühl, nicht in einer Friedenszeit, sondern in einer Zwischenkriegszeit zu leben, die schöpferischen Kräfte. An diesen Zuständen übten in Europa Realisten wie Grosz, Dix und viele andere, in Amerika Künstler wie Ben Shan bittere Kritik. Sie erreichte im Schaffen des unvergleichlichen Max Beckmann den Rang mythischer Tragödien. Andere widmeten sich nachdenklich einer Thematik, die 1965 in einer lehrreichen Kölner Ausstellung unter dem Titel „Traum – Zeichen – Raum" rekapituliert wurde.

Otto Dix, *Der Schützengraben,* 1920–23

Das Ende der Klassischen Moderne mit ihren Entwürfen, die trotz herber Kritik den Glauben an die Veränderbarkeit der Welt zur Voraussetzung hatten, kündigte sich an. Dieses krisenhafte Bewußtsein spiegelte sich auch im Werk der noch lebenden Klassiker, wie eine andere Kölner Ausstellung, „Westkunst", 1981, in ihrer ersten Abteilung eindringlich vor Augen geführt hat.

Selbst der anarchische, ideologieferne Dadaismus mit seinem rabiaten Aufstand gegen „die blödsinnige Schweinerei des Krieges" (Max Ernst), mit seinen Angriffen auf die heiligen Kühe des „Abendlands", auf nationalistisches Denken und fromme ästhetische Lehren war insofern noch idealistisch grundiert, als er trotz allem – im Grunde unpolitisch, wie er war – immer noch Veränderungen für möglich und machbar hielt. Nichts war daher törichter, als den nur lose miteinander verbundenen Dada-Gruppen in Köln und Paris, in Budapest oder New York später „Kulturbolschewismus" zu unterstellen, da es sich doch um eine Internationale von ausgeprägten Individualisten westlicher Prägung und meist bürgerlicher Herkunft handelte, deren Ableger und Freunde im kommunistischen Osten nie eine ernsthafte Chance hatten. Anders als den frühen Russen, der Stijl-Gruppe und auch dem Bauhaus war den Dadaisten die perfekt funktionierende Welt ebenso suspekt wie der Fortschrittsglaube, der nach ihrer Überzeugung im Ersten Weltkrieg bereits sein definitives Fiasko erlebt hatte. Dada war keine Kunstrichtung, Dada war – mit Ausnahme der massiv politisch agitierenden Berliner Gruppe – ein individualistisch-anarchischer Protest, ein antikünstlerischer Aufstand von Künstlern voller Wut, aber auch voller Lebensfreude und irrationaler Hoffnung.

Der Dadaismus konnte keine Massenbewegung werden; dafür war er viel zu intellektuell. „Der Zynismus der Dadaisten ist eine Maske", hat einer von ihnen, der Bildhauer und Poet Hans Arp, gesagt. Man darf es ihm glauben. Im Dadaismus kritisierte der Bürger sich selbst. Am Ende wurde, vor allem im Werk von Hans Arp und Kurt Schwitters, aus dadaistischer „Antikunst" doch wieder Kunst, die in ihrer ironisch gebrochenen Poesie zu den schönsten Zeugnissen künstlerisch-literarischer Sensibilität im 20. Jahrhundert gehört. Bezeichnenderweise sind es auch diese beiden Dadaisten, deren Werk noch in unseren Tagen von unverminderter Wirkung ist. Um dies festzustellen, bedarf es nur eines Blicks auf das Werk von Robert Rauschenberg, auf die Materialcollagen so mancher anderer Zeitgenossen und auf die Images der frühen englischen und amerikanischen Pop Art einschließlich des frühen Happenings.

Traum und Rausch

Der Dadamax Ernst wandte sich bald anderen Zielen zu – oder besser: Er ließ sich von seiner überquellenden Phantasie und von seinem kaustischen Witz zu immer neuen Lösungen inspirieren, die ihn schließlich zum bedeutendsten surrealistischen Maler werden ließen. In seiner Person und in seinem Werk tritt die Verbindung zwischen Dada und Surrealismus, von der die Surrealisten um den wortführenden Schriftsteller André Breton nicht viel wissen wollten, unwiderleglich in Erscheinung. Das berühmte Bild „Au rendez-vous des amis" (Das Wiedersehen der Freunde, vgl. S. 136), bald nach seiner Ankunft in Paris gemalt, belegt es allein durch die Personen, die darauf versammelt sind: Außer Max Ernst selbst, der auf Dostojewskis Knien sitzt, neben Giorgio de Chirico, dem Vorläufer des Surrealismus, und den literarischen Wortführern Breton, Aragon, Éluard erkennt man die Dadaisten Hans Arp und Johannes Baargeld.

Der Wirklichkeitsbegriff wurde durch die Surrealisten, wiederum nicht ohne Einfluß der Psychoanalyse, um die Kategorien des Traums, des Rauschs, des Wahns, des Irrationalen erweitert. Unter Berufung auf den Marquis de Sade wurden auch das Gewalttätige, die Libertinage, das Mörderische und das Satanische ins Bild aufgenommen. Die künstlerischen Ahnherren aus der Geschichte waren: der – allerdings tiefreligiöse – Hieronymus Bosch, Bruegel, der Piranesi der „carceri" und Labyrinthe, der Prager Hofmaler Arcimboldi, Füßli, Blake, Odilon Redon, der Zöllner Henri Rousseau und der Symbolist Gustave Moreau, und nicht zuletzt James Ensor mit seiner gespenstischen Maskenwelt („Skelett, chinesische Bilder betrachtend"). Auch bestimmte Werke des frühen Chagall und von Léger und, nicht zuletzt, die Zeichenwelt des Paul Klee, hatten ihren Einfluß. Literarisch bekannte man sich zu den fanzösischen „poètes maudits", Arthur Rimbaud und Charles Baudelaire. Das Unbewußte, im Menschen Verborgene, wurde dem bewußten Leben gleichrangig an die Seite gestellt. Bei der Beschwörung des Phantastischen, Überwirklichen („Surrealen") berief man sich auf die Wissenschaft, lehnte den „Mythos" vom schöpferischen Künstler rundweg ab, akzeptierte aber Trance und Automatismus („écriture automatique"). Adorno spricht von sichtbar gemachten, verlorenen

dann die Lateinamerikaner Roberto Sebastian Matta und Wifredo Lam sowie die im amerikanischen Exil entstandenen Werke André Massons bewiesen, daß die Todesanzeigen zu früh aufgesetzt worden waren. Allerdings handelt es sich bei dem Chilenen, dem Kubaner und dem Franzosen nicht um genialische Paranoiker und manieristische Immoralisten vom Schlage Dalís, sondern um Künstler, die das Absurde und die Fehlentwicklungen des Menschen, seine Grausamkeiten und seine atavistisch-aggressive „Auge um Auge, Zahn um Zahn"-Mentalität, den Kampf aller

James Ensor, *Skelett, chinesische Bilder betrachtend,* 1885

Salvador Dali, *Kannibalismus im Herbst,* 1936–37

Kindheitserinnerungen und sieht darin einen der wichtigsten Gründe für die Faszination, die der Surrealismus – man denke an die überfüllten Dalí-Ausstellungen der letzten Jahre – bis heute auf junge Menschen ausübt.

Nicht erklärt wird damit allerdings das erstaunliche Faktum, daß der bedeutendste und intelligenteste Surrealist, Max Ernst, es noch immer nicht zu einer vergleichbaren Popularität gebracht hat – vielleicht weil seine Bilderrätsel zuviel gedankliche Mühen verursachen. Anders als die Phantasien des Spaniers Salvador Dalí sind sie nie ganz dechiffrierbar und bewahren stets einen Rest von unauflöslichem Geheimnis.

Der Surrealismus ist, in diesem Punkt Dada durchaus vergleichbar, seinem Wesen nach anarchisch und im Grunde auch ohne Hoffnung auf Veränderbarkeit. Dafür spricht, daß der vorübergehende Flirt mit der radikalen politischen Linken nicht lange dauerte. Die politische Standpunktlosigkeit der meisten Surrealisten manifestiert sich auf irritierende, extreme Weise in der Faszination, die zunächst Hitler und später Franco zeitweise auf Dalí ausübten.

Mit dem Ende des Zweiten Weltkriegs, so glaubte man lange, sei der Surrealismus vorüber. Schwache Epigonen in verschiedenen europäischen Ländern, auch in der Bundesrepublik, schienen das zu bestätigen, bis

gegen alle leidend erfuhren und in expressiver Weise anklagten. „Selbst wer in höchstem Maße an die klare Welt des Geistes gebunden ist", so hat Masson formuliert, „wird zu nachhaltigen Streifzügen in die Welt der Gewalt und der Begierde gezwungen."

Bis in unsere Tage hinein hat der Surrealismus, vor allem in seiner intellektuellen, maßgeblich vom Ex-Dadaisten Marcel Duchamp inspirierten Form, legitime und selbständige Nachfolge gefunden. Über den Belgier René Magritte, für den die philosophisch-literarische Bildidee stets wichtiger war als ihre malerische Realisierung, führt der Weg zu seinem Schüler Marcel Broodthaers, der zehn Jahre Dichter war, bevor er wiederum für zehn Jahre bildender Künstler wurde und dann in relativ jungen Jahren starb. In ihm ist der Zweifel des zeitgenössischen Menschen jenseits von Nietzsche schöpferisch geworden. Broodthaers' radikale, von einem menschenfreundlichen Humor durchsetzte Befragung der Geschichte und des Museums, seine vieldeutigen, ironisch gebrochenen Symbole und Bildzeichen sind Manifestationen einer späten „alexandrinischen" Kultur. Mit ihrer unergründlichen, melancholischen Skepsis gehören sie zu jener illusionslosen „Zweiten Moderne", die unter dem Eindruck der nicht nur wiederholten, sondern potenzierten Katastrophe des Zweiten Weltkriegs in den frühen vierziger Jahren in Europa und in Amerika begann. Keine Hoffnung haben und doch „im Dunkeln tun, was wir können" –: dieses Wort des späten, von seinen Irrtümern gründlich kurierten Gottfried Benn könnte als Motto über dem Schaffen des Belgiers stehen.

Der große Verweigerer

Der „aktuellste", heute noch einflußreichste Künstler aus der Frühzeit der Moderne heißt Marcel Duchamp. Ursprünglich, nach Anfängen im Umkreis des Impressionismus, Seurats und der Fauves ein interessanter kubistischer Maler mit futuristischen Einsprengseln (obwohl er darauf insistiert hat, nicht von den Italienern, sondern von fotografischen Bewegungsstudien zu seinen dynamischen frühen Bildern angeregt worden zu sein), war er das Haupt der New Yorker Dadaistengruppe. Das Ende der europäischen Tradition und die Emanzipation der amerikanischen Kunst hat er schon früh vorausgesehen. Ihn erfaßte der Baudelairesche „Ennui", die Langeweile des spätgeborenen, gebildeten Europäers im Anblick endloser Repetitionen. Ab 1918 verzichtete er daher auf die Malerei, um fortan seine Denkspiele zu forcieren, darunter, volle zehn Jahre lang, das wettkampfmäßig auf internationaler Ebene betriebene Schach.

Allerdings liegt die Vermutung nahe, diesen „Antikünstler" und angeblichen Bilderstürmer habe weniger die Kunst selbst angewidert als der verlogene Mißbrauch, den man mit ihr trieb, einerseits als Religionsersatz, andererseits als Spekulationsobjekt. Wiederholungen haßte er, Serienfabrikation von Kunst aus kommerziellen Motiven ekelte ihn an. „Ich interessiere mich für Ideen, nicht nur für visuelle Ergebnisse", sagte er. Es bedarf keines ergänzenden Hinweises auf die weiterwirkende Brisanz dieser Feststellung bis an die Schwelle zu unserer Zeit.

Duchamp praktizierte bildnerisches Denken ohne Bilder, er schuf, wie W. Hofmann mit Bezug auf ein Wort des englischen Reformers Ruskin sagt, „Fakten ohne Kunst". Schon in die „Schokoladenmühle" werden Schnüre einmontiert, Realien der Alltagswelt also, nach dem Vorbild kubistischer Collagen, um den Wirklichkeitscharakter, die „Faktizität" des Bildes zu erhöhen. Von hier aus führt ein gerader Weg zu den „Readymades", zu dem mit „R. Mutt" signierten, „Fontäne" genannten Urinoir und zum völlig unbearbeiteten Flaschentrockner, zum Fahrrad-Rad auf einem Schemel: Objekte, die Duchamp mit einer folgenreichen, programmatisch-ironischen Geste in eine ihnen fremde „Kunst"-Umgebung stellte. Das nie ganz zu dechiffrierende, fragmentarische „Große Glas", an dem er zehn Jahre arbeitete, diese „Junggesellenmaschine" mit dem literarisch inspirierten Titel „Die Braut, von ihren Junggesellen entkleidet, eben" manifestiert den Abschied von der Malerei, allerdings nicht, wie man lange geglaubt hat, von der Kunst. Denn Duchamp arbeitete insgeheim an der Summa seines Werks, dem heute im Museum von Philadelphia durch zwei Gucklöcher zu besichtigenden Environment „Etant donnés: 1. La

Marcel Duchamp, *Die Braut,* 1912

Chute d'Eau, 2. Le Gaz d'Eclairage" („Enthält: 1. den Wasserfall, 2. das Gaslicht"). Man erblickt eine Nackte ohne Schamhaare, die einen Gasbrenner hält. Ihr Arm ist mit Zweigen bedeckt, der Hintergrund eine bewaldete Landschaft mit See und Wasserfall. Das scheinbar naturalistische Bildwerk ist in Wahrheit ein anspielungsreich chiffriertes, noch schwerer zu enträtselndes Stück als das „Große Glas". In ihm drückt sich auch auf vielfältige Weise (bewußtgemacht durch die kleinen Gucklöcher) Duchamps dezidierte Ansicht aus, zwischen Bild und Betrachter müsse, soll es zu einer intensiven Kommunikation kommen, ein „visueller Koitus" stattfinden: ein deutlicher Hinweis auf den latenten Erotizismus im Werk des Franzosen.

Duchamp hat durch sein Denken und Handeln viele Wege geöffnet. Mit ihm beginnt die Epoche der grenzüberschreitenden Künste, die Aufhebung der starren Gattungsgrenzen zwischen Malerei, Plastik, gestaltetem Raum („Environment") und konkretem Objekt (Ready-made); aber auch die Einbeziehung des Literarischen, der Kunsttheorie und eines anspielungsreichen philosophischen Denkens in die bildenden Künste. Der große Verweigerer hat nicht nur verneint, sondern auch – und das macht letztlich seine Bedeutung aus – Generationen von Künstlern dazu animiert, neue Möglichkeiten der Kunstpraxis jenseits verbrauchter Modelle zu suchen. Sein Einfluß reicht über die Bildwelt Magrittes bis zur Pop Art (Richard Hamilton ist einer der besten Duchamp-Interpreten!), zur Concept Art und zu Beuys, trotz dessen provozierender Behauptung: „Das Schweigen von Marcel Duchamp wird überbewertet", mit dem der Neo-Mystiker gegen den Denk-Spieler protestierte.

Amerika erobert Europa

Die indirekte Wirkung des großen Verweigerers Duchamp ist noch umfassender. Kein reflektierender Künstler unserer Zeit kommt an der Auseinandersetzung mit seinem Denken vorbei. Duchamp hat mit seiner rücksichtslosen Befragung der Realität, mit seinen illusionslosen Zweifeln, mit der kühlen Aufrichtigkeit seiner Diagnosen die wichtigsten Voraussetzungen für das – nach Nietzsche – insistierende „Hinterfragen" des Verhältnisses zwischen Kunst und Wirklichkeit durch den denkenden Künstler unserer Zeit geschaffen. Er war es auch, der die führende Rolle Amerikas, die Schwerpunktverlagerung von Paris nach New York in der Zeit nach dem Zweiten Weltkrieg, schon früh nicht nur ahnte, sondern auch apodiktisch forderte. „Wenn Amerika nur begreifen wollte", sagte er noch während seiner frühen Dada-Jahre in New York vor seiner vorübergehenden Rückkehr nach Frankreich 1921, „daß die Kunst Europas zu Ende ist, tot – und daß Amerika das Land der Kunst der Zukunft ist."

Zwei Jahrzehnte später war es soweit. Auch in Europa konnte es nach der Mitte der fünfziger Jahre nicht mehr übersehen werden, genauer gesagt: seit der Brüsseler Weltausstellung von 1958. Dort wurde nicht nur eine großartige Zusammenfassung der europäischen Moderne in der ersten Jahrhunderthälfte gezeigt, sondern auch und vor allem die eindrucksvolle Dokumentation der von Europa emanzipierten, ungeheuer vitalen amerikanischen Szene der letzten Jahre. Dieses Erlebnis warf auch die fachkundigen Besucher geradezu um: ein Effekt, der sich ein Jahr später bei der zweiten „documenta" wiederholte. In der Folgezeit wurde nicht nur New York zum Nabel der Kunstwelt, die europäische Kunst geriet vielmehr fortan für viele Jahre unter den teils inspirierenden, teils lähmenden Einfluß der großen Amerikaner.

Vorausgegangen waren die Triumphe der internationalen abstrakten École de Paris, die viele Leute ernsthaft glauben ließen, nun werde man wohl abstrakt malen bis ans Ende der Tage, trotz des späten Fernand Léger und anderer bedeutender, gegenständlich arbeitender Künstler. Sie dienten in jenen Jahren aber mehr oder weniger als Alibi, mit dem man sich die eigene Unvoreingenommenheit bestätigte.

Längst sind viele der damaligen Größen in Vergessenheit gesunken, längst haben wir erkannt, wie schwach und geschmäcklerisch vieles war, was damals als „Dernier cri" und als neue Blüte einer kultivierten Malerei im Sinne der „tradition française" galt. Sicherlich wird heute im Rückblick ebenso leichtfertig verurteilt, was man vor dreißig Jahren noch bejubelte; und Künstlern wie Riopelle, dem frühen Hans Hartung, Bazaine und anderen wird man damit genausowenig gerecht wie den Maßstäbe setzenden Deutschen, die – wie Baumeister oder Nay – nach dem Krieg wieder ans Licht traten und den Anschluß ans internationale Niveau für die Bundesrepublik zurückgewannen. Nun: „Hosianna!" und „Kreuzigt ihn!" ist immer gerufen worden. Die Geschichte wird eine gerechtere Auswahl treffen.

Wichtiger als die Sensationen des Tages, als die kosmopolitischen „Zeichen und Symbole" der offiziellen abstrakten Internationale, die sich im Einverständnis mit jener aktuellen wissenschaftlichen Erkenntnis glaubte, die sich nur noch in unanschauliche Formeln fassen ließ, waren die Erschütterungen einer neuen Sehweise, die sich – zunächst von der Öffentlichkeit kaum bemerkt – auch in Europa in der Anonymität vollzogen.

Kunst, ob gegenständlich oder abstrakt, realistisch oder konzeptuell, ist immer eine Antwort auf die Wirklichkeit, wobei der Realitätsbegriff nicht auf das verengt werden darf, was vor aller Augen liegt, auf die Oberfläche der Erscheinung. Zwischen 1939 und 1945 hat diese Wirklichkeit sich radikal verändert, die Geschichte des alten Europa ist in jenen sechs Jahren zu Ende gegangen. Die überlieferten religiösen, ethischen und philosophischen Werte des „Abendlandes" werden seither nicht mehr nur in Frage gestellt, sie sind vielmehr gänzlich außer Kraft gesetzt. Die Grundstrukturen der Zivilisation sind zerstört, die Welt ist in eine westliche und eine östliche Hemisphäre geteilt, die tödliche Bedrohung der Menschheit insgesamt zur täglichen Erfahrung geworden. Die Krise, die mit der ersten industriellen Revolution begann, ist mit dem Zweiten Weltkrieg nicht beendet worden. Der Glaube an die Veränderbarkeit der Welt, an ihre Verbesserung gar, ist – vorsichtig ausgedrückt – schwer erschüttert, der Konflikt zwischen Kapitalismus und Sozialismus (oder deren trauriger Karikatur) vorprogrammiert, eine Lösung nicht in Sicht. Wie sollte dieser Konflikt nicht auf die Kunst durchschlagen, die es, wo sie ernst zu nehmen ist, stets mit der Realität zu tun hat?

Die Krise des künstlerischen Bewußtseins tritt, wir sahen es bereits, in der Kunstproduktion der dreißiger Jahre voll ins Blickfeld. „Der Zeitgeist zwingt die moderne Kunst in die Defensive", hat der junge Kunsthistoriker Peter Barth mit Bezug auf diese Periode geschrieben. In den vierziger Jahren schlägt diese Problematik voll durch. Das idealistische Weltbürgertum der abstrakten Nachkriegsinternationale westlicher Prägung, dem sozialistischen Realismus im Osten als Signal der Freiheit entgegengehalten, hat sich als schöne Täuschung erwiesen. An die Stelle nationaler Konflikte, die es – oft gesteuert und provoziert von den Großmächten – nur noch in der „Dritten Welt" gibt, ist die globale ideologische Auseinandersetzung getreten. Die Strömungen der Klassischen Moderne setzten – auch wo sie, wie Dada, den bestehenden Systemen rigoros den Kampf ansagten – das Prinzip Hoffnung nie ganz außer Kraft.

Doch nun wird jegliche Hoffnung nach dem Ende des faschistisch-nationalsozialistischen Alpdrucks und der kosmopolitischen Scheinblüte der ersten Nachkriegsjahre im kalten Krieg der folgenden Zeit endgültig verabschiedet. Nicht mehr Weltverbesserung ist das Motiv der Künstler, sondern nur noch Selbstbehauptung im Zeichen einer tragischen Freiheit, wie sie der Nachkriegsexistentialismus formulierte. In einer absurden Welt kann sich – nach Albert Camus – nur der einzelne, der ins Sein „geworfene" Mensch als „Mensch in der Revolte" behaupten. „Sich selbst der Ewigkeit vorziehen oder sich in Gott versenken – in dieser Tragödie müssen wir uns behaupten", heißt es im „Mythos von Sisyphos", Camus' berühmtem Essay. Der Autor hat mit seinem weniger ideologiefreien, kritisch-marxistischen Antipoden Jean-Paul Sartre das Denken jener Zeit, vor allem das der Jugend, geprägt. Der letzte Satz seines Essays lautet: „Wir müssen uns Sisyphos als einen glücklichen Menschen vorstellen."

Auftakt zur Zweiten Moderne

Von den Strukturen eines ähnlich tapfer-pessimistischen Existenzverständnisses ist das Werk jenes Künstlers geprägt, mit dem die illusionslose Zweite Moderne in Europa beginnt: Wolfgang Schulze-Battmann, genannt Wols, ein spätzeitlicher „peintre maudit", ein deutscher Maler in Paris, den nur wenige kannten, zu dessen Freunden aber Miró, Max Ernst, der Ex-Dadaist Tristan Tzara, Calder, Simone de Beauvoir, vor allem aber deren Lebensgefährte Sartre gehörten. Der Dichterphilosoph hat sich nicht nur um Wols – bis zu dessen frühem Tod – gekümmert, sondern auch sein Werk ins Bewußtsein einer breiteren Öffentlichkeit gehoben.
Wols war ein stiller, zurückgezogen lebender Mann, dessen Schicksal sich in der Privatheit erfüllte, ein Vagant, der Typ des „unbehausten Menschen". Auf sich allein gestellt, ohne Kontakt zu den künstlerischen Strömungen der Zeit und – da er den Verkauf von Bildern für unmoralisch hielt – ohne Galerie oder gar ein Museum, das sich für ihn interessiert hätte, bereitete er im stillen Kämmerlein die folgenreichste Revolutionierung der europäischen Kunst um die Jahrhundertmitte vor. Ausgehend vom Surrealismus, zunächst auch anknüpfend an Paul Klee, ohne dessen „Entwurf möglicher Welten" für realisierbar zu halten, zertrümmerte er alle Formen. In seiner Gestik sind malerischer Vollzug und die eigene existentielle Situation präsent, eins interpretiert das andere. Alle überlieferten Kriterien sind auf seinen Bildern außer Kraft gesetzt. Was Wols gestaltet, ist eine „creatio ex nihilo", eine Schöpfung aus dem Nichts, eine Kunst ohne Bezüge zu irgendeiner Ästhetik der Vergangenheit, nicht reformerisch verbessernd oder variierend, sondern voraussetzungslos neue Kriterien aus sich selbst heraus entwickelnd.
Mit dieser Malerei, die mit ihrer existentiellen Grundstimmung und ihrer geistigen Haltung in der Nachbarschaft des Bildhauers Giacometti zu sehen ist, der auch ein bedeutender Maler war, und die den Bildern der „Geiseln" („Otages") von Jean Fautrier ebenfalls nahesteht, begann die Strömung, die als „Tachismus" oder „Informelle Kunst" bekannt geworden ist. Auch ihre Geschichte begann mit einem Paukenschlag: Der erste „Tachist" ist bereits der Größte, wie es Kandinsky unter den „Abstrakten" war und Max Ernst unter den Surrealisten. Nur die von Anbeginn dominierenden Künstler haben in vielfältigen Wandlungen das Ende dieser „Anderen Kunst" (Michel Tapié) mit ihrem Werk überdauert, unter ihnen vor allem der Spanier Antoni Tàpies mit seinen ernsten, schweigenden Tafeln, ferner die Deutschen Emil Schumacher, Bernard Schultze, der lange Zeit unterschätzte Walter Stöhrer und der bedeutende österreichische Einzelgänger Arnulf Rainer, der allerdings seit seinen frühen „Übermalungen" bis zu den späten Totenmasken nie von einer aktuellen Tendenz ganz zu vereinnahmen war.
Jean Dubuffets provokative „Art Brut", inspiriert von der Kunst der Irren, den Kritzeleien der Kinder und der Pissoirbenutzer, ist Ausdruck „des Überdrusses an der abendländischen Kultur" (László Glozer); sie hat Baudelaires Ästhetik des Häßlichen auf einer zeitgemäß krisenhaften Bewußtseinsstufe erneuert. Auf ganz andere Weise hat die holländisch-belgisch-dänische Gruppe „Cobra" (= Copenhagen, Brüssel, Amsterdam), deren überragende Figur der Däne Asger Jorn war, mit ihrem vehementen abstrakten Expressionismus dazu beigetragen.
Zur gleichen Zeit, als Wols in seiner engen Behausung die informelle Malerei antizipierte, die erst nach seinem Tod eine internationale Strömung wurde und dann modisch verflachte, überwand Amerika endgültig in einem bewundernswerten Kraftakt seine noch von Duchamp so hart kritisierte Abhängigkeit von Europa und den Isolationismus der „american scene", deren überragende Figuren Edward Hopper und Georgia O'Keeffe sind.
Der amerikanische Wols heißt Jackson Pollock. Gemeinsam ist den sonst so verschiedenartigen Künstlern die historische und ästhetische Voraussetzungslosigkeit ihres reifen Werks. Während jedoch bei Wols trotz der Sprengung aller überlieferten Formen eine typisch europäische Sensibilität und eine endzeitliche Melancholie in relativ kleinen Formaten zum Ausdruck kommen, sind die großen Leinwände Pollocks, ist der abstrakte Expressionismus des Amerikaners, trotz surrealistischer Anklänge und sichtbarer Einflüsse der Psychoanalyse in ihrer Jungschen Version, viel ungebrochener und vehementer. Pollocks „Action Painting" ist thematisch primär Darstellung des Malprozesses selbst, der umweglose subjektive Ausdruck der eigenen Persönlichkeit und der Sensationen des eigenen Inneren. Er wolle Gefühle nicht beschreiben, sondern ausdrücken, ohne Bezug auf ästhetische Lehren und raffinierte Techniken, hat der Maler selbst gesagt. Wie van Gogh wollte er die Technik „vergessen". Der Philosoph John Dewey hat diesen malerischen Pragmatismus in seinem einflußreichen Buch „Kunst als Erfahrung" („Art as Experience") bereits theoretisch formuliert, als es ihn in der Praxis noch gar nicht gab. Künstlerische Arbeit bedarf für Dewey keiner Rechtfertigung, sie trägt ihren Sinn in sich selbst,

Konstruktion und Ausdruck sind Aktion und Ergebnis zugleich, der Künstler denkt „mittels der Materie" und „ohne jede Transzendenz". Es gibt keine europäische Suche mehr nach dem „tieferen Sinn".
Im Vergleich zu Wols' morbider Kammermusik ist Pollocks aktionistische Malerei explosiver, vitaler und – allen zivilisatorischen Neurosen zum Trotz – sehr viel selbstbewußter. Dieses Selbstbewußtsein bricht sich auch in den Bildern der anderen großen „Action Painters", die entscheidende Anregungen von dem deutschen Emigranten Hans Hofmann empfingen, auf eindrucksvolle Weise Bahn: in der unmittelbaren Dramatik der vehementen Pinselschrift Franz Klines, auf intellektuell kontrollierte Weise bei Robert Motherwell, dem – zunächst von Europa geprägten – Maler der „Spanish Elegies" und nicht zuletzt bei dem gebürtigen Holländer Willem de Kooning. Er ist vielleicht trotz Pollock der größte, auf jeden Fall aber in seiner thematischen Breite – von den unheimlichen Idolen der Frauenfiguren der früheren Jahre bis zu den frei ausschwingenden Farbformen der Spätzeit – der vielschichtigste unter den Aktionsmalern.
Auch Clyfford Still, der eine vermittelnde Position zwischen den abstrakten Expressionisten und den meditativen Farbfeldmalern Rothko und Newman einnimmt, drückt das neue, pragmatisch-antitraditionelle Ethos der Amerikaner auf sehr direkte Weise aus: „Wir sind jetzt zu einem voraussetzungslosen Handeln verpflichtet, nicht zur Illustration abgenutzter Mythen oder zeitgenössischer Alibis." Der Betrachter – dies der diametrale Kontrast zu Duchamps „visuellem Koitus" – habe das Bild nicht als Spiegel seiner eigenen Probleme zu verstehen, sondern als Schöpfung sui generis und ohne Bezug zur äußeren Welt.

Gegenpositionen

Die Gegenposition zum „abstrakten Expressionismus", der in den geheimnisvoll chiffrierten, anspielungsreichen Bildern Cy Twomblys eine literarisch-philosophische Variante von hohem intellektuellem Anspruch erfährt, nimmt die Kunst der ostjüdischen Familien entstammenden Farbfeldmaler Mark Rothko und Barnett Newman ein. In ihrer meditativen Malerei wird das Bild selbst zum farbigen Mythos ohne Bezug zur europäischen Vorstellungswelt, die sie nach surrealistischen Anfängen beide endgültig und vorsätzlich überwunden haben. Während sich vor den Bildern Rothkos mit ihren schwebenden Farbformen vor grenzenlosen Hintergründen noch von monumentalen „abstrakten Ikonen" und Tempelvorhängen sprechen ließe, macht Newman in seinen großen Formaten, vor die der Betrachter dicht hintreten soll, die Farbe selber de facto zum Meditationsraum, von dem man sich umfangen lassen, in dem man sich selbst verlieren und vergessen soll.
Der Kontrast zwischen der gestisch-spontanen Aktionskunst und den neuen Mythen der Farbfeldmalerei läßt die ganze Spannweite der amerikanischen Kunst ermessen, die sich in einem explosiven Kraftakt ohnegleichen aus europäischer Vormundschaft befreite. Das gilt auch, wenngleich in begrenzterem Umfang und einer geringeren Zahl an genialischen Protagonisten, für die Plastik mit den überragenden Gestalten des zwischen Amerika und Europa pendelnden Alexander Calder und des vitalen David Smith an der Spitze der Pyramide. Beide haben europäische Einflüsse verarbeitet, beide aber auch ihre unverwechselbare eigene Ausdrucksform gefunden. Calders Popularität als Schöpfer der heiter verspielten, graziösen „Mobiles", ohne Anregung durch eine spezifisch europäische Spiritualität nicht denkbar, verstellt bis heute ein wenig den Blick auf die bis zum Monströsen reichende Wucht seiner Totems und „Stabiles". Smith ist durch Picasso und González zur Eisenplastik gekommen, hat aber, vor allem mit seinen erfindungsreichen „Voltri" und den monumentalen „Cubi", der amerikanischen Skulptur eine vorher nicht gekannte Qualität gegeben. Die Vielfalt bildnerischer Ideen, die Wucht und Kühnheit der Form, eine equilibristische, irritierende Statik und selbstbewußt ausgreifende, enorme Formate kennzeichnen sein Werk. In unseren Tagen hat der kantige Richard Serra, vielleicht der bedeutendste unter den Vertretern der „Minimal Art", ohne

Richard Serra, *Terminal,* 1975–77

europäische Anleihen, aber mit vergleichbarer Kraft und radikaler Reduzierung des Formenarsenals monumentale Skulpturen geschaffen. In ihrer kompromißlosen Härte, in dem Kontrast tonnenschwerer Platten zu ihrer auf den Punkt kalkulierten, fragilen Balance entsprechen sie den Polen der technischen Existenz. Eduard Trier, führender Interpret der Plastik unseres Jahrhunderts, hat, auf konzeptionelle Bezüge und technische Probleme anspielend, von Serras Arbeiten als „Reiterdenkmäler" unserer Zeit gesprochen. Der schwere schweigende Ernst, die Aggressivität dieser Arbeiten setzt unübersehbare, oft provozierende Kontrapunkte zu den architektonischen Belanglosigkeiten, von denen wir massenhaft umgeben sind. Kein Wunder, daß ein so kompromißloses Werk in einer Welt der Angepaßten auf Widerstand stößt, aber trostlos, daß dieser hervorragende Künstler in der unmittelbaren Gegenwart das erste Opfer einer neuen Variante des Bildersturms wurde. Serras Plastik „Tilted Arc" für das einzige Bundesgebäude der USA in New York von der Regierung in Auftrag gegeben und genau auf den Platz bezogen, auf dem sie steht, muß wieder entfernt werden, nachdem das „gesunde Volksempfinden", bei uns seit den finsteren Tagen der Diktatur besser bekannt als jenseits des Atlantiks, einen willkommenen Vorwand dazu lieferte. Der Vorfall, einmalig in der amerikanischen Nachkriegsgeschichte, zeigt, wie gefährdet der „unkorrumpierbare Raum" der Kunst auch heute noch ist, selbst in Amerika, dem Marius de Zayas in der legendären Zeitschrift „291" schon viele Jahre vor dem Durchbruch zur künstlerischen Selbständigkeit attestierte, es habe „die gleiche komplexe Mentalität wie der wahre moderne Künstler".
Der alte Haß orthodoxer Geister auf ideologisch nicht zu vereinnahmende Werke der Kunst gibt sich in diesem erschreckenden Vorfall unverhüllt zu erkennen. Für sie spielt es keine Rolle, ob es sich um offenkundig zeitkritische oder abstrakte Bildwerke handelt. Die Brutalität, mit der die Tyrannen unserer Zeit auch die „Abstrakten" in Ost und West verfolgten, ist noch in bitterer Erinnerung; sie ist die Kehrseite der Angst vor der wortlosen Botschaft schweigender Bilder. Man ist versucht, an die Wiederkehr des Glaubens an Bildzauber und Bildmagie zu denken, an das Wiederaufleben der Vermutung von der „Wirkungsrealität", der Wirkungsmächtigkeit der Bilder. Doch spielt in unseren Tagen noch etwas anderes mit hinein, das konkreter zu fassen ist und schon von Jacob Burckhardt gesehen wurde: die Angst vor der Kritik am Bestehenden, das dem eigenen Anspruch nicht mehr gerecht wird. Die Kultur, heißt es bei dem großen Schweizer Historiker, „wirkt unaufhörlich modifizierend und zersetzend auf die zwei stehenden Lebensformen (Staat und Religion) ein. Sie ist deren Kritik, sie ist die Uhr, welche die Stunde verrät, da in jenen Form und Sache sich nicht mehr decken." Auch wenn man Burckhardts – gewissermaßen optimistische – Schlußfolgerung, daß schließlich die Kultur es sei, die im Widerspruch zu Staat und Religion die Gesellschaft tatsächlich bilde, nicht mehr gänzlich zu akzeptieren vermag: Das Unbehagen der Konservativen an einer Kunst, die in Frage stellt, statt zu bestätigen, ist stets vorhanden. Dieser Widerspruch wird auch in der Demokratie nicht immer ausgehalten. So muß die Kunst sich ihre Freiheit, die in unserer Zeit zugleich ihre Legitimation ist, immer wieder neu erobern. Die Problematik hat in den stürmischen siebziger Jahren unter veränderten gesellschaftlichen und kulturellen Vorzeichen eine neue, brennende Aktualität bekommen, die in krassem Gegensatz zur äußerlichen Betriebsamkeit eines hektischen Kunstmarkts mit seinen wechselnden Heroen und immer neuen Preisrekorden steht.

Optimismus der Kennedy-Ära

Es fällt heute bereits schwer, sich vorzustellen, daß es noch kurz davor eine Zeit gab, in der es so aussah, als sei nicht nur die Freiheit der Kunst im zweiten Anlauf der sogenannten Moderne ein für allemal gesichert, als sei vielmehr auch eine Übereinstimmung von politischer und künstlerischer Intelligenz möglich: ein Traum, der mitsamt den überschwenglichen Hoffnungen der Kennedy-Ära schnell verflog. Es war die Zeit der Pop Art amerikanischen und britischen Ursprungs, deren vorprogrammierter Zukunftsoptimismus – in Großbritannien schließlich früher skeptisch gebrochen als in den USA – schon im Titel der frühen Londoner Ausstellung „This is Tomorrow" (Dies ist morgen) zum Ausdruck kam. Das Triviale – vom Kühlschrank bis zum Comic strip – wurde bildwürdig, das Pathetische trivialisiert.
Richard Hamiltons Collage „Just What Is It that Makes Today's Homes so Different, so Appealing?" („Was ist es genau, das heutige Wohnungen so anders und so bezaubernd macht?"), die „Flags" und „Targets" (Fahnen und Zielscheiben) von Jasper Johns (vgl. S. 207 ff), durch die er, wie der amerikanische Kritiker Max Kozloff gesagt hat, die abstrakten Formen von den Bedeutungen ablöste, „mit denen der gesellschaftliche Konsens sie erfüllt hatte", und ihnen damit ihre soziale Funktion wegnahm, sind prägende Beispiele dieser Entwicklung. Claes Oldenburgs zum Teil realisierte Vorschläge zur denkmalhaften Monumentalisierung des Banalen (Wäscheklammer, Regenschirm, Zahnpastatube, Schaufel, vgl. S. 215 f), verwandeln alltägliche Dinge in Ideen und Symbole. Aus Gegenständen, mit denen wir täglich gedankenlos umgehen, ohne sie recht zu bemerken, werden magische Objekte, Monumente gegen den Verlust der Einheit von Denken und Gefühl im Zeichen fortschreitender Abstraktion unseres Weltverständnisses. Roy Lichtenstein, inspiriert vom „Olymp der Proletarier" des späten Léger und sicherlich mehr eklektischer Ästhet als der komplexere Oldenburg, erstrebte Ähnliches mit dem Blow-up des Comic strips, dessen knappe Simplizität die optische Trivialkultur geprägt hat.
Die Rechtfertigung des Banalen und die Einbeziehung des Trivialen in die vordem geheiligten Bildwelten lösten die dramatischen Befreiungsschläge der abstrakten Expressionisten und die neuen Mythen der Farbfeldmaler ab. Die Protagonisten dieser Entwick-

lung in den Vereinigten Staaten, Jasper Johns und sein ursprünglich von Schwitters inspirierter Freund Robert Rauschenberg, beide vom abstrakten Expressionismus herkommend, nicht zur Pop Art im engeren Sinne gehörend, wohl aber deren Wegbereiter, haben der Demokratisierung der Kunst, wie sie von den Pop Artisten versucht wurde, die künstlerische Legitimation gegeben. „Ich bin der Meinung, daß ein Bild wirklicher ist, wenn es aus Teilen der Wirklichkeit gemacht ist", hat Rauschenberg gesagt. Die Einbeziehung objekthafter Materialien und Fertigteile ins Bild strebt, wie schon die Collagen der Kubisten, einerseits einen höheren Realitätsgrad des Kunstwerks an, läßt aber zugleich Immaterielles im Bildmaterial aufscheinen und auf diese Weise die Realität transzendieren: In solcher Dialektik werden – ob gewollt oder nicht – Bezüge dieser angeblichen Trivialkunst, die in Wahrheit hochartifiziell und intellektuell vielfältig gebrochen ist, zur geschichtlichen Kunst bis zurück zur Sakral- und Feudalkunst des Mittelalters ganz offenkundig. Auch die Pop Art, die nie so volkstümlich wurde, wie ihre Initiatoren es sich wohl gewünscht haben, steht nicht im geschichtslosen Raum.

Realismus – Idealismus

Das Arbeiten mit und das Verarbeiten von Realien des Alltags ist Leitmotiv der Pariser Gruppe um Yves Klein, der „Nouveaux Réalistes". Sie gehen über die Ansätze in der Pop Art und in Johns' und Rauschenbergs zwischen Malerei und Objektkunst vermittelnden „combines" hinaus. John Chamberlains farbige Skulpturen aus Autowrackteilen stehen den Prinzipien der Europäer näher, doch sind Farbe und Form immer noch, wie bei den abstrakt-expressionistischen Malern, Bedeutungsträger und verweisen insofern auf Inhalte jenseits ihrer realen Erscheinung. Die Skulptur aus Zivilisationsschrott wird so zum „Denk-Mal" der Vergänglichkeit.

Die Werke der Neuen Realisten sind eindeutiger, konkreter. Armand „akkumuliert" Alltagsmaterialien seriell und ohne kompositorische Eingriffe: Wecker, Brillengestelle, Farbtuben, Kannen. César „komprimiert" die Gegenstände bis hin zum Rennwagen, d. h., er preßt sie zusammen, oder er macht aus dem Abguß seines Daumens eine monumentale Plastik. Hains klebt nicht farbige Papiere zusammen, sondern er reißt sie von Plakatwänden ab und setzt der Technik der Collage die „Décollage" entgegen. Jean Tinguelys mobile Skulpturen ironisieren auf hintergründige Weise den Perfektionismus der Technik bis zur Selbstzerstörung; sie machen aber auch die unaufhörliche Bewegung als Zeichen des ständig sich verändernden Lebens sichtbar. Daniel Spoerri stellt in seinen „Fallenbildern" dem Zufall und der Vergänglichkeit eine Falle, indem er in einem bestimmten Augenblick Dinge des täglichen Gebrauchs, z. B. die Reste von Arbeitsmaterialien, Essensreste und Zigarettenkippen, ungeschönt in ihrer banalen Schäbigkeit auf Platten fixiert. Auf diese Weise hält er die Spuren der Anwesenheit von Abwesenden fest und verleiht einer eben vergangenen Lebenssekunde zwischen Leben und Tod die Qualität der Dauer. Christo, der zum Umkreis der Gruppe gehörte, verfremdet schon früh Gegenstände des täglichen Gebrauchs durch Verpacken („empaquetage").

Am deutlichsten tritt die Verbindung von Materiellem und Immateriellem im Schaffen von Yves Klein („Yves Le Monochrome") zutage, der auf seinen meditativen Bildern jeweils nur eine Farbe verwendet (Ultramarinblau vor allem, aber auch Rot und Gold) und sie in ihrer physiologischen wie in ihrer spirituellen Existenz erfahrbar macht. Dieses Prinzip gewinnt in seinen „Anthropometrien" (vgl. S. 204 ff), blauen Abdrücken lebender Körper auf Papier und Leinwand, der „Spurensicherung" lebendigen Daseins, schließlich in der Benutzung von Schwämmen für seine Bildtafeln oder in seinen blauen Objekten und Figuren auf konkretere Weise Gestalt. Die Ausstellung der Leere in einem weißen Galerieraum hingegen oder der Austausch des Immateriellen gegen Blattgold, das er zur Hälfte in die Seine warf, zur Hälfte für ein goldenes Bild verwandte, verweist auf die metaphysische Komponente seines Werks. Diese meditative Haltung des Judomeisters ist von ostasiatischer Philosophie und der Mythologie der Rosenkreuzer beeinflußt. Yves Klein war nicht nur der Protagonist der „Neuen Realisten", sondern auch – neben dem Italiener Lucio Fontana, der seine Leinwände durchstieß, um den Raum ins Bild hineinzulassen – die Leitfigur der internationalen Zero-Bewegung und ihres in den Anfängen romantisch-optimistischen Lichtidealismus. Farbe wurde gefeiert als Emanation des Lichts. Mack und Uecker lösten sich unter Berufung auf die polnischen Vorläufer Stazewski und Strzemiński aus der planen, illusionistischen Zweidimensionalität und von gegenständlichen Bildinhalten. Sie brachten die Bildfläche zum Vibrieren: Mack zunächst mit der seriellen Reihung gleichwertiger Farbformen, später dann mit Hilfe des reflektierenden Lichts auf Metallplatten und -objekten; Uecker mit seinem spezifischen Medium, dem Nagel, den er zunächst als ein Arbeitsmaterial unter anderem benutzte wie der Maler die Farbe. Im Verlauf der Entwicklung wird Ueckers Werkzeug immer mehr Mittel zur Veranstaltung sensibler, bildnerisch strukturierter Spiele von Licht und Schatten, entmaterialisiert durch das Weiß, das alle anderen Farben in sich birgt. Im reifen Werk des Künstlers wird der Nagel zum Fetisch, der Instrument und Ideenträger zugleich ist.

Der Zero-Ideologe Otto Piene – angeregt nicht nur von Yves Klein, sondern auch von der schon Ende der vierziger Jahre gegründeten Münchener Gruppe „Zen" mit Rupprecht Geiger als herausragender Figur – machte als erster mit der Monochromie Ernst. Mit ihm verbindet Uecker die Neigung zum bildnerischen Strukturalismus, zur Egalität der Bildelemente und zur seriellen Reihung. Unter „égalité" verstand man, dem längst verflogenen Optimismus jener Jahre entsprechend, eine Vorformulierung erhoffter gesellschaftlicher Veränderungen mit dem Ziel einer Gesellschaft gleichberechtigter, zukunftsfroher Menschen. „Ja, ich träume von einer besseren Welt", bekannte Otto Piene ohne

Umschweife. Gemäß seinem bildnerischen Denken und dem seiner Freunde hatte die Kunst Gegenbilder zur bestehenden realen Welt zu entwerfen und sich dem durchlässigen Augenblick, dem Glück des Jetzt und Hier hinzugeben, statt, wie manche „Tachisten", vergangenen Katastrophen nachzusinnen und auf eine illusorische Ewigkeit zu hoffen.
Wie sehr diese optimistische Futurologie dem Geist der Zeit entsprach, beweist die internationale Ausstrahlung der Düsseldorfer Gruppierung. Die niederländische Vereinigung „Nul", die „gruppo t" in Italien, die französische „Groupe de la Recherche d'Art Visuel" und parallele Strömungen sogar in Japan hätte es ohne sie nicht gegeben. Die Gattungsgrenzen wurden von „Zero" und den befreundeten Künstlervereinigungen immer mehr überschritten, aus Bildern wurden Skulpturen und Objekte. Aktionen und Demonstrationen – von Pienes Lichtballetten, seinem Regenbogen über dem Münchener Olympiagelände bis zu Macks Sahara-Projekt – illustrierten die Zero-Ideologie effektvoll und mit großer öffentlicher Resonanz. Vor allem am Beispiel von Ueckers kraftvollen, nachdenklichen Arbeiten der folgenden Jahre läßt sich dann deutlich ablesen, wie der strahlende Optimismus der Anfänge immer mehr skeptisch gebrochen wurde.
Gotthard Graubner, den man seiner angeblichen „Monochromie" wegen, die in Wirklichkeit eine „Polychromie", eine reichgestufte Vielfarbigkeit ist, eine Zeitlang in die Nachbarschaft von „Zero" gerückt hatte, verfolgt mit seiner von Caspar David Friedrich und William Turner inspirierten Malerei ganz andere Ziele. Sein Thema ist der farbige Raum.

Aufstand gegen die Tradition

Radikalisiert wurde der Aufstand gegen die Tradition, gegen kunstimmanente kompositorische und gesellschaftliche Hierarchien in der – wiederum aus Amerika importierten – „Minimal Art". Trotzdem gibt es daneben auch eine historische Quelle: den europäischen Konstruktivismus, vor allem in seiner russischen Version, der – auf andere Weise als Dada und ein Teil der Bauhausbewegung – tabula rasa mit der Kunst in ihrer überlieferten Form, mit der zweckfreien Ästhetik und den tradierten sozialen Ordnungen machen wollte. Auch die reduzierten Arbeiten der Farbfeldmaler Rothko und Newman, die schweigenden schwarzen Tafeln Ad Reinhardts und die Plastiken von David Smith, der, dem neo-konservativen amerikanischen Kritiker Hilton Kramer zufolge, die „Rhetorik der Pariser Schule" der „Fachsprache des amerikanischen Maschinenhandels unterworfen" hatte, gehören hierher und nicht zuletzt die frühen, fast monochromen Bilder des jüngeren Frank Stella. Sie hatten großen Einfluß auf die – im Gegensatz zu dem Namen, den man der Strömung gab – meist monumentalen, radikal vereinfachten, architekturalen sockellosen Skulpturen von Tony Smith, Ronald Bladen, Robert Grosvenor, Don Judd, Robert Morris, Robert Smithson, aber auch auf die raumbezogenen Leuchtröhren-Installationen Dan Flavins, die Stahlplatten-Arrangements Carl Andrés und die geometrischen Strukturen Sol LeWitts. „Man kann eben nicht zurück", hatte Frank Stella schon zu Beginn der sechziger Jahre gesagt. „Wenn etwas verbraucht, abgetan, vorbei ist, weshalb sollte man sich noch damit beschäftigen?" In der Minimal Art, von der amerikanischen Kunstschriftstellerin Lucy R. Lippard treffender „Primary Structures" (Primär-Strukturen) genannt, gibt es kein Spiel mit Bildelementen, dafür das eindeutige Streben nach einer neuen raumbezogenen Ganzheit der Objekte unter Verzicht auf jegliches Detail und differenzierende Bearbeitung. Die archaisierende, rauhe Monumentalität vieler Werke der Minimalisten hat die ägyptischen Pyramiden und frühgeschichtliche Steingehege zum Vorbild. Die Auslöschung jeglicher Spuren individualistischer „Handschrift", die mechanische Anfertigung und – bei André, Judd und Flavin – die serielle Reihung der Einzelteile bezeugen das eindeutige Bekenntnis zum wissenschaftlich-technischen Denken der Gegenwart und seiner Verlängerung in die unmittelbar folgende Zukunft.

Gegen den Kultur-Kolonialismus

Der frühe russische Konstruktivismus-Produktivismus in der ersten Jahrhunderthälfte und – unter anderen Prämissen, mit ganz anderen künstlerischen Resultaten – die vehemente Expressivität des amerikanischen Action Painting in der zweiten Jahrhunderthälfte signalisierten schließlich ebenso wie die Minimal Art den Aufstand gegen die Dominanz des alten Europa und seinen Kultur-„Kolonialismus".
Minimalistische Plastiken definieren den Raum. Im Freien kontrapunktieren sie die umgebende Architektur. Sie wollen nicht – wie die Arbeiten Henry Moores – mit der Landschaft in einen Dialog eintreten und selber ein Stück Natur werden. So möchte Tony Smith vielmehr mit seinen Arbeiten „die Natur beherrschen, wie der Mensch sie beherrscht". Die organischen Elemente seiner Arbeiten sind nicht aus der Natur abgeleitet, sie stehen statt dessen in enger Beziehung zu chemischen und geologischen Modularstrukturen.
In der Minimal Art wird die rigorose Ablehnung der Tradition, der Geschichte und Kunstgeschichte weniger durch aggressive Manifeste als durch die Werke selbst offenkundig. Mit einer Ausschließlichkeit wie kaum je zuvor – schon gar nicht in der Zeit der „Klassischen Moderne" – wird das Neue zur Qualität „an sich", wird eine kühle Kunst ausschließlich für die eigene Zeit und mit den Mitteln der Technik proklamiert. Daß sich ein unterschwelliges Pathos, eine verborgene „Romantik" gelegentlich doch wieder – sozusagen durch die Hintertür – einschleichen, steht auf einem anderen Blatt. Auch der Gedanke der Konsumverweigerung, des Widerstands gegen die Vereinnahmung durch das Museum spielt eine wichtige Rolle, selbst wenn er, wie vorauszusehen, in der Praxis nicht durchgehalten werden konnte. Dieser Gedanke wird konsequent weiterentwickelt durch die folgenden Strömun-

gen der „Land Art“ oder „Earth Art“ und der, maßgeblich von Marcel Duchamps und Yves Kleins Ideen inspirierten Concept Art, die zu einem nicht unerheblichen Teil in den Prinzipien der Minimal Art bereits angelegt ist. Robert Smithson, der in jungen Jahren beim Überfliegen einer eigenen Arbeit Opfer eines Flugzeugabsturzes wurde, war einer der wichtigsten und nachdenklichsten Minimal-Künstler, ehe er sich für die Land Art zu interessieren begann. In den späten sechziger Jahren arbeitete er als Berater an der Entwicklung des riesigen Flughafens für Dallas-Fort Worth mit. Sein künstlerischer Beitrag, „Wandernde Erdhügel und Kiespfade“, von ihm „Aerial Art“ genannt, wurde nicht ausgeführt. Der Entwurf verweist aber durch die dialektische Beziehung des Sichtbaren zum Unsichtbaren, des Raums zum Nicht-Raum auf die geistige Nachbarschaft von Minimal, Land und Concept Art: „Aus der Luft gesehen“, schrieb Smithson, „ist die Welt abstrakt und illusorisch. Vom Fenster eines Flugzeugs aus kann man drastische Veränderungen des Maßstabs beim Auf- und Niedersteigen beobachten. Daraus folgt, daß man in einem kurzen Zeitraum von Verwirrung zur Monotonie, vom schwindenden Flughafen in Wolkenschichten gelangt, die einem die Sicht nehmen.“ Aerial Art könne durch ihre Konzentration auf einen „unsichtbaren“ Raum und eine „unsichtbare“ Zeit eine Ästhetik entwickeln, „die auf dem Flughafen als einer Idee basiert, nicht nur als Transportmethode. Dieser Flughafen ist nur ein Punkt in der unermeßlichen Unendlichkeit des Universums [...], ein Körnchen in einem unergründlichen Nirgendwo – ätherische Kunst reflektiert bis zu einem gewissen Grade diese Weite.“
Schon Sol LeWitt hatte festgestellt, daß „die Idee die Maschine ist, die die Arbeit macht“, daß die Art der handwerklich-technischen Ausführung demnach belanglos sei. Seine Wandzeichnungen werden folgerichtig von Assistenten ausgeführt. Bis zur Feststellung, die Idee sei schließlich auch wichtiger als das sichtbare Werk, war es danach nur ein Schritt.

Ausbruch aus dem Museum

Land Art und Earth Art markieren den demonstrativen Ausbruch aus dem Museum. Sie setzen künstlerische Spuren des Menschen und seiner Kreativität in die freie, unberührte Landschaft bis hin zur Wüste. Land Art verändert die Landschaft und bezieht die Vergänglichkeit in ihre Konzeption mit ein. Ihr liegt der groß gedachte Versuch zugrunde, die Kunst dem kommerziellen Konsum, dem raschen Verschleiß der Stile, der Musealität und der Umarmung durch das Wohlwollen, d. h. der Entschärfung ihrer gedanklichen Sprengkraft durch Aufkaufen zu entziehen. Die Arbeiten des Geologensohns Michael Heizer, das „Lightening Field“ des Metaphysikers Walter de Maria, die Wüstenprojekte James Turells sind eindrucksvolle Beispiele für eine exakt auf den Ort der Realisierung bezogene Kunst, „die einen Urzustand herbeiführen möchte, um Grundfragen der Existenz zu stellen und neu zu beantworten“ (E. Weiss). Sie vermochten gleichwohl den Widerspruch zur reinen Idee nicht aufzulösen, der darin begründet ist, daß gerade solche dem Alltag und dem Kunstbetrieb entzogenen Werke von finanzstarken Sponsoren abhängig sind und nur ein kleiner Teil der Interessierten je Gelegenheit hat, diese künstlerischen Landmarkierungen zu sehen. Dokumente, auch wenn sie als Teil des Kunstwerks definiert sind, bieten für diese begrenzten Erlebnismöglichkeiten nur einen unvollkommenen Ersatz. Entwürfe und Konzepte, aber auch zu Ende geführte Arbeiten können schließlich dem Sammler, dem Museum und dem Kommerz nicht entgehen, nicht einmal ein so eindrucksvolles, gedankenreiches Stück wie de Marias „Broken Kilometer“. Und ähnlich erging es Richard Longs archaisierenden Steinarrangements, der Dokumentation seiner Wanderungen, oder den Datentafeln und Telegrammen („I'm still alive – Ich lebe noch“) des philosophierenden Japaners Ori Kawara als „Denk-Male“ und Fixpunkte seiner Bewegungen in Zeit und Raum. Allein de Marias kilometertiefes Erdloch von der Kasseler „documenta VI/1977“, ursprünglich für die Olympischen Spiele in München 1972 vorgeschlagen, entzieht sich dem Konsum, weil es – ein in seiner meditativen Haltung bis heute kaum recht verstandenes, unwiederholbares Werk zwischen Land Art und Concept Art – nur im Kopf des Betrachters nachvollzogen, „nachgedacht“ werden kann. Die Entgrenzung der Gattungen wurde durch solche Arbeiten, denen das Vergraben von Objekten (z. B. durch Claes Oldenburg) konzeptionell vorausging, konkret und symbolisch zugleich, ins Extrem vorgetrieben.

Michael Heizer, *Complex One/City,* 1972–76

Ein modellhafter, auch in der Kunst unserer Zeit, speziell der Land Art, einzigartiger Sonderfall einer landschafts-, stadt- und geschichtsbezogenen expansiven künstlerischen Aktivität außerhalb des konventionellen Rahmens sind die nur vorübergehend existierenden Denkmäler Christos. Die Verpackung einer australischen Küstenlandschaft, der „Valley Curtain“ (Talvorhang) in Colorado, der 42 Kilometer lange „Running Fence“ (Laufender Zaun) in Kalifornien, die „Surrounded Islands“ (Umringten Inseln) in Florida, die Verpackung des Pont-Neuf in Paris und die Pläne zur Verhüllung des Reichstagsgebäudes in Berlin auf der Grenze zwischen Ost und West als Symbol für die Spaltung nicht nur Deutschlands, sondern der ganzen Welt, nehmen in der Kunst der Geschichte und in der Kunst unseres Jahrhunderts eine unbestreitbare Ausnahmestellung ein. Das gilt sowohl für die enorme Zahl der Teilnehmer, von denen viele zum erstenmal mit künstlerischen Ideen und ihrer Realisierung unmittelbar konfrontiert werden, als auch für die Finanzierung der Projekte ohne Verwendung von Steuer- oder Sponsorenmitteln. Christo ist sein eigener Sponsor, der für seine Arbeit höchstens zeitlich limitierte Kredite so lange in Anspruch nimmt, bis er sie durch Verkauf von projektbezogenen Zeichnungen, Collagen, Modellen und Fotos zurückzahlen kann. Auch bei ihm spielt eine überaus gründliche nachträgliche Dokumentation als Erlebnisersatz für die, die nicht dabeisein konnten, eine wichtige Rolle. Zukunftsweisend ist aber vor allem die Tatsache, daß Christo die Bevölkerung ganzer Länder und Städte, ohne Rücksicht auf Bildung oder soziale Stellung, in Zuspruch und Widerspruch, Diskussion und aktiver Teilnahme zur Auseinandersetzung mit künstlerischen Ideen massenhaft mobilisiert. Dieses Faktum ist besonders bedeutsam in einer Zeit, in der immer noch viele Menschen glauben, die Kunst des Jahrhunderts gebe ihnen unlösbare Rätsel auf, obwohl die Bildwelt von Picasso, Mondrian, Kandinsky und ihren Nachfolgern gewiß nicht schwerer zu entziffern ist als die Symbolwelt einer mittelalterlichen Madonna oder Watteaus „Einschiffung nach Kythera".

Auch für Christo ist die Idee das Primäre, wie sie bereits bei der Auswahl für den Ort des Geschehens zum Ausdruck kommt. Sie behindert ihn aber nicht bei seinen expansiven Realisierungen, sondern sie treibt ihn unwiderstehlich dazu an.

Konzept und Realität

Anders verhält es sich mit der Concept Art. In ihr tritt nicht nur die grundsätzliche Skepsis gegenüber der Überlieferung in Erscheinung, in ihr wird vielmehr der Duchampsche Zweifel, gelegentlich sogar die Verzweiflung an den Möglichkeiten künstlerischen Schaffens und seiner Vermittelbarkeit überdeutlich. Man glaubt nicht mehr an eine „Kunst für alle", nicht mehr an die Chance der Integration von Kunst und Umwelt. Die Ohnmacht der Kunst gegenüber Unterdrückung und kriegerischen Ereignissen, die nach 1945 bis auf den heutigen Tag nicht zu Ende gegangen sind, die geographische und ideologische Aufteilung der Welt zwischen den Großmächten und den jeweils von ihnen abhängigen Ländern machte dem Optimismus der sechziger Jahre ein definitives Ende, spätestens auf dem Höhepunkt des Vietnam-Konflikts, der auch das amerikanische Selbstvertrauen erschütterte. Die Abkehr vom vordergründigen Perfektionismus im Zeichen immer neuer Technologien hatte schon in den sechziger Jahren die italienische „Arte povera" mit ihrer programmatischen Hinwendung zu „armen" Materialien angekündigt. In den Raum-Inszenierungen eines Jannis Kounellis, in den – an einen mittelalterlichen Mathematiker anknüpfenden – Fibonacci-Theorien von Mario Merz bezog sie eine mythische Position.

Die „Individuellen Mythologien", wie sie Harald Szeemann auf der „documenta V/1972" im Konzentrat vorführte, signalisierten – von der konzeptuellen „Suche nach der verlorenen Zeit" bei dem Franzosen Christian Boltanski, den obsessiven „Tagebüchern" der Deutschen Hanne Darboven bis zur Hippie-Kunst des Amerikaners Paul Thek – den Rückzug ins Private, in neue Elfenbeintürme, in die nur der Betrachter eindringen kann, der bereit ist, die Ideen der Künstler in seinem Kopf zu vollenden („Live in your head"). Es liegt auf der Hand, daß lediglich ein kleiner Teil des Publikums, privilegiert aufgrund seiner Bildung oder mit einer besonders intensiven Vorstellungskraft begabt, diesem Anspruch gerecht zu werden vermag. Trotz der angestrebten Aktivierung des Betrachters durch den Appell an seine eigenen (nach)schöpferischen Qualitäten ist demnach diese spröde Kunst aufgrund ihrer eigenen Voraussetzungen und ihrer Unanschaulichkeit elitär. Sie hatte nie die Chance, populär zu werden.

Der Zweifel der Kunst an sich selbst und ihren Möglichkeiten, die Welt und die Menschen beeinflussen oder gar verändern zu können, wie er in der Concept Art zum Ausdruck kommt, ist selten so radikal formuliert worden, vor allem nicht in der Frühzeit der Moderne und noch nicht einmal bei Marcel Duchamp, der schließlich doch ein komplexes, anspielungsreiches, wenn auch noch so geheimnisvolles, sich der definitiven Interpretation verweigerndes Spätwerk („Etant donnés") hinterließ. Ein solches Krisenbewußtsein voller Selbstzweifel, dessen Kehrseite ein gelegentlich anzutreffender intellektueller Hochmut ist, wäre in der ersten Jahrhunderthälfte trotz herber Kritik am Bestehenden und an den überkommenen Werten nicht möglich gewesen.

Dieser radikalen Skepsis gegenüber stehen die Versuche, Kunst als Waffe im politischen Tageskampf einzusetzen. Sie gelangen nur dort, wo das adäquate Medium verwendet wurde, etwa in Gestalt der in Massenauflage verbreiteten Plakat- und Postkartenserien Klaus Staecks, die an die Arbeiten John Heartfields anknüpfen und sie auf eigenständige, zeitgemäße Weise unter veränderten politisch-sozialen Verhältnissen weiterentwickeln. Die Devisen der 68er Revolte, die die Kunst auf die Straße brachte: Lautréaments berühmte, später von Karl Marx übernommene Parole „Poesie muß von allen gemacht werden", oder „Phantasie an die Macht!", konnten nur in der aktuellen Situation vorübergehend die erhoffte Wirkung erzielen und wurden danach wieder zum bloß noch interessanten zeitgeschichtlichen Dokument ohne weiterreichende Effizienz. Entsprechende Versuche in der Malerei und Plastik mündeten, wie kaum anders zu erwarten, in der ideologischen Sackgasse der agitierenden Propagandakunst („Agitprop"), zumal die meisten Künstler sich dem unmittelbaren politischen Engagement im Werk versagten. Ausnahmen, wie Hans Haacke mit seinen provokativen Enthüllungs-Informationen oder der Bildhauer Siegfried Neuenhausen

und seine Arbeit mit Strafgefangenen, bestätigen die Regel.
So war es kein Wunder, daß in jenen bewegten Jahren Malerei und Plastik als künstlerische Gattungen ebenso apodiktisch wie voreilig als ein für allemal erledigt betrachtet wurden, obwohl gerade in den siebziger Jahren der – in seinen relevanten Resultaten bis heute unterbewertete, zuletzt einfach totgeschwiegene, keineswegs uniforme oder vordergründige – sogenannte Neo-Realismus in all seinen Spielarten vom Foto- oder Hyperrealismus bis zum „relativierenden Realismus" eine eindeutige Gegenposition bezog. Die Diskussion über die realistischen und veristischen Tendenzen in der Kunst der Nachkriegszeit, über jene Kunstströmung, die 1970 mit der Ausstellung „22 Realisten" im New Yorker Whitney-Museum in den Blickpunkt einer breiten Öffentlichkeit gerückt wurde, leidet bis heute an einer ebenso erstaunlichen wie bedauerlichen Undifferenziertheit und Oberflächlichkeit. Auf der „documenta V/1972" gab es zwar eine Realismus-Abteilung, doch sie stand eindeutig im Schatten der „Individuellen Mythologien". Sie sind als Vorstufe zu Harald Szeemanns „Museum der Obsessionen" zu verstehen, einer visionären Idee, die drei wichtige, in ihrem Gelingen wie in ihrem partiellen Scheitern eindrucksvolle Ausstellungen zur Folge hatten: „Junggesellenmaschine", „Monte Verità" und den „Hang zum Gesamtkunstwerk".
Demgegenüber blieben die neo-realistischen Tendenzen in einem Theoriedefizit, das noch immer nicht ausgeglichen ist. Statt die erheblichen Unterschiede im Werk der angeblich oder tatsächlich realistisch arbeitenden Maler und Bildhauer zu definieren, werden ihre formal und inhaltlich so grundverschiedenen Arbeiten noch immer mit Vorliebe in einen Topf geworfen – wenn man sie überhaupt anschaut. Was aber haben die harten monumentalen Porträts des Amerikaners Chuck Close mit den malerischen Sensibilitäten des Europäers Franz Gertsch, was hat die nicht nur bildnerisch, sondern auch intellektuell reflektierte Spiegelwelt eines Richard Estes mit den klassizistisch-manieristischen Figuren eines Philip Pearlstein zu tun? Wie könnte man die Foto-Übermalungen des frühen und mittleren Gerhard Richter zu den archetypischen Alltagssituationen des Kanadiers Alex Colville in Beziehung setzen? Colville besteht darauf, daß die „Mythologie des Alltags" kein Reservat für Dichter vom Range eines James Joyce sei, daß vielmehr auch der zeitgenössische Maler darüber verfügen könne. „Es gibt das Unausdrückbare wirklich", so heißt es bei Ludwig Wittgenstein, und der Wiener Philosoph fährt fort: „Dieses zeigt sich." Nur wurde und wird es in den Werken der qualitätvollen, dem Naturalismus fernstehenden Realisten unserer Zeit selten erkannt, ob in Gestalt der isolierten, aus ihrem Kontext herausgenommenen, fetischisierten Alltagsgegenstände (Schuhe, Knöpfe, Jacken) bei dem Italiener Domenico Gnoli (vgl. S. 251) oder der atemlosen „hyperrealistischen" Figurenwelt des Amerikaners Duane Hanson, in der konkrete Lebenssituationen zur existentiellen Chiffre werden. Ein Tatbestand, dem die hintergründige Komik, mit der etwa ein amerikanisches Touristenpaar dargestellt ist, nicht widerspricht (vgl. S. 303 f). Der Neo-Realismus ist nie so einmütig akzeptiert worden wie die „wilden" neo-expressionistischen Strömungen der achtziger Jahre. Das gibt zu denken und verweist auf die „an der Oberfläche versteckte Tiefe" der besten neo-realistischen Werke, die vielen Betrachtern bis heute verborgen geblieben ist.
Die kurze Blütezeit des „Neuen Realismus" war zugleich die Stunde einer ebenso sensiblen wie intelligenten „analytischen" bzw. „konzeptuellen" Malerei. Sie entfaltete sich in einer erstaunlichen Variationsbreite von New York bis London, von Düsseldorf bis zur Kunsthochschule in Berlin, der in Geschichte und Gegenwart vom Realismus und Expressionismus geprägten Stadt, in der karge puristische Kunst es immer schwer hatte, sich bemerkbar zu machen oder gar sich durchzusetzen. Robert Ryman, der vergrübelte Analytiker, und Brice Marden, der Mystiker der chromatischen Abstraktion, die Beuys-Schüler „Blinky" Palermo und „Imi" Knoebel, Gotthard Graubner, der Farbraum-Maler, und Raimund Girke, dessen Bilder aus dem Wechselspiel zwischen Monochromie und Struktur entstehen, der Amerikaner Jerry Zeniuk und der Engländer Alan Green, die Italiener Calderara und Zappetini haben mit ihren subtilen, nachdenklichen Werken wichtige Positionen dieser unaufdringlichen, leisen Kunst markiert, die durchaus nicht unbemerkt geblieben war.
Trotzdem gehörte 1973 noch Mut, wenn auch nicht gerade ein erleuchteter Verstand dazu, die Düsseldorfer Avantgarde-Ausstellung „Prospect 73" dem Thema „Malerei" zu widmen und den allwissenden Propheten, den Untergangsprognosen für die überlieferten Kunstgattungen entgegenzutreten. Diese Prognosen bezogen selbst das „Environment", die gestalteten Bildräume mit ein, eine Kunst, die sich doch erst im Laufe der sechziger, Anfang der siebziger Jahre nachhaltig ins europäische Kunstgespräch gebracht hatte, vor allem durch die Amerikaner George Segal und Edward Kienholz, dessen Gastspiele in Stockholm, Amsterdam, Düsseldorf und Zürich einen „Schock für Europa" auslösten, wie Werner Spies damals schrieb.

Pluralismus der siebziger Jahre

Die siebziger Jahre brachten auch für den immer noch meistdiskutierten Künstler unserer Zeit, Joseph Beuys, den endgültigen Durchbruch. Seine tiefsinnig-melancholische, sehr komplexe und sehr deutsche künstlerische Arbeit, deren Wurzeln über die Romantik bis zu den endzeitlichen Visionen der späten Gotik zurückzuverfolgen sind, umfaßt Zeichnung und Collage, Skulptur und Environment, Happening und politische Aktion. Beuys strebt nicht nur zum Gesamtkunstwerk. Seine Arbeit hat vielmehr die Realisierung des alten Wunschtraums der Vereinigung von Leben und Kunst in einer von politischen Zwängen und sozialen Tabus befreiten Welt zum utopischen Ziel: einer Welt, in der der einzelne nicht namenloses Mitglied einer amor-

phen Massengesellschaft, sondern schöpferisches selbstbestimmtes Individuum in einer freien Gemeinschaft ist.
Beuys' antirationale, visionäre Kunst, die magische Ausstrahlung seiner eindrucksvollen Persönlichkeit mit den dostojewskihaften Zügen hat nicht nur viele deutsche und ausländische Schüler und Kollegen nachhaltig beeinflußt, sondern auch die Vorstellung vom deutschen Künstler weltweit geprägt. Insofern hat er denen, die nach ihm kamen, die Wege geebnet. Die internationalen Erfolge jener deutschen Künstler der Gegenwart in der Nachfolge des mit jahrzehntelanger Verzögerung vom Ausland entdeckten Expressionismus, von den „Ahnherren" Baselitz und Penck bis zu Immendorff, Hödicke, Lüpertz, Kiefer und den Jüngeren, wurden durch Beuys indirekt mitbewirkt, so verschieden ihre künstlerischen Ambitionen von denen des großen Idols der Jugend der sechziger, siebziger Jahre auch sein mögen.
Doch diese Feststellung ist bereits ein Vorgriff auf die achtziger Jahre. Die siebziger stehen noch ganz – und stärker als je ein Jahrzehnt davor – nicht nur im Zeichen der Concept Art, sondern auch und vor allem im Zeichen eines nicht nur den Laien verwirrenden Pluralismus von einander widerstreitenden Richtungen und Tendenzen, die alle – right or wrong – das schmückende Beiwort „progressiv" für sich in Anspruch nahmen. Das hinderte, wie der Kritiker Horst Richter sagt, „deren Vertreter und Verkünder freilich nicht daran, die eigene Richtung jeweils als den wahren Avantgardismus zu reklamieren", ohne daß es eine beherrschende oder gar stilbildende Tendenz im Sinne der Klassischen Moderne oder der sechziger Jahre gegeben hätte. Das Phänomen der Gleichzeitigkeit des Widersprüchlichen wird auf fast chaotische Weise sichtbar. Die „Avantgarditis" jener Zeit war für den nüchternen Beobachter längst ein Beleg für die schwere Krise des militanten Avantgardebegriffs, der die frühen Tage der Klassischen Moderne als kämpferische Parole geprägt hatte. Auf einem vergleichsweise naiven Fortschrittsglauben basierend, der in Wissenschaft und Philosophie längst außer Kraft gesetzt worden war, hatte er schon längst nicht mehr recht getragen. Viele der leitenden Figuren der wandlungsreichen Kunstgeschichte des 20. Jahrhunderts hatten sich überdies selbst nie als Avantgardisten im verengt „progressistischen" Sinne verstanden. Andere, die sich als Bannerträger einer Kunst für morgen und übermorgen sahen, wie lange Zeit einige Repräsentanten der abstrakten Internationale, hinterließen ein Werk von begrenzter Originalität. Die Arbeiten eines vermeintlichen Eklektizisten wie Francis Bacon hingegen, dessen außerordentliche visionäre Kraft – mit erheblicher Verzögerung – erst nach einigen Probeläufen Ende der fünfziger Jahre, Anfang der sechziger Jahre, seit der großen Ausstellung in Paris und Düsseldorf 1972 gebührend gewürdigt wird, haben dem optischen Verschleiß der Jahrzehnte widerstanden.
Die siebziger Jahre waren aber auch die Zeit der „Expanded Arts", des „Erweiterten Kunstbegriffs" im Sinne von Joseph Beuys, die Zeit der neuen Medien: der Video-Kunst mit Nam Jun Paik als hervorragendem Repräsentanten, der teils masochistischen, teils narzißtischen „Body Art" als radikale Infragestellung der eigenen Existenz, der Prozeßkunst, der Anleitungen zum „Objekte benutzen", wie sie Franz Erhard Walther auf ebenso intelligente wie nachdenkliche Weise gegeben hat. Ebenso war es die Zeit der Spontankunst von „Happening" und „Fluxus" als „lebende Collage" oder malerisch-skulpturales Spontantheater und der daraus sich entwickelnden „Performance", ferner des Künstlerfilms und der – in Amerika bereits lange vorher erfolgten – Anerkennung der künstlerischen Fotografie als selbständige Kunstgattung. Auch in diesen neuen Bereichen hat sich inzwischen die Spreu vom Weizen gesondert. Der ambitionierte Dilettantismus, der fehlende Kenntnis und miserables Handwerk für Kennzeichen des Genialen ausgab, hat glücklicherweise keine Chance mehr. Das neue Terrain hat die Grenzen der klassischen Kunstgattungen Malerei – Plastik – Graphik erweitert und vielfältige neue Möglichkeiten künstlerischer Gestaltung und ihres Nachvollzugs durch den mitwirkenden Betrachter erschlossen. Die „Spurensicherung" mit so interessanten und gegensätzlichen Vertretern wie Charles Simonds, dem Ehepaar Poirier, Nikolaus Lang oder Lothar Baumgarten verankert ihre Zivilisationskritik und ihre humanen Utopien in der geschichtlichen oder in einer imaginierten Vergangenheit bzw. in der „geschichtslosen" Natur. Auf den Spuren von Lévy-Strauss' „Traurigen Tropen" macht sie die Problematik vergessener und vom Untergang bedrohter Völker, Landschaften und Kulturen auf eindringliche Weise bewußt. Mit prononciertem, zum Programm erhobenem quasiakademischem Avantgardismus hat dies alles nichts mehr zu tun, sehr viel aber mit künstlerischer Gestaltung auf dem hohen Wissensstand einer späten Kultur, die keine gedanklichen und geographischen Grenzen kennt, der auch die Vergangenheit durchlässig und verfügbar geworden ist.

Ende des „Modernismus"

„[...] it is now possible to speak of the end of Modernism – es ist jetzt möglich, vom Ende des Modernismus zu sprechen", behauptete der englische Kritiker Edward Lucie-Smith in der Einleitung seines 1980 erschienenen Buches „Art in the Seventies". Aber das Ende der Avantgarde-Ideologie in den siebziger Jahren bedeutet nicht das Ende der Kunst. Statt dessen erlebte die totgesagte Malerei in der ersten Hälfte der achtziger Jahre vitale Triumphe. Sie drängte sogar – wenigstens in ihrer expressiven Ausdrucksform italienischer, deutscher und auch amerikanischer Herkunft – nach dem wenig folgenreichen Zwischenspiel der dekorativen „Pattern Art" („Muster"-Kunst meist ornamentalen Zuschnitts) – alle anderen Gattungen in den Schatten, zumal viele Neo-Expressionisten die dazugehörigen Skulpturen auf den Spuren ihrer Ahnherren gleich selber machen, wenn auch mit unterschiedlichem Glück des Gelingens. Der internationale Erfolg

der „Transavantgardisten“ in Italien, der „Neuen Wilden“ in Deutschland, in der Schweiz, Österreich, Dänemark, Großbritannien, Frankreich und den Niederlanden sowie des „New Imagage Painting“ in den USA ist nach der Durststrecke einer intellektuell unterkühlten Ideenkunst ohne sinnliche Anschaulichkeit wohlverständlich. Der künstlerischen Askese folgte ein neuer, spontaner Sensualismus, der Auslöschung der subjektiven „Handschrift“ die Inthronisierung einer betont gestischen, impulsiven und meist ungehemmt starkfarbigen Malerei. Sie folgte auf den Spuren der deutschen Expressionisten aus der ersten, der amerikanischen abstrakten Expressionisten aus der zweiten Jahrhunderthälfte. Auch van Gogh und das Werk des späten Corinth gaben viele Anregungen. Selbst ein weniger berühmter Künstler des 19. Jahrhunderts, der betont malerische Realist Ferdinand von Rayski – 38 Jahre vor dem großen Wilhelm Leibl geboren – beeinflußte einen Georg Baselitz in seinen Anfängen.
So ist es kaum zu verwundern, daß Baselitz und sein Freund Eugen Schönebeck – von Ost- nach West-Berlin übergewechselt und mit dem sozialistischen Realismus bestens vertraut – in ihrem „1. Pandämonium“, das die Gralshüter des abendländischen Geistes so sehr provozierte, zunächst einmal den „Pathetischen Realismus“ verkündeten: eine radikal-kritische Malerei von tabubrechender Vitalität, deren Resultate der arrivierte Baselitz später als „Pubertätsschlamm“ ebenso abqualifizierte, wie Ernst Ludwig Kirchner sein Frühwerk als „Jugendeselei“ denunziert hatte. Dabei enthielten diese die Polizei der Wohlstandsrepublik alarmierenden Bilder vielleicht mehr Sprengkraft als die darauf folgende ästhetisch orientierte Praxis des reifen Erfolgskünstlers, seine vorzüglich gemalten Bilder auf den Kopf zu stellen, um damit die sicherlich richtige, aber nicht ganz neue Erkenntnis zu demonstrieren, daß gute Malerei vom Motiv weitgehend unabhängig ist und auch im Kopfstand gut aussieht.
A. R. Penck, alias Ralf Winkler, kam ebenfalls von der DDR in die Bundesrepublik, wenn auch viel später als Baselitz und Schönebeck. Ein „Freundschaftsbild“, auf dem der Dokumentarfilmer Böttcher, der Liedersänger Wolf Biermann, Georg Baselitz und Penck selber als Kind, aber mit dem Kopf des erwachsenen Picasso in expressiven Farben dargestellt sind (vgl. S. 263), ist die Vorstufe zu den späteren „Systembildern“, auf denen Penck mit den formalen Mitteln prähistorischer Kunst mögliche kybernetische Modelle und Systeme bildnerisch zu fassen versucht: „Was mir vorschwebt, ist so eine Art Physik der menschlichen Gesellschaft oder etwa die Gesellschaft als physikalischer Körper.“ Für dieses Konzept war in der DDR wenig Sympathie zu erwarten.
Baselitz alias Georg Kern (aus Deutsch-Baselitz), nicht nur als Maler, sondern auch und vor allem als Zeichner hervorragend, und A. R. Penck sind, obwohl noch relativ jung an Jahren und mit voller Kraft tätig, die Ahnherren der „heftigen“ deutschen Malerei. Unter dieser Bezeichnung und auf die Szene Berlin beschränkt, wurde sie zum erstenmal 1980 von Thomas Kempas vorgestellt, noch bevor Wolfgang Becker für seine breiter angelegte, historisch vergleichende Aachener Schau den effektvollen Titel „Die Neuen Wilden“ erfand. Markus Lüpertz, Bernd Koberling und vor allem Horst Hödicke sind die Anreger bzw. Lehrmeister der jungen, temperamentvollen Künstler. Deren neo-expressive Kunst verleugnet trotz ihrer Eigenwilligkeit in der Wahl großer Formate und in der ungebremsten Art des malerischen Vortrags Bezüge zur Kunst der Vergangenheit ebensowenig wie die Malerei der führenden DDR-Repräsentanten Bernhard Heisig, Willi Sitte, Wolfgang Mattheuer oder Werner Tübke, obwohl ihre Konzeption und deren Realisierung – zumal im Vergleich zu dem etwas groben Sitte und dem manierierten Tübke – unkonventioneller und offener ist.

Jenseits der Avantgarde

Der Ort der Proklamation der „Transavantgarde“, auch „Arte cifra“ genannt, war Italien und der Kritiker Achille Bonita Oliva ihr unermüdlicher Prophet. Seine Doktrin lautet: „Die Transavantgarde erlaubt der Kunst eine Bewegung in alle Richtungen, einschließlich in die der Vergangenheit.“ Auf den Bildern der Protagonisten dieser anspielungsreichen neuen Malerei einer späten Kultur – Chia, Cucchi, Clemente, Palladino u. a. – kommt die lange aufgestaute Lust auf Bilder ohne Rücksicht auf intellektuelles Kalkül und „guten Geschmack“, ohne Angst vor historisierenden Zitaten und unter bedenkenloser Verwendung der Materialien des „Imaginären Museums“ aller Zeiten und Zonen auf vehemente Weise zum Durchbruch, allerdings mit erheblichem qualitativem Gefälle. Alte Mythen werden – mal mit, mal ohne Tiefgang – zitiert und aktualisiert. Das bislang verachtete (oder unterbewertete) Spätwerk moderner Klassiker wie de Chirico, Chagall und selbst Picasso wird durch Zitat und stilistische Anlehnung glorifiziert.
Wie in Italien, so revanchierte sich auch in der Bundesrepublik Deutschland die expressive Malerei für die jahrzehntelange Mißachtung, die ihr seitens der diversen Avantgarden und deren Apologeten zuteil geworden war. Sie probte nicht nur den Aufstand – ob am Moritzplatz in Berlin, an der Mülheimer Freiheit in Köln oder in der Hamburger Enklave der Brüder Oehlen und Büttners –, sie setzte sich vielmehr so vehement durch, daß die Erkenntnis von der Gleichzeitigkeit des Gegensätzlichen wieder einmal verdrängt wurde, und zwar ebenso radikal, wie es vorher die apodiktischen Verheißungen der jeweils „aktuellen“ Nachkriegsavantgarde bewirkt hatten. Es kann kein Zweifel sein, daß durch das Bekenntnis zur lange zurückgedrängten Expressivität, zu einer unbekümmerten, bisweilen narzißtischen Subjektivität, zum Selbstausdruck mit exhibitionistischen Zügen, zum Irrationalen, zum Visionären oder gar zur Stillosigkeit als Programm, wie sie der eulenspiegelhafte Jiri Dokupil in vielerlei Masken virtuos praktiziert, das „Geistige in der Kunst“ in den Hintergrund gedrängt wird. Dies geschieht, vom interessierten Handel massiv geför-

dert, mit der gleichen Unbedingtheit und der gleichen Ungerechtigkeit, mit der man lange Jahre hindurch der figurativen Kunst, insbesondere in ihrer expressiven Version, begegnet war.
Die zurückhaltenderen, intellektuell kontrolliert arbeitenden Künstler haben es gegenüber der neuen Sinnlichkeit nicht leicht, sich zu behaupten. Einer der Apologeten der neuen Welle, Robert Rosenblum, verkündet ungeniert die „Befreiung von den repressiven Zwängen des Intellekts, der über die Kunst der letzten Dekade seine Herrschaft ausgeübt hatte". Marcel Duchamp hätte dies nicht gern gelesen. Unter solchen Vorzeichen ist nicht nur an die Existenz, sondern auch an die Notwendigkeit einer „intelligenten Kunst", wie Duchamp sie verlangte, als Regulativ zu erinnern.
Es gibt mancherlei Ursachen für den Triumph der „heftigen", „wilden" oder nur temperamentvollen Malerei in Italien und Deutschland, in der Schweiz und in Österreich, aber auch im weniger romantischen, pragmatischeren Amerika. Dort räumt der die Gattungsgrenzen überschreitende Jonathan Borofsky nicht nur seine Beeinflussung durch Dalí, Fellini einerseits, Walt Disney andererseits bereitwillig ein, sondern er spricht auch von der Kunst als seinem „Handwerkszeug", mit dem er das persönliche für das globale Selbst des Menschen öffnen will.
Einer der Gründe für den Erfolg dieser Kunstströmungen wurde schon genannt: Ermüdung durch eine von Sterilität bedrohte, sich selbst ad absurdum führende „Fortschrittlichkeit", Opposition gegen „unablässigen Druck künstlerischer Innovation", der in keiner Epoche der Kunstgeschichte so groß war wie im 20. Jahrhundert, vor allem in seiner zweiten Hälfte.
Ein anderer Grund, gewiß nicht ohne Zusammenhang mit dem ersten, ist die Neubewertung des historischen Expressionismus deutscher Herkunft und seiner gefühlsbetonten, quasiromantischen Haltung. Lange Zeit hatte er – das Werk des überragenden Max Beckmann eingeschlossen – außerhalb Mitteleuropas als „gotische" Verirrung, als „schlechte Malerei" gegolten, und es hatte schon seinen Grund, daß „bad painting" von einigen „Wilden" eine Zeitlang provokativ zum Markenzeichen erhoben wurde. Die Expressionismus-Ausstellungen der letzten Jahre, nicht zuletzt in den USA, haben zu einem gründlichen Meinungsumschwung geführt. An die Stelle abwertender Gleichgültigkeit ist eine fast kritiklos einhellige Bewunderung getreten.

Kunst und Zeitgeist

Ein dritter Grund wurde wiederum von Hilton Kramer, dem strammen „Falken" und führenden Mitarbeiter an der New Yorker Zeitschrift „New Criterion", dem Blatt der affirmativen, neo-konservativen amerikanischen Intelligenz, ins Spiel gebracht. Er wies darauf hin, daß seit den politisch-gesellschaftlich so heißen späten sechziger Jahren bis an die Schwelle zu unserem Jahrzehnt auf gravierende kulturelle Veränderungen wie sexuelle Revolution, Drogenkultur, Frauenbewegung, d. h. auf den generellen Protest gegen die überlieferten bürgerlichen Lebensweisen in der Kunst kaum reagiert worden sei. Das ist nur zur Hälfte richtig, weil Kramer die politische Szene im künstlerischen Bereich schlicht ausklammert und auch die – allerdings meist unpolemische – Darstellung der jugendlichen Szenerie in der Pop Art oder in den Bildern von Neo-Realisten wie z. B. Franz Gertsch („Marina schminkt Luciano", „Medici", „St. Guilhem") übersieht (vgl. S. 250). Die politische Kunst jener Jahre, sofern sie nicht Straßenkunst und aktionistisch konzipiert war, benutzte indessen tatsächlich überwiegend traditionelle Klischees und blieb ohne künstlerische Originalität. Minimal, Concept und Land Art setzten sich mit den Alltagserfahrungen der sechziger und siebziger Jahre nicht auseinander. So wurde der privaten „Kulturrevolution" der Zutritt zur Kunst weitgehend verweigert, die Kunst „ließ sich nicht auf die bestehende Welt ein. [...] Der expressionistische Entwurf blieb dem Leben vorbehalten und galt nicht für die Kunst."
Erst als der revolutionäre Schwung vorüber war und die neo-konservative Welle unter amerikanischer Anführung die westliche Welt überflutete, erschienen die Tabu-Themen, die vorher – wie auf den frühen Baselitz-Bildern – nur vereinzelt aufgetaucht waren und noch Skandal gemacht hatten, in den Werken der „Post-Modernen". Im Gegensatz zu den unruhigen Jahren davor erregten sie kaum noch Anstoß und wurden, wie etwa Salomés gemalte Bekenntnisse zur Homosexualität, von Sammlern und sogar vom breiten Publikum ohne moralisierende Proteste weltweit akzeptiert. Unumkehrbare Veränderungen der Lebenspraxis finden auf den politisch eher enthaltsamen Bildern der Neo-expressiven ihren verspäteten Niederschlag. Selbst die kleinbürgerliche Moral, die – mit dem traurigen Höhepunkt der Aktion „Entartete Kunst" 1937 – immer dann zum Bildersturm blies, wenn entweder Kritik am Bestehenden oder radikale Veränderungen künstlerischer Formen ihr Ruhebedürfnis störten, hielt sich in erstaunlichem Maße zurück. Die „heftige", „wilde" Direktheit, die Spontaneität der neuen Bilder vermögen die Moralapostel – anders als früher die Werke eines Picasso, eines Mondrian oder Barnett Newman – offenbar nicht zu beunruhigen; auch dann nicht, wenn die selbstzufriedene Saturiertheit der Wohlstandsgesellschaft und ihre geheiligten Werte von Künstlern wie Immendorff, Bruce MacLean oder Eric Fischl einmal mehr oder weniger provokativ in Frage gestellt werden. Solche Attacken werden jedenfalls gelassener hingenommen als die intellektuellen und formalen Radikalismen der plötzlich in die Geschichte zurückversetzten Avantgarde-Generationen, deren – zumindest zeitweilige – Verabschiedung aus der unmittelbaren Gegenwart man anscheinend mit einer Art von Erleichterung begrüßt.
Die nunmehr über ein Vierteljahrhundert alte These des konservativen Soziologen Arnold Gehlen, Kunst müsse eine „entlastende" Funktion haben, erhält so eine unerwartete neue Aktualität, zumal sie im Kern auch von den Theoretikern der transavantgardistischen Kunst akzeptiert wird. Der Stachel im Wohl-

standsspeck ist stumpf geworden. Dazu hat sicherlich der – trotz Heftigkeit des Vortrags – inhaltlich und stilistisch eher konservative Habitus vieler Werke mit ihren Verweisen auf Geschichte und Mythos beigetragen. Diese lassen sich auch im zitatenfreudigen Formenvorrat der postmodernen Architektur leicht feststellen. Repetition, Variation, unbefangene historische Anspielungen auch auf die jüngste Vergangenheit, wie sie zumal im problematischen Werk eines so brillanten Malers wie Anselm Kiefer erscheinen, weiten sich aus bis zu Anklängen an die Blut-und-Boden-Mythologie, die durch ein Übermaß an Einfühlung auf irritierende Weise in die Nähe romantisierender Verklärung geraten können, wenn dies auch nicht die Absicht des Künstlers sein mag, der sein Werk vielmehr als trauernde „Vergangenheitsbewältigung" verstanden wissen will.

Solche Nachbarschaften sind Kennzeichen einer Kunst, die auch im Kontext jener allgemeinen, resignativen Nostalgiewelle zu sehen ist, die – nach der fehlgeschlagenen Revolte – selbst die Jugend erfaßt hat. Der „Hunger nach Bildern", um den griffigen Titel des Buches von Wolfgang Max Faust zu benutzen, hat die Angst vor der wortlosen Überredungskraft schweigsamer Kunstwerke, wie sie sich in der langen Reihe wütender Proteste gegen die bildenden Künste in unserem Jahrhundert immer wieder manifestierte, zur Zeit beschwichtigt. Trotz ihrer heftigen Gestik, trotz der Lust an der Durchbrechung sittenstrenger Tabus werden die neuen expressiven Bilder im Vergleich zu denen der „Klassiker", vor allem aber der Nachkriegsmoderne als vertrauter und weniger fremd empfunden. Dies gilt selbst dann, wenn einmal keine politisch-soziale Abstinenz geübt wird oder die Bilder zu sehr persönlichen existentiellen Chiffren werden wie im eigenwilligen Werk der Österreicherin Maria Lassnig oder – auf ganz andere, emotionellere Weise – in dem des Schweizers Martin Disler.

Das von einem umsatzorientierten Handel begreiflicherweise geförderte allgemeine Wohlwollen verwischt die gravierenden Unterschiede in künstlerischer Qualität und geistiger Substanz. Diese Erkenntnis scheint sich in der Mitte der achtziger Jahre allmählich gegen den undifferenzierten Enthusiasmus am Beginn der „Neuen Welle" durchzusetzen.

Mächtige neue Sammler, wie z. B. das Londoner Ehepaar Saatchi, durch deren Aktivitäten nicht nur Kunstmarkt und Marktwert, sondern auch die aktuelle Kunstproduktion selbst mitbestimmt werden, beginnen ihre Bestände kritisch zu überprüfen, auszusondern und zu ergänzen. Allerdings sind Virtuosen wie Julian Schnabel, der die „heftige" Malerei elegant und „salonfähig" gemacht hat, von diesem Prozeß vorerst nicht betroffen. Er bleibt bis auf weiteres für das kunstinteressierte Großbürgertum des 20. Jahrhunderts das, was Hans Makart, der Malerfürst, für das Publikum der „Belle Époque" im kaiserlichen Wien des 19. Jahrhunderts gewesen ist. „Wir brauchen ihn, damit er uns zeigt, was wir fühlen sollen", heißt es im Text einer hingerissenen Sammlerin: Der Star wird zum Idol.

Immerhin haben auch solche Künstler im Kreis der Favoriten ihren festen Platz, die andere Positionen vertreten: die Amerikaner Cy Twombly, Brice Marden und der intelligente Zyniker Andy Warhol. Gerade er ironisierte die deutsch-italienische Übermacht innerhalb der Transavantgarde durch Zitieren faschistischer Architekturelemente, die ja auch einmal, wenngleich unter ganz anderen Vorzeichen als heute, „postmodern" waren. Ebenso zählt der sicherlich witzigste und hintergründigste unter den jüngeren Malern der Gegenwart, Sigmar Polke, dessen Werk beim „kapitalistischen Realismus", bei der Pop Art und den Trivialmythen der Massenmedien ansetzt, zum engsten Kreis.

Blick nach vorn

Aber nicht nur „Taste-Maker" unter den Händlern und Sammlern erweitern ihr Spektrum. Man beginnt vielmehr ganz allgemein zu begreifen, daß die Diktatur einer einzigen Richtung, ob revisionistisch oder revolutionär, ob avant- oder transavantgardistisch, zur Verödung der Kunstszene führen müßte. Auch die neoexpressiven Künstler selbst verzichten, wie alle ihre Vorgänger, immer mehr auf die Nestwärme der Gruppen, aus denen sie hervorgegangen sind, und entfalten die eigene Individualität. Einflußreiche, aber bisher weniger prominente Figuren, wie der Lehrmeister der Berliner „Heftigen", Karl Horst Hödicke, treten aus dem Hintergrund in den Blickpunkt des öffentlichen Interesses. Andere, deren künstlerische Substanz für den langen Marsch durch die Konsumwelt nicht ausreicht, bleiben zurück.

Die verfließende Zeit schafft Abstand, allmählich auch im emotionell aufgeladenen Bereich der Postavantgarde. Dieser Prozeß vollzieht sich im Prinzip heute nicht anders als gestern und vorgestern. Allerdings unterliegt auch er, wie die Vorgänge in allen Lebensbereichen, dem Gesetz der Epoche: dem Gesetz der potenzierten Beschleunigung, die bisweilen Andy Warhols Gesetz – „Jeder nur noch eine Viertelstunde berühmt" – als konkrete Möglichkeit erscheinen läßt.

Immerhin: Die zögernd beginnende kritische Auseinandersetzung erweitert den Horizont und läßt jenseits des Streits um das „Neueste und Aktuellste aus allen Ländern der Erde" wieder die Vielfalt, auch der heutigen Kunstlandschaft, erkennen. Mammutausstellungen wie die tourismusorientierte Pariser Biennale des Jahres 1985 haben dies in ihrer konzeptionslosen Einseitigkeit nicht zur Kenntnis nehmen wollen, sehr zu ihrem Schaden. Seriöse Künstler hatten nie einen derart verengten Blick. Jonathan Borofsky zum Beispiel, der bereits zitierte amerikanische Maler und Mixed-media-Künstler, hat sich mit der minimalistischen Kunst von Brancuşi bis zu Sol LeWitt und Carl André genauso intensiv auseinandergesetzt wie mit seiner Kindheit und der Malerei der Surrealisten, bevor er den eigenen Weg fand: „Der Einfluß der Minimalisten war zu extrem", sagte er in einem Interview, „und ein Extrem ruft das andere hervor [...]. Ich begann, beides zu benutzen, das Konzeptionelle und die andere Seite – die Seite der Intuition, der Träume, der inneren Welt."

Auch europäische Transavantgardisten von Rang haben ihre Quellen nie verleugnet: de Chirico, Picasso, Nolde, die Maler der „Brücke", Dix, Grosz sogar Paul Klee. Bernd Zimmer, mit Salomé, Fetting und Middendorf einer der ersten vier „Wilden" von Berlin, spricht sogar von der „Rückkehr des Gegenstandes, aber mit der Technik der Abstraktion": eine Bemerkung, die auch von Juan Gris stammen könnte. Zimmer geniert sich auch nicht, den großen Farbfeldmalern Rothko und Newman seine Reverenz zu erweisen.

Für Gerhard Richter, der aus einer ganz anderen Richtung kommt und sich dem Problem der Fixierung von Realität im Bild unter Erprobung immer neuer künstlerischer Methoden zwischen Purismus und ironisierter Romantik, Fotorealismus und Expressivität unpathetisch zu nähern versucht, hat die starkfarbige Gestik seiner neuen abstrakten Bilder einen anderen Sinn als für die Transavantgardisten: „Abstrakte Bilder" (vgl. S. 256), schrieb er im Katalog der „documenta VII/ 1982", „sind fiktive Modelle, weil sie eine Wirklichkeit veranschaulichen, die wir weder sehen noch beschreiben können, auf deren Existenz wir aber schließen können."

Auch in der Kunst ist Freiheit die Freiheit des Andersdenkenden. Daß diese Maxime im Streit der ewigen Rechthaber um die alleinseligmachende Richtung immer wieder vergessen wird, obwohl doch nach dem Ende aller utopischen Hoffnungen in der zweiten Jahrhunderthälfte die Kunst, wie Giulio Carlo Argan sagt, kein „a priori" mehr kennt, hat viel Flurschaden angerichtet. Das Ende des naiven, ideologisierten Fortschrittsglaubens könnte zu einer Zeit der Besinnung und eines neuen Anfangs werden – vorausgesetzt, daß die Wiederkehr der Bilder nicht zur Flucht ins gegenteilige Extrem eines bewegungslosen, historizistischen Konservatismus verführt. In der Kunst – diese Lektion sollten wir gelernt haben – kann es keine Dogmen, keine ewiggültigen Weisheiten geben. Kunst lebt nicht vom Fortschritt, sondern von immerwährender Wandlung. Dieser Prozeß vollzieht sich vor unseren Augen in einem atemberaubenden Tempo. Nie war der permanente Verschleiß von Ideen und Formen so groß wie heute, da es keine verbindlichen Normen mehr gibt und die Kriterien ins Wanken geraten sind. Worauf es ankommt, ist, daß Kunst sich nicht den Gesetzen des Markts unterwirft und zu einer Konsumware wird, die – „Ex und hopp!" – für den schnellen Verbrauch bestimmt ist.

Die Anzeichen mehren sich, daß die Fülle bildnerischer Ausdrucksmöglichkeiten zwischen Sinnlichkeit und Geistigkeit, Expression und Konstruktion, zwischen Plastik, Malerei und neuen Medien wieder stärker ins Bewußtsein dringt. Wohin die Reise geht, kann niemand wissen. Denn die Frage nach der Lebenskraft der Künste ist identisch mit der unbeantworteten Frage nach der Überlebenskraft unserer bedrohten Kultur.

Von Sammlern und Sammlungen

Eine kurze Chronik des Museums Ludwig

Die Geschichte des Museums Ludwig ist kurz. Sie beginnt am 23. Februar des Jahres 1976. An diesem Tag unterzeichnete das Stifterehepaar Peter und Irene Ludwig aus Aachen einen folgenreichen Vertrag mit der Stadt Köln. Siebeneinhalb Jahre vorher, am 30. Oktober 1968, hatte der damalige, 1983 verstorbene Generaldirektor der Kölner Museen, Gert von der Osten, mit den Sammlern über die Möglichkeit verhandelt, seine umfangreiche Kollektion zeitgenössischer Kunst dem Wallraf-Richartz-Museum auf unbestimmte Zeit zur Verfügung zu stellen. Kunst der Gegenwart: Das hieß damals, zum Zeitpunkt der Gespräche, „Kunst der sechziger Jahre". So lautete auch der Titel des Anfang 1969 erstmals erschienenen, von Wolf Vostell bibliophil gestalteten Kataloges, dessen fünf verschiedene, jedesmal beträchtlich erweiterte Auflagen längst vergriffen sind und heute als Buchkunstwerke eigener Prägung zu den Raritäten der Antiquariate gehören.
„Der Sammler ging", so schrieb von der Osten in seinem „Leitartikel" zur fünften Auflage von 1971 über die Reaktion auf die Kölner Vorschläge, „in folgender Weise darauf ein: An eine gesonderte Ausstellung sei nicht zu denken, an eine offizielle Eröffnung möglichst auch nicht. Er wünsche keine besondere Hervorhebung, und vielmehr sei die Sammlung [...] in die vorhandenen Bestände des Museums zu integrieren. Etwas Derartiges war mir", so fuhr der unvergessene Museumsmann fort, „nachdem das Museum sowohl von privater Seite wie von der öffentlichen Hand viele und bedeutende Förderungen erhalten hat, noch niemals passiert [...]. Dies war eine einmalige Großzügigkeit."
Dieses 1968 geführte Gespräch sollte nicht nur für die Kölner Museumslandschaft, sondern weit darüber hinaus für die deutsche und europäische Kunstszene historische Bedeutung erlangen. Der Sammlungsbestand belief sich damals, nach Auskunft der ersten Katalogauflage, auf 90 Bilder, Skulpturen und Objekte sowie 50 graphische Blätter. Als die fünfte und letzte Auflage erschien, also nicht mehr als drei Jahre später, hatte sich die Anzahl der Kunstwerke bereits verdoppelt: 216 bedeutende Arbeiten wurden vorgestellt, die Graphik nicht mitgezählt.
Bereits zu jener Zeit handelte es sich nicht, wie so oft behauptet wurde, um eine reine Pop-Art-Kollektion, obwohl die Kunst der Kennedy-Ära, die Peter Ludwig

Andy Warhol, *Portrait Peter Ludwig*, 1980

bei seinen Amerikabesuchen faszinierte, den entscheidenden Anstoß zu der wichtigsten Entscheidung gegeben hat, nämlich den Schwerpunkt seiner zukünftigen tigen Sammeltätigkeit auf die Kunst des 20. Jahrhunderts zu verlegen.
Der Bestandskatalog des Jahres 1971 verzeichnet (ohne die Zeichner und Graphiker) 91 Künstler. Davon gehören – oder gehörten – nur 25 zur Pop-Art-Szene in New York bzw. im „Swinging London" jener Jahre. 66 andere, davon 36 Europäer und 30 Amerikaner, haben nie etwas mit Pop Art zu tun gehabt. Selbst der große Jasper Johns und sein kongenialer Freund Robert Rauschenberg, die quantitativ und qualitativ im heutigen Museum Ludwig so eindrucksvoll vertreten sind wie in keinem anderen Kunsthaus der Welt, sind bei dieser den Begriff großzügig auslegenden Rechnung unter „Pop Art" rubriziert, obwohl sie beide, ebenso wie der große Objektemacher Claes Oldenburg, als abstrakte Expressionisten, als „Action Painters", begonnen haben und erst danach zu den „founding fathers", den Gründervätern der Pop Art, geworden sind. Als beherrschende, genuine Pop-Artisten Amerikas sind Roy Lichtenstein, James Rosenquist, Tom Wesselman und Jim Dine ebenso eindrucksvoll repräsentiert.
Natürlich sind die imponierenden Werkgruppen dieser Künstler, zu deren Umkreis die Arbeiten der Protagonisten der Londoner Pop-Szene, Richard Hamilton, Ronald B. Kitaj, Eduardo Paolozzi und David Hockney, gehören, Ursprung und Herzstück der Sammlung Lud-

---

Die in der „Chronik" genannten Künstler und Bilder werden in den folgenden Kapiteln im kunstgeschichtlichen Zusammenhang ausführlicher behandelt. In Zweifelsfällen hilft das Register.

wig. Doch viele andere Maler, Bildhauer und Objektemacher höchsten Ranges aus Amerika und Europa waren schon früh in vergleichbarer Fülle und Qualität mit wichtigen Werken in der Sammlung Ludwig präsent: Yves Klein, Lucio Fontana, Antoni Tàpies, Jean Dubuffet, Wols, Jean Tinguely, Richard Serra, Joseph Beuys, Morris Louis, Frank Stella, Gerhard Richter, Konrad Klapheck und nicht zuletzt der Meister aller Meister, Pablo Picasso.

Diese hochkarätige Kollektion ist der Grundstock jener Sammlung, die von der Stadt Köln zunächst als Dauerleihgabe, dann, an jenem späten Februartag 1976, als Stiftung gewonnen wurde. Voraussetzung für die Übergabe des bis dahin zusammengetragenen privaten Kunstbesitzes in städtisches Eigentum war, daß bis zum Jahre 1985 ein Museumsneubau errichtet werde, der nicht nur dem Wallraf-Richartz-Museum eine neue Heimstatt geben solle, sondern auch zur Aufnahme der Werke des neugegründeten Museums Ludwig geeignet sei. (Der Eröffnungstermin wurde später auf 1986 verlegt.)

Das von Rudolf Schwarz erbaute „Wallrafianum“

Ewald Mataré, *Stefan-Lochner-Brunnen,* 1955/56, für den Hof des alten Wallraf-Richartz-Museums

neben der gotischen Minoritenkirche war längst zu eng geworden und überdies vom Architekten nicht zur Aufnahme von Werken der Kunst des 20. Jahrhunderts vorgesehen. Der schlichte, mittelalterliche Prinzipien aufnehmende (und zeitgemäß variierende), den Rhythmus der Minoritenkirche fortsetzende Ziegelbau wurde vom ehemaligen Kölner Oberbürgermeister und späteren Bundeskanzler Konrad Adenauer zunächst als „Fabrik“ der „Wallraf-Richartz-Werke“ verspottet und zum alsbaldigen „Wiederabriß“ empfohlen. Heute gilt er als eines der besten Beispiele deutscher Nachkriegsarchitektur: eine Rarität in den bauwütigen, aber wenig geschmackssicheren fünfziger Jahren, deren höchstes Ziel die „autogerechte Stadt“ war.

Schwarz hatte das Haus als Schatzkammer für alte Kunst konzipiert, das 19. Jahrhundert ausdrücklich inbegriffen. Ihm gegenüber sollte, viele Jahre vor den Verhandlungen mit dem Aachener Fabrikanten Ludwig, ein eigenes Gebäude für die moderne Sammlung entstehen. Wie so oft, reichten die Finanzen dazu nicht aus.

So begegneten sich die Interessen der Stadt Köln und die des Sammlerehepaars Ludwig bei der Forderung nach einem neuen, allen räumlichen und museumstechnischen Ansprüchen entsprechenden neuen Gebäude angesichts der stürmischen Entwicklung der Museumssammlungen, vor allem im Bereich der zeit-

Dani Karavan, *Ma'aloth (Stufengesang),* Modell für die Platzgestaltung des neuen Wallraf-Richartz-Museums/ Museum Ludwig

genössischen Kunst. Durch den Neubau der Kölner Architekten Busmann und Haberer, die den Wettbewerb für den Neubau des Wallraf-Richartz-Museums/Museums Ludwig überraschend gegen hochkarätige Konkurrenz gewannen, wurde nicht nur die Vertragsbedingung erfüllt, sondern auch eine der empfindlichsten Lücken innerhalb der Kölner Kulturlandschaft an einem der prominentesten Bauplätze Europas im Schatten des Kölner Doms geschlossen. Der Gebäudekomplex bezieht einen weiträumigen Konzertsaal und eine ebenso strenge wie großzügige Piazza, (der zukünftige Heinrich-Böll-Platz vor dem Neubau des Wallraf-Richartz-Museums und Museum Ludwig) ein, dessen Gestaltung dem israelischen Künstler Dani Karavan übertragen wurde (Architekten: Peter Busmann und Gotfryd Haberer). Seine minimalistische Skulptur aus verschiedenen Materialien ist ein markanter, maßstäblich auf Architektur und Umgebung bezogener Blickpunkt. Der Israeli gehört zu den wenigen Künstlern unserer Zeit, die skulpturales Gestalten in eine übergreifende städtebauliche Konzeption einzubinden vermögen.

An dem Zustandekommen des groß angelegten Projekts war außer Gert von der Osten vor allem der damalige Kulturdezernent Kurt Hackenberg maßgeblich beteiligt, der fast ein Vierteljahrhundert hindurch dem kulturellen Leben der Stadt entscheidende Impulse gegeben hat. Der Chefrestaurator des Wallraf-Richartz-Museums und des Museums Ludwig, Wolfgang Hahn, selbst ein passionierter Sammler zeitgenössischer Kunst, dessen eigene Kollektion heute in Wien beheimatet ist, stand dem Ehepaar Ludwig von Anfang an als fachkundiger Berater zur Seite.

Die Vorgeschichte des Kölner „Museums Ludwig (Moderne Galerie)“, wie es im Verlagstext heißt, beginnt unmittelbar nach dem Zweiten Weltkrieg. Als Peter und Irene Ludwig in die Reihe der bedeutenden Stifter eintraten, hatte die moderne Abteilung des Wallraf-Richartz-Museums bereits einen hervorragenden Ruf. Ohne deren vorzügliche Bestände wäre das Aachener Sammlerehepaar kaum auf den Gedanken gekommen, seine Aktivitäten auf Köln zu konzentrieren. Das hohe Niveau schon der ersten Nachkriegsjahre ist dem Mann zu verdanken, dessen Name heute die Städtische Kunsthalle trägt: Josef Haubrich. Ein vergleichbares Ereignis wie die Entscheidung von Peter und Irene Ludwig für Köln war kurz nach der Katastrophe von 1945 der Vertrag, den der Rechtsanwalt mit seiner Vaterstadt schloß. Er überließ Köln bereits 1946 den größten Teil seiner Sammlung moderner Kunst mit den Schwerpunkten „Deutscher Expressionismus“ und „Realismus“. Drei Jahre später war sie – in Köln lagen die alten Museumsbauten in Trümmern – im Düsseldorfer Kunstmuseum am Ehrenhof zu besichtigen.

Diese Ausstellung hatte eine inspirierende Wirkung auf die gesamte bundesdeutsche Kulturlandschaft der Nachkriegszeit. Sie zeigte, daß trotz des nationalsozialistischen Bildersturms, der auch das Wallraf-Richartz-Museum nicht verschont hatte, der Anschluß an die internationale Entwicklung auch im Bereich der Kunst-

Gerhard Marcks, *Josef Haubrich,* 1953

sammlungen nicht völlig verlorengegangen war. Haubrich hatte die „Entartete Kunst“, die sich in seinem Besitz befand, nicht nur vor der Auslieferung und Vernichtung bewahrt, sondern auch den Mut gehabt, neue Werke der Verfemten hinzuzukaufen: Bilder und Plastiken von Liebermann, Corinth, Kirchner, Heckel, Schmidt-Rottluff, Kokoschka, Macke, Hofer, Lehmbruck, Kollwitz und Barlach, aber auch von van Gogh, de Vlaminck und Utrillo. Schon im Katalogvorwort zur Düsseldorfer Ausstellung 1949 wurde mit Recht festgestellt, „die Sammlung Haubrich, die 1946 dem Wallraf-Richartz-Museum geschenkt wurde“, habe nicht nur die Verluste aus der Zeit des Nationalsozialismus wettgemacht, sondern die ursprüngliche Sammlung moderner Kunst „weit überflügelt“.

Daß diese Behauptung nicht zu hoch gegriffen war, zeigt ein Vergleich des heute über 35 Jahre alten Kataloges mit der Liste der 1937 beschlagnahmten Werke, obwohl dort so schmerzliche Einbußen wie Picassos „Familie Soler“ (heute im Lütticher Musée des Beaux-Arts), Gauguins „Reiter am Strand“ (heute im Besitz des Reeders Niarchos), das Elternbildnis von Otto Dix (heute in der Kunsthalle Basel), Kokoschkas „Bildnis des Schauspielers Etlinger“ (heute in der Kunsthalle Karlsruhe) und Edvard Munchs verschollener „Acker“ verzeichnet sind.

Ebenso wie später Peter und Irene Ludwig hat auch Josef Haubrich nie aufgehört zu sammeln. Auf das Beispiel dieses charaktervollen Mannes hat sich auch

Ludwig immer berufen. Das entspricht seiner Überzeugung, privater Kunstbesitz müsse der Öffentlichkeit nicht nur immer wieder gezeigt, sondern ihr schließlich auch zur Verfügung gestellt werden.
So hat das Ehepaar Ludwig primär nicht für sich selbst, sondern immer für das Museum gesammelt, das nach dem berühmten Wort des Kunsthistorikers Gustav Pauli das „demokratischste aller Bildungsinstitute", in der Formulierung von Jürgen Habermas ein „Versammlungsort Gleichberechtigter" ist. Dieser Erkenntnis sind auch viele Stifter in und um Köln gerecht geworden. Von ihnen seien das Ehepaar Günther und Carola Peill sowie Lilly von Schnitzler-Malinckrodt stellvertretend für viele andere genannt, während andere Förderer lieber anonym bleiben möchten.

Max Beckmann, *Lilly von Schnitzler-Mallinckrodt,* 1928–29

Das qualitativ und quantitativ enorme Wachstum der Kölner Sammlung moderner Kunst ist natürlich nicht dem richtungweisenden Beispiel engagierter Privatleute allein zu verdanken. Die Stadt selbst hat, in vielen Fällen unterstützt vom Bundesland Nordrhein-Westfalen, mit ihren Ankäufen ebenfalls wesentlich dazu beigetragen, und viele Museumsmänner und -frauen trieben den systematischen Aufbau voran. Neben den Generaldirektoren Leopold Reidemeister, Otto H. Förster, Gert von der Osten, Gerhard Bott und Hugo Borger waren es die Verantwortlichen am Wallraf-Richartz-Museum selbst, zunächst Helmut May und dann vor allem Horst Keller in seiner langen, achtzehnjährigen Dienstzeit, und viele andere Kollegen an ihrer Seite. Ohne ihren Einsatz und ihre Kennerschaft gäbe es das Museum Ludwig in seiner heutigen Gestalt und in seiner heutigen Bedeutung nicht.
In den zehn Jahren seit der Verselbständigung des Museums Ludwig ist die Sammlung beträchtlich gewachsen. Expressionismus und Pop Art sind Schwerpunkte geblieben, andere Stilrichtungen hinzugekommen. Das gilt vor allem für die avantgardistische Kunst des frühen, nachrevolutionären Rußland, die trotz der grandiosen Malewitsch-Kollektion des Amsterdamer Stedelijk-Museums in der westlichen Museumswelt kaum ihresgleichen hat. Es gilt aber auch für Max Beckmann, der durch zehn weitere Bilder aus dem Legat von Schnitzler besonders eindrucksvoll repräsentiert wird, und nicht zuletzt für Pablo Picasso, aus dessen verschiedenen Schaffensphasen Peter Ludwig immer wieder wesentliche Arbeiten erworben hat. Selbst die metaphysische Malerei (Pittura metafisica) und der Futurismus Italiens, die es bis vor wenigen Jahren in Köln überhaupt nicht gab, sind inzwischen durch die Großzügigkeit eines anonymen Förderers mit Bildern von de Chirico, Carrà, Balla, Severini, Sironi und Morandi vorzüglich vertreten. Auch Dada und Surrealismus haben durch Werke von Picabia, Man Ray, Hans Arp, Dalí und Giacometti bedeutenden Zuwachs erfahren, und die immer schon eindrucksvolle Max-Ernst-Kollektion wurde jüngst durch eine wichtige Arbeit aus den zwanziger Jahren („Die Jungfrau verhaut das Jesuskind vor drei Zeugen"), das 1928 auf einer Ausstellung in Köln einen Skandal provozierte, um ein programmatisches Frühwerk bereichert. Damit wird eine Periode im Schaffen des Künstlers authentisch belegt, die bis dahin im Museum nicht vertreten war. Fernand Légers „Olymp der Proletarier" ist ebenso ins Haus eingezogen wie der späte Matisse und der kubistische Henri Laurens. Die Kunst der fünfziger Jahre wurde durch ein bereits Geschichte gewordenes Schlüsselbild des Informel, „Das blaue Phantom" von Wols, ferner durch Bilder des „Cobra"-Protagonisten Asger Jorn sowie Werke von Emil Schumacher und Bernard Schultze wesentlich ergänzt. Von den amerikanischen „Action Painters" ist nun endlich auch deren Lehrmeister Hans Hofmann vertreten, und die Gruppe der ruhig-monumentalen Werke von Clyfford Still, Mark Rothko und Barnett Newman erhielt durch ein „black painting" des „Schwarzen Mönchs" Ad Reinhardt und ein Bild von Brice Marden kongeniale Nachbarschaften. Amerikas Plastik, durch Richard Serra, Walter de Maria, Michael Heizer und Carl Andre bereits gut repräsentiert, wurde, ihrer Bedeutung entsprechend, durch zwei Skulpturen des großen David Smith und eine wichtige Arbeit von Mark de Suvero zusätzlich akzentuiert. Der Sammlungsbereich „Nouveau Réalisme" ist inzwischen durch die „Compression" eines preisgekrönten Rennwagens von César Baldaccini, der bis dahin überhaupt nicht repräsentiert war, vervollständigt. Concept Art und „Spurensicherung" erhielten durch Arbeiten von James Lee Byars bzw. Ann und Patrick Poirier willkommenen Zuwachs.
Die Erweiterung der Sammlungsbestände im Bereich der Klassischen Moderne und der Kunst der letzten Jahre entsprechen dem Charakter des Museums Ludwig, das sich nicht als Preziosensammlung versteht, sondern als „musée infini", als ein lebendiges Institut ohne Schlußpunkt, für das es keine Ruhezonen gibt, das sich vielmehr offenhält für die Kunst der unmittelbaren Gegenwart und der Zukunft.
Die Stadt Köln war nie Residenz, sie war immer eine Stadt selbstbewußter Bürger. So steht am Beginn der Kölner Museumsgeschichte nicht die Übergabe der Raritäten- und Wunderkammern aufgeklärter Fürsten an das Volk. Sie beginnt vielmehr mit der „Sammlung

Carola und Günther Peill

des Herrn Professors und Kanonikus Wallraf ...", der, wie Goethe in seinen Notizen zur Rhein-Neckar-Reise 1814/15 berichtet, „seiner Vaterstadt leidenschaftlich angeeignet, sein ganzes Leben, Habe und Gut verwendete, ja die ersten Bedürfnisse sich öfters entzog, um alles Merkwürdige seinem Geburtsort zu erhalten".
Auch der Olympier forderte schon damals den Bau eines Museums für Wallraf: „Wünschenswert wär' es daher, wenn man baldmöglichst dem gemeinen Wesen diesen Schatz zueignete, damit die Jahre, welche dem würdigen Besitzer gegönnt sind, benutzt werden könnten, diese kostbaren Gegenstände mit Genauigkeit zu übernehmen, zu ordnen, genießbar und nutzbar zu machen. Dieses aber setzt ein hinreichendes Lokal voraus, welches in der weitläufigen Stadt gar wohl zu finden wäre.
Diese von Goethe gerühmte Selbstlosigkeit, der Bürgersinn des „Citoyen" – nicht des „Bourgeois"! –, das Gefühl für soziale Verantwortung, führte dazu, daß immer wieder große Sammler und Stifter ihr privates Vermögen zu Volksvermögen machten. Darin sind sie sich alle gleich: der Kanonikus Wallraf, der Kaufmann Richartz, der Rechtsanwalt Haubrich, der Fabrikant Peill und seine Frau Carola ebenso wie der Kunsthistoriker und Fabrikant Peter Ludwig mit seiner Frau Irene. Ihre Motivation hat der englische Schriftsteller und Historiker H. G. Wells, übrigens ein Sozialist, in einer knappen Sentenz treffend formuliert: „Tief im Innern des Menschen steckt ein Widerwille gegen vergängliches Tun." Die öffentliche Anerkennung ihres Wirkens, das „öffentliche Glück", wie es die Philosophin Hannah Arendt genannt hat, mag der Lohn dieser Menschen zu Lebzeiten sein. Was sie sich außerdem wünschen, ist das Überleben ihres Werks und ihres Namens: „Mein Staub zerstob, wie ein Stern strahlt mein Gedächtnis", dichtete Arno Holz. Warum sollte, was dem Dichter recht ist, den Stiftern nicht billig sein?

Künstler und Kunstströmungen unseres Jahrhunderts

1. Bilder und Objekte im Museum Ludwig

Leuchtkraft der Farbe – Reinheit der Linie
Die ersten Wilden von Paris

Die Revolution der Künste begann nach der Jahrhundertwende. Das entscheidende Datum ist der Herbst 1905, als die Künstlergruppe um Henri Matisse im Pariser „Salon d'Automne" einen Skandal entfesselte, der an Intensität den Aufruhr um die erste Impressionistenausstellung von 1874 bei dem berühmten Fotografen Nadar an der Rue des Capucines womöglich noch übertraf. „Ein Topf mit Farbe wurde dem Betrachter ins Gesicht geworfen!" empörte man sich. Wie später noch oft in der Geschichte der Kunst unseres Jahrhunderts, so sah man nicht nur die eigenen ästhetischen Ideale gefährdet, sondern auch die Moral und die öffentliche Ordnung.

„Die Welt ist da, es wäre sinnlos, sie zu wiederholen", sagte später der Schriftsteller Kasimir Edschmid als Apologet des deutschen Expressionismus, der den französischen „Wilden", den Fauves um Matisse, viele Anregungen verdankt. Eine solche Programm-Erklärung hätten die Revolutionäre im Herbstsalon sicherlich unterschrieben, denn sie kennzeichnet auch ihr Verhältnis zur sichtbaren Welt und zum Naturalismus in der Kunst. Für sie wurde die leuchtende reine Farbe zum Ausdrucksträger, die reine Form zum bildnerischen Mittel nach eigenem Gesetz, die reine, reduzierte Linie zum Instrument der Bildarchitektur. Kunst verlief nicht mehr wie noch bei Cézanne „parallel zur Natur", sie wurde ihr vielmehr als autonome Schöpfung gegenübergestellt. Die Kunstwelt hatte nun ihre eigene Realität. Die flüchtige Welt der Erscheinungen, die die Impressionisten so fasziniert hatte, wurde in bildnerische Zeichen sui generis verwandelt.

Was die Impressionisten, Cézanne, van Gogh, und die Pointillisten, vor allem aber der „Flächenmaler" Gauguin vorbereitet hatten, wurde von den Fauves konsequent zu Ende geführt: Es war die Geburtsstunde der „reinen" Malerei. Mit ihr beginnt, da der Kubismus ein paar Jahre später einsetzt, die „Moderne Kunst"; mit ihr beginnt die Sammlung des Museums Ludwig, wenn auch – im Vergleich zu anderen historischen Bereichen – in bescheidenem Umfang.

Als die moderne Abteilung des Wallraf-Richartz-Museums verselbständigt wurde, war zu entscheiden, wo man historisch die Trennung vollziehen sollte. Man entschied sich nach reiflicher Überlegung für das Jahr 1900 als „Schattenlinie", zumal man sich klar darüber war, daß die Besucher beider Institute Gelegenheit haben würden, auch die Vorgeschichte der „Moderne" an vorzüglichen Beispielen studieren zu können. Insofern gibt es keine Bruchlinie zwischen den beiden Museen unter einem Dach. Werke von Cézanne, van Gogh, Gauguin, Bonnard, Munch, Corinth und auch ein schönes Seerosenbild des späten Monet (1905) ermöglichen einen fast nahtlosen Übergang vom Wallraf-Richartz-Museum zum Museum Ludwig. Nur die Pointillisten sind nicht vertreten.

Das früheste und schönste Stück fauvistischer Malerei im Kölner Museum für Kunst des 20. Jahrhunderts ist ein Kleinformat: das „Sitzende Mädchen" von Henri Matisse aus dem Jahre 1909, als die Auseinandersetzung mit den Neo-Impressionisten Cézanne und Gauguin längst zu Ende gegangen und der verhaltene „Expressionismus" französischer Prägung voll ausgebildet war. Die malerische Kammermusik des zauberhaften Figurenbildes basiert auf dem Kontrast der Komplementärfarben Rot und Grün, zwischen deren kalten und warmen Klängen das Weiß-Ocker des diagonal geführten Körpers und des Kleides vermitteln. Der Bildraum wird von der Farbe geschaffen, Cézanne und van Gogh haben dazu die entscheidenden Anregungen gegeben. Die entspannte, nachdenkliche Haltung des jungen Mädchens, die Melancholie des Gesichts geben der intimen Szene einen lyrischen Klang, eine verhaltene Musikalität.

Auf den ersten Blick haben die Scherenschnitte des alten Matisse, dessen körperliche Verfassung es ihm ab 1948 nicht mehr erlaubte, den Pinsel zu führen, mit seinem malerischen Œuvre wenig zu tun. Doch der erste Eindruck täuscht. Seine Meisterschaft bei der Behandlung farbiger Flächen, die unfehlbare Sicherheit in der kompositorischen, raumschaffenden Aufteilung der Fläche, die unvergleichliche Fähigkeit zu formaler Konzentration durch Reduzierung der Mittel und Verzicht auf jegliches anekdotische Detail kommen im Werk seiner letzten vier Lebensjahre zu schönster Entfaltung. Die Technik der „papiers découpés" hatte er zunächst bei der Vorbereitung seiner Gemälde entwickelt. Zwischen 1943 und 1950 wurde daraus eine selbständige Methode jenseits der Malerei.

Die Komposition „Frauen und Affen" (1952) ist in zwei Teilen entstanden. Matisse, der damals eine Hotelsuite

---

Redaktionelle Anmerkung: Alle in diesem Band abgebildeten Kunstwerke werden im Text – stets in Anführungszeichen – erwähnt oder ausführlich kommentiert.
Um dem Leser das Verständnis zu erleichtern, wurde darauf geachtet, Bilder und (den sich darauf beziehenden) Text möglichst dicht nebeneinander zu plazieren. Aus inhaltlichen oder technischen Gründen waren kleine Verschiebungen notwendig. Das Register am Schluß des Buches gibt Auskunft, auf welchen Seiten der betreffende Künstler erwähnt wird.
Bei verschiedenen Künstlern wurden darüber hinaus um der Gedankenführung willen einige Werke erwähnt, die nicht abgebildet wurden oder nicht zum Museum Ludwig gehören.

Henri Matisse, *Jeune fille assise (Sitzendes Mädchen),* um 1909

Henri Matisse, *Femmes et singes (Frauen und Affen)*, 1952

in Nizza bewohnte, schuf sie für sich selbst. Zunächst entstand die Gruppe der sitzenden Frauen, danach die der flankierenden Affen. Am Ende brachte der Künstler beide Teile – nach einigen Korrekturen – in jene harmonische ornamentale Ordnung, die das Kennzeichen seiner späten Jahre ist. Der Rhythmus des Bildes, die links beginnende, rechts auslaufende Wellenbewegung übertragen sich unmittelbar auf den Betrachter. Gegenständlichkeit und Abstraktion befinden sich in einem vollkommenen Gleichgewicht, die Figuren und Gegenstände werden zu selbständigen bildnerischen Chiffren, bleiben aber deutlich erkennbar. Die dekorativen Elemente der souverän ausbalancierten Formen sind gleichwohl durchlässig für den mythologischen Hintergrund des „Irdischen Paradieses", das der alte Matisse mit Freude und Heiterkeit zum Gegenstand seiner Bildgeschichten machte: eine Welt, in der Mensch, Tier und Pflanze einträchtig und problemlos zusammenleben.

Die Gegenposition zur latenten Klassizität, die schon im Werk des frühen Matisse deutlich erkennbar ist, vertritt der ungestüme Maurice de Vlaminck, der sein Brot als Radrennfahrer und Geiger verdiente, ehe er sich endgültig für die Malerei entschied. Ihn könnte man mit seiner intellektuell ungebrochenen, unbekümmerten Vitalität als den Expressionisten unter den Fauves, als den „Wildesten der Wilden" bezeichnen. Daß dieser Instinktmaler in seinem übersteigerten Selbstvertrauen – „Der Fauvismus bin ich", behauptete er einmal – nicht immer geschmackssicher war, wurde erst sichtbar, als ihn der Geist der Gruppe nicht mehr trug. Sein „Stilleben mit Blumen und Früchten" entstand jedoch in seiner guten Zeit (1911). Es ist nicht nur farblich klangvoll, sondern auch kompositorisch hervorragend und mit einer gewissen Verhaltenheit gemalt, die bei de Vlaminck, der gern die Farbe aus der Tube quetschte, nicht selbstverständlich war.

Gert von der Osten hat das Bild vorzüglich beschrieben: „Der Tisch hebt sich, ja kippt sich uns geradezu entgegen. Die zerbrechlichen und vergänglichen Nichtigkeiten darauf, sie leuchten feurig auf. Wenn Stilleben von der stillen Schönheit und von deren Vergänglichkeit sprechen, eben von der Eitelkeit der Welt, so ist das alles hier wie in letztem, höchstem Blühen entflammt und hat schon kaum mehr Ruhe, kaum noch einen Ort. Das Stille und Zarte ist stark und laut geworden. Man erkennt Stufungen aus Blau, Weiß und Ocker, welche die schönen Nichtigkeiten hinterfangen, als wäre das Ausklang auf zugehörige Welt, sei es Landschaft, Gebäude oder doch Struktur. So erweist sich das zunächst recht zufällig Aussehende am Ende als sehr gebaut. Vlaminck hat seinen farbigen Überschwang einer Form unterworfen ... dank der prägenden Kraft Cézannes."

André Derain war mit de Vlaminck eng befreundet und ihm doch in seinem künstlerischen Wesen diametral entgegengesetzt: ein nachdenklicher, kenntnisreicher Mann, der sich zeit seines Lebens auch mit der Kunst der Vergangenheit intensiv auseinandergesetzt hat – vielleicht nicht immer zugunsten seiner Imagination. Derain, der einige der schönsten, leuchtendsten und kompromißlosesten fauvistischen Bilder gemalt hat, dabei aber doch näher am Naturvorbild blieb als seine Freunde, wandte sich unter dem Einfluß Cézannes und der Kubisten schon um 1908 wieder einer konstruktiveren, „gebauten" Malerei in einer ruhigeren Farbigkeit zu. Der 1910 entstandene „Blick auf Saint-Paul-de-Vence", immerhin also auf einen Ort des französischen „midi", läßt dies deutlich erkennen.

Albert Marquets Malerei kann es an Kultur, wenn auch nicht an Kraft und Phantasiefülle mit Matisse aufnehmen, mit dem er bereits früh zusammentraf und dessen Atelier er für ein paar Jahre mitbewohnte. Marquet war vermutlich der erste unter den Fauves, der mit einer Malerei der „reinen Töne" Ernst machte. Schon um die Jahrhundertwende, zwischen 1898 und 1901, unternahm er die ersten Versuche in dieser Richtung. Mit Raoul Dufy und Henri Manguin gehörte er zu den Malern des 14. Juli, des revolutionären Feiertags der Franzosen. Die Darstellungen der beflaggten Straßen (1906 entstanden) gehen auf die bereits leuchtend farbige Behandlung des gleichen Themas durch Monet (1878) und van Gogh (1887) zurück. Sie sind Signalbilder des Fauvismus. Obwohl Marquet noch 1913 mit Matisse Marokko bereiste, entfernte er sich immer mehr von fauvistischer Direktheit in Farbe und Form. Er tauchte seine Bilder in ein quasi impressionistisches Licht. Die Farben werden zurückhaltender, der beherrschende, leise Klang ist ein reichgestuftes, farbiges Grau. Der Bildaufbau im „Porträt" der Stadt Rabat von 1935 ist zwar noch großzügig und frei, aber formal bereits sehr viel differenzierter und kleinteiliger als die orchestral leuchtenden Farbflächen früherer Jahre. Viele von Marquets kultivierten Bildern haben jenen Silberschimmer, den man von jeher für eines der Kennzeichen meisterlicher Malerei gehalten hat.

Maurice de Vlaminck, *Stilleben mit Blumen und Früchten,* 1911

André Derain, *Vue de St. Paul-de-Vence (Blick auf St. Paul-de-Vence),* 1910

Raoul Dufy, Schüler des großen Koloristen Bonnard, ist der unproblematischste unter den Fauves. Man hat seine heiteren Bilder zu Mozarts Musik in Beziehung gesetzt; vielleicht wäre Rossini die richtigere Wahl gewesen. Dufys Kunst ist leicht, skizzenhaft und illustrativ. So wird er auch der Impressionist unter den Fauves genannt. In seiner mittleren Lebensphase versucht er auf seine persönliche Weise, die Farbe zu „befreien", indem er alles Zeichnerische aus seinen Bildern verbannt, um ihren „Klang" nicht zu stören. Aus dieser Zeit stammt die Skizze „Der Hafen" (um 1925), die im Zusammenhang mit Dufys Arbeit an einem größeren Bild („Schiffsfest im Hafen") zu stehen scheint. Der Holländer Kees van Dongen wurde in den zwanziger und dreißiger Jahren als Porträtist zum Malerstar jener mondänen Welt, die man heute als „Schickeria" bezeichnet. Das ist seiner Kunst nicht gut bekommen. In den Jahren davor gehörte er, der ursprünglich von Toulouse-Lautrec und van Gogh beeinflußt war, zu den Fauves. Zu dieser Zeit malte er hervorragende Porträts und Figurenbilder in starken, direkt aus der Tube auf die Leinwand übertragenen, leuchtenden Farben,

Albert Marquet, *Bon Regret, Rabat (Schöne Erinnerung, Rabat),* 1935

Kees van Dongen, *Bildnis Ana,* um 1905/06

die er aber, im Gegensatz zu seinen Freunden, bald zu mischen begann. Das malerisch reiche „Bildnis Ana" stammt aus den Pioniertagen des Fauvismus (1905/06). Auch van Dongen versteht die Farbe als formschaffendes Element; doch ist trotz der spontanen Malweise des einzigen Nicht-Franzosen unter den „Wilden" bereits in diesen frühen Tagen des „genialischen Strebens" eine gewisse Verhaltenheit und eine differenzierende Brechung der Töne nicht zu verkennen.
Um Matisse hatten sich einige deutsche Maler in Paris geschart. Ihr Stammquartier war das Café du Dôme. Hans Purrmann stand dem Haupt der Fauves besonders nahe. Unter seinem Einfluß wandte er sich vom Impressionismus ab, reiste mit ihm und organisierte den Tagesablauf der Académie Matisse. Purrmanns Stilleben „Blumen und Früchte" entstand 1949, lange nach den entscheidenden Pariser Jahren. Kolorit und Dekor zeigen gleichwohl noch fauvistische Einflüsse. Doch die Linienführung ist nun weniger entschieden, die Farbflächen lösen sich in differenziertere Strukturen auf. Purrmann wendet sich wieder mehr dem Detail zu und dämpft die reine Farbe durch gebrochene Töne.
Rudolf Levy, der 1944 in Ausschwitz zugrunde ging, gehörte zum gleichen Kreis. Auch sein „Weiblicher Rückenakt" (1921) zeigt einen gemäßigten, atmosphärisch aufgelockerten Fauvismus, während das „Bildnis des Malers Purrmann" (1931) die ungewöhnlich starke, kompromißlose Persönlichkeit dieses Mannes durch knappe, konzentrierte Darstellung zum Ausdruck bringt.
Oskar Moll war der Lyriker der Café-du-Dôme-Boheme. Seine „Landschaft am Grunewaldsee" von 1916 verbindet auf eine eher sanfte, unproblematische Weise fauvistische mit expressionistischen Elementen. Eine gewisse Nähe zu den heiteren Bildern August Mackes, der bereits zwei Jahre vorher gefallen war, ist nicht zu verkennen, allerdings, so könnte man sagen, „auf Moll" gestimmt, von leiser Melancholie erfüllt. Den Schrecken des Krieges wird eine lichtdurchströmte, friedliche Idylle entgegengesetzt.

Rudolf Levy, *Bildnis des Malers Purrmann,* 1931

Hans Purrmann, *Blumen und Früchte,* 1949

Kunst als Ausdruck der Zeit
Die Maler der Dresdner Brücke

Aus anderen historischen Quellen als die weltläufigere Kunst der Franzosen speiste sich der deutsche Expressionismus. Das Vorspiel fand in Norddeutschland, in der Moor- und Heidelandschaft um das Künstlerdorf Worpswede bei Bremen, statt. Dort heiratete die in Dresden geborene Paula Becker den Maler Otto Modersohn, einen Repräsentanten des zurückhaltenden, stillen Naturlyrismus, der sich oben im Norden unter dem Einfluß des Jugendstils entwickelt hatte. Auch Paula Modersohn-Beckers frühe Arbeiten zeigen in einer feinen, tonigen, aber bereits leicht expressiven Farbigkeit vergleichbare Stimmungen. Doch dann, um die Jahrhundertwende, geht sie nach Paris und ist tief beeindruckt von Millet, dessen Werk sie zunächst in ihrem leicht romantisch getönten Realismus bestärkt, dann aber auch von der Ausdruckskraft van Goghs und vor allem Paul Cézannes Bildstruktur. Wie er versucht sie, genaue Beobachtung im Detail mit groß gesehener Form zu verbinden, wie es ihr schönes Bild „Stilleben mit Kürbis" von 1905 vorführt. Ihr Farbauftrag ist aber weniger leicht und flüssig als der ihres Vorbildes. Sie malt mit pastosen Strichen in körniger Materie. Ihre Neigung zu vereinfachender, das Wesentliche der Erscheinung zusammenfassender Monumentalisierung kommt in ihrem Selbstbildnis von 1906, ein Jahr vor ihrem frühen Tod entstanden, entschiedener zum Ausdruck als in dem mit anteilnehmender mütterlicher Herzlichkeit gemalten Bild des „Blinden Schwesterchens" (1905).

Von anderem Kaliber und weit entfernt von der tonigen Verhaltenheit der Worpsweder ist die Malerei der Dresdner Künstlergemeinschaft „Die Brücke". Sie wurde 1905, im Jahr des Skandalerfolges der Fauves in Paris, von vier Studenten der Technischen Hochschule: Ernst Ludwig Kirchner, Erich Heckel, Karl Schmidt-Rottluff und Fritz Bleyl, gegründet. Bereits 1918 löste sie sich wegen grundsätzlicher Meinungsverschiedenheiten wieder auf. Zunächst kamen aber andere Künstler hinzu: der Schweizer Cuno Amiet, Emil Nolde (bis 1907), Max Pechstein (1912 ausgeschlossen) und Otto Mueller. 1911 verließ man das provinzielle Dresden und ging nach Berlin, wo Pechstein und Mueller bereits wohnten.

Paula Modersohn-Becker, *Stilleben mit Kürbis,* 1905

Das Gründungsjahr bezeichnet den Beginn jener „expressionistischen Welle", die bis 1907 ganz Europa erfaßt hatte. Achtzig Jahre später konnte man im Katalog der Londoner Ausstellung „German Art in the Twentieth Century" mit deutlichem Bezug auf die neo-expressionistischen neudeutschen „Wilden" und ihren Umkreis folgendes lesen: Das Streben der deutschen Künstler nach kosmopolitischer Internationalität in den Jahren nach 1945 habe keine Resonanz über die Grenzen hinaus gehabt und sei in der Provinz hängengeblieben. Heute, „wo die Künstler sich entschlossen haben, ihre eigene Tradition aufzunehmen und ihre eigene Sprache zu sprechen", sei die deutsche Kunst international dagegen in einem Maße erfolgreich, wie „keiner es in seinen Anfangsjahren zu hoffen gewagt hat". Dem ist entgegenzuhalten, daß dieser Erfolg den Expressionisten der ersten Jahrhunderthälfte genauso wie später den sehr deutschen „Informellen" versagt geblieben ist. Die „eigene Sprache" und auch der Bezug zur „eigenen Tradition", etwa zum Mittelalter, wie er vor allem aus der expressionistischen Graphik ablesbar ist, wurde mehr als ein halbes Jahrhundert lang als typisch deutsche Verirrung, als kulturloser Irrationalismus ohne Formgefühl abqualifiziert. Der Durchbruch zu weltweiter Anerkennung der deutschen Ausdruckskünstler kam um Jahrzehnte später als bei ihren französischen Brüdern im Geiste, den Fauves, zu denen sie schon früh Beziehungen anzuknüpfen versuchten. 1908 sah man in der Jahresausstellung der „Brücke" Bilder von de Vlaminck, Marquet und van Dongen, der schon 1906 eingeladen worden war. Matisse allerdings hielt sich zurück.

Die Nähe zu den Franzosen ist unübersehbar. Die Deutschen lösten sich ebenfalls radikal von allen Prinzipien des Naturalismus und Realismus, zunächst unter dem Einfluß der Pointillisten und van Goghs. Auch sie befreiten die Farbe vom Naturvorbild, aber sie wurde symbolisch befrachtet, mehr subjektiver Ausdrucksträger als bei den Fauves. Auch die Expressionisten emanzipierten die Form, aber nicht um der „prästabilierten Harmonie" einer autonomen Bildwelt willen. Die Probleme der Zeit werden, vor allem bei Kirchner, in einer erregten Bilderschrift, aufgebrochenen Formen und im nervösen, splittrigen Lineament expressionistischer Zeichnung und Graphik deutlich sichtbar.

Der deutsche Expressionismus, so hat man gesagt, habe die Welt in Trümmer legen und aus den Trümmern eine neue Welt errichten wollen. Ein solcher Gedanke wäre den Franzosen nie gekommen, nicht

Paula Modersohn-Becker, *Selbstbildnis,* 1906

einmal dem „Barbaren" de Vlaminck. Dieser aggressive, romantisch eingefärbte Idealismus blieb ihnen so fremd, wie der deutsche Expressionismus – von den Nationalsozialisten im eigenen Lande verfolgt und unterdrückt – dem Rest der Welt bis an die Schwelle zur Gegenwart überwiegend fremd blieb.

Ernst Ludwig Kirchner, der eigenwilligste und schwierigste unter den „Brücke"-Malern, ist zugleich der bedeutendste. Für ihn ist die Form immer Symbolform, „reine Form als Träger geistigen Ausdrucks", wie Wolf-Dieter Dube, Generaldirektor der Stiftung Preußischer Kulturbesitz, gesagt hat. Kirchners berühmte „Hieroglyphen", die X- und Y-Linien, sind für ihn konzentrierte, verkürzte Formeln für den Gehalt „kommender geistiger Religionen". So hat es Franz Marc von der Münchener Künstlergruppe „Blauer Reiter" ausgedrückt.

Hieroglyphik in der Linienführung gibt es auch bei anderen, und in den frühen Jahren der „Brücke" ist Kirchner als dominierende Figur auch von seinen Freunden beeinflußt worden, in Berlin etwa von Erich Heckel, dessen kristallinischer, klirrend kalter und menschenleerer „Kanal" von 1912 sichtbare Reflexe in Kirchners Werk hinterlassen hat. Doch die erregte Spontaneität, der fiebrige, immer unter Hochspannung stehende, endzeitlich „gotische" Duktus ist das Psychogramm einer Künstlerpersönlichkeit hohen Ranges und der äußerst verletzbaren Sensibilität eines existentiell permanent gefährdeten Menschen. Nach seiner Flucht in die Schweiz und in die Idylle der Bergwelt wurde er schließlich doch zum politischen Opfer jener Barbaren, die ihn aus Deutschland vertrieben hatten.

Der Beginn von Kirchners relevantem Werk ist in Farbe und – vergleichsweise ungelenker – Form deutlich von den Fauves beeinflußt, wie man am Beispiel eines Bildes wie „Mädchen unter Japanschirm" von 1909 (Kirchner datierte es auf 1906 vor) in der Düsseldorfer Kunstsammlung Nordrhein-Westfalen bis ins Detail hinein nachvollziehen kann. Auch das früheste Kirchner-Bild im Museum Ludwig, der „Weibliche Halbakt mit Hut" (1911), ein Bildnis der Freundin Dodo, verweist noch darauf. Es ist wie das zurückhaltendere, noble Ganzfigurbild der „Russin" (1912) eine vergleichsweise elegante, weltmännische Arbeit. Der Akt erscheint „als die entkleidete, gut gekleidete Frau", wie Donald E. Gordon formuliert hat. Ein klassisches Thema der Malerei wird auf neue Weise vorgetragen. Der Körper ist nicht plastisch modelliert, sondern mit der Bildfläche verschmolzen: Kirchner hat seine Fauves-Lektion gelernt. Auf den Spuren von Matisse werden die schön gerundeten Körperformen vom Wohllaut der Linie umschrieben, Schulter und Kleid umrahmen die Brüste, die ein Dreieck bilden, dem das Dreieck des Halses antwortet. Unter dem Rand des bekrönenden, weit ausschwingenden Huts schimmert auf malerisch ungemein reizvolle Weise die obere Gesichtshälfte durch. Der Schmelz des Inkarnats steht in effektvollem Kontrast zum klangvollen, flächigen Blau des Hintergrunds. Die Reduzierung der Form ist, wie zum Teil auch bei den Franzosen, vom Erlebnis der kultischen Plastik Afrikas und Ozeaniens beeinflußt, die Kirchner bereits 1904, einige Jahre vor Picasso, für sich entdeckte.

Eine „exotische" Thematik beherrscht das „Stilleben mit Tulpen, Exoten und Händen", das ein Jahr nach der „Dodo" entstand. Der rituellen Holzfigur und der hölzernen Schatulle, einem heidnischen „Reliquienkästchen", antworten in ekstatischer Bewegung, die den Rhythmus der Skulpturenfüße aufnimmt, tanzende Figuren als farbige Schatten. Die sich neigenden Tulpen führen hin zu den schmalgliedrigen Händen, die ein schlangenartiges Band halten, dessen Kurvatur von Kirchners schwungvoll niedergeschriebener Signatur wiederholt wird. Das Bild zeigt die typische, splittrig-nervöse Kirchner-„Handschrift". Das Bild ist dem Thema entsprechend schnell und mit hoher Konzentration gemalt, wie in Trance. Es stammt bereits aus der Berliner Zeit.

Die bedeutendste Arbeit des Malers im Museum Ludwig ist das Berlin-Bild „Fünf Frauen auf der Straße" (1913), die erste der berühmten Straßenszenen. Hier ist Kirchner, wie auch bei der Darstellung des Blicks aus seinem Atelierfenster auf „Die Eisenbahnüberführung" von 1914 in ihrer kühnen Diagonalkonstruktion, auf der Höhe seiner Kunst. In ihr kulminiert zugleich der deutsche Expressionismus.

Ernst Ludwig Kirchner, *Weiblicher Halbakt mit Hut,* 1911

Ernst Ludwig Kirchner, *Fünf Frauen auf der Straße,* 1913

Ernst Ludwig Kirchner, *Die Russin,* 1912

Die Kirchnersche „Hieroglyphe" umschreibt in überlanger, „gotischer" Streckung der Figuren, in der ironischen Monumentalisierung des modischen Aufputzes, der teils idolhaften, teils grotesk-ordinären Typisierung der unpersönlichen Gesichter den hektischen Automatismus, die Lebensleere einer Boulevardszenerie. Das Bild ist eine Momentaufnahme: Die angehaltene Bewegung gibt ihm aber zugleich etwas Denkmalhaftes. Die Figuren – halb Göttin, halb Dirne – werden zu „Stellvertretern". Der scharfe Kontrast der dunklen, silhouettenhaften Gestalten – „törichten Jungfrauen" des 20. Jahrhunderts – zu dem giftigen Gelb-Grün des Hintergrunds als Reflex und Symbolfarbe großstädtischer Beleuchtung beschwört die Vorstellung einer bildnerischen Sequenz aus Neu-Babylon, aus der modernen „Hölle der Großstadt".
Der Umzug in die damalige Hauptstadt des Reiches hatte die entscheidende Wende im Werk zur Folge. Der Mensch steht nach wie vor im Mittelpunkt, aber nicht im Miteinander, im vertrauten Umgang mit anderen, sondern isoliert, entfremdet, allein gelassen, ausgeliefert an seine Hast, sein hektisches Erfolgsstreben, an den plattesten Materialismus. Er bleibt ohne Bindung, ohne Gegenüber, er wird, wie die Straßenmädchen vom Potsdamer Platz, zum Objekt. Viele der wichtigsten Kirchner-Bilder aus dieser Zeit zeigen das Scheitern der Kommunikation, der Hinwendung zum Du. Der Verlust des Bewußtseins von sich selbst, der eigenen Identität, ist die Folge. Der Maler macht in diesen Bildern die unaufhebbare Spannung zwischen Natur und Unnatur, das Scheitern durch Schuld und Verstrikkung auf eindringliche Weise sichtbar. Diese Arbeiten dokumentieren das vorzeitige Ende der sozialen Utopie der „Brücke"-Maler.
Kirchners Optimismus, der ihn noch im „Brücke"-Manifest die Welt herausfordern ließ, ist ein für allemal dahin. Die Hinwendung zur lichtdurchfluteten Heiterkeit eines Matisse blieb ihm, seiner problematischen Natur entsprechend, versagt. Die Schweizer Jahre brachten nur vorübergehend Entspannung. Das

Ernst Ludwig Kirchner, *Die Eisenbahnüberführung,* 1914

Wechselbad von der fiebrigen Stadt in die ländliche Ruhe, von der irrlichternden Straße in die einsame Monumentalität der Gebirgswelt war zunächst fast unerträglich für den nervös-depressiven Mann. Durch das Streben nach großzügiger Darstellung der elementaren Alpenlandschaft zittert noch die gespannte Nervosität der frühen Bilder hindurch. Die Flucht in die Idylle brachte zwar einige schöne Landschaftsbilder wie den „Wald im Winter" (1925/26) mit seinem Wechselspiel von hochragenden, „gotischen" Baumformationen und dem Spiel leuchtender Farben unter der winterlichen Sonne hervor, aber das Scheitern in der künstlerischen Auseinandersetzung mit Picasso und das Leiden an der Zeit ließen Kirchner schließlich doch nicht zur Ruhe kommen.
Immerhin entstand als Nachklang einer Deutschlandreise mit dem Besuch der einstigen „Brücke"-Freunde

Ernst Ludwig Kirchner, *Eine Künstlergemeinschaft,* 1925

Erich Heckel, *Kanal in Berlin,* 1912

Erich Heckel, *Fasanenschlößchen bei Moritzburg,* 1910

das klassische Figurenbild „Eine Künstlergemeinschaft“ (1925). Die Charakterisierung der Persönlichkeiten ist in ihrer lapidaren Einfachheit überaus treffend. Hinter dem offenen Vorhang stehend: der aggressiv-melancholische Kirchner, neben ihm der sanftere, fast träumerische Heckel und der kämpferisch-widerborstige Schmidt-Rottluff; sitzend: der geheimnisvolle „Zigeuner-Mueller“, dem Gerhart Hauptmanns älterer Bruder Carl mit seinem Künstlerroman „Einhart der Lächler“ ein literarisches Denkmal gesetzt hat. Das irritierende Verwirrspiel der Arme und Beine, die dem einen oder dem anderen gehören können, zeigt, daß Kirchner auch Humor haben konnte.

Erich Heckel war der Lyriker unter den „Brücke“-Malern. Der bereits erwähnte „Kanal in Berlin“ nimmt in seinem Werk eine Ausnahmestellung ein. Kennzeichnend für seinen Lyrismus ist das „Fasanenschlößchen bei Moritzburg“ (1910). Den leuchtenden Farben des Schlößchens, der Nischenfiguren, der Blumenrabatten und der beschwingten Rasenform, dem schwefligen Gelb des Himmels antwortet das Blauschwarz der Tannen. Die spielerischen Architekturformen finden ihr Echo in der Sternform der Beete. Prinzipien der Fauves folgend, gibt es keine Perspektive. Die Gegenstände sind der zweidimensionalen Bildordnung unterworfen, die „Stimmung“ wird von der Heiterkeit der Farben und dem Charme verspielter Formen geschaffen.

In den zwanziger Jahren geriet Heckel immer mehr unter den Einfluß der Neuen Sachlichkeit. Darauf verweist das Doppelbildnis der jungen Zirkusartisten „Badini-Taffani“, dessen verhaltene, pastellene Farbigkeit allerdings die Härten des „Magischen Realismus“ vermeidet, während das Porträt des belgischen Malers James Ensor in seiner Statuarik und Strenge doch an die zeitliche Nachbarschaft zu Otto Dix erinnert.

Mit besonders guten Beispielen seines Schaffens ist Otto Mueller vertreten, dessen Lyrismus dem des frühen Heckel in gewisser Weise verwandt ist. Doch Muellers Welt ist nicht bürgerlich, auch nicht kämpferisch-antibourgeois, sondern exotisch. Er fühlte sich – wie später nur noch der Düsseldorfer Otto Pankok – einer Minderheit von sozial Ausgestoßenen und Entrechteten nahe: den Zigeunern, ihrer Kultur und ihren Lebensformen, näher der Natur, die ihm etwas von paradiesischer Unschuld bewahrt zu haben schien – deutlich ablesbar in den „Zwei Zigeunerinnen mit Katze“ (1926/27). Dieses anspruchslose „Irdische Paradies“, das dann in Deutschland von den Schergen des Dritten Reichs brutal zerschlagen wurde, hat Mueller in seinen mit Leimfarbe auf grobe Leinwand oder Rupfen gemalten Bildern voll melancholischer Poesie immer wieder in freien Formen und typisierter Figürlichkeit geschildert, vor allem die Mädchen in unberührter Natur oder in ihren bescheidenen, wechselvollen Behausungen: Sie sind geheimnisvolle Wesen von rätselhaft-unergründlichem Charme, z. B. die „Zwei Mädchenakte“ (um 1919). Mueller schuf Bilder der unmittelbaren Teilnahme, denn der Maler hat mit seinen Modellen gelebt und ihr Schicksal geteilt. Ihren Untergang hat er nicht mehr mit ansehen müssen. Er starb 1930.

Nicht so sehr die Gotik als vielmehr die Kunst des Orients hat Muellers Werk mitgeprägt. Mit Recht hat man auf das inspirierende Beispiel ägyptischer Wandreliefs und die Entwicklung eigener Farbtechniken unter dem Eindruck von Mumienporträts verwiesen.

Die vitalste und kämpferischste Gestalt unter den „Brücke“-Malern war Karl Schmidt-Rottluff. Er besaß den Mut, schon 1933, nach der Machtübernahme durch die Nazis, aus der Preußischen Akademie der Künste auszutreten. Später war er so querköpfig, das

Otto Mueller, *Zwei Mädchenakte,* um 1919

Otto Mueller, *Zwei Zigeunerinnen mit Katze,* um 1926/27

Karl Schmidt-Rottluff, *Stilleben mit Äpfeln und gelben Blumen,* 1908

Karl Schmidt-Rottluff, *Stilleben mit Negerplastik,* 1913

Große Bundesverdienstkreuz abzulehnen, weil man es vor ihm dem Schauspieler, Regisseur und Theaterleiter Gustaf Gründgens, einem „nur" reproduzierenden Künstler, verliehen hatte.
Schmidt-Rottluffs „Stilleben mit Äpfeln und gelben Blumen" (1908) zeigt im Schwung der Pinselführung Einflüsse van Goghs, in seiner leuchtenden Farbigkeit verweist es auf das Beispiel der Fauves. Eine beruhigtere Formenwelt zeigt das „Stilleben mit Negerplastik", das 1913 entstanden ist, als man sich in der „Brücke" wegen eines Kirchner-Textes zerstritt. Der Einfluß afrikanischer „Ausdruckskunst" ist evident, die Komposition aber von ruhiger, fast klassisch zu nennender Harmonie. Auch die Farbe ist nicht mehr wild, sondern erfüllt von einer gedämpften, verinnerlichten Glut. Der freie Umgang mit dem Bildgegenstand, fern aller naturalistischen „Korrektheit", ist erhalten geblieben. Schmidt-Rottluffs künstlerisches Glaubensbekenntnis mündet in der Feststellung, „daß es eine wahre und

Karl Schmidt-Rottluff, *Gruß an Nolde,* 1936

eine richtige Zeichnung gibt. Eine wahre, die gewisse Verhältnisse verschiebt und so von der richtigen abweicht, dafür aber Gesehenes im Kern des Wesens gibt und somit überzeugender und wahrer den Eindruck gibt." Daran hat der Maler sich immer gehalten, wie auch der „Gruß an Nolde" (zu dessen 70. Geburtstag) zeigt; ein Bild, das den Expressionismus als Programm zugunsten einer harmonisierten Klassizität aufgegeben hat.
Der erfolgreichste, weil am leichtesten verständliche expressionistische Maler der „Brücke" war Max Pechstein. Wie seine Freunde wurde er schon früh von afrikanischer und ozeanischer Kunst beeindruckt. Begonnen hatte er zunächst im Banne van Goghs und seines fiebrigen Farbauftrags, hielt sich später aber näher als die anderen ans Motiv und deformierte es weit weniger heftig. Die Stärke seiner – manchmal etwas vordergründigen – Kunst war das Talent zu schlagkräftiger, überzeugender Vereinfachung von Gegenstand und Figur, zur großzügigen Zusammenfassung farbiger Flächen. „Das grüne Sofa" von 1910, als Pechstein noch Mitglied der „Brücke" war, ist dafür ein anschaulicher Beleg, während die „Zwei Frauenakte im Zimmer" (1909) die Freude des Künstlers an der Bewegung animalisch-sinnlicher Körper erkennen lassen, die auch aus vielen seiner Südsee-Darstellungen spricht.
Emil Nolde war ein Einzelgänger. Der „Brücke" gehörte er kurze Zeit an, weil es ihn glücklich gemacht hatte, nach langen Umwegen als Tischler und Zeichenlehrer endlich freier Maler geworden zu sein und von gleichgesinnten jüngeren Kollegen anerkannt zu werden. Seinen Sinn für die reine, leuchtende Farbe hatte er, der die Blumen liebte, als Blumenmaler sozusagen im Alleingang entwickelt. Die „Roten und gelben Rosen" (1907), ein Jahr nach der Einladung durch die „Brücke"-Maler entstanden, zeigen eine Mischung aus impressionistischen und fauvistischen Tendenzen: Die Formen lösen sich auf, die Farben strahlen fast so wie die der Franzosen. Noldes norddeutsch grüblerische Natur setzte das Blumenschicksal – nach den Worten des Malers: „emporsprießend, blühend, leuchtend, glühend, beglückend, sich neigend, verwelkend, verworfen in der Grube endend" – in Bezug zum Leben des Menschen: eine schwermütige Interpretation, die den Fauves wohl nicht in den Sinn gekommen wäre.
Der Formauflösung im Flirren der Farbe begegnete Nolde schließlich durch statuarische Vereinfachung, ohne sein expressives Kolorit, das freilich auch die Nachtschatten kennt („Nach Sonnenuntergang", 1915), aufzugeben. Das Gruppenbild der (Bauern-)„Familie (Bonnichsen)" (1915) zeigt diese Entwicklung überdeutlich, unterstrichen durch die feierlich steife Haltung der Porträtierten.
Noldes großes Thema sind – neben den immer wiederkehrenden Blumen, die er später auch zur Zeit des Malverbots mit nie erlöschender Liebe zum Gegenstand seiner „Ungemalten Bilder" machte – die biblischen Geschichten. Seine Neigung zum Mythischen, Unerklärbaren, Abgründigen verband sich bei ihm, für den der Verstand „nur ein Ersatz" war, ein Ersatz für Vision und Ahnung, mit der Lust zum Erzählen und einer Vorliebe für das Groteske und das urtümlich Primitive. Diese Eigenschaften kommen in seinen religiösen Bildern, die von Ereignissen in der Bibel berichten, als habe sie ein germanischer Barde erzählt, mit großer Kraft und unbekümmert um die Gesetze des „guten Geschmacks" zum Ausdruck. Die Nolde-Version der Susanna im Bade, „Junge Frau und Männer" (1919), ist dafür ein eindrucksvolles Zeugnis. Noldes „Kontrastprogramm" der Gegenüberstellung von Bosheit und Unschuld kommt in der Konfrontation der grotesklüsternen Alten mit dem klaren Gesicht der Susanna sinnfällig zum Ausdruck. „Schwärmer", fünf Jahre früher entstanden, offenbaren in ihrer grell leuchtenden pastosen Farbigkeit die verzehrende Glut, die den

Max Pechstein, *Das grüne Sofa,* 1910

Emil Nolde, *Rote und gelbe Rosen,* 1907

Emil Nolde, *Schwärmer,* 1916

Emil Nolde, *Familie (Bonnichsen),* 1915

Maler erfüllte, die Macht seiner ekstatischen Visionen, die ihn menschlich (manchmal auch künstlerisch) überwältigten und ihn eine Zeitlang sogar politisch in die Irre führten.

Eine Sonderstellung im Rahmen des Expressionismus nimmt die Kunst Oskar Kokoschkas ein, eines späten Erben des österreichischen Barock. Wie Nolde ist auch er im Museum Ludwig mit einer reichen Suite bedeutender Werke aus fast allen wichtigen Schaffensphasen repräsentiert. Die späten Werke, das Porträt des früheren Bundespräsidenten Theodor Heuss (1950), vor allem aber die dynamisch illustrative „Ansicht der Stadt Köln vom Messeturm aus", eine Auftragsarbeit von 1956, belegen, daß man ihn nicht zu Unrecht gelegentlich auch einen expressionistischen Impressionisten genannt hat.

Für die Entwicklung grundlegend neuer Möglichkeiten der Porträtmalerei im 20. Jahrhundert waren die epochemachenden visionären Bildnisse des jungen Kokoschka wichtiger als das Heuss-Bildnis. Es ist kaum zu glauben, daß ein Vierundzwanzigjähriger die Bildnisse der Schauspielerin Tilla Durieux und des Dichters Peter Baum gemalt hat (beide 1910). An hellsichtiger psychologischer Durchdringung der dargestellten Persönlichkeiten haben diese Werke nicht ihresgleichen. Sie erscheinen wie eine bildnerische Parallele zu Sigmund Freuds Forschungsresultaten. Der verführerische, vielschichtige Zauber der Durieux kommt in Kokoschkas nervös-sensibler, eindringlicher Darstellung ebenso zum Ausdruck wie die gutmütig-empfindsame, von geistigen Mühen geprägte und dennoch naive Physiognomie des Dichters, dessen leibhaftige Erscheinung der „Sturm"-Herausgeber und Avantgarde-Galerist Herwarth Walden als „Riesenkörper mit einer Riesenseele" geschildert hat.

Doch nicht nur Kokoschkas Hellsicht ist „vielschichtig", sondern auch der Malprozeß selbst. Die Farben werden neben- oder übereinandergesetzt, das Bild wird in drei Schichten realisiert: Die Formen entwikkeln sich aus dem vergleichsweise amorphen, gestaltlosen Hintergrund und werden zögernd strukturiert. Darüber legt sich eine dritte Schicht, in die der Maler

Emil Nolde, *Junge Frau und Männer,* 1919

mit spontanen, geritzten Strichen eingreift. Dadurch wird klar, daß Kokoschka ein zeichnender Maler ist. Es gibt bei seinen Porträts keine ersten und zweiten Fassungen, auch keine Vorstudien, denn diese sind in die verschiedenen Ebenen des Bildes hineingearbeitet.
Die zweite wichtige Phase im Schaffen des Künstlers begann nach der Rückkehr aus dem Krieg in Dresden. Dort entstanden (1918) „Die Heiden" (der Dichter Walter Hasenclever und die Schauspielerin Käthe Richter), ein Doppelporträt, das in einen erregten und erregenden, derb-pastosen Farbauftrag mit Pinsel und Spachtel realisiert wurde. Das Bild ist mit der berühmten „Windsbraut" von 1914, der erinnernden Vision von Kokoschkas Liebe zu Alma Mahler, vergleichbar. In dieser das Paolo-und-Francesca-Motiv variierenden und aktualisierenden Darstellung tritt ebenso wie bei den später gemalten „Heiden" das barocke Erbe des Malers deutlich in Erscheinung, aber auch die Gefährdung der bildnerischen Mittel durch fast völlige Auflösung der Form.
In den folgenden Städtebildern wird das quasi impressionistische Verfließen aufgefangen durch eine neue Art der Bildkonstruktion aus leuchtenden farbigen Flächen („Dresden, Neustadt III", um 1921). Auf ganz andere Weise als bei den Fauves wird hier die Farbe als Form verstanden und damit zum konstitutionellen Bildelement. In der Darstellung des „Theaters in Bordeaux", vier Jahre später gemalt, tritt die zeichnerische Linie als Mittel zur Strukturierung des wieder perspektivischen Bildraums stärker in Erscheinung und bewirkt eine sensible Balance der graphischen und der malerischen Mittel.
Wie Kokoschka war auch der viel konservativere Carl Hofer ein Einzelgänger, dessen schwermütiges Werk nur peripher mit dem Expressionismus verbunden ist. „Ich besaß das Romantische; ich habe das Klassische gesucht", sagte der Maler über sich selbst. Beeindruckt von den frühen „exotischen" Werken Picassos, verstärkte sich als Resonanz einer Indienreise Hofers Neigung zum Mystischen. Seine Klassizität kommt von Hans von Marées, das verhalten Expressive ist sowohl von James Ensor als auch von den Malern der „Brücke", vor allem wohl von Schmidt-Rottluff, beeinflußt. Doch Hofers Bilder, deren Thema des Menschen Einsamkeit und Verlorenheit ist, sind niemals explosiv oder „wild". Auch seine Farbigkeit ist vergleichsweise zurückhaltend. Die „Maskerade" von 1922, auch „Drei Masken" genannt, gehört zu seinen Hauptwerken. In der Maske des Narren, hinter der er seine Individualität verbirgt, erkennt der Künstler die Welt, ohne sie verändern zu können. Der „Weibliche Halbakt mit Früchtekorb" (1928) läßt den unterschwelligen Erotizismus des Künstlers in Erscheinung treten. Aber auch das in sich versunkene Mädchen bleibt – mit geschlossenen Augen – isoliert. Deutlicher noch als dieses melancholische Figurenbild verrät dann die „Große Tessinlandschaft" (1925), daß Hofer mehr Klassizist als Expressionist war.

Expressionismus im Rheinland
August Macke und seine Freunde

Eine Sonderstellung innerhalb der expressionistischen Bewegung nehmen die „Rheinischen Expressionisten" ein, die 1913 in Bonn zum erstenmal öffentlich in Erscheinung traten, übrigens vorübergehend in Gesellschaft des Kölner „Dadamax" und späteren Surrealismus-Großmeisters Max Ernst aus dem benachbarten Brühl.

Oskar Kokoschka, *Bildnis Tilla Durieux,* 1910

Oskar Kokoschka, *Die Heiden,* 1918

Oskar Kokoschka, *Ansicht der Stadt Köln vom Messeturm aus,* 1956

Oskar Kokoschka, *Dresden, Neustadt III,* 1921

Die künstlerisch überragende Gestalt war der junge August Macke, der bereits zu Beginn des Ersten Weltkriegs als 27jähriger fiel. In seinem Werk erhält die expressionistische Malerei eine ungewohnt heitere Note. Das ist erstens auf das glückliche Naturell des Künstlers zurückzuführen, der mit seinen strahlend farbigen Bildern ein „Durchfreuen der Natur" sichtbar machen wollte, zweitens auf das Erlebnis der französischen Malerei im Verlauf dreier Paris-Reisen zwischen 1907 und 1912. Vor allem die Bildstruktur Cézannes, die raumschaffende, von mittelmeerischem Licht erfüllten Farbformen von Henri Matisse und die vom Futurismus beeinflußte Dynamik der Eiffelturm-Bilder Robert Delaunays hinterließen tiefe Eindrücke. In der unbefangenen Auseinandersetzung mit diesen überragenden Figuren fand August Macke seinen eigenen Stil. Er ist der „lateinischste" unter den deutschen Malern der ersten Jahrhunderthälfte, „Ariel unter den Expressionisten".

Carl Hofer, *Maskerade,* 1922

Mackes Bilder sind von ruhigem Leben erfüllt. Ein klarer formaler Bildaufbau und eine leuchtende, lichtdurchflutete Farbigkeit verbinden sich zu Kompositionen von großer Schönheit und Harmonie. Von der berühmten Reise nach Tunis, die er 1914 mit Paul Klee und Louis Moillet unternahm, in deren Verlauf Klee endgültig die Farbe entdeckte und vom Zeichner zum Maler wurde, brachte Macke eine Serie von Aquarellen

August Macke, *Lesender Mann im Park,* 1914

August Macke, *Dame in grüner Jacke,* 1913

mit, die ihn wenige Monate vor seinem Tod als einen Frühvollendeten auswiesen, während Klee erst am Anfang seines Lebenswerks stand. Doch auch schon die „Dame in grüner Jacke" (1913) zeigt Macke auf der Höhe seiner Kunst. Die orchestralen, gleichwohl reich differenzierten Farbklänge entstehen einerseits durch die scharfen Komplementärkontraste von Rot und Grün, andererseits durch gleitende Übergänge einander verwandter, gebrochener Töne. Die Farbe schafft den Raum zwischen Vorder- und Hintergrund. Die unaufdringliche, aber sehr klare Bildkomposition verrät die Verarbeitung kubistischer Anregungen. Mackes Sensorium für das Atmosphärische, für das Verfließen der Konturen in der Luft und im Licht, für ein fast leonardeskes „sfumato" tritt im Bild des „Lesenden Mannes im Park" (1914) mit schönstem malerischem Schmelz in Erscheinung, ohne sich ins Diffuse zu verlieren. Denn die Bild-„Organisation", die nahtlose Verbindung malerischer und konstruktiver Elemente, war für Macke „höchste Mathematik".
Kühler und zurückhaltender in seiner Farbigkeit ist Heinrich Nauens „Barmherziger Samariter" (1914), auf ungewohnte Weise hineingestellt in eine winterliche Szenerie. Die „manieristische" Streckung der Figuren läßt an El Greco denken, der für die Expressionisten von großer Bedeutung war. Das „Zucken und Splittern" der Formen ist, wie der Berliner Kunsthistoriker E. Redslob gesagt hat, „für Nauens Stil durchaus bezeichnend". Auch Beziehungen zur Gotik, zur ottonischen Buchmalerei, gefiltert durch Erfahrungen des Kubismus, sind augenscheinlich. Anders als bei dem sinnenfreudigen Macke ist aus diesem Bild auch das programmatische, bewußte Streben nach „Vergeistigung des Menschen" deutlich ablesbar.

Paul-Adolf Seehaus, *Bergstadt,* 1915

Heinrich Nauen, *Der barmherzige Samariter,* 1914

Einen noch ernsteren Klang haben die Bilder des Malers Paul-Adolf Seehaus, der zugleich ein promovierter Kunsthistoriker war. „Bergstadt" (1915) und die harte „Schottische Landschaft mit Leuchtturm" (1914) lassen mindestens ebenso starke kubistische wie expressionistische Züge erkennen. Die Farbklänge sind gedämpft; die Farbe glüht, aber sie leuchtet nicht mehr.
Heinrich Campendonk, wie August Macke eine Zeitlang in Kontakt mit dem „Blauen Reiter", nimmt durch seine Beziehung zur Volkskunst, insbesondere zur bäuerlichen Hinterglasmalerei, und durch seine spürbare Bewunderung für Chagall eine Sonderstellung unter den „Rheinischen Expressionisten" ein. Das Hinterglasbild „Frau mit Fischen" (1929), ein spätexpressionistischer Nachhall der frühen Jahre, macht dies in seiner dunkel leuchtenden Farbigkeit, der elementaren Einfachheit seiner Formensprache und seiner ornamental-flächigen Gestaltungsweise für den Betrachter leicht nachvollziehbar.
Obwohl er kein Expressionist war, gehört der in Polen geborene Jankel Adler mit seinem eigenwilligen Werk in diesen Umkreis. Die erzählfreudige, traurige, aber im Bewußtsein metaphysischer Geborgenheit niemals trostlose Welt des Ostjudentums ist in seinen Bildern lebendig. Das teils realistische, teils visionäre „Selbstbildnis" (1929) ist davon geprägt. Formal waren die

konstruktivistisch orientierten Kölner „Progressiven" um Hoerle und Seiwert für ihn wichtig. Sie gaben der Bildkomposition das festigende Gerüst. Die Architekturfragmente und die stilisierte Sonnenscheibe vor dem nicht lokalisierbaren Hintergrund der „Katzen" (1927) verweisen auf solche Anregungen. Dagegen ist die Aufrauhung der Oberfläche durch Verwendung unkonventioneller Materialien wie Sand Adlers persönliche Art des malerischen Vortrags. Große Ausstellungen Mitte der achtziger Jahre in London, Düsseldorf und Tel Aviv haben das Fragment gebliebene Werk des Künstlers unverdienter Vergessenheit entrissen.

Heinrich Campendonk, *Frau mit Fischen,* 1929

Expressionismus in München
Kandinsky und der Blaue Reiter

Die zweite Hauptstadt des deutschen Expressionismus neben Dresden war München. Dort hatten sich 1911 Wassily Kandinsky und Franz Marc zur Redaktion des Almanachs „Der Blaue Reiter" zusammengefunden, der ein Jahr später erschien und dann der berühmten Künstlergruppe den Namen gab. 1911 und 1912 fanden auch die ersten Ausstellungen der Vereinigung statt, in deren Rahmen Franz Marc sich für die Kollegen von der Dresdner „Brücke", der Berliner „Neuen Sezession" und für die Freunde vom „Blauen Reiter" einsetzte. „Ihr Denken", so schrieb der ehemalige Theologie- und Philosophiestudent, „hat ein anderes Ziel. Durch ihre Arbeit ihrer Zeit Symbole schaffen, die auf die Altäre der kommenden geistigen Religion gehören."

Solche Sätze zeigen, daß in München nicht eine weltverbessernde, soziale Utopie im Mittelpunkt des bildnerischen Denkens stand, auch nicht die Vorstellung einer neuen, unbefangenen Sinnlichkeit, sondern – mit dem Titel von Kandinskys theoretischer Schrift – „Das Geistige in der Kunst". Viel stärker als in Dresden oder in Berlin spielen romantisch-symbolistische und religiös-kosmologische Vorstellungen mit hinein, vor allem bei Marc, für den es „keine große und reine Kunst

Jankel Adler, *Katzen,* 1927

ohne Religion" gab: eine Auffassung, die sein Freund Macke nicht zu teilen vermochte. Hier ging es nicht darum, die Welt zu verändern, sondern aus „innerer Notwendigkeit", wie es sowohl bei Marc als auch bei Kandinsky heißt, eine Gegenwelt zu entwerfen. Paul Klee, der der Gruppe nahestand, ohne ihr anzugehören, wird später vom Entwurf „möglicher Welten" sprechen.

Für Franz Marc wurde das Tier, fern allem Naturalismus, zum Schöpfungsgleichnis. In seiner Reinheit und Unschuld drückte sich für den Maler „Die Gottnatur und ihr Walten in allem Seienden" unmittelbar aus. Am Anfang seines Werks stehen helle, lichtdurchflutete Naturstudien. In diese heile Welt fallen keine Schatten. Die Farbe bekommt aber schon bald ihren Eigenwert, unabhängig vom realen Bildgegenstand. Farbe ist für Marc immer Ausdrucks- und Symbolfarbe: Blau steht für das geistige, Rot für das sinnliche Prinzip, Gelb vermittelt, Orange steigert das Sinnliche zum Ekstatischen, Grün „weckt" die Komplementärfarbe Rot, „die Materie", zum Leben. „Dem Grün müssen stets noch einmal Blau (der Himmel) und Gelb (die Sonne) zu Hilfe kommen, um die Materie zum Schweigen zu bringen." So heißt es in einem Brief an Macke.

Neben dem Symbolwert der Farbe, der „Wesensfarbe", ist in Marcs Malerei der Rhythmus die entscheidende Kategorie, der Rhythmus „als Bildungsgesetz des Einzelwesens, als Lebensordnung der Gattung, als Harmo-

Franz Marc, *Wildschweine,* 1913

Wassily Kandinsky, *Weißer Strich,* 1920

Wassily Kandinsky, *Moskau, Zubowski-Platz III,* um 1916

nie alles Geschaffenen" (Klaus Lankheit). Das Vibrato der Farbe, ihre an Robert Delaunay geschulte luzide Transparenz, die formale Bewegtheit kreisender Formen geben Marcs Bildern einen hohen Grad an Dynamik. Der konsequente, an den Werken der Kubisten geschulte Bildaufbau verleiht den aufgelösten, teils splittrigen Farbformen eine Struktur von zwingender Logik.
Ein kleines Meisterwerk wie die „Rinder" von 1913 und das größere Bild der „Wildschweine" aus dem gleichen Jahr sind vorzügliche Beispiele für die Anwendung dieser Prinzipien. In ihnen drückt sich Marcs Streben nach der reinen, kristallinen Form jenseits des Materiellen auf höchst anschauliche Weise aus. Die Tierbilder sind im Sinne des Künstlers Gleichnisse für seine Sehnsucht „nach dem unteilbaren Sein", nach der „Befreiung von den Sinnestäuschungen unseres ephemeren Lebens". Das große, romantische Ziel der Kunst war für ihn, „ein unirdisches Sein zu zeigen, das hinter allem wohnt". Solche Überlegungen führten ihn an die Schwelle zur Abstraktion und in einigen Werken auch darüber hinaus. Zur rein abstrakten Ideenmalerei, die ihm vorschwebte, ist er nicht mehr gekommen. Sein Werk ist Torso geblieben.
„Weißer Strich", das Bild seines Freundes Kandinsky von 1920, steht gedanklich und formal zwischen dessen theoretischen Schriften „Über das Geistige in der Kunst" (vgl. das gleichnamige Kapitel auf S. 25) und „Punkt und Linie zur Fläche", zwischen dem „Blauen Reiter" und dem „Bauhaus", dem der Maler sich 1922 anschloß. Noch ist einiges von der Dynamik der frühen Jahre erhalten geblieben, als Kandinsky seine persönliche Version eines abstrakten Expressionismus in einer unvergleichlich schöpferischen Explosion for-

mulierte. Aber die Farbklänge sind schon gedämpfter, die Formen streben nicht mehr auseinander, sondern schließen sich – bei aller Bewegtheit – zu dichteren Kompartimenten zusammen. Das Verhältnis von Punkt und Linie zur Fläche wird bereits eingehend untersucht, wenn auch noch nicht mit der kühlen Wissenschaftlichkeit der bald folgenden Bauhausjahre, in denen „Scharfruhiges Rosa" (1924) entstand.

Auch während Kandinskys später „Geniezeit", die mit dem ersten abstrakten Aquarell von 1910 einsetzte, und in den stürmischen Jahren danach schuf der Maler immer wieder einmal gegenständliche Bilder. In seiner frühen autobiographischen Schrift „Rückblick 1901–13" bekannte er, die „weißsteinige", „goldhäuptige" „Mutter = Moskau" halte er für den Ursprung seiner künstlerischen Bestrebungen. Das Bild „Zubowski-Platz III" (ca. 1916) in der für Kandinsky typischen expressiven Farbigkeit belegt es. Der Kontrast der Licht- und Schattenzonen erinnert daran, daß der Künstler als junger Mann entscheidende Anregungen von Rembrandts Bildern in der Leningrader (damals: Petersburger) Eremitage empfing.

Entschiedener „expressionistisch" als der „Weiße Strich" sind die Werke von Alexej von Jawlensky. Die früheste Arbeit, der „Olivenhain" (1907), steht noch ganz im Banne des bewunderten Vincent van Gogh. Er und Gauguin gaben dem ehemaligen russischen Offizier, der sich in Petersburg (Leningrad) für die Malerei entschieden hatte, die entscheidenden Anregungen. Die knorrigen Baumstämme, die heftigen Pinselhiebe, das vehemente Kolorit erinnern an den großen Niederländer. Die Arabeske der Baumwipfel zeigt noch Einflüsse des Jugendstils, der in Blüte stand, als Jawlensky

Wassily Kandinsky, *Scharfruhiges Rosa,* 1924

Alexej von Jawlensky, *Stilleben mit Vase und Krug,* 1909

um die Jahrhundertwende mit seiner Freundin, der Malerin Marianne von Werefkin, nach München kam, wo er bald auch mit Kandinsky zusammentraf.

Doch schon wenig später malte er Stilleben, die in ihrer großzügigen formalen Vereinfachung, ihrer betonten Zweidimensionalität und ihrer festlichen Farbigkeit unübersehbar an den großen Henri Matisse erinnern, den Jawlensky im Geburtsjahr der fauvistischen Malerei (1905) kennengelernt und in dessen Atelier er vorübergehend gearbeitet hatte: „Stilleben mit blauer Kanne und Figur" (um 1908) und „Stilleben mit Vase und Krug" (1909). Die strengere „Fassung" der Bildgegenstände, ihre entschiedene Konturierung verweisen auf den „Cloisonnismus", jene glasfensterartige Rahmung farbiger Flächen, die Émile Bernard und/oder Paul Gauguin in die Malerei eingeführt haben.

Auch die wie von innen heraus erleuchtete „Märchenprinzessin mit Fächer" (1912) – mit ihren Kontrasten zwischen lapidar zusammenfassenden, kräftig konturierten Dreiecks- bzw. Mandelformen von Figur und Kopf einerseits, dem lebhaften Spiel von Farbbändern und Fächerdekoration andererseits – dokumentiert die Auseinandersetzung mit der fauvistischen Malerei. Aber das romantische Gefühlvolle des Porträts, das Märchenhafte und das Expressive, wie es sich in den großen, weit geöffneten Augen manifestiert, lag den problemloseren Franzosen und ihrem Meister Matisse mit ihrer weltzugewandten, luxuriösen Kunst sicherlich fern. Verinnerlichung war ihre Sache nicht. Jawlensky hingegen ging es stets um die Darstellung eines inneren, emotionalen Erlebens. Die sichtbare Wirklichkeit war dazu nur der Anlaß. Das gilt für die Landschaft, ob er sie nun auf Reisen malte oder beim Blick aus seinem Fenster. Es gilt erst recht für seine Köpfe, die er immer mehr vereinfachte, bis er sie schließlich auf ihre „Urform" reduzierte.

Diese radikale Abstrahierung durch einfachste Formeln: Striche oder schmale Segmente für Augen, Nase

Alexej von Jawlensky, *Variation,* um 1916

Alexej von Jawlensky, *Märchenprinzessin mit Fächer,* 1912

grundlegend Neue in der Kunst muß nicht, aber es kann ein Kennzeichen des Genialen sein. Thomas Mann hat es in seiner Rede über Lessing definiert: „Genie [...] erweist sich dort, wo etwas Ungeahntes erscheint, etwas wirklich gemacht wird, wovon man vorher keine Vorstellung hatte; es bekundet sich in der Ermöglichung von etwas in seiner Art Neuem, das so nur durch Kraft und Reiz der Persönlichkeit haltbar, ja siegreich zu machen war. Das Geniale in der Kunst wäre dann das Überraschende und erstaunlicherweise Entzückende, das Gewagte und durch Verwirklichung erst als möglich zu Erkennende."

In diesem Sinne ist der Kubismus neben dem wenige Jahre früher einsetzenden Fauvismus der grandiose Auftakt zur Klassischen Moderne. Die überragenden Persönlichkeiten, Matisse und Picasso, sind bis heute Maßstäbe setzende Leitfiguren geblieben; die Kühnheit der Idee und die Qualität der Ausführung sind über die Jahrzehnte hinweg nicht übertroffen worden.

Dafür gibt es im Museum Ludwig einige Belege. Der früheste ist Picassos „Frau mit Mandoline" (1910), ein exemplarisches Bild des „analytischen" Kubismus. Die facettenhafte Zerlegung von Figur und Instrument wird an einen äußersten Punkt geführt, die vollständige Abstraktion gerade noch vermieden. Bildzeichen in Gestalt rechteckiger und kreisrunder geometrischer Formen geben nur noch Hinweise auf den konkreten Bildgegenstand und lassen der Phantasie des Betrachters viel Raum. Die für die analytische Phase des Kubismus charakteristische Reduktion der Palette auf den Grundklang Grau und Ocker ist den Farbfanfaren der Fauves programmatisch entgegengesetzt; sie läßt an Manets Anmerkung denken, ein differenziertes Grau, richtig behandelt, sei das Kennzeichen malerischer Meisterschaft.

Aus dem gleichen Geist ist Georges Braques „Glas, Violine und Notenblatt" (1912) geschaffen, wenn auch die Farbskala zwischen Grau und Ocker etwas kräftiger und die Formzerlegung nicht ganz so weit getrieben ist wie auf dem Picasso-Bild. Die Musikalität der Komposition und die deutlicheren Verweise auf die Bildmotive erleichtern die Dechiffrierung des in apartem Oval realisierten Stillebens.

Im Gegensatz zu Picasso ist Braque – nach seiner Abkehr vom Fauvismus – Kubist geblieben, auch wenn er in späteren Jahren, beginnend mit dem „synthetischen" Kubismus, die Gegenstände wieder deutlicher umschrieb. Nach 1917 wird Braque dann zum geistvollen Repräsentanten einer neuen Klassizität („Karaffe, Zitronen, Fruchtschale", 1928), die durch die materiellen und geistigen Erfahrungen fauvistischer und kubistischer Experimente hindurchgegangen ist und sie dem eigenen künstlerischen Ziel unterwirft: Bildgegenstand und Bildraum werden in freier Kompositionsweise ebenso in Beziehung zueinander gesetzt wie Farbe und Volumen. Braques lebenslanges Bildthema ist – abgesehen von seinen späten „Ausflügen" in die Landschaft – das Stilleben geblieben. Er ist der Chardin des 20. Jahrhunderts.

Der Dritte im Bunde der führenden Kubisten, der scharfsinnige Spanier Juan Gris, stand mindestens ebenso nahe bei Cézanne wie bei seinen Freunden Picasso und Braque. Obwohl ein Analytiker von hohen Graden, hat er den „analytischen" Kubismus nicht mitgemacht und statt dessen den „synthetischen" erfunden. Ein präziser Aphorismus des Künstlers läßt erkennen, was damit gemeint ist: „Cézanne machte aus einer Flasche einen Zylinder, ich mache aus einem Zylinder eine Flasche." Der deutsche Maler Werner Gilles wird später sagen: „Man muß das Abstrakte der Malerei in Gegenstände bringen." Genau das hat Juan Gris getan. Bei ihm behalten die einzelnen Bildelemente ihre eigene, partielle Perspektive, die allerdings einer eigengesetzlichen, strengen Bildarchitektur von zwingender Logik unterworfen sind. „Syphon, Glas und Zeitung", 1916 entstanden, ist das bildnerische Resultat der Anwendung dieser Prinzipien.

Für Gino Severini, den ursprünglichen Futuristen, war der Kubismus nur eine verspätete Durchgangsstation zum realistischen Klassizismus der „Valori plastici" („plastische Werte"), die der deutschen Neuen Sachlichkeit nahestehen. Seine „Collage" (1912–1915) ist ein gutes Beispiel für die frühen „Materialbilder" der Kubisten in ihrer „synthetischen" Gestalt. Aus banalen, alltäglichen Materialien entsteht eine harmonische Bildkomposition von ruhiger Klassizität, effektvoll belebt durch farbige Hell-Dunkel-Kontraste. Instrument und Figur sind als solche erkennbar, werden aber nicht präzise definiert. Diese Schwebelage zwischen Abstraktion und Gegenständlichkeit gibt dem Bild seinen besonderen Reiz.

Der Bildhauer Henri Laurens, später der Meister organischer, vollplastischer Figuren mit mythologischem Hintergrund, kam 1911 in Kontakt mit den Kubisten. Seine ovale Collage „Gitarre, Glas und Pfeife" von 1918 ist ein vorzügliches Beispiel des synthetischen Kubismus in seiner Spätphase: Die Gegenstände bleiben deutlich erkennbar, werden aber signethaft vereinfacht. Details wie die Hand auf dem Instrument geben Hinweise zum Verständnis des Bildes. Die komplizierte Kompositionsweise mit wechselnden Blickpunkten

Henri Laurens, *Guitare, verre et pipe (Gitarre, Glas und Pfeife)*, 1918

Fernand Léger, *Le Remorqueur rose (Der rosa Schleppdampfer),* 1918

und die Staffelung verschiedener Bildebenen hintereinander, der Kontrast von runden und eckigen Formen, die reiche Nuancierung einer zurückhaltenden, noblen Farbigkeit bedingen die hohen ästhetischen Qualitäten der Arbeit.
Das Prinzip der Staffelung von Bildschichten wird auch bei der Plastik „Die Gitarre" (1914) angewendet, übersetzt in den dreidimensionalen Raum. Meisterlich ist die Verschränkung der architekturalen Skulpturelemente, der Wechsel zwischen konvex und konkav, die Verschmelzung von plastischer Form und zeichnerisch-farbiger „Fassung", das Gleichgewicht von Vorder- und Rückansicht.
Eine ganz andere Note brachte Fernand Léger in den Kubismus. Seiner Vorliebe für Röhrenformen wegen, die sich besonders eindrucksvoll in den frühen „Contrastes de formes" widerspiegelt, nannte man ihn mit freundlicher Ironie den „Tubisten". Ein reich orchestriertes spätes Produkt dieser großartigen Serie ist „Der rosa Schleppdampfer" von 1918, ein Bekenntnis zur technischen Existenz, die Léger im Gegensatz zu seinen kubistischen Freunden nicht nur nicht ablehnte, der er vielmehr, überzeugt und optimistisch, zukunftsfrohe Gestalt gab in einer leuchtenden, mitunter fast grellen, auf Rot, Blau und Gelb basierenden Farbigkeit. Der Mensch am linken Bildrand ist, roboterhaft, ununterscheidbarer Bestandteil der Schornsteine, Ketten, Sirenen, Silos und Lagerhäuser des Hafens, an dem der Schleppdampfer festgemacht hat. Demgegenüber mischen sich im Bilde der „Zwillinge" (1929/30) technoide und organische Formen. Teils statisch und teils bewegt, schweben sie durch den nicht konkret definierten Bildraum.
Am Ende von Légers künstlerischer Entwicklung steht die soziale Utopie einer freien, in Arbeit und Muße

Fernand Léger, *Les Gémeaux (Die Zwillinge),* 1929/30

Fernand Léger, *Le Partie de campagne (Die Landpartie),* 1954

gleich heiteren Welt ohne Unterdrückung (vgl. Kapitel „Soziale Utopie"). Diese Welt der kleinen Leute, denen der Sozialist Léger zugetan blieb, seit er sie im Krieg kennengelernt hatte, findet ihren idealen Ort, wo Arbeit zum Spiel und Spiel zur Arbeit wird: in der Welt der Artisten, im Zirkus. Der von Léger präfigurierte Einklang von Person und Sache, Mensch und Ding, Sonntag und Alltag ist in der Kunst der ersten Jahrhunderthälfte ohne Vergleich.

„Die Landpartie" (1954), ein Jahr vor dem Tode des Künstlers gemalt, ist ein Bild, das als exemplarisch für den Spätstil Légers angesehen werden kann. Es ist eines jener Sonntagsbilder, auf denen das Paradies der einfachen Menschen dargestellt wird. Eine Gruppe von fünf Leuten, ein Mann mit blauem Jackett und „Kreissäge" auf dem Kopf, zwei nackte Frauen, ein Junge und ein Mädchen erholen sich – sitzend, liegend oder im Wasser stehend – an einem Flußufer. Ihre Haltung ist teils entspannte Gelassenheit, teils Fotografierpose: „Gruppenbild mit Damen". Die Figuren sind, wie im Spätwerk, monumental angelegt, ohne individuelle Züge. Aber sie strahlen ein problemloses Glück aus. Die formalen Mittel sind lapidare Vereinfachung und Stilisierung von Figur und Landschaft, die Farben sind großflächig und ohne die Nuancen einer ästhetisierenden Peinture, die Konturen kräftig und einfach.

Die geheime Klassizität der Arbeit geht auf den von Léger bewunderten Louis David zurück, aber auch Piero della Francesca und Paolo Uccello erscheinen als Brüder im Geiste.

Amadeo Modigliani, 1906 nach Paris gekommen und bald mit den Künstlerfreunden vom „Bateau-Lavoir" bekannt geworden, war der Bohemien par excellence: ein schöner großer Mann und Frauenheld, aber auch ein Trinker und drogensüchtig, immer in Not und unfähig, mit Geld umzugehen. In seiner Malerei wird das toskanische „disegno", der Wohllaut der Linie, noch einmal Ereignis. Er bewunderte die zeichnerische Virtuosität Toulouse-Lautrecs, den vorkubistischen und den Picasso der „Demoiselles d'Avignon". Auch Cézanne als Figurenmaler beeindruckte ihn, und kein anderer als der große Brancuşi brachte ihn zur Plastik. In diesem Bereich ist neben dem offenkundigen Einfluß des Rumänen der Rückgriff auf die Kunst der „Primitiven" unverkennbar, doch haben die archaisierenden Köpfe auch etwas von der Eleganz der gemalten Bildnisse und Figuren. Seine Modelle fand der Italiener auf der Straße: Mädchen und die Freunde aus der Pariser Boheme: Menschen, denen er sich nahefühlte. „Die Algerierin" (1917) läßt erkennen, wie Modigliani die Erscheinung eines einfachen Mädchens durch eine schöne, ruhige Farbigkeit – tiefes Schwarz und Terrakottabraun –, durch die souveräne Sicherheit der Zeichnung ins Geheimnisvolle, Poetische zu entrücken und psychologisch zu vertiefen vermochte.

Von besonderem Einfluß speziell auf die deutsche Kunst vor und nach dem Ersten Weltkrieg war der französische Maler Robert Delaunay. Die Ausstellung zu seinem 100. Geburtstag 1985 in München hat Breite und Intensität der Ausstrahlung seines Werkes, die

Amadeo Modigliani, *L'Algérienne (Die Algerierin),* 1917

durch persönliche Kontakte gefördert wurde, eindrucksvoll, wenn auch im Detail nicht unumstritten, nachgewiesen. Die Wirkungsgeschichte berührt nicht nur den „Blauen Reiter" und den Rheinischen Expressionismus, sondern auch den Berliner „Sturm"-Kreis um Herwarth Walden und später das Bauhaus.

Am Beginn der Entwicklung Delaunays steht – nach Verarbeitung von Anregungen Seurats und der Fauves – eine sehr persönliche, farbig leuchtende Variante des Kubismus, den Guillaume Apollinaire, der dichtende Prophet der frühen Klassischen Moderne, „Orphismus" getauft hat. Delaunay hatte die Farbtheorien Chevreuils und Cézannes raumschaffende Farbe studiert, die kubistischen Bilder Braques und Picassos ebenso genau unter die Lupe genommen wie afrikanische, ägyptische und assyrische Skulpturen. Mit dem Größten der „Naiven", Henri Rousseau, war er befreundet. 1908 erscheint zum erstenmal der Eiffelturm in seinem Werk, das beherrschende Thema vieler späterer Bilder, in denen er unter teilweiser Verwendung kubistischer und futuristischer Methoden die immanente Dynamik der Eisenkonstruktion darstellt. 1909 erscheint die der Kirche Saint-Séverin und ihrer Architektur gewidmete Bildserie. 1912 folgen – in einer

Robert Delaunay, *Rhythme sans fin (Endloser Rhythmus),* 1934

wundervoll leuchtenden, transparenten Farbigkeit – die berühmten „Fensterbilder".
Die Farbe wird nun zum eigentlichen Thema Delaunays und seiner ukrainischen Frau Sonja, die er 1910 geheiratet hatte. Der „Zusammenklang von Farben", so dozierte der Maler, „von Farben, die sich teilen und in gleicher Aktion wieder zum Ganzen zusammenschließen", diese „synchronische Aktion ist als eigentliches und einziges Sujet der Malerei zu betrachten". Dementsprechend wird die „Scheibe", werden die „endlosen Rhythmen" der „zirkulierenden kosmischen Formen" ein Hauptthema. Das Bild „Endloser Rhythmus" (1934) gehört in diesen Zusammenhang. Mit der Auflösung der Spektralfarben im Kreis entsteht eine rotierende Dynamik, eine endlose und zugleich in sich geschlossene Bewegung. An die Stelle des orphistischen Vibratos und der Luzidität der Farbe ist die strengere Geometrie getreten. Die formal und farblich verwandte, viel spätere Arbeit Sonja Delaunays, „Farbrhythmus" (1968), ist demgegenüber auf den Kontrast kreisender und rechteckiger Kompositionsformen in strahlender, dekorativer Farbigkeit aufgebaut.
Ein zu Unrecht vergessener Künstler, der enge Verbindungen zur Berliner „Novembergruppe" und zum „Blauen Reiter" hatte, der in Rumänien geborene Arthur Segal (1875–1944), hinterließ ein Werk, das

Arthur Segal, *Der Hafen,* 1921

zwar deutliche Einflüsse zunächst von van Gogh und Matisse, später von Seurat, dann der Kubisten zeigt, das aber trotzdem in seiner originellen Verarbeitung der verschiedensten Einflüsse von persönlicher Eigenart ist. „Der Hafen" (1921) zeichnet sich dadurch aus, daß auch der Rahmen in die zugleich strenge und erzählerisch aufgelockerte Bildkomposition einbezogen ist. Die Formelemente erinnern sowohl an den Kubismus in der Version Fernand Légers als auch (in den Kreissegmenten) an den Orphismus Delaunays. Die schematisierten Figuren scheinen von Seurat beeinflußt zu sein, während die kühle, blau-graubraune Farbigkeit Segals Selbständigkeit ebenso erkennen läßt wie die Aufteilung der Bildfläche in sechzehn gleichmäßige Rechtecke. Sie entspricht – in Anlehnung an Prinzipien der mittelalterlichen Simul-

Carlo Carrà, *La donna e l'assenzio* oder *Donna al caffè (Die Frau und der Absinth* oder *Frau im Café),* 1911

tan-Darstellung – der weit vorausweisenden Überzeugung des Künstlers, es dürfe kein kompositorisches Zentrum geben, weil alle Teile des Bildes gleich wichtig seien.

Dynamik der Bewegung Dokumente des Futurismus

Ein Museum ist keine Enzyklopädie. Gefordert ist immer wieder einmal der Mut zum Verzicht. Im Museum Ludwig glaubte man in diesem Sinne lange Zeit, auf den Futurismus verzichten zu müssen. Doch dann trat ein neuer Förderer auf den Plan, dessen Hauptinteresse italienischer Kunst des Jahrhunderts gilt. Seither ist auch diese aggressive künstlerische Tendenz mit einigen guten Beispielen in der Sammlung vertreten.

Carlo Carràs Bild „Die Frau und der Absinth" (1911) entstand vor seinem Übertritt zur „metaphysischen Malerei" unter dem Einfluß Giorgio de Chiricos. Das Werk nimmt eine vermittelnde Position zwischen Kubismus und Futurismus ein. Es entstand während Carràs zweiter Reise nach Paris. Der Einfluß des „analytischen" Kubismus und seiner facettenhaften Aufsplitterung der Bildfläche ist noch deutlich erkennbar, die nuancenreiche komplementäre Farbigkeit (Türkis und Grün gegenüber Rotbraun und Gelborange, dazu raffiniert gesetzte Rotakzente) ist zwar dramatischer als bei den französisch-spanischen Vorbildern, aber trotzdem von nichtfuturistischer Verhaltenheit. Doch die innere Dynamik des Bildes, das Spiel mit Lichtreflexen und seine vibrierende Bewegtheit verweisen eindeutig auf Tendenzen des „Futuristischen Manifests". Nicht nur der Bildraum selbst, sondern auch die Figur der Frau und die Stuhllehnen sind in Bewegung: für die Futuristen, an deren Ausstellung Carrà sich 1912 beteiligt, ein Zeichen lebendigen Lebens gegenüber dem angehaltenen Augenblick auf den statischen Bildern der Vorgänger.

Giacomo Ballas Darstellung der „Geschwindigkeit eines Automobils" (1913/14) ist sozusagen ein Stück futuristischer „Programm-Musik". Man denkt bei seinem Anblick sofort an das futuristische Verständnis der Geschwindigkeit als eigenständige, neue Qualität und den berühmten Satz, ein aufheulendes Auto sei schöner als die Nike von Samothrake. Balla versucht, bei tonig zurückhaltendem Kolorit, die Phasen der Autofahrt – die permanente Verschiebung der Perspektive in der Bewegung, das Kreisen der rollenden Räder – in dynamischen Kürzeln wiederzugeben. Dem Betrachter, der vor dem Bild stehend verharren muß, soll der Rausch der Geschwindigkeit durch bewegte Formen auf einer statischen, zweidimensionalen Leinwand vermittelt werden: ein Vorsatz von unbestreitbarer Kühnheit, ein Versuch, die Quadratur des Kreises bildnerisch zu lösen. Er führte schließlich zum beweglichen („kinetischen") Kunstwerk nach der Jahrhundertmitte.

Gino Severini hat vor seiner Hinwendung zum Kubismus futuristische Bilder gemalt. In seinem Werk mischen sich pointillistische Tendenzen, die er nie

Giacomo Balla, *Velocità d'automobile (Geschwindigkeit eines Automobils),* 1913–14

Mario Sironi, *Aeroplano giallo con paessaggio urbano (Gelbes Flugzeug mit Stadtlandschaft),* 1915

ganz aufgab, mit futuristischer Dynamik. Vor allem die hellen, heiteren Farben bewahren Erinnerungen an die Palette Seurats. Seine „Tänzerin" (1913) gehört zu einer langen Reihe von Tänzerinnenbildern, die zwischen 1911 und 1914 entstanden sind. Ihre Grazie, ihre Körpersprache machen eine andere Art von Bewegung sichtbar als Ballas automobilistische Dynamik. Dem Spiel des Lichts im Raum und auf dem Kostüm entspricht eine lockere Farbigkeit, in deren pointillistisch-futuristischem Flirren Figur und Ambiente zur Einheit verschmelzen.

Gino Severini, *Ballerina (Tänzerin),* 1913

Mario Sironis „Gelbes Flugzeug mit Stadtlandschaft", das er als Kriegsfreiwilliger 1915 malte, steht trotz der martialischen Neigungen des Künstlers noch näher beim Kubismus, dessen malerisches Echo die geometrischen Hausformen sind. Futuristisch ist eigentlich nur die Thematik: das Flugzeug (als kriegerisches Instrument), das noch schneller ist als das Auto und Tod und Verderben bringt. Nur der kreisende Reflex der Propellerbewegung dokumentiert den futuristischen Geschwindigkeitsrausch, während die diagonale Bildkomposition eher auf den Expressionismus verweist, die Lautlosigkeit der Häuser mit ihren leeren Fensterfronten und der geteilte Himmel hingegen auf die „Pittura metafisica", der Sironi sich später zeitweise anschloß.

Strahlungen – Suprematie – Ideologie
Die russische Avantgarde

Vor dem Ersten Weltkrieg war der künstlerische Austausch zwischen Westeuropa und dem damaligen Rußland außerordentlich intensiv. Die Ausstellung „Paris – Moskau" (1979/80) im Centre Pompidou und im Moskauer Puschkin-Museum hat es eindrucksvoll dokumentiert. Russische Künstler reisten viel. Man denke an Kandinsky, Jawlensky, Chagall, an das Ehepaar Gontscharowa-Larionow und nicht zuletzt an die Pariser Triumphe des Russischen Balletts unter Serge Diaghilew, das nicht nur die Internationale der Musiker – Strawinsky, Milhaud, de Falla, Hindemith –, sondern auch die bildenden Künstler magisch anzog. Außer den Russen Leon Bakst, Benois, Larionow und Gontscharowa arbeiteten bald auch Picasso, Braque, Gris, Matisse, Max Ernst, Miró und viele andere für den genialen Impressario. Die Sammler Jan Morosow und Serge Schtschukin brachten ab 1905 die Bilder führender französischer Avantgardisten nach Moskau. Die inzwischen auch in der Sowjetunion wieder geehrten Kunstkäufer größten Stils besaßen vor dem Kriegsausbruch 1914 mehr als hundert Arbeiten der westlichen Großmeister Matisse und Picasso. 1907 wurde die erste Ausstellung der Fauves gezeigt. 1910 gründeten die Malerbrüder Burljuk eine russische Futuristengruppe. Westliche Kunst soll, so sagt man, in jenen Jahren in Moskau bekannter, vor allem aber gefragter gewesen sein als in Paris, dem Mekka der Avantgarde.
Aus dem anfänglichen „Abkupfern" westlicher Vorbilder entstand durch Rückbesinnung auf eigene Traditionen bald eine osteuropäisch avantgardistische Kunst eigener Prägung. Die Ikonenmalerei, die Volkskunst traten wieder ins Blickfeld, westliche Anregungen wurden in diesen Bezugsrahmen eingebaut. Vor allem aber waren es der inspirierende Schwung der sozialistischen Utopie und die zukunftsgewisse Begeisterung für die Idee einer Kunst für alle in einer klassenlosen Gesellschaft, die ein neues Selbstbewußtsein hervorrief und zu eigenständigen Formulierungen führte, die ihrerseits auf den Westen zurückstrahlten. Ohne diesen Pingpong-Effekt eines ungehinderten Informationsaustauschs hätte auch die westeuropäische Kunst der folgenden Jahre anders ausgesehen.
Eine wichtige, bahnbrechende Rolle bei der Überwindung des beherrschenden Einflusses westlicher Tendenzen spielte das Künstlerpaar Natalia Gontscharowa und Michail Larionow. Beide hatten sich an der von Diaghilew organisierten Ausstellung russischer Kunst im Pariser Herbstsalon von 1906 beteiligt. Beide waren hervorragende Kenner der westlichen Kunstszene. Beide entwickelten zunächst eine persönliche Variante des Fauvismus-Expressionismus mit bereits deutlichen – und programmatisch gemeinten – Rückbezügen auf russische Vorbilder: Ikonen, bäuerlich „primitive" Kunst, Bilderbögen, Plakatmalerei und sogar Graffiti an den Mauern der Städte. Larionows „Stilleben mit Krebs", 1907, ist ein typisches Beispiel. Sein Porträt eines Mannes (vermutlich des Malers Burljuk) von 1910 verweist in seiner energischen formalen Zusammenfassung unter Verzicht auf illustratives Detail, in der lichterfüllten vitalen Farbigkeit deutlich auf die Verarbeitung expressionistischer Methoden. Gontscharowas „Stilleben mit Tigerfell", zwei Jahre früher gemalt, zeigt auf eine kraftvolle Weise die Verschmelzung altrussischer Kunsttraditionen mit einer nochexpressionistischen Vortragsweise in leuchtender Farbgebung bei lockerer Pinselführung unter Verzicht auf dramatisierende, splittrige Deformationen. Deutlicher treten die expressionistischen Bezüge im Bilde des „Akts am Ufer" (ebenfalls 1908) hervor. Die Einbindung der frei behandelten Figur in die Natur, in Flora und Fauna, steht thematisch und formal deutschen Vorbildern nahe.
1913 erfolgte der entscheidende Schritt mit der Veröffentlichung des „Rayonistischen Manifests" durch Larionow. Ein Jahr vorher hatte man sich von der Künstlergruppe „Karo Bube" getrennt, in der westliche Einflüsse noch dominierten. Mit dem „Rayonismus" beginnt die definitive Verselbständigung der russischen Kunst, die Überwindung westlicher Vorbilder.

Michail Fedorowitsch Larionow, *Nature morte à l'écrevisse (Stilleben mit Krebs)*, 1907

Michail Fedorowitsch Larionow, *Saucisson et maquereaux rayonistes (Rayonistische Würstchen und Makrelen),* 1912

So gesehen, sind Larionows „Rayonistische Würstchen und Makrelen", ein Jahr vor der Publikation des Manifests entstanden, ein Schlüsselbild. Der Maler löst sich von kubistischen und futuristischen Einflüssen. Bildthema ist nicht mehr die aperspektivische Zerlegung des Bildgegenstandes, auch nicht die Darstellung seiner Bewegung im Bildraum. Dem Namen der Richtung entsprechend (rayon = Strahl), werden die Gegenstände aufgelöst in prismatische, vielfältig gebrochene Strahlungen; aber nicht das Ding selbst, sondern sein Abglanz ist das Thema. Das dynamische bildnerische Ereignis und sein farbiger Widerhall vollziehen sich außerhalb der konkreten Zeit und des konkreten Raums. Das Bild „strömt Empfindungen aus", sagt Larionow, „die uns die vierte Dimension ahnen lassen".

Im „Porträt von Larionow" (1913) versucht Natalia Gontscharowa die rayonistischen Prinzipien auf die Darstellung ihres Lebensgefährten anzuwenden, die „Ausstrahlung" seiner Persönlichkeit in Farbe und Form zu übersetzen. Rayonistische Ideen und futuristische Erfahrungen, kubistisches Raffinement bei der gleichzeitigen Darstellung „en face" und „en profil" sowie folkloristische Naivität verschmelzen zu einer malerischen Einheit von ausgesprochen individualistischem Zuschnitt. Widersprüchliche Verfahren in Farbauftrag und formaler Gestaltung lösen sich auf in einer „Harmonie aus Kontrasten".

Neben Bezügen zu den aktuellen Tendenzen der Zeit und ihrer Überwindung ist ein romantischer Zug zum Unendlichen im Rayonismus wirksam. Das läßt sich auch von der folgenden Strömung sagen, dem „Suprematismus" Kasimir Malewitschs und seiner Jünger, der zweiten Etappe auf dem Weg zur Emanzipation russischer Kunst. Auch Malewitsch hat sich intensiv mit Fauvismus-Expressionismus, Kubismus, Futurismus und russischer Folklore auseinandergesetzt. Die „Landschaft" von 1909 in ihrem effektvollen Kontrast von blühenden Farbklängen und hochstilisierter, „gebauter" Form läßt diese Anklänge deutlich werden, dokumentiert aber auch bereits einen hohen Grad von künstlerischer Selbständigkeit. Der plastischen Geometrie der Erdhügel antworten die stilisierten Kugelformen der Baumwipfel; der zylindrischen Form der Stämme entsprechen die Kuben der Häuser. Die rechte Bildseite öffnet sich tiefenperspektivisch dem Blick des Betrachters, während die einzige menschliche Figur in der Bildmitte „naiv", ohne Rücksicht auf reale Proportionen, dargestellt ist. Malerische Souveränität verbindet sich mit der bewußt angewandten Simplizität „primitiver" bäuerlicher Kunst.

Natalia Gontscharowa, *Porträt von Larionow,* 1913

Kasimir Malewitsch, *Suprématisme dynamique (Dynamischer Suprematismus)*, 1916

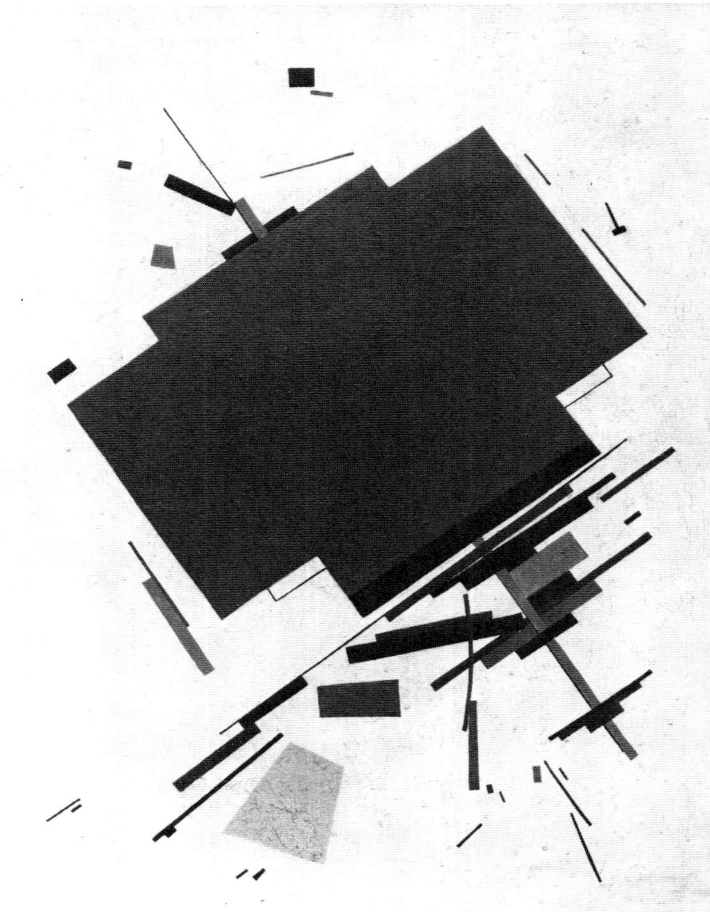

Nikolai Michailowitsch Sujetin, *Komposition,* um 1922/23

Nach einer Reihe kubofuturistischer Bilder malte Malewitsch vier Jahre später die Ikone der ungegenständlichen Welt, das „Schwarze Quadrat auf weißem Grund" (1913), die Elementarform des „Suprematismus", der nach Malewitschs Verständnis die Herrschaft der „reinen Empfindung" über die Natur und der gegenständlichen Welt in der Malerei signalisiert. Der „Dynamische Suprematismus" von 1916 zeigt den Suprematisten Malewitsch auf der Höhe seiner Kunst. Vor einem nicht definierten, unendlichen Hintergrund steigen eine breite und zwei schmale Trapezformen, rot, schwarz und gelb, zum oberen Bildrand auf. Sie werden begleitet von kleinteiligen, geometrischen Satelliten. Alle Formen schweben vor dem ortlosen Bildgrund als „Konstruktion von Kräften", während die Farben die „romantischen" Energieträger sind. Durch die disziplinierte Formgebung wird die „Suprematie der Empfindung" intellektuell objektiviert: Intuition und Reflexion halten ein schwebendes Gleichgewicht.

Das „Rote Quadrat auf Schwarz" (um 1922) ist ein spätes Echo auf das Ur-Quadrat von 1913; das „Suprematistische Architekton" von 1926 ist, wie viele andere Arbeiten der zwanziger Jahre, ein Beleg für Malewitschs Überzeugung vom Primat der Architektur beim Entwurf einer neuen Gesellschaft. Dem meditativen Lyrismus der Bilder steht die Realitätsbezogenheit dieser Modelle gegenüber, die nachhaltig auf die Baukunst des 20. Jahrhunderts einwirkten. Der romantische Zug ins Anarchische, Umstürzlerische, Unendliche und der Wille zu einer konkreten neuen Ordnung bewirken die enorme Spannung im Werk dieses Künstlers (vgl. auch Kapitel „Kunst fürs Kollektiv").

Die architektonisch-zeichnerische, konstruktive Komponente im Werk Malewitschs dominiert bei seinem 20 Jahre jüngeren Mitarbeiter Nikolai Sujetin gegenüber der Energetik der Farbe entschiedener als beim Begründer des Suprematismus. Die „Komposition" (1922/23) ist zwar eindeutig von den schwebenden Geometrien Malewitschs beeinflußt, wirkt aber doch viel konkreter, fast wie ein architektonischer Grundriß für die Welt von morgen.

Die Malerin Ljubow Popowa, die später die „Laboratoriumskunst" des Ateliers zugunsten der angewandten oder – für die Schaffung einer neuen, technoiden Umwelt – anzuwendenden Künste aufgab, war zunächst von Malewitsch und Tatlin gleichermaßen beeinflußt. Die beiden frühen Bilder im Museum Ludwig sind auf dem Höhepunkt ihrer malerischen Entwicklung entstanden, während die „Malerische Architektonik" von 1920 die bevorstehende Wende bereits thematisch, aber auch durch die Kargheit reduzierter abstrakter Formen ankündigt.

Der „Sitzende weibliche Akt" von 1913 und das „Relief" von 1915 hingegen gehören zu den klassischen Arbeiten der russischen Avantgarde. Der Akt zeigt Einflüsse von Futurismus und Kubismus; doch es gibt Unterschiede. Popowa zerlegt zwar die Formen, verzichtet aber darauf, den zeitlichen Ablauf von Bewegungen darzustellen. Im Gegensatz zum „analytischen Kubismus", dessen Facettierung sie nicht mitmacht, bleibt die Figur klar erkennbar und wird nicht zur Chiffre. Gegenüber dem strengen Intellektualismus analytisch-kubistischer Formulierungen ist ihre vergleichs-

Ljubow Popowa, *Sitzender weiblicher Akt,* um 1913

Ljubow Popowa, *Relief,* 1915

weise „handfestere" Art der Darstellung von kraftvoller Dynamik. Die Formen gehen ineinander über, lösen sich aber nicht auf. Das prismatische Spiel „verkehrt" gesetzter Schatten, das Vor und Zurück von Linien und Flächen geben dem Bild Plastizität, ohne seine Zweidimensionalität in Frage zu stellen.
Das „Relief" dokumentiert bereits die Eliminierung des Gegenstands. Auch die Einbeziehung der dritten Dimension ist programmatisch zu verstehen. Das Bild zeigt ein lebhaft bewegtes freies Spiel einander gleichwertiger verschachtelter Formen, die in ihrer Eigenwertigkeit keinem hierarchischen Kompositionsprinzip mehr unterworfen sind. Die offenbar von Malewitsch beeinflußten starken Farben stehen in eindeutigem Kontrast zum kubistischen Purismus.
Iwan Puni, der später als Jean Pougny im Pariser Exil einen harmlos-illustrativen Impressionismus praktizierte, hat sich früh mit den neuen Tendenzen westlicher und östlicher Kunst auseinandergesetzt, ohne eine feste Position zu beziehen. Seine „Skulptur" von 1915, eine Reliefkonstruktion aus einfachsten Materialien (Holz, Pappe, Blech), steht offensichtlich unter dem Einfluß gleichzeitiger Arbeiten von Malewitschs „produktivistischem" Antipoden Tatlin, der seine diesbezüglichen Anregungen wiederum von Picasso bezogen hatte. Formale Elemente der Bildkomposition sind in ihrer Klarheit und Einfachheit der Formenwelt Malewitschs benachbart. Augenfälliger tritt diese Beziehung in Iwan Kljuns „Suprematistischer Komposition" (um 1916) zutage.
Deutlicher als die Werke ihrer Kollegen sind die Bilder der Alexandra Exter von westlichen Einflüssen geprägt. Die Malerin gehört zu den prominenten Vertretern des russischen Kubofuturismus. Das wird deutlich bei der Betrachtung der Arbeiten im Museum Ludwig, dem „Kubistischen Interieur" und der „Kubofuturistischen Komposition" (beide 1912). In den Künstlergruppen „Himmelblaue Rose" und „Karo Bube", mit denen die Exter verbunden war, behielt die Kunst des Westens größeren Einfluß als in den betont national-avantgardistisch geprägten Vereinigungen. Auch die ältere russische Kunst blieb dort im Blickfeld. Alexandra Exters Bilder sind von einer delikaten Farbigkeit, einem fast lyrischen, impressionistisch getönten Schmelz, dem man unter den frühen Russen selten begegnet. Auch der futuristische Dynamismus ist besänftigt, die kubistische Formanalyse wird nicht ins Extrem vorgetrieben. Die Architekturfragmente und

Iwan Puni, *Sculpture – Variante Nr. 110 (Skulptur),* 1915

Iwan Kljun, *Suprematistische Komposition,* um 1916

Aristarch Lentulow, *Landschaft mit Zypressen,* 1913

die Raumdefinition im „Kubistischen Interieur" sind kaum ohne das bewunderte Vorbild Robert Delaunays denkbar. Es ist kein Zufall, daß die Malerin, die auch für den großen Regisseur Tairow gearbeitet hatte, sich später hauptsächlich mit Entwürfen für Film, Theater, Mode und Innenausstellung beschäftigte. Paris, wohin sie später emigrierte, blieb ihre eigentliche künstlerische Heimat.

Aristarch Lentulow (1882–1943), im Westen durch die historische Ausstellung in der Berliner Galerie van Diemen 1922 bekannt geworden, später aber lange vergessen, gehört zu den Künstlern, in deren Werk sich kubo-futuristische und expressionistisch-fauvistische Einflüsse mit der malerischen Rückbesinnung auf die russische Volkskunst verbinden, für die sich vor allem die Künstlergruppe „Karo-Bube" einsetzte, der Lentulow angehörte. Sein großes Vorbild war Paul Cézanne, an dessen Werk ja auch der französische Kubismus anknüpfte. Der strenge kompositorische Aufbau der „Zypressen-Landschaft" (1913) erinnert an diese Ahnherrschaft, aber auch an frühkubistische Landschaften der Jahre 1908 und 1909 von Picasso und Braque. Der Dynamismus des Bildes hingegen verweist auf den Futurismus, die kultivierte Farbigkeit auf die Fauves. Lentulows Malerei verarbeitet Anregungen aus Tradition und Gegenwart auf sehr persönliche, malerisch und formal qualitätvolle Weise.

Die Neigung, sich nicht auf Malerei und Plastik zu beschränken, sondern, wie man heute sagen würde, interdisziplinär zu arbeiten, hatten fast alle russischen Avantgardisten. So auch der Malewitsch nahestehende Paul Mansuroff, dessen Bildtitel „Die Hochzeiten" mit dem einer Strawinsky-Oper identisch ist. Auch die sensible Bild-„Komposition" von 1923 vereinigt Bild- und Schriftformen. Der Librettotext überlagert die gemäßigt konstruktivistischen Farbformen vor dem Ocker des Hintergrunds.

Nachklänge des Werks der frühen Avantgardisten fin-

Alexander Grigorjewitsch Tyschler, *Aus dem Lyrischen Zyklus Nr. 4,* 1928

det man in den Bildern der Xenia Ender („Räumliche Komposition", um 1919), deren expressive Farbwirbel zwar unter dem Einfluß wissenschaftlich-analytischer Versuche von Malewitsch (später Matjuschin) entstanden sind, trotz ihres hohen Abstraktionsgrades aber doch deutlich erkennbare Bezüge zum „Brücke"-Expressionismus aufweisen.

Ein Beispiel russischen Postavantgardismus abseits der Metropolen Moskau und Leningrad ist das Werk Alexander Bogomasows, der in Kiew zu Hause war und die Anwendung abstrakter Prinzipien auf figurative Darstellungen erprobte („Schlafende Frau", 1916). Auf seine eigene Weise versuchte er, „das Abstrakte der Malerei in Gegenstände zu bringen". Auch Kudriaschows Bildwelt („Ost", 1928), die sich von den Anti-Kunst-Parolen der Produktivisten ebenso fernhielt wie vom sentimentalen Genre, ist das Beispiel einer frühen „Post-Moderne" russischer Prägung.

Das einzige konsequent konstruktivistisch-produktivistische Bild im Sinne Tatlins ist Wassily Ermilows Gedenktafel zum Tode Lenins: „21. Januar 1924". Tag und Uhrzeit sind aus der obersten Holzplatte ausgesägt, die Metallbuchstaben aufgeschraubt, die Zahlen werden von Nägeln eingefaßt. Die karge Arbeit bezieht ihre ästhetische Qualität allein aus der Staffelung verschiedener Bildebenen, der Typographie und dem sparsamen Design. Daß es in der russischen Kunst der zwanziger Jahre auch Beziehungen zum Surrealismus gab, zeigt das Bild „Aus dem Lyrischen Zyklus

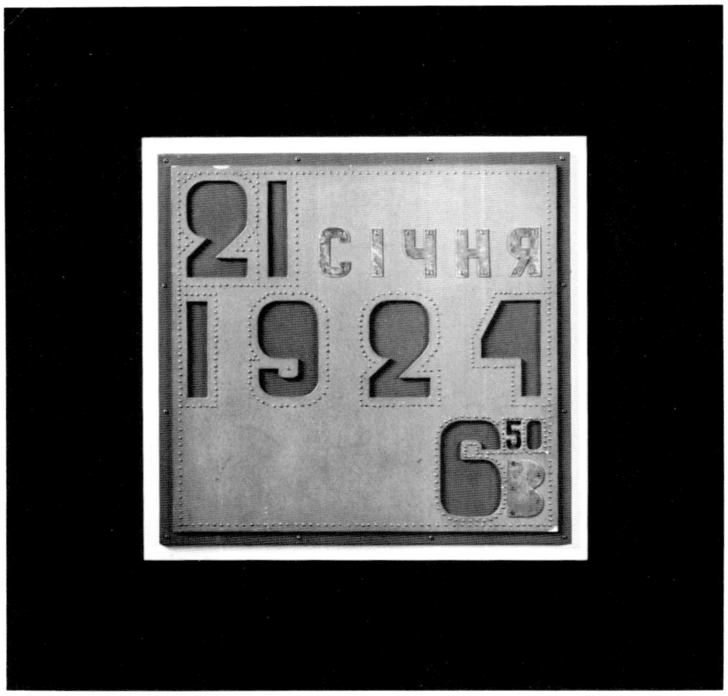

Wassily Ermilow, *Memorial-Tafel „21. Januar 1924",* 1924

Piet Mondrian, *Tableau I (Bild I)*, 1921

Nr. 4“ (1928) von Alexander Tyschler, für den die „realen Maßstäbe“ in der Kunst keine Gültigkeit hatten.

Abstrakte und konkrete Malerei Varianten des Konstruktivismus

Ein Meisterwerk des Konstruktivismus westeuropäischer Prägung ist „Tableau I“ (1921) von Piet Mondrian. Es steht am Ende einer langen Entwicklung des Künstlers, die ihn von realistischen Bildern in der Tradition der altniederländischen Architekturmaler über die intensive Beschäftigung mit Cézanne, van Gogh und den Fauves zunächst zu der entscheidenden Auseinandersetzung mit den Kubisten führte und ihn schließlich mit Bart van der Leck und Theo van Doesburg zusammenbrachte. Sie gaben die entscheidenden Anstöße zur völligen Abstraktion von Form und Farbe mit dem Ziel einer untragischen „Universellen Harmonie“, wie sie sich in den Meditationstafeln für einen neuen, geistigen Menschentyp ausdrückt.
Monochrome Farbfelder werden durch breite schwarze Begrenzungslinien einer strengen, rechtwinkligen Ordnung unterworfen. Schließlich beschränkt sich Mondrian auf die Grundfarben Rot, Blau, Gelb und die „Nicht-Farben“ Schwarz und Weiß. „Tableau I“ bezeichnet insofern die Anfangsphase des reifen Werks. Noch ist das Weiß nicht „rein“, noch gibt es ein sensibel gestuftes Grau in mehreren Schichten; doch der letzte Schritt zur radikalen Vereinfachung, zur totalen Abstraktion und zur Tilgung der letzten Spuren von gegenständlichen Reminiszenzen ist bereits getan. Nur Barnett Newman wird später noch weiter gehen, die rektangulären Fassungen der geometrischen Farbfelder auflösen und durch den „zip“ (Reißverschluß) ohne Anfang und ohne Ende ersetzen. Kaum zu glauben, daß das wunderbar ruhige, meditative Bild noch 1967, als es durch Gert von der Osten für weniger als ein Zehntel seines heutigen Kurses erworben wurde, Skandal machte.
Mondrian selbst sah in seiner Kunst, die er „Neo-Plastizismus“ nannte, eine letzte Konsequenz aller plastischen Werke, die sich in der Malerei verwirklichte, weil nur in ihr das Individuelle, das Zufällige, die Unruhe und somit auch das Tragische in vollständiger Harmonie ausgelöscht werden könne.
Auf den ersten Blick ist Mondrians Kunst mit der des späteren Bauhausmeisters László Moholy-Nagy verwandt. Aber das täuscht. Der Ungar steht noch in der Tradition des Konstruktivismus russischer Prägung. Malewitsch und El Lissitzky waren seine großen Anreger. Moholy-Nagy ging es nicht um eine erdenferne „universelle“, sondern um eine konkrete soziale Harmonie im Hier und Jetzt. Die Technik erschien ihm als wichtiges Instrument für die Kunst im Zeitalter der Massen. Folgerichtig setzte er sich mit der Kinetik auseinander, schuf die ersten beweglichen Objekte, schuf Lichtmaschinen und bezog auch das „neue Medium“ Film in seine Arbeit mit ein. Berühmt ist das nach seiner fernmündlichen Anweisung angefertigte erste „Telefon-Bild“. Seine „Licht-Malerei“ beeinflußte später die verschiedenen Zero-Gruppen.
Die Bilder „Grau, Schwarz, Blau“ (1920) und „Auf weißem Grund“ (1923) sind Etappen auf dem Weg zur Loslösung von den traditionellen Malverfahren. Während die frühere Arbeit noch Einflüsse von Malewitsch (und vielleicht auch schon von Mondrian) zeigt, führt das spätere Bild neue Lösungen vor. Der Gegensatz zwischen einer durchsichtig schimmernden, gleichsam schwebenden und einer kompakteren, dichter und schwereren Farbigkeit ist offenkundig und gibt dem Werk seine Spannung. Sie wird verstärkt durch die pointierte Staffelung verschiedener Bildschichten. Die karge Geometrie der Segmente und schmalen Farbbalken wird von der Dynamik der Bewegung konterkariert, die wiederum an die russischen Vorbilder denken läßt.
Stärker als bei Moholy-Nagy ist der Bezug zur „gebauten“ Bildkomposition bei seinem Landsmann Lajos Kassak ausgeprägt, der 1926 wieder nach Ungarn zurückkehrte. Im Gegensatz zu den Russen hat Kassak sich aber mit gemalter „Bildarchitektur“ (1922) begnügt und keine realisierbaren (oder geträumten) Architekturmodelle entworfen.
Der Pole Stanislaw Kubicki (1943 von den Nazis erschossen) löste sich im Laufe der Jahre immer wieder einmal vom Konstruktivismus östlicher Prägung und nahm auch westliche Anregungen auf. Sein Stadtbild „Danzig“ (1924) läßt Einflüsse des Kubismus erkennen. Von dieser Kunstrichtung ist auch die frühe Arbeit Walter Dexels geprägt, wie das „Stadtbild Jena“ (1918) dokumentiert. Später dominieren Einflüsse des niederländischen „Stijl“ („Das große H“, 1924) im Werk des Künstlers, der lange Zeit völlig vergessen war.
Ein Zentrum konstruktivistisch-abstrakter Kunst in Deutschland während der zwanziger Jahre war Hannover, in dessen – damals von Alexander Dorner geleitetem – Museum El Lissitzky seinen berühmten „Raum der Abstrakten“ entwarf. Neben Kurt Schwitters gehörten Carl Buchheister und Friedrich Vordemberge-Gildewart zu den führenden Köpfen der Gruppe „die abstrakten hannover“. Beide hatten auch Kontakte zum „Stijl“, zu den Russen, zum Bauhaus, Vordemberge überdies zur französischen Vereinigung „abstraction-création“.
Bei Buchheister steht der Bezug zur Architektur im Sinne der Russen als wichtiges Instrument zur Veränderung der Welt im Mittelpunkt. Seinen dynamischen Ordnungen („Komposition Blau-Gelb-Stufung“, 1926, „Dreieckskomposition“, 1928) ist die ruhige Versenkung Mondrians fremd. Bei Buchheister geht es nicht ums Universum, sondern – wie El Lissitzky – um die konkrete Gesellschaft. Das gilt auch für das – 1933 jäh unterbrochene – Werk von Erich Buchholz („Die Form bringt ihre Formel mit sich“), der sich später vom Schock der Verfemung nie mehr erholt hat und verbittert in seiner Wahlheimatstadt Berlin starb.
Günter Fruhtrunk hat Architektur studiert, und so ist es kein Wunder, daß er sich, nach Studien bei Fernand Léger und Hans Arp, vom Konstruktivismus, speziell in der Version von Malewitsch, beeindrucken ließ. Sein

Laszlo Moholy-Nagy, *Auf weißem Grund,* 1923

Friedrich Vordemberge-Gildewart, *Komposition Nr. 122/1941,* 1941

Carl Buchheister, *Dreieckskomposition,* 1928

primäres Thema ist aber der Kontrast heller, leuchtender, ebenmäßiger Farbflächen in diagonaler oder horizontaler Anordnung, die an den Rändern sensibel moduliert werden, mit tiefstem Schwarz als Negation des Lichts, aus dem die Farben kommen. Auch Fruhtrunk versteht die Farbe als Form, deren Manifestation durch keinerlei gestalterische Elemente gestört werden soll.

Sehr viel meditativer und verinnerlichter ist die sensible, feinnervige Malerei Vordemberge-Gildewarts, die sich nur künstlerischen, „kunstimmanenten“ Ordnungen ohne Bezug zur äußeren Welt unterwirft, die sie aus sich selbst heraus entwickeln, wie z. B. in der „Komposition 122“ (1941), die auf einer grünen Fläche einige, vorwiegend gelbe, Rechtecke und Dreiecke in rhytmischem Gleichgewicht verteilt. Ein verhaltener musikalisch-stimmungshafter Lyrismus unterscheidet diese Bilder von den puristischen Ordnungssystemen des bewunderten Mondrian.

Eine eigenständige schweizerische Variante erfuhr der Konstruktivismus im Werk der „zürcher konkreten“ Max Bill, Richard P. Lohse, Verena Loewensberg und Camille Graeser. Auch für sie sind „Reinheit, Gesetz und Ordnung“ unter Ausschaltung alles Nebulosen, Spekulativen das Ziel. Das Bild selbst ist der konkrete

Josef Albers, *Homage to the Square: Green Scent (Huldigung an das Quadrat: Grüner Duft)*, 1963

Franz Wilhelm Seiwert, *Stadt und Land,* 1932

Camille Graeser, *Gelb-Blau-Volumen 1:1, 1/18, bewegt,* 1974 ▷

Gegenstand und das einzige Thema; in ihm vollzieht sich ohne jeglichen Bezug zur sichtbaren Außenwelt das euklidische Spiel der Geometrie und der farbigen Klänge nach den strengen Gesetzen der Logik. Graesers Spätwerk „Gelb-Blau-Volumen 1 : 1, 1/18, bewegt" (1974) ist dafür ein ebenso geistreiches wie sprödes Beispiel. Ein Achtzehntel der gesamten Bildfläche (daher der Titel) löst sich aus der Symmetrie der gelben und der blauen Fläche, macht dem Bau Platz und dringt ins Blau ein. Merkwürdigerweise bewirkt diese karge Mathematik einen ereignishaften Effekt und gibt dem Bild eine verhaltene Dynamik.

Eine wunderbare späte Blüte dieser scheinbar so puristischen Tendenzen ist das Werk des Bauhausmeisters Josef Albers, der später als Emigrant in den USA eine enorme Wirksamkeit mit sparsamsten Mitteln auf der Basis einer kristallklaren künstlerischen Lehre entfaltete. Es gibt in unserer Zeit keinen anderen Maler als

Heinrich Hoerle, *Masken,* 1929

◁ Franz Wilhelm Seiwert, *Arbeiter,* 1926

den ehemaligen Volksschullehrer aus Bottrop, der durch Sichtbarmachung so zwingend nachgewiesen hätte, daß auch die elementarsten Dinge unauslotbar sind. Er hat stets nicht nur auf der Originalität, sondern auch auf der Vielfalt seiner Bilderfindungen bestanden. In seinen berühmten „Huldigungen an das Quadrat" – das Museum Ludwig besitzt eines dieser Bilder aus dem Jahre 1963 mit dem treffenden Nebentitel „Grüner Duft" – werden Fläche und Raum wechselseitig wahrgenommen. Das geschieht unter Verzicht auf die Effekte einer subjektiven „Handschrift" und mit einem Höchstmaß an Objektivierung, aber auch an malerischer Sensibilität bei der immerwährenden, variantenreichen Wiederholung der Urform des Quadrats. „Ich male so dünn wie Bruegel", sagte Albers bei einem Besuch im „kleinsten Arbeitsraum der Welt" in New Haven (Connecticut), wo er vor seinem Umzug nach Orange wohnte. „Ich will mich realisieren, nicht mich ausdrücken; denn ich habe Denken und Sehen, aber nicht Kunst gelernt."
Die Farbe verändert sich, anders als bei Mondrian, durch ihre Nachbarschaften, sie springt vor und zurück. Es entsteht ein faszinierendes Wechselspiel („interaction of color") von Irritation und Meditation, von „physischem Tatbestand und psychischer Wir-

Heinrich Hoerle, *Zwei Frauenakte,* 1930/31

kung" (Albers). Was der Maler wollte, war: „Meditationsbilder des 20. Jahrhunderts schaffen". Er hat es nicht nur gewollt, sondern auch erreicht.

Wie wir gesehen haben, tendierte der Konstruktivismus in West und Ost zur radikalen Abstraktion. Einen eigenwilligen Versuch, den Konstruktivismus unter sozialistischen Vorzeichen figurativ und damit dem Verständnis leichter zugänglich zu machen, unternahm die Gruppe Kölner „Progressiven" um Franz Wilhelm Seiwert und Heinrich Hoerle.

Seiwert war aus Verzweiflung über die „Unfähigkeit der Una Sancta Catholica, den Massenmord der Menschen untereinander zu verhindern", vom Katholiken zum Marxisten geworden, der sich mit der Arbeiterbewegung kompromißlos solidarisierte. Vom Expressionismus und Kubismus kam er zum Konstruktivismus, dem er in strenger Formelhaftigkeit und Typisierung die Gegenständlichkeit zurückgab. Die Hintergrundlandschaft im Bilde der „Arbeiter" (1926) zeigt noch realistische Anklänge; die gleichsam genormten, hintereinandergestaffelten Arbeiter (und eine Arbeiterin) sind aber rigoros entindividualisiert, „Stellvertreter" einer konkret bezeichneten gesellschaftlichen Gruppe. Trotz der begrenzten Figurenzahl entsteht der Eindruck von Massenhaftigkeit.

In „Stadt und Land" (1932) ist die schematisierte Gestaltung auf zwei Männer (mit ebenso stilisiertem Hammer und Sichel) reduziert, zugleich sind die Gestalten durch den Händedruck in der Bildmitte und die Farbe noch differenzierter miteinander verklammert.

Aus ähnlichen Quellen schöpfte Seiwerts Freund Heinrich Hoerle, der vom „Dadamax" Ernst zu den „Progressiven" stieß. Sein gegenständlicher Konstruktivismus ist weniger karg, die Gruppierung seiner Figuren bewegter, die Darstellung bleibt näher am konkreten Bildgegenstand. Ästhetische Prinzipien drängen die Ideologie in den Hintergrund, obwohl der Maler im täglichen Leben ein kämpferischer Sozialist blieb. Im Bild der „Masken" (1929) wird ein rheinisches Ereignis, der Karneval, zum Weltengleichnis. Verkleidete Aggression und nicht, wie auf Carl Hofers gleichnamigem Werk, Verlorenheit und Trauer verbergen sich hinter den stereotypen Gesichtern und dem, was von ihnen sichtbar geblieben ist. Die „Zwei Frauenakte" von 1930/31 verweisen hingegen durch die teilweise Aufhebung der Typisierung bei der dem Betrachter zugewandten Figur im Vordergrund, durch den Bezug zur realen Landschaft des Hintergrundes und eine gewisse, melancholisch gefärbte „Stimmung" auf Charakteristika des „Magischen Realismus".

Im Zwischenreich
Paul Klee und die Meister am Bauhaus

„Es darf nicht eilen wollen, wenn man soviel will", notierte Paul Klee in seinem Tagebuch. Er war 34 Jahre alt, als ihn auf der Reise nach Tunis mit Macke und

Paul Klee, *Kleiner Narr in Trance,* 1929

Paul Klee, *Hauptweg und Nebenwege,* 1929

Lyonel Feininger, *Brücke III,* 1917

Moillet der „Anruf der Farbe" erreichte: „Die Farbe hat mich. Ich bin Maler", lautet seine berühmte Eintragung von 1914. Vorher war er primär Zeichner und Illustrator gewesen. Kandinsky, mit dem er freundschaftlich verbunden war, ohne Mitglied des „Blauen Reiters" zu sein, tat sich viel darauf zugute, Klees Genie schon früh erkannt zu haben. Im Werk dieses Jahrhundertkünstlers ist die Romantik wieder aktuell geworden. Man hat Klee den „Romantiker mit dem exakten Formgewissen" genannt. Cézanne war in dieser Hinsicht der große Lehrmeister, während Robert Delaunays Theorien die Befreiung der Farbe vorbereitet hatten.

„Hauptweg und Nebenwege" (1929), eines der schönsten Bilder im Museum Ludwig und sicherlich auch eines der bedeutendsten im Gesamtwerk des Malers, zeigt Klee auf der Höhe seiner Kunst. Es entstand während seiner „Bauhaus"-Jahre als Nachhall einer Ägyptenreise, die für ihn genauso wichtig war wie die Reise nach Kairouan (Tunis) 15 Jahre vorher. Will Grohmann, der Klee-Biograph, sagt über die Werkserie, die im Anschluß daran entstand: „Auch ohne die Bildbezeichnungen würde ein mit Klees Schaffen Vertrauter aus der Struktur des Bildgefüges, aus den Pyramidenformen und Kuben, aus der Feldverteilung und den Farben wahrscheinlich auf Orient schließen, aus dem Zusammenhang der ganzen Reihe auf Ägypten, ohne daß eine konkrete Handhabe gegeben wäre ... Dem bildnerischen Schema war vorgearbeitet, aber zur Geburt der ägyptischen Bilder bedurfte es der Berührung mit Land und Geschichte."

Kairouan gab dem Maler die Farbe und die Bildarchitektur, Ägypten das Erlebnis des zeitlosen Beieinanders von Dauer und Vergänglichkeit. So ist „Hauptweg und Nebenwege" trotz des konkreten lokalen und geschichtlichen Bezuges, wie so viele andere Arbeiten auch, in einem Zwischenbereich angesiedelt. Das Bild gibt, Klees ideale Forderung erfüllend, nicht das Sichtbare wieder, sondern macht sichtbar: Das Licht und die Sonne, die Strukturen gewachsener und gebauter Landschaft werden nicht abgebildet, sondern in farbige Strukturen und bildnerische Zeichen übersetzt, Zeichen für Pyramide und Terrasse, für Wüste und Felder, für Wasser und Vegetation, für gebaute Straßen und Wege des Lebens. Diese Zeichenwelt ist vieldeutig, sie ist konkret und weist zugleich über sich hinaus: Die Horizontalen am oberen Bildrand können Himmel bedeuten oder Fluß. Die hierarchische Bildordnung ist nicht schematisch, sondern von irritierenden Unregelmäßigkeiten durchsetzt, Haupt- und Nebenwege können auch Irrwege sein. „Genie ist der Fehler im System", hat Paul Klee gelehrt. Solche Irritationen, diese „Fehler im System", geben dem lichtdurchfluteten Bild seine vibrierende Lebendigkeit. Wie alle wichtigen Werke des Künstlers ist auch „Hauptweg und Nebenwege" ein Schöpfungsgleichnis, der Entwurf einer möglichen Welt außerhalb der unseren.

Der „Kleine Narr in Trance" aus demselben Jahr vertritt eine andere wichtige Werkgruppe, die der Welt zwischen Schein und Wirklichkeit, Spiel und Ernst, Heiterkeit und Tragik gewidmet ist, dem Theater, dem Zirkus, dem Varieté. Die zeichnerisch gefaßte Figur des Narren vollführt einen Balanceakt auf unsichtbarem Seil; sie ist transparent, der Hintergrund geht durch sie hindurch. Klees burlesker Humor, seine zeichnerisch-karikaturistischen Neigungen geben dem Bild das Gepräge. Im Gegensatz zu den grotesk-komischen Formulierungen im Werk der frühen Jahre ist es aber in seiner Schwebelage zwischen Realität und Traum zur existentiellen Chiffre geworden.

Zu Klees Kollegen als Bauhausmeister gehörten Lyonel Feininger und Oskar Schlemmer. Wie Klee war Feininger ein hervorragender Musiker. Wie sein Freund begann auch der Amerikadeutsche als Zeichner phantastischer, „surrealer" Begebenheiten und als Karikaturist. Auch für Feininger war der „Orphist" Delaunay als Anreger wichtig, doch beeinflußte ihn – neben Seurat – der Kubismus insgesamt noch intensiver, obwohl seine streng gebauten, gleichwohl musikalischen Bildarchitekturen mit ihrem unterschwelligen Lyrismus absolut selbständig sind. Der Kubismus mit seiner Gesetzlichkeit und kristallischen Klarheit bedeutete für ihn, nach eigenem Zeugnis, „Sehnsucht nach strenger Raumgestaltung – ohne alle malerische Sucht".

„Brücke III" ist 1917 entstanden, zwei Jahre vor Gründung des Bauhauses in Weimar, an der Feininger beteiligt war. Das Bild zeigt in seiner prismatischen, konstruktiven Ordnung und der zurückhaltenden Farbigkeit die Spuren der Auseinandersetzung mit den konstruktiven Elementen des Kubismus. Aber es hat Tiefe,

Lyonel Feininger, *Türme über der Stadt (Halle),* 1931

Oskar Schlemmer, *Zwei Sitzende auf geschwungenen Stühlen (Zwei Mädchen),* 1935/36

der Bildraum bleibt offen, eine romantische Grundstimmung ist unverkennbar, die Strenge der Architektur wird gemildert durch malerisch Atmosphärisches. Die Neigung zur „Diaphanie" gotischer Architekturen und Fenster, zu Transparenz von Farbe und Form wird im Bild der Halleschen „Türme über der Stadt" (1931) viel deutlicher. Das Bild ist von gläserner Durchsichtigkeit und eine gewisse Tendenz zur Auflösung der Form nicht zu verkennen. Feiningers Gestaltungswille sorgt aber für eine schwebende, heitere Balance, die nicht zuletzt den Charme dieser Arbeit ausmacht.

Auch Oskar Schlemmers Werk ist von einem idealistisch-klassizistisch eingefärbten Romantizismus durchwaltet. Es gehört zu den dunkelsten Ereignissen der deutschen Kunstgeschichte, daß ausgerechnet das Hauptwerk dieses sehr deutschen Künstlers, die Wandgestaltung des Weimarer Bauhauses, schon 1930 (!) dem Barbarismus nationalsozialistischer Betonköpfe zum Opfer fiel.

Schlemmers Leitthema war die menschliche Figur im Raum. Nicht zufällig ist er als Leiter der Bauhausbühne auch der Schöpfer des „Triadischen Balletts" und vieler anderer Theaterarbeiten. Schlemmer versuchte, die Vorstellung eines nichtindividualistischen idealen Menschentyps als „Idol des Absoluten" mit dem Bekenntnis zur technoiden, funktionalistischen Umweltgestaltung zu verbinden. Diese Haltung findet

Oskar Schlemmer, *Vierzehner Gruppe in imaginärer Architektur,* 1930

im Bild der „Vierzehner Gruppe in imaginärer Architektur" (1930) ihren exemplarischen malerisch-gestalterischen Ausdruck. Der Mensch dominiert, denn die „organische Menschenarchitektur hat die konstruierte Raumarchitektur in den Hintergrund gedrängt", wie die Schlemmer-Interpretin Karin v. Maur formuliert. Die komplizierte Rhythmik der Gruppe, ihre Staffelung auf verschiedenen Bildebenen, zeigt einerseits die Kommunikation in der Gruppe, andererseits die Isolation im leeren Raum, immer in Bezug gesetzt zur gebauten, imaginären Idealarchitektur.

Dagegen ist die kleinere Studie, „Zwei Sitzende" (1935/36), schon in der inneren Emigration entstanden, von größerer Intimität. Auch hier entsprechen die strengen Formen der Stuhllehnen der Typisierung der Figuren. Durch die diagonale Position der Mädchen tritt wieder der Raum ins Bild. Das lautlose Gespräch ist die symbolträchtige Darstellung archetypischer menschlicher Verhaltensweisen mit den Mitteln einer jener klassizistisch unterkühlten Romantik, die Schlemmers hochgespanntes, oft umstrittenes Werk insgesamt kennzeichnet.

Schlemmers Schüler war der Italiendeutsche Werner Gilles, ein liebenswürdiger „poeta minor", ein großer

Werner Gilles, *Verkündigung,* 1948

Kleinmeister, den eine Zeitlang auch Hans von Marées mit seinen idealen Figurenbildern in idealer Landschaft beeinflußte. Doch ist schließlich der Einfluß des Expressionismus, Klees und – wie die lyrisch-dramatische Darstellung der „Verkündigung" (1948) in seiner ganzen Anlage erkennen läßt – auch Pablo Picassos stärker.

Werner Heldt, *Stilleben auf dem Balkon,* 1951

Werner Heldt war Gilles freundschaftlich verbunden. Doch seine Malerei der künstlerisch entscheidenden Jahre nach dem Krieg ist formal strenger und ohne die kompositorischen Lehren des synthetischen Kubismus nicht denkbar. Trotz der Trauer des Künstlers um die zerstörte Heimatstadt Berlin („Berlin am Meer") ist sie auch in ihrer geistigen Haltung distanzierter und weniger gefühlvoll als das Werk des Freundes. Das „Stilleben auf dem Balkon" (1951) vor den kahlen Fassaden der Häuser und den leeren Fensterhöhlen ist das bildnerische Symbol versunkenen Lebens in einer toten Stadt.

Taschenmuseum und Materialpoesie Ein dadaistisches Kontrastprogramm

Vom Großmeister der Dada-Bewegung, dem Verweigerer und Beweger Marcel Duchamp (vgl. das Kapitel „Der große Verweigerer"), besitzt das Museum Ludwig einen repräsentativen Querschnitt durch das Gesamtwerk, allerdings im Taschenformat 41 x 37,8 x 10,5 cm: „La bôite en valise – Das tragbare Museum" (1964), 83 Arbeiten aus den wichtigsten Phasen seines Schaffens sind darin als Miniaturen versammelt: Der „Akt, eine Treppe hinabsteigend", das „Große Glas", die Readymades, die Mona Lisa mit dem Schnurrbart, die Schokoladenmühle usw. Die Verwirklichung der echt Duchampschen Idee eines transportablen Lebenswerkes erschien dem Urheber geeigneter zur Vermittlung seines teils künstlerischen, teils antikünstlerischen Denkens und seiner Resultate als ein Buch. Tatsächlich gibt es wenig so leichte Koffer mit so schwerer Gedankenfracht.

Francis Picabias „Spanische Nacht" von 1922 steht ziemlich genau an der Grenze zwischen Dadaismus und Surrealismus und zeigt, wieviel der Surrealismus dem Dadaismus und den Dadaisten zu verdanken hat, eine Tatsache, die André Breton gern verdrängte. Fast könnte man sagen: So wie das Bild zwei Hälften hat, eine weiße und eine schwarze, ist es zur einen Hälfte dadaistisch, zur anderen surrealistisch. Die schwarze Figur des Flamencotänzers in der weißen Bildhälfte drängt sich gegen die von vorn gesehene Figur der Frau, die wie die passive weiße Assistentin eines Kunstschützen in der schwarzen Hälfte dasteht. Die aggres-

Marcel Duchamp, *La Boîte en valise (Das tragbare Museum),* 1964

Francis Picabia, *La Nuit espagnole (Die spanische Nacht),* 1922

Francis Picabia, *La Mariée (Die Braut)*, um 1929

siv-erotische Thematik wird gesteigert durch die „Targets", die Zielscheiben, die in grellen Farben überdeutlich die primäre und die sekundäre „erogene Zone" der Frau markieren. Beide Figuren sind von Kugeln durchlöchert. Um was für eine Art Angriff es sich dabei handelt, dokumentiert neben dem Haupttitel, der früher einmal „L'amour espagnol – Die spanische Liebe" geheißen hat, der Untertitel auf der linken Bildhälfte: „Sangre Andaluza – Andalusisches Blut". Werner Spies hält überdies die Frauenfigur für eine blasphemische St.-Sebastian-Persiflage im Schwarzweiß asiatischer Schattenspiele.

„Die Braut" (um 1929) ist mit ihren ikonographisch-historischen Anspielungen auf Botticelli und das Thema der bräutlichen Madonna, in der Umkehrung des Sakralen ins lasziv Erotische, im Wechselspiel des Traumhaften und des Realen und in der Durchlässigkeit der verschiedenen Bildebenen näher beim Surrealismus. Auch die wiederum doppelbödig-ironische, floral-architektonische Ornamentik – die Schlangenlinien, Blumenstengel, Blütenblätter und Phallusstempel – geht in ihrer spielerischen Vermischung zeichnerischer und malerischer Gestaltungsmittel über den meist kargeren Dadaismus hinaus.

Man Rays Ölbild „Rückkehr zur Vernunft" von 1939 trägt den gleichen Titel wie sein erster Film, „Le Retour à la Raison" von 1923. Es ist eine erinnernde Zusammenfassung der „Requisitenkammer" des dadaistisch-surrealistischen Allroundkünstlers, der auch mit Fotografien und einer Nachbildung seines berühmten „Lampenschirms" von 1919 in der Museumssammlung vertreten ist. Der spiralig ausgerollte Schirm ist das zentrale Motiv des Bildes, das vor Man Rays zweiter Emigration nach Amerika entstand. Wie anonyme Wächtergestalten flankieren zwei skulpturale Schachfiguren die Spirale: typisierte Zeichen für die fortschreitende Anonymisierung des Menschen, aber auch für die Macht des Verstandes. Es wurde darauf verwiesen, daß die linksgedrehte Spirale in Antike und Renaissance die zerstörerische Macht der Gewalt symbolisiert. So ist das Bild, am Vorabend des Zweiten Weltkrieges entstanden, ohne dadaistische Ironie, aber dennoch doppeldeutig, die Darstellung einander widerstreitender Kräfte. Dem Titel entsprechend erscheint es als letzter Appell an die Vernunft.

In Hannover trieb die Dada-Bewegung eine wunderlich-kostbare, poetisch-romantische Blüte. Der bedeutendste deutsche Dada-Künstler, Kurt Schwitters, war ein „Unpolitischer". Ideologien und selbst Revolutionen interessierten ihn nicht; wenn er politisch agierte, so nicht für irgendeine Bewegung, sondern gegen etwas. Vor allem gegen den Krieg. Aus seinem Pazifismus hat er kein Hehl gemacht. Das führte zu jahrelangen Kontroversen vor allem mit den „linken" Berliner Dadaisten um Richard Huelsenbeck, die Schwitters als „Huelsendadas" verhöhnte. Im übrigen verstand er seine Arbeit ohne anderen Ehrgeiz als reine Kunst. „Für Schwitters bedeutete die Kunst soviel wie für den Förster der Wald", hat Huelsenbeck später versöhnlich geschrieben.

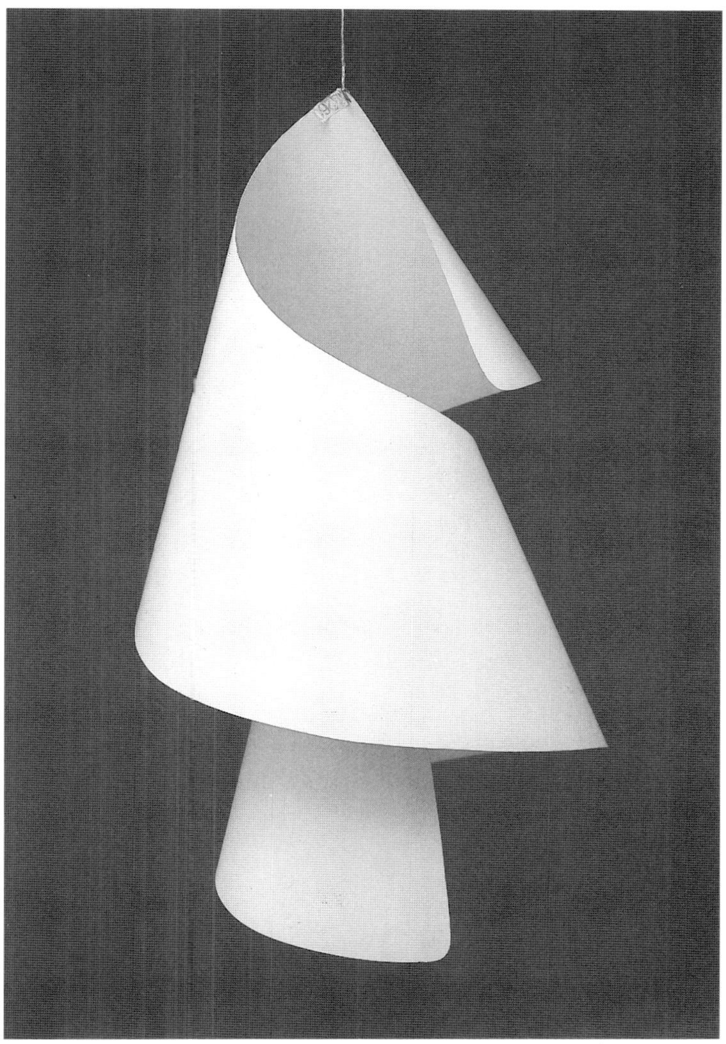

Man Ray, *Lampshade (Lampenschirm)*, 1919 (1959)

Man Ray, *Retour à la Raison (Rückkehr zur Vernunft)*, 1939

Kurt Schwitters, *Relief,* 1923

Kurt Schwitters, *Merzbild 9 B (Das große Ichbild)*, 1919

Auch formal gesehen, war der Norddeutsche nicht eigentlich ein Erfinder. In vielen Bereichen, vor allem dem der Benutzung alltäglicher Materialien, waren ihm Kubisten und Futuristen mit ihren Collagen vorausgegangen, in der Komposition hat er viele Anregungen von Braque und Picasso, Boccioni und Balla, ja selbst von Feininger und Expressionisten wie Franz Marc aufgenommen, vor allem aber – bis hin zur Gestaltung von Farbe und Raum – von Robert Delaunay. „Das Neue und Besondere seiner Merz-Bilder", schreibt Werner Schmalenbach, „war die ausschließliche, rückhaltlose und ausdrucksgeladene Verwendung von Altstoffen; also nicht nur von Papier, sondern allen erdenklichen Abfallprodukten des täglichen Gebrauchs."
Zu den künstlerisch überragenden, zugleich poetischsten und schönsten Arbeiten gehören die Merz-Bilder der Jahre 1919–1922. (Das Titelwort wurde genauso zufällig gefunden wie „Dada", in einer verstümmelten Anzeige der „Kommerz- und Privatbank".) Das „Merz-Bild 9 b", das „Große Ich-Bild" (1919) in seiner verhaltenen, tonigen Farbigkeit, seiner strahlenförmig rotierenden, kubistisch-futuristisch inspirierten Kompositionsweise, ist ein klassisches Beispiel. Es läßt erkennen, wie souverän Schwitters einerseits mit den banalen Materialien – Frachtbrief, Fahrschein, Holzreste – verfährt und wie er sie malerisch „einfärbt". Das Triviale erhält seine eigene Würde. Imagination und künstlerische Intelligenz durchdringen das Materielle, das auf diese Weise nicht nur vollwertiges Bildelement wird, sondern auch Träger einer immateriellen poetischen Chiffre.
Die konstruktiven Grundelemente treten im Schaffen des Künstlers nach 1922 immer deutlicher in Erscheinung. Das „Relief" (1923) zeugt von den Anregungen, die Schwitters im freundschaftlichen Umgang mit seinen Kollegen vom niederländischen „Stijl" empfing. Eindeutiger als in den Merz-Collagen strebt das Bild nun in die dritte Dimension, ein Eindruck, der durch die räumlich artikulierte (Hintereinander-)Staffelung mehrerer Bildebenen verstärkt wird. Zusätzliche kompositorische Spannung erzielt Schwitters durch den Wechsel der Materialien, vor allem aber durch den Kontrast ruhiger, größerer und bewegter kleinteiliger Flächen. Er gerät aber nicht in die Versuchung, die widerspruchsvolle Poesie konstruktiver Einzelelemente einer geometrischen Ordnung so rigoros zu unterwerfen wie seine niederländischen Freunde.
Die Unterschiede zu den Konstruktivisten werden vollends deutlich, wenn man die architektonischen Vorstellungen miteinander vergleicht. Dem Purismus der Niederländer steht Schwitters' Streben nach dem „Gesamtkunstwerk" entgegen, zu dem er dreimal mit seinen Merz-Bauten in Hannover, Norwegen und England ausgeholt hat. Daß sie alle Fragment blieben, ist nicht allein auf die Zeitläufte zurückzuführen, sondern auch auf das romantische Denken, das ihm zugrunde liegt. Zu ihm gehört das Streben nach dem Unendlichen ebenso wie die Unvollendbarkeit der weit ausgreifenden Konzeptionen.

Traum – Wahn – Wirklichkeit
Der frühe und der späte Surrealismus

Auf Max Ernsts berühmtem Bild „Das Rendezvous der Freunde" (1922; s. S. 136) figuriert Giorgio de Chirico, Erfinder und wichtigster Repräsentant der „Pittura metafisica", unter den Urhebern des Surrealismus aus Vergangenheit und Gegenwart als Statue in feierlicher Pose. Dies läßt auf die Verehrung schließen, die ihm die Surrealisten entgegenbrachten. Und so ist denn auch die metaphysische Malerei der Italiener neben Dada die zweite wichtige künstlerische Quelle surrealistischer Kunst.
Im Museum Ludwig ist de Chirico mit Bildern vertreten, die nach der Pionierzeit der Pittura metafisica entstanden sind. Sie belegen zwei wichtige Schaffensphasen des Malers, der 1919 definitiv erklärt hatte, von nun an sei er ein „klassischer Künstler" („Pictor classicus sum"). So halten die klassischen Themen ihren Einzug ins Werk der zwanziger Jahre: „Die römische Komödie" und „Metaphysisches Interieur" (beide 1926). Antike und Renaissance beherrschen auf beiden Blättern thematisch und auch formal die Szene, obwohl Nachklänge der anonymen Gliederpuppen („manichini") am Beispiel der antikisierenden Architekturfragmente in der Toga der Komödie (links) und der Tragödie

Giorgio de Chirico, *Intérieur metaphysique (Metaphysisches Intérieur),* 1926

Giorgio de Chirico, *Meubles dans une valleé (Möbel in einem Tal),* 1927

◁ Giorgio de Chirico, *La Comédie romaine (Die römische Komödie),* 1926

(rechts) durchaus noch erkennbar sind. Die Angst vor leeren Räumen, die den frühen Bildern ihren bedrohlichen Sog gab, ist bei der Darstellung des – immer noch leeren – Hintergrundes mit dem angedeuteten Oval eines Amphitheaters jedoch wesentlich abgemildert. Das gleiche gilt für das 1927 gemalte Bild der „Möbel in einem Tal", das ebenfalls zu einer Werkserie gehört. Die Möbel werden personifiziert. Sie stehen isoliert auf einem Straßenfragment vor einer leeren, mit antiken Resten bestückten Hintergrundlandschaft, vor der sie sich zusammendrängen und in einen stummen Dialog einzutreten scheinen. Im „Metaphysischen Interieur" ist der Raum mit den antiken Elementen wie von Theaterkulissen verstellt, Requisiten einer vergangenen Zeit, vom blinden Heroenkopf im Vordergrund melancholisch erinnert. Requisiten einer bunten, theaternahen Traumwelt malte de Chiricos Bruder Andrea, der vor allem Musiker und Theatermann war und sich Alberto Savinio nannte („Ohne Titel", 1929).
Landschaft und Stilleben sind die einzigen Themen in

Giorgio Morandi, *Stilleben,* 1921

Max Ernst, *Laon*, 1916

der Malerei des Bolognesen Giorgio Morandi. In seinem eindringlichen stillen Werk erhält die Pittura metafisica einen sehr persönlichen, zurückhaltenden, nach innen genommenen lyrischen Klang. Morandis Palette ist gedämpft, die einfachen Gegenstände werden in ihrem sprachlosen So-Sein zu Memento, zu zeitlosen existentiellen Chiffren, obwohl der Mensch in diesen Bildern nicht vorkommt. Es ist eine Malerei von außerordentlicher Sensibilität und Intensität, dem lärmenden Leben des Tages entrückt. In der schweigenden klassischen Harmonie der Formen und dem Nuancenreichtum vielfältig gebrochener, dunkel-melancholischer Farben, die sich zwischen Tonigkeit („Stillleben", 1921) und dem durchlichteten Dur hellerer Klänge („Stilleben", 1938) bewegen, sind Morandis beste Bilder den Werken eines Chardin gleichwertig an die Seite zu stellen.
In der geistigen Haltung – man könnte auch sagen: Zurückhaltung – sind die gefühlvoll-archaisierenden Arbeiten des stilistisch nicht einzuordnenden Einzelgängers Massimo Campigli („Geigen" oder „Konzert", 1934) Morandis Bildern verwandt, ohne in ihrer figurenreichen Anekdotik die Geistigkeit seiner Stilleben zu erreichen.
Im Mittelpunkt der surrealistischen Abteilung des Museums Ludwig steht natürlich Max Ernst, der „Kölner" aus der Nachbarstadt Brühl. Die Reihe beginnt mit zwei Bildern, die aus dem Expressionismus kommen: „Kreuzigung" (1913) und das Stadtbild „Laon" (1916).
In der Dramatik der Darstellung des aus der Bildmitte gerückten toten Christus und der klagenden Frauen sind Anklänge an den von den Expressionisten bewunderten Matthias Grünewald unverkennbar. Den geschichtlichen Brauch, die „dramatis personae" in die Gewänder der jeweiligen Zeit zu hüllen, hat Ernst übernommen. Das expressionistisch-gotische Jerusalem ist Köln. Darauf verweist der halbierte Dom im Hintergrund.
Beruhigter ist die zwar expressive, im strengeren Bildbau und in der Farbgebung aber auch Robert Delaunay verpflichtete Darstellung der Stadt Laon, die Ernst während des Krieges malte, als er sich in ihrer Nähe aufhielt.
Das „Rendezvous der Freunde" (1922) signalisiert, wie schon berichtet, zugleich den Abschied von Dada und den Aufbruch zum Surrealismus. Vier Jahre danach (1926) malte Max Ernst die Persiflage „Die Jungfrau verhaut den Menschensohn vor drei Zeugen: André Breton, Paul Éluard und dem Maler". Das Bild ist weit entfernt vom dramatischen Ernst der frühen „Kreuzigung". Die provozierende Szene ist kulturhistorisch im Zusammenhang mit dem antiken Thema vom bestraften Amor und mit den populären Bildgeschichten aus dem Leben Jesu zu sehen. Natürlich ist es in der Zeit seines Entstehens vor allem als Zeugnis des surrealistischen Anti-Klerikalismus zu betrachten, der sich im Fall von Max Ernst noch mit traumatischen Kindheitserinnerungen an den streng katholischen, malenden

Max Ernst, *Die Jungfrau Maria verhaut den Menschensohn,* 1926

Max Ernst, *Au Rendez-vous des amis (Das Rendezvous der Freunde)*, 1922

Max Ernst, *Fleurs-Coquillages (Muschelblumen)*, 1929

Lehrervater verbindet. Die manieristische Haltung der Jungfrau ist ebenso wie die Darstellung des unverhältnismäßig großen Kindes von Parmigianino beeinflußt („Madonna mit dem langen Hals"). Die kulissenartige Architektur läßt an Chiricos forcierte Perspektive der leeren Plätze denken, während die blasierten Gesichter der Zuschauer (nur Max Ernsts Augen funkeln) und der am Boden liegende Heiligenschein des Jesuskinds typisch dadaistisch-surrealistische Sarkasmen sind. Im Pariser „Salon des Indépendants" (der „Unabhängigen"!) war das Bild ebenso Ziel zelotischer Proteste frommer Gemüter wie 1928 in Köln, als die Geistlichkeit eine Max-Ernst-Ausstellung mit lebhafter Zustimmung des Künstlervaters schließen ließ und die Exkommunikation androhte.

Das um die gleiche Zeit entstandene Kleinformat „Lerche im Wald" (1926/27) gehört in die Reihe der Grätenwaldbilder. Sein scheinbar harmloser Lyrismus täuscht, denn der punktierte Vogel, Max Ernsts Alter ego – Loplop, Hornebom oder Schnabelmax genannt –, ist in der Undurchdringlichkeit des Waldes geborgen und gefangen zugleich. Die „Muschelblumen" (1929) sind ebenfalls exemplarisch für eine Serie von Bildern, die Zwitterwesen zwischen Tier und Pflanze darstellen. Die teils biologischen, teils geologischen Formen enthalten oft verschlüsselte Hinweise auf Tier- und Menschenwelt. Max Ernsts Vorliebe für Zwischenbereiche und für assoziative Verwandlungen gewinnt in solchen Gebilden vieldeutige Gestalt.

Max Ernst, *Printemps à Paris (Frühling in Paris),* 1950

Max Ernst, *Birth of Comedy (Geburt der Komödie)*, 1947

Max Ernst, *Lerche im Wald,* 1926/27

Auf ganz andere Weise kommt diese Neigung im „Heuschreckenlied an den Mond" (1953) zum Ausdruck, in dem sicherlich Erinnerungen an die Exilheimat Arizona mitschwingen. Der Grillenschwarm wächst zu einer gespensterhaften Krater- und Höhlenlandschaft vor dem bleichen Vollmond am fahlen, leeren Himmel zusammen. Ihr scheinbar harmloser Lyrismus lockt den Betrachter in die Falle und täuscht ihn so lange, bis er erkennt, daß eine zerstörte, „zerfressene" Welt dargestellt ist.
Heiterer ist der „Frühling in Paris" (1950), bildnerische Darstellung figürlicher Metamorphosen in kühler Farbigkeit. Die Traumfigur im Vordergrund, die im Innern eine steinerne Maske birgt, „tanzt" mit geschlossenen Strichaugen schwebend vor einer theaterhaften Szenerie, entweder einem breitgerahmten Fensterausschnitt oder einem geöffneten Bühnenraum mit Proszeniumszone. Auf der „Bühne" balanciert eine organhafte Spindel auf einer Pyramide, eine Maske schwebt vor dem breiten Rahmen und ist durch straff gespannte Fäden mit der magischen Gestalt zwischen Stein und Pflanze im Vordergrund verbunden.
Die „Geburt der Komödie" (1947) wurde von Titel und Inhalt des Nietzsche-Essays „Die Geburt der Tragödie aus dem Geiste der Musik" inspiriert, in der die Masken (persona = Maske) der Darsteller beim Hinweis auf den anonymen Ursprung der Tragödie im Chor eine wichtige Rolle spielen. Formal sind deutliche Anklänge an ozeanische Skulpturen und Masken erkennbar. Wieder spielt das Element der Verwandlung eine Rolle: die Schwebelage zwischen lebendiger und unbelebter Figuration, vorgeführt am Beispiel der – in paradoxem Umschlag – fast schon wieder personenhaften Masken.

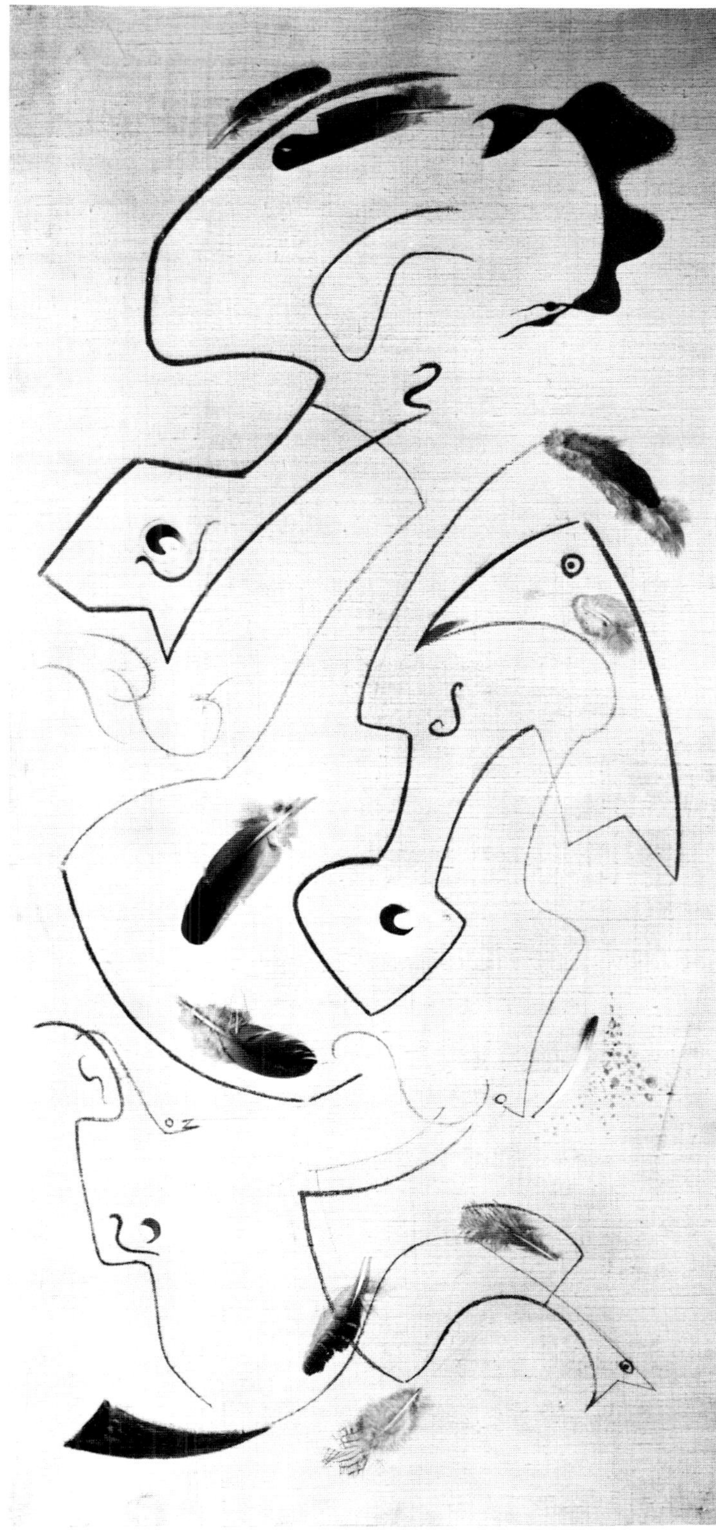

Andre Masson, *Chevaux dévorant des oiseaux (Vögelfressende Pferde),* 1927

André Massons Bilder erinnern an die surrealistische Doktrin: „Die Schönheit wird konvulsivisch sein, oder sie wird nicht sein." Masson war offen für die Erschütterungen der Zeit. Der Kampf aller gegen alle – Kriege der Tiere untereinander, das Morden der Menschen, der

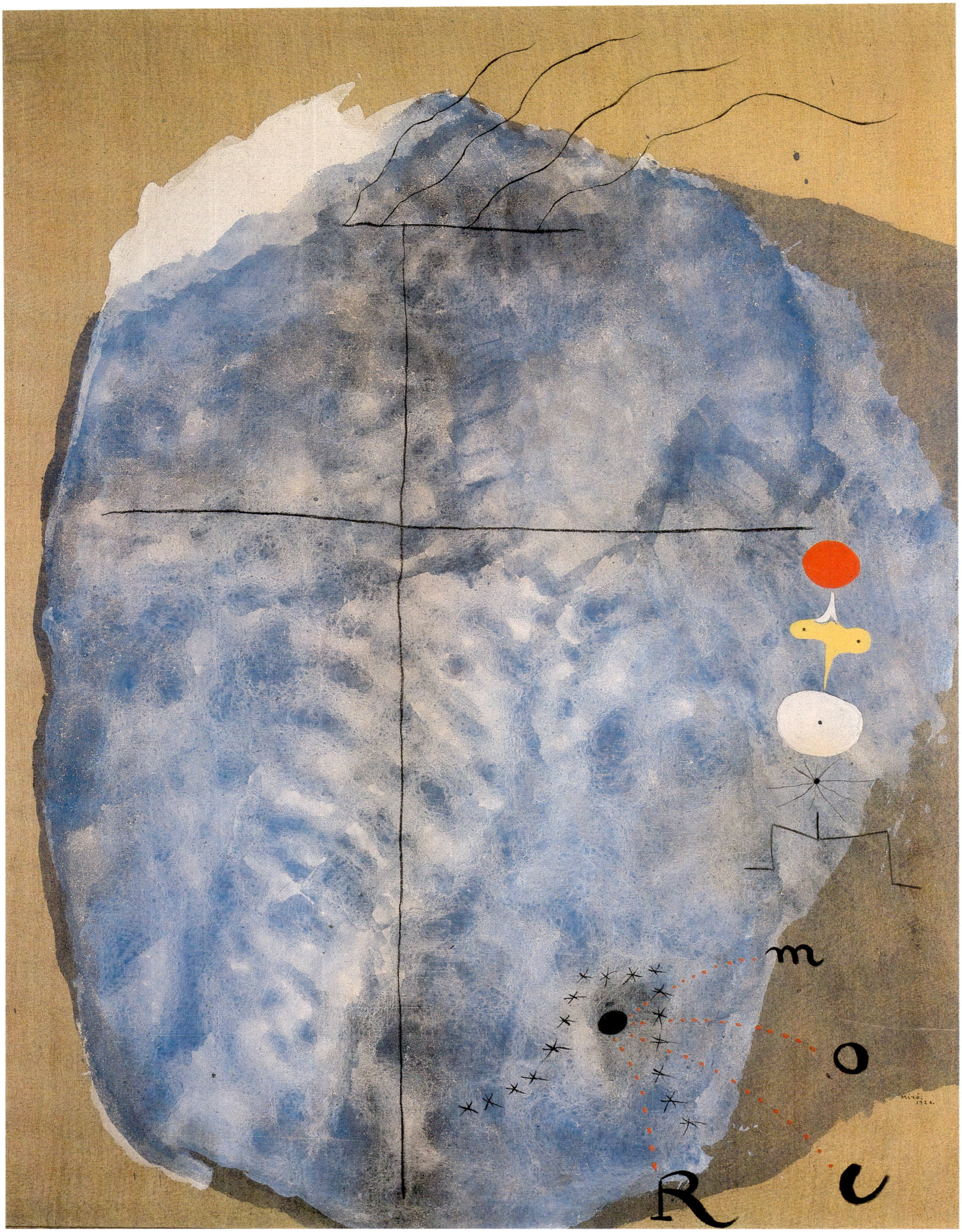

Joan Miro, *Amour (Liebe)*, 1926

Marc Chagall, *Moses zerbricht die Gesetzestafeln,* 1955/56

Marc Chagall, *Sabbath,* 1910

Kampf der Geschlechter – wird für ihn zur Zwangsvorstellung, von der er sich gestaltend befreit, nach seinen eigenen Worten: mit „Energie, nicht [mit] Brutalität, ohne ‚délicatesse' keine große Kunst". Im Bild „Vögelfressende Pferde" (1927) wird die mörderische Thematik mit künstlerischer „délicatesse" und in eigenwilliger Technik formuliert. Neben Zeichnung und Farbe werden Vogelfedern als Bildelement auf hellem Grund befestigt. Später hinzugefügte Augen beobachten das Fressen und Gefressenwerden.
Ein Jahr früher malte Joan Miró, den Breton den „vielleicht surrealistischsten von uns allen" nannte, sein Bild „Liebe" (1926), das in die Epoche seiner „Traummalerei" gehört.
Auch Mirós Werk ist beherrscht vom Thema der Metamorphosen, der phantastischen Verwandlungen. Die flächige blaue Rundfrom ist den geometrisierenden Ordnungen der Kubisten, unter deren Einfluß der Katalane eine Zeitlang gestanden hatte, programmatisch entgegengesetzt. Sie ist von einem fadendünnen Kreuz durchzogen, dem im oberen Bildteil ein paar spärliche „Haare" sprießen. Über den als konstituierendes Bildelement benutzten Buchstaben des Wortes „Amour" (im Uhrzeigersinn zu lesen) taucht die teils gekritzelte, teils „naiv" gemalte Figur einer Tänzerin auf, die Miró nach eigener Aussage zu diesem Bild inspirierte: „[...] die vertikal aufsteigende Linie und die Kreise beschreiben die Bewegung." Miró war kein intellektueller Maler wie Max Ernst, er brauchte keine Bildungsschichten abzutragen, um zur „zweiten Naivität" des spätgeborenen Künstlers zu gelangen. Sein Verhältnis zu Farbe und Form war bei ihm so spontan

Marc Chagall, *Gelbes Haus,* 1924

Salvador Dalí, *Der Bahnhof von Perpignan,* 1965

wie das seines Dichter-Landsmannes Federico García Lorca zur Sprache.

Eine ähnliche „Naivität" ist – in östlicher, unaggressiver Version – auch im Werk eines der großen Wegbereiter des Surrealismus, Marc Chagall, immer präsent. Das erkennt man sehr schön bei der Betrachtung des traumhaft-entrückten frühen Bildes „Sabbath" (1910), das der Künstler in Paris als Erinnerung an seine russische Heimat (Witebsk) malte. In seiner starken Farbigkeit verweist es auf frühe Einflüsse der Fauves und vor allem van Goghs, dem Chagall sich brüderlich verbunden fühlte. „Das gelbe Haus" (1924) entstand nach der zweiten Emigration aus Rußland, wo der Maler in Konflikt mit den weltlich orientierten Konstruktivisten geraten war, die seiner phantastischen, von den Geschichten der Chassidim geprägten Traumwelt verständnislos gegenüberstanden. Wieder ist es ein Bild der Erinnerung in strahlend sommerlicher Farbigkeit, trotz unverkennbar träumerischer Momente aber durchaus noch diesseitig.

Die Macht surrealer Visionen des späten Chagall gewinnt im Bild „Moses zerbricht die Gesetzestafeln" (1955/56), ursprünglich für die Kalvarienkapelle in Vence bestimmt, eindrucksvolle malerische Gestalt. Die Grenzen zwischen Geschichte und Gegenwart, Wirklichkeit und Traum sind aufgehoben. Die Riesengestalt des Propheten beherrscht das Werk in seinen verschiedenen zeitlichen und räumlichen Bezügen, die wie auf einer mittelalterlichen Simultandarstellung zur bildnerischen Einheit verschmolzen werden. Der zornige, trauernde Moses segnet das Paar unter der Thorarolle, die das Gesetz bewahrt, während die ergriffenen Frommen am Hügelrand der Zertrümmerung der Tafeln zuschauen. Auf der anderen Bildseite umtanzt das törichte Volk noch das Goldene Kalb, aber darüber empfängt der Prophet bereits die Tafeln zum zweitenmal.

Es ist kaum ein größerer mentaler Gegensatz denkbar als der zwischen Chagalls chassidischer Frömmigkeit und dem provokativen Irrationalismus Salvador Dalís. „Wenn man keinen frühen Dalí mehr haben kann, sollte man wenigstens den ‚Bahnhof von Perpignan' kaufen", sagte ein bekannter Künstler der mittleren Generation, dessen eigenes Werk beim Surrealismus ansetzt. Dieses Riesenbild von 1965 hängt nun im Museum Ludwig. Es ist ein im wörtlichen wie im übertragenen Sinne vielschichtiges, virtuoses Werk in verschiedenen, füreinander durchlässigen Bildschichten. Der Güterwagen lokalisiert den französischen Grenzbahnhof auf dem Weg nach Spanien, dessen Halle proportional die gleichen Maße hat wie Sigmund Freuds Studierzimmer: ein Umstand, der den Maler mit seinen

René Magritte, *La Géante (Die Riesin),* um 1929–31

psychoanalytischen Ambitionen faszinierte. Die andere, thematisch entscheidende Anregung gab das „Angelus-Läuten" von François Millet, mit dem Dalí sich immer wieder auseinandergesetzt hat. Die nur scheinbar demütige Haltung der Frau entspricht der einer gefährlichen Spinne, der „Gottesanbeterin", vor der tödlichen Paarung. Zwischen dem Mann und der Frau wurde auf Millets Bild durch eine Röntgenaufnahme eine geometrische Form sichtbar, die Dalí als Sarg des toten Sohns verstand. Der schwebende Gekreuzigte auf dem Spätwerk des Spaniers bezeichnet im Mittelpunkt den Ort des „geopferten" Sohns. Links daneben sieht man die blutende Wunde des Lanzenstichs. Dalí selbst fällt in mehreren Stationen durch diesen Bildmittelpunkt seiner vor einem bäuerlichen Karren wartenden Frau Gala entgegen, die über der heimatlichen Landschaft von Port Lligat auf ihn wartet. Der komplexe, widersprüchliche Bildinhalt bewirkt durch Sinnumkehrung, durch die Vermischung von Realität und Traum, sakrale Darstellung und blasphemische Provokation eine starke Irritation, aber auch assoziative Gedankenketten ohne Anfang und Ende.

Surrealistische Bilder erzählen Geschichten. Bei keinem anderen Surrealisten treten das literarische Element und die Bildidee so eindeutig in den Vordergrund wie bei René Magritte. Der Einfall, der philosophische Kommentar sind dem Bewunderer Duchamps wichtiger als die malerische Ausführung, die konventionell bleibt. Magritte bekennt sich, wie de Chirico, zum „Übergewicht der Poesie über die Malerei". Sein Thema ist die Rätselhaftigkeit der Wirklichkeit selbst. „Die Riesin" (1929–1931) übersetzen Baudelaires gleichnamiges Gedicht aus den „Blumen des Bösen" in die Realität eines Bildes. Es berichtet von der Gigantin, die, die Götter mißachtend, ins Leben des Poeten hineinwächst, der „ihrer Glieder Pracht" durchschreitet und, „zuweilen im Sommer", im „Schatten ihres Busens" träumend einschläft. In Magrittes malerischer Deutung ist die verrinnende Zeit des Poems angehalten. Das Bild ist eine „Momentaufnahme", in der aber die ganze Problematik des surrealen Geschehens sichtbar wird.

Mythologische Szenen werden von Paul Delvaux, dem zweiten wichtigen belgischen Surrealisten neben Magritte, in eine zivilisierte Umwelt vor antikisierender Architektur versetzt. So auch „Die Dryaden" (1966), Nymphen von unzerstörbarer Jugend. Die statuenhaften Figuren im Vordergrund schweben über dem seichten Wasser eines Bades, das links von einem Steg überquert wird. Rechts ist das Gerüst eines Sprung-

Paul Delvaux, *Les Dryades (Die Dryaden),* 1966

Richard Oelze, *Wachsende Stille,* 1961

bretts zu sehen. Die Dryaden tragen modische Hüte der Jahrhundertwende. Gewänder in strengem Faltenwurf und eine beziehungslos ritualisierte Gestik betonen isoliertes Für-sich-Sein. Nur die Figuren des Hintergrunds bewegen sich langsam und gemessen. Ein fahles, geisterhaftes Licht unterstreicht die Irrealität der Szenerie.

Auf den Bildern des Einzelgängers und Eremiten Richard Oelze ist der Wald noch nicht bedroht, sondern selber bedrohlich. Er wird zum geheimnisvollen, undurchdringlichen Dickicht zwischen Natur und Architektur, in dem Dämonen mit Tierköpfen zu Hause sind, deren Augen aus dem fahlen Grün tausendfältig herausschauen („Wachsende Stille", 1961).

Konkreter, weniger zeitlos als auf Oelzes die Natur verfremdenden Bildern, gewinnt die Bedrohung des Menschen bei Roberto Matta in einer ins Phantastische entrückten technoiden Welt künstlerische Gestalt („Akt in einer Gruppe", 1965). Matta selbst spricht von „Politischer Romantik". Seine Bilder beziehen ihre Spannung aus dem Kontrast zwischen einer „giftigen", nebelhaften Farbigkeit und harten, bisweilen gefährlich zugespitzten zeichnerischen Strukturen, zwischen Erstarrung und explosionsartiger Bewegung. „Es ist uns klargeworden", sagt der Maler, „daß wir ein Reservat von Spannungen sind. Diese Spannung bildet unsere soziale Wirklichkeit und mehr noch unsere persönliche."

Francis Bacons Bildwelt setzt zwar beim Surrealismus ein, wie die erschreckenden Kreuzigungsbilder der frühen dreißiger Jahre erkennen lassen; aber bereits in ihnen kündigt sich die sich immer mehr emanzipierende Selbständigkeit dieses großen Malers an. So hartnäckig Bacon darauf besteht, daß er mit seinen Bildern primär ästhetische Ziele verfolge, daß sie demzufolge als reine Malerei ausschließlich nach ästhetischen Kriterien zu beurteilen seien, so eindeutig ist das Thema seiner artistisch meisterhaften Arbeiten die Gefährdung des Menschen. Das beschädigte Leben, die beschädigte Wirklichkeit werden mit malerischen Mitteln beschworen. Das Schreckliche und das Erschrekkende, das Zerstörte und das Zerstörbare, der geschundene Mensch und die ausgeweidete Kreatur werden nicht mit böser Lust vorgeführt, sie sind vielmehr der Thematik des Werkes immanent. Erkenntnis schließt Selbsterkenntnis mit ein; nicht nur die Bildwelt, sondern auch die Wirklichkeit selbst ist brüchig und verzerrt. Bacon, in der oberen und der unteren Welt zu Hause, sagt nichts als die Wahrheit, ob am Beispiel van Goghs, seiner Freunde oder der eigenen Person – und die Wahrheit ist etwas Verzweifeltes. Seine Ängste sind unser aller Ängste.

Das „Gemälde" von 1971, dessen erste Fassung von 1946 im New Yorker Museum of Modern Art hängt, zeigt eine à la mode gekleidete Figur vor dem „Kreuz" eines aufgerissenen Tierkadavers, der von jeher das malerische Synonym für Brutalität und Zerstörung ist. Die Figur mit ihren verzerrten Zügen und dem blutunterlaufenen Mund sitzt unter einem banal alltäglichen Requisit, einem Regenschirm. Das Geländer, durch rohe Fleischfetzen gebohrt, isoliert die menschliche Gestalt wie die in Käfigen sitzenden, schreienden „Päpste" des Künstlers. Gegenüber der früheren Version hat Bacon die flache, perspektivische „Bühne" und den Bildhintergrund stärker formalisiert, während umgekehrt die Bewegung der Figur noch intensiver in Erscheinung tritt. Dieses Verfahren schafft eine künstlerische Distanz, die das Unerträgliche erträglich, das Unfaßliche zum faßlichen bildnerischen Gleichnis macht.

Von den Vertretern des Wiener „phantastischen Realismus", nach 1945 hervorgegangen aus der Schule des Malerschriftstellers Albert Paris Gütersloh, ist nur der älteste, Rudolf Hausner, im ernsthaften Kunstgespräch geblieben. Der virtuose, zitatenreiche Neo-Manierismus der anderen – von Arik Brauer bis zu Ernst Fuchs – gehört eher in den Bereich der gehobenen Unterhaltung. Hausners beherrschendes Thema ist die bildnerische Selbsterforschung. „Adam Selbdritt" (1974/75) läßt es deutlich erkennen: der meditierende und der schlafende Erwachsene, darüber das lächelnde Kind, das einen kleinen Spielplatz mit Bäumen, Ball und Garnspule (Hausners Mutter war Schneiderin) als Tablett auf der Stirn balanciert. Der sitzende Adam trägt einen Matrosenanzug als Kennzeichen einer doppelten Sehnsucht: nach der Kindheit

Matta (Roberto Matta Echaurren), *Nu d'ensemble (Akt in einer Gruppe),* 1965

und nach dem Wasser, auf dem – wie Hausner selbst formuliert hat – Odysseus seiner Penelope entgegenschwimmt. Die Figur hält den Finger auf ein Bild, das in seiner Vermischung von Irdischem und Sphärischem auf die Rätsel der Existenz verweist.

Wahrheit statt Schönheit Der Realismus nach dem Ersten Weltkrieg

Franz Marc hatte mit Bezug auf die explosiven, abstrakt-expressionistischen Formulierungen aus Kandinskys „Geniezeit" gesagt, solche Bilder müsse man vor dem Kriege malen. Danach gelte es, dem zu erwartenden Chaos konstruktive Ordnungen entgegenzuhalten. Die realistischen Maler der zwanziger Jahre waren da ganz anderer Ansicht. Für sie hatte der ästhetische Formalismus vorerst abgedankt. Er erschien ihnen als Rückzug in die Unverbindlichkeit. Ihnen ging es um die Entlarvung von Zeit und Zeitgenossen durch einen bis an die Grenze zur Karikatur vorgetriebenen harten Realismus, wie er von dem frühen Otto Dix und dem jungen George Grosz praktiziert wurde. Während Dix mehr der illusionslose, unerbittliche Analytiker blieb, engagierte Grosz sich auch politisch-ideologisch: Wie man weiß, mündete dieses Engagement in Enttäuschung und Rückzug.
Aggressive Zeitdarstellungen der beiden gibt es in der Gemäldesammlung des Museums Ludwig nicht. Doch ist der veristische Dix als rücksichtslos aufrichtiger Porträtist vorzüglich vertreten. An erster Stelle steht – stilistisch und chronologisch – das Bildnis des Schwagers „Dr. Hans Koch" in seiner Praxis (1921). Das Bild ist mit einer – an den großen Renaissanceporträtisten geschulten – überragenden Technik gemalt. Die Überpräzision der Darstellung in Vorder-, Mittel- und Hintergrund, die Verbindung von Person und Berufsrequisiten ließe sogar an Hans Holbein denken, wenn die Darstellung nicht so giftig, aggressiv und ironisch wäre: Der Arzt erscheint in der kühl psychologisierenden Diagnostik des Malers fast als seine eigene Karikatur; Instrumentarium und Ambiente sind von einer Kälte, die das Groteske ins Bedrohliche umschlagen läßt.
Mit der gleichen rücksichtslosen Aufrichtigkeit schildert der Maler sich selbst („Selbstbildnis", 1931). Der Analytiker fixiert den Betrachter mit tiefliegenden Augen unter zusammengezogenen Brauen. Wie im

Francis Bacon, *Painting 1946 (Gemälde 1946,* zweite Fassung*)*, 1971

Otto Dix, *Bildnis Dr. Hans Koch,* 1921

Otto Dix, *Selbstbildnis,* 1931

Otto Dix, *Bildnis des Dichters Theodor Däubler,* 1927

Bilde des Schwagers geben auch hier die Requisiten (Staffelei, Leinwand, Palette, Pinsel und Maßstab) Hinweise auf die Person und ihre Tätigkeit. Zugleich liefern sie der Komposition das Gerüst und definieren den Raum. Der malerische Vortrag ist in diesem zehn Jahre später entstandenen Bild schon etwas weicher, nicht mehr von der detailbesessenen Schärfe wie in der veristischen Frühphase. Die Glaskugel am unteren Bildrand verweist auf Elemente jenseits des vordergründig Sichtbaren.

George Grosz, *Dr. Eduard Plietzsch,* 1928

Zwischen diesen beiden Werken liegt – wiederum chronologisch und stilistisch – das monumentale „Bildnis Theodor Däubler" (1927). Es zeigt den langmähnigen, bärtigen Prophetenkopf und die voluminöse Gestalt des Dichters expressionistischer Visionen vor der antikisierenden Akademie-Architektur auf der Brühlschen Terrasse in Dresden. Däubler sitzt auf einem Stuhl, der unter der Last des Körpers zusammenzubrechen droht. Das Karikaturistische, dem man bei Dix immer wieder begegnet, ist hier ins teilnehmend Freundschaftlich-Ironische abgemildert. Das drückt sich auch in der weichen, warmen Farbigkeit des Bildes aus. Wer mit dem riesigen, widerspruchsvollen Werk des Rhapsoden Däubler zwischen expressiver Ekstase und romanischem Willen zur Form ein wenig vertraut ist, wird erkennen, daß Dix mit dem Dichter zugleich auch das Wesen seiner Dichtung mit in sein Bild hineingemalt hat.

Von der Aggressivität des dadaistischen Zeitkritikers und Spießer-Aufspießers George Grosz ist im Porträt des Kunsthistorikers „Dr. Eduard Plietzsch" (1928) nicht mehr viel zu entdecken, allenfalls eine nicht unliebenswürdige Ironie, ähnlich wie beim Däubler-Bildnis des von Grosz als Porträtisten bewunderten Otto Dix. Die spitze Präzision der veristischen Bilder vor 1925 ist abgelöst von einer weicheren, fließenden Farb- und Formgebung mit nur noch angedeuteten karikierenden Zügen.

Carlo Mense, *Bildnis H. M. Davringhausen,* 1922

Im Rheinland wandte sich Carlo Mense, im Umkreis des Expressionismus künstlerisch groß geworden, vorübergehend einem kühl registrierenden „Magischen Realismus" zu, der aber, im Gegensatz zur veristischen Malerei, eine kaum verborgene klassizistische Komponente hat. Sie ist wohl auf die Kontakte mit den italienischen Kollegen von der Gruppe „Valori plastici" zurückzuführen. „Plastische Werte" sind es denn auch, neben der malerischen Präzision der Darstellung, die das Porträt des distanziert beobachtenden Malerkollegen Heinrich M. „Davringhausen" (1922) vor dem menschenleeren, trostlosen Hintergrund einer Vorstadtszenerie auszeichnen.
Thematisch steht Anton Raederscheidts „Bildnis Ehepaar Bischof" (1923) dem Davringhausen-Porträt nahe, wenn auch die Malweise aufgelockerter und weniger detailbesessen ist. Doch die Tristesse der zwar Arm in Arm einhergehenden, sich aber voneinander abwendenden Figuren wird verschärft durch die Darstellung der Einsamkeit im Beieinander des selbstherrlichen Mannes und der melancholisch dreinblickenden Frau, die ihn gleichwohl „durch das Bild steuert" (Raederscheidt). Das Motiv der Geschlechterfeindschaft, das den Maler immer wieder beschäftigte, ist der Basso continuo seines malerischen Werks.
Ludwig Ronig gehört zu den sanfteren, unaggressiven Vertretern der „Neuen Sachlichkeit", die bei ihm romantisierende Züge erhält. Die zerfallende „Gliederpuppe" (1930) als Symbol der Vergänglichkeit zeigt dies in ihrer verhaltenen Tonigkeit ebenso wie das stille, nach innen genommene Porträt der Liane Benner (1927).
Georg Schrimpf, der Münchener, wendet sich schließlich vom Großstadtleben gänzlich ab und sucht seine Motive in der vermeintlichen Unschuld der Natur. Dieser Rückzug in die Idylle ist formal von einem konsequent stilisierenden Neo-Klassizismus gekennzeichnet. Bei präziser Darstellung von Umriß und plastischer Form in ausgewogener Komposition verzichtet Schrimpf auf Individualität und Details. Die Zeit scheint aufgehoben in diesen pastoralen Szenen von unzeitgemäßer Arglosigkeit („Schweinehirt" und „Mädchen am Fenster", beide 1923).
Schrimpfs Idyllik diametral entgegengesetzt ist die Darstellung der Unheimlichkeit der Städte im Werk von Franz Radziwill („Die Straße", 1928). Die menschen-

Georg Schrimpf, *Mädchen am Fenster,* 1923

Renato Guttuso, *Caffè Greco,* 1976

leere Straße und die festungsartige, abweisende Architektur der Häuser haben etwas Bedrohliches. Der Himmel ist dunkel. Leuchtkörper und ein einsames Flugzeug scheinen nahes Unheil zu verkünden, das bald tatsächlich die Städte ereilte.

Die bedeutendste Fortsetzung bis in die Gegenwart hinein erfuhr die engagierte realistisch-veristische Malerei im Werk Renato Guttusos. Sein künstlerischer und sein politisch sozialkritischer Einfluß auf die jüngeren Realisten ist enorm, aber auch ein Maler der aktuellen Szene wie Jörg Immendorff hat sich intensiv mit ihm beschäftigt. Seine „Café Deutschland"-Serie ist ohne das inspirierende Vorbild von Guttusos „Caffè Greco" (1976) nicht denkbar, so verschieden die Resultate stilistisch und inhaltlich schließlich auch sein mögen. Das Caffè Greco ist zugleich ein realer und ein imaginärer Raum, in dem Guttuso realen und imaginierten Gestalten begegnet: japanischen Touristen,

◁ Franz Radziwill, *Die Straße,* 1928

schwedischen Mädchen, einem lesbischen Pärchen, aber auch Giorgio de Chirico, André Gide, Buffalo Bill und der eine Zigarre haltenden Hand Marcel Duchamps. Wirklichkeit und Traum werden zu einer realistisch-phantastischen gemalten „Collage" verschmolzen.

Revolutionär und Traditionalist
Arbeiten von Pablo Picasso

Von Pablo Picasso, dem bedeutendsten Maler und Bildhauer des Jahrhunderts, war bisher nur im Zusammenhang mit dem Kubismus die Rede. Das hat seinen Grund. Die innere Unabhängigkeit des Katalanen und seine Verwandlungskraft machen es unmöglich, ihn und sein Werk kunsthistorisch zu etikettieren. Es gibt kaum einen Stil, kaum eine Technik, zu deren Entwicklung er nicht entscheidende Anstöße gegeben hat. Wo immer er ansetzt, bei den europäischen Großmeistern der Vergangenheit, bei Ingres, Delacroix, Velazquez oder Cranach dem Älteren, beim Klassizismus oder beim Surrealismus, bei der Collage oder der Eisenplastik, die er – dem Landsmann wieder um eine Nasenlänge voraus – mit Julio González erfand: Immer ist er der Erste und fast immer auch der Größte. Seine Imagination und sein langer Atem, der ihm auch im hohen Alter nicht ausging, erheben ihn weit über seine Zeitgenossen. In allen Masken bleibt er stets er selbst. Auch

Pablo Picasso, *Harlequin (Harlekin),* 1923

Pablo Picasso, *Femme à la mandoline (Frau mit Mandoline),* 1910

beim kühnsten Experiment verliert er nicht die Balance.

Diese Eigenschaften machen ihn zum Klassiker, so unklassisch seine dramatische Gestik, die leidenschaftliche Expressivität großer Teile seines Werks auch sein mögen. Picasso ist der malende und bildhauernde Dramatiker dieses Jahrhunderts. Von ihm stammt die eindringlichste malerische Anklage gegen die Unmenschlichkeit: „Guernica" (1937), die expressiv-realistische und zugleich zeichenhaft-symbolische Darstellung des ersten Luftangriffs auf die Zivilbevölkerung einer Stadt.

Das Fragmentarische, nicht zu Ende Gemalte vieler seiner Bilder läßt in seiner bewußten Offenheit viel Raum für Assoziationen. Es verweist ebenso wie die unfaßliche Produktivität des Künstlers, sein Erfindungsreichtum, sein Erproben immer neuer Formen und Ausdrucksmöglichkeiten darauf, daß es im 20. Jahrhundert keine endgültigen Lösungen mehr gibt. Unvergleichlich ist schließlich die Verbindung von Innovation und Tradition in seinem Werk. Der unermüdliche Experimentator ist zugleich ein großer Traditionalist. „Ich suche nicht, ich finde", heißt sein berühmtester Ausspruch. Und so nimmt er Vorgefundenes – von der Negerplastik bis zu Delacroix' „Frauen von Algier" – bereitwillig auf, um es dem eigenen Gestal-

Pablo Picasso, *Mandoline, compotier, bras de marbre (Mandoline, Obstschale, Marmorfaust),* 1925

tungswillen zu unterwerfen und es in etwas Neues zu verwandeln, in etwas „Ungeahntes, wovon man vorher keine Vorstellung hatte". Der Revolutionär Picasso war zugleich ein spätgeborener alter Meister.

Viele der wichtigsten Phasen im Werk des Künstlers sind im Museum Ludwig mit vorzüglichen Beispielen vertreten. Bilder aus der „blauen" und der „rosa" Periode gibt es zwar keine, doch die kleine Bronze „Kopf eines Picadors" (1903) zeigt bereits die frühe Meisterschaft des 22jährigen. Die „Frau mit Mandoline" (1910), von der schon die Rede war, vertritt den analytischen Kubismus, der „Harlekin" (1923) in seiner ruhigen Gelassenheit die neo-klassizistische Zeit, in der Picasso unter dem Einfluß Cocteaus ein für allemal mit dem Kubismus gebrochen zu haben schien. Das Stilleben „Mandoline, Obstschale, Marmorfaust" (1925) verbindet in seiner verhaltenen Monumentalität, der reliefartigen Aufrauhung seiner Oberfläche und der ruhigen, tonigen Farbigkeit die harmonische Ausgewogenheit einer betont zweidimensionalen Flächenkomposition, die nur im Hintergrund andeutungsweise ins Räumliche erweitert wird, mit einer stärkeren Anlehnung an die Welt der konkreten Erscheinung. Das von historischen Vorbildern inspirierte „Vanitas"-Bild steht zwischen der neo-klassizistischen und der quasi surrealistischen Periode. Es verweist zugleich auf Picassos Anlehnung der surrealistischen Kategorien des Automatismus und des Unbewußten, die er in seiner lebenslangen Zuwendung zur sinnlichen Welt und seiner unbändigen Lust zur bewußten Gestaltung nicht akzeptieren konnte.

Daß für ihn Kunst Bestandteil des Lebens war und sich der Wirklichkeit zu stellen hatte, daß er nie in die Versuchung geriet, sich in elfenbeinerne Türme jenseits der Realität zurückzuziehen, zeigt nicht nur „Guernica". Auch die Bilder aus den Kriegsjahren lassen es auf eindrucksvolle Weise erkennen. Zu den Meisterwerken aus schwerer Zeit gehört die „Frau mit Artischocke" (1942), Symbol des deformierten, geschundenen, leidenden Menschen, der dennoch seine unantastbare Würde bewahrt. Es ist kein Zufall, daß Picassos damalige Lebensgefährtin Dora Maar zu diesem ebenso herben wie dramatischen Figurenbild Modell gesessen hat. Die entrückte Statuarik ägyptischer Plastiken, die vorklassische griechische Kunst, aber auch die hieratische Strenge byzantinischer Madonnenbilder sind die geschichtlichen Vorbilder, die Picasso mit der nur ihm eigenen Kraft zu schöpferischer Verwand-

Pablo Picasso, *La Femme à l'artichaut (Frau mit Artischocke)*, 1942

Pablo Picasso, *Île de la Cité – Vue de Notre-Dame de Paris (26. Février 1945) Île de la Cité – Blick auf Notre-Dame de Paris), 1945*

lung in ein exemplarisches Bild unserer Zeit überträgt. Malerisch und formal verwendet er auf unorthodoxe Weise die Erfahrungen seiner kubistischen Jahre. Der Wechsel von Vorder- und Profilansicht ist ein Beispiel dafür. Doch der aktuelle Bezug weist über sich hinaus, das Bild wird zum immergültigen Gleichnis. Die Artischocke ist Herrschaftsstab und Waffe zugleich: ein Hinweis auf die Vieldeutigkeit und die Tiefenperspektive des Werks. Die deutlich artikulierten Farbformen sind von präzisen Konturen gefaßt, die zum Bildrand hin schwächer werden und sich auflösen. Der nicht ausgemalte, sensibel nuancierte Hintergrund läßt die Leinwandgrundierung durchschimmern: Das Unvollendete ist ein bestimmendes Bildelement.
Das einzige, was die im Winter 1945 gemalte Stadtlandschaft „Île de la Cité – Blick auf Notre-Dame de Paris" mit der „Frau mit Artischocke" gemeinsam hat, ist die Verwendung weiterentwickelter kubistischer Formelemente. Im Paris-Bild werden sie stärker geometrisiert und prismatisch zusammengefügt. Das Bild ist in seiner kühlen blau-grauen Farbigkeit und der zwingenden Logik seiner formalen Konstruktion von harmonischer Klassizität – ein malerischer Ruhepunkt in aufgewühlten Zeiten.
Der schöne „Kopf einer lesenden Frau" entstand acht Jahre später. Die meditative Versenkung der Frau gibt dem Bild seine gelöste, unverkrampfte Atmosphäre. Die Strenge der Geometrie wird aufgelockert durch den – diesmal undramatischen – „kubistischen" Wechsel von Vorder- und Seitenansicht, durch das freie Spiel ornamentaler Formen und jene heitere Farbigkeit, der man im Spätwerk des Künstlers so oft wieder begegnet.
Die „Melonenesser" (1967) und „Musketier und Amor" (1969) zeigen den weit über achtzigjährigen Meister im Vollbesitz seiner reichen malerischen Mittel. Virtuos und souverän zieht er die Summe seiner Erfahrungen aus vielen Jahrzehnten im Umgang mit Farbe und Form. Unbekümmert zitiert er als sein eigener Interpret und sein eigener Kommentator gelegentlich sich selbst: strahlend heiter, fröhlich-ironisch und leuchtend farbig in „Musketier und Amor", hintergründig erotisch und auch ein wenig dämonisch im gedämpfteren Farbklang der „Melonenesser". Der Aachener Kunsthistoriker Adam C. Oellers schreibt: „Das malerische Spätwerk von Picasso ist durch eine gestalterische Fülle und eine berauschende Lebenslust gekennzeichnet." In der Tat sind die Bilder von einer unglaublichen Frische. Keine Spur von Müdigkeit oder nachlassender Phantasiefülle. Vordergründige avantgardistische Ambitionen allerdings hat der alte Picasso längst überwunden. Im Grunde sind sie nie seine Sache gewesen. Seine Erfindungen kamen nicht aus dem Vorsatz, sondern aus der Fülle. Auf andere Weise als bei

Pablo Picasso, *Tête de femme lisant (Kopf einer lesenden Frau)*, 1953

Pablo Picasso, *Mousquetaire et Amour (Musketier und Amor)*, 1969

Pablo Picasso, *Mangeurs de pastèque (Melonenesser)*, 1967

Matisse hat Picassos opulentes, wenn auch qualitativ begreiflicherweise ungleichmäßiges Spätwerk seine eigene, noch immer nicht ganz erkannte Bedeutung.

Das Unbekannte in der Kunst Abstrakte Malerei nach 1945

In allen Diktaturen von rechts bis links war die abstrakte Kunst verfolgt und unterdrückt worden. Nach dem Zweiten Weltkrieg wurde sie auf triumphale Weise rehabilitiert. Hatten die „gegenstandslosen" Bilder vorher als „Blinkzeichen der Freiheit" gegolten, so waren sie nun das Esperanto der bildenden Kunst, eine Bildersprache, in der Verständigung über alle Grenzen und über alle kulturellen Barrieren hinweg möglich zu sein schien. „Es werden", hieß es in einer repräsentativen Publikation noch 1962, „in unseren Tagen keine Revolutionen mehr durchgefochten. Die Zeit der Programme und Manifeste, die Zeit der künstlerischen Barrikaden ist vorüber. Die Kunst hat ihren ideologischen Charakter [...] verloren." Der weitverbreitete Wunsch nach einer Rückkehr der Künstler zur Wirklichkeit erweise sich unter solchen Aspekten als „inhaltslos". Kurz darauf kam die Pop Art – in Amerika längst vorbereitet – nach Europa und mit ihr die „Wirklichkeit" und der „Bildgegenstand". Es wäre töricht, die Experten von damals darob zu schelten. Kunst kommt immer anders, als man denkt.

Die internationale abstrakte „École de Paris" beherrschte bis in die sechziger Jahre hinein die Szene, erweitert und schließlich abgelöst vom „Informel" europäischen und „Action Painting" amerikanischen Ursprungs. Frankreich bejubelte die Wiedergeburt der Peinture aus der „Tradition française". Bazaine, Manessier, Soulages, aber auch der deutsche Exilant Hans Hartung, die Russen Serge Poliakoff und der – immer nur halbabstrakte – Nicolas de Staël waren die führenden Namen neben vielen anderen, die heute vergessen sind. In Deutschland stellten Willi Baumeister und E. W. Nay den Anschluß an die internationale Szene wieder her. Baumeisters Schrift über „Das Unbekannte in der Kunst" wurde zur Bibel der Abstrakten und ihrer Apologeten. Heute hat sich die Szenerie jener Jahre gesundgeschrumpft. Der Flitter hat sich verflüchtigt, geblieben ist, was Substanz hatte.

Jean Bazaine, *Le Plongeur (Der Taucher),* 1949

Pierre Soulages, *Peinture (Gemälde),* 1964

Jean Bazaine ist vielleicht der kultivierteste unter den Malern der „französischen Tradition". Seinen abstrakten Bildern liegen immer gegenständliche Erinnerungen zugrunde, ob Landschaft oder Figur. So auch dem „Taucher" (1949). Mensch und Natur verschmelzen ununterscheidbar ineinander, die Materie löst sich auf im Licht der Farbe. Bazaines Ziel ist, „diese Durchdringung, diese große gemeinsame Struktur, diese tiefe Ähnlichkeit zwischen Mensch und Welt" sichtbar zu machen. Seine Bildordnung erinnert an Glasmalerei, mit der er sich intensiv und erfolgreich auseinandergesetzt hat.

Ganz anders die Bilder von Pierre Soulages, deren schwere, schwarze Farbbalken an Bäume und Äste, aber auch an Balkenzüge romanischer Kirchen erinnern. Die Farbe, bei Bazaine noch „impressionistisch" aufgelockert, wird von Soulages immer mehr auf ein schweigendes Schwarz vor hellen Gründen reduziert. Die Gestik bleibt dynamisch, ist aber von großer Verhaltenheit („Gemälde", 1964).

Alfred Manessiers Ehrgeiz ist es, den alten religiösen Symbolen eine persönliche abstrakte Zeichenwelt aus dem Geist der eigenen Zeit gegenüberzustellen. Die Nähe zur Glasmalerei (er schuf im Jahre 1964 Glasfenster für St. Gereon in Köln), besonders deutlich in der Farbe und der strukturellen Gestaltung, ist auch im Anblick seines Bildes „Das Feuer" (1957) deutlich erkennbar.

Die Bilder Serge Poliakoffs („Komposition", 1952) hat man eine Zeitlang als „abstrakte Ikonen" bezeichnet. Sie sind von den Kubisten und Delaunay, aber auch von den farbigen „Bausteinen" des in Paris lebenden Deutschen Otto Freundlich („Grün-Rot", 1939) beeinflußt. Die filigranen Traumstädte der Portugiesin Vieira da Silva hingegen mit ihren schwebenden Hochbahn- und Metro-Stationen und Häfen („Der Hafen", 1953) stehen ganz im Banne eines halluzinatorischen Surrealismus. Nicolas de Staël, der Maler der berühmten „Footballeurs" und der zur strahlend roten malerischen Chiffre gewordenen festlichen „Figur am Strand", kehrte am Ende seines kurzen Lebens bewußt zur Gegenständlichkeit zurück und versuchte verzweifelt, die Erfahrungen seiner abstrakten Bilder in seine „Neuen Wirklichkeiten" einzubringen. Das scheinbar so heiter schwebende „Regal" (1955) mit seinen hellen Farben aus de Staëls letztem Lebensjahr belegt gleichwohl in seiner Faktur, dem sozusagen kämpferischen Auftrag der Farbe mit Pinsel und Spachtel, das Ringen des Künstlers um die Wahrheit der Wirklichkeit. Weil er glaubte, ihrer nicht habhaft werden zu können und künstlerisch nicht weiterzukommen, beging er in Verzweiflung Selbstmord.

Folgenreicher für die Kunst nach der „École" als de Staëls Fragment gebliebenes Werk und sein tragisches Leben war das Schaffen zweier anderer Maler und Immigranten in Paris: das des Deutschen Hans Hartung und das des Frankokanadiers Jean-Paul Riopelle.

Der Deutsche, im Umkreis des Dresdner Expressionismus groß geworden, kam schon früh zur abstrakten Malerei. Aber erst nach dem Kriege wurde er, der als

Otto Freundlich, *Grün – Rot,* 1939

Nicolas De Staël, *L'Etagère (Das Regal),* 1955

Alfred Manessier, *Le feu (Das Feuer),* 1957

Maria-Helena Vieira da Silva, *Le Port (Der Hafen),* 1953

Soldat der Fremdenlegion ein Bein verloren hatte, hierzulande bekannt. Brillanz der Technik und Sinn für Poesie, Rationalität und Spontaneität gehen in seiner Malerei eine seltene Verbindung ein. Seine karg titulierten Bilder („T 55 – 3", 1955, „T 56 – 21", 1956) sind Psychogramme, Darstellungen emotionaler Zustände, notiert in einer erregt-expressiven oder meditativen Pinselschrift. Das Thema der Malerei als Schrift wird unter selbständiger Einbeziehung kalligraphischer Elemente in seinem Werk wieder aktuell. Neben Wols ist Hartung dadurch zu einem der wichtigsten Anreger der „informellen" Kunst geworden.

Nicht vom Expressionismus, sondern über den Surrealismus kam Riopelle zur abstrakten Malerei. Auch sein Werk ist zwischen der „École de Paris" und dem „Informel" angesiedelt, mit Bezügen zum Vitalismus des Action Painting. Die Bilder haben keine Begrenzung, die Farben und Strukturen sind keinem Kompositionsprinzip unterworfen und drängen über den Bildrand hinaus. Der kräftige, mitunter leidenschaftliche Farbauftrag erfolgt mit breitem Pinsel. In die Farbfelder werden mit dem Spachtel breite Bahnen gezogen („Begegnung", 1956), oder dünne Farbfäden schaffen kleinteilige, dichte „informelle" Netzstrukturen („Sternenkleid", 1952). Der Universalismus einer konsequent abstrakten Malerei findet auf solchen Bildern farbenprächtigen Ausdruck.

Wichtiger als seine geometrischen Abstraktionen, die auf dem Konstruktivismus basieren, sind die seriellen Arbeiten des gebürtigen Ungarn Victor Vasarely. Sie sind das künstlerische Ergebnis der Anwendung seines eigenen Grundsatzes, die „handwerkliche Technik" durch eine „industrielle Technik", die „persönliche Sprache" durch eine „universelle Sprache" zu ersetzen und somit „die egozentrische Ethik" in eine „Gemeinschaftsethik" zu verwandeln. Dadurch wurden die „ars mutiplicata", die kinetische Kunst und die „Op Art" (mit der Engländerin Bridget Riley als geistreichster Vertreterin) enorm beeinflußt. „Calota MC" (1965–1967) ist ein typisches Werk des Übergangs vom Einzelwerk zur Reihe.

Willi Baumeister hat in der Auseinandersetzung mit Cézanne, mit dem Kubismus, vor allem in der Version Fernand Légers, mit der Höhlenmalerei von Altamira, afrikanischen Felsbildern, aztekischer und babylonischer Kunst („Gilgamesch"-Epos) seine eigene Formensprache gefunden. Er war nicht nur als künstlerisches Vorbild, sondern auch als Theoretiker und hervorragender Lehrer, vor allem nach 1945, für deutsche Kunst und deutsche Künstler von großer Bedeutung. Sein pädagogischer Einfluß war genauso wichtig wie sein malerisches Werk. Schon in der frühen Phase der „Mauerbilder" für eine gedachte Architektur (um 1920) entwickelte er die Technik des Aufrauhens der Bildfläche mit Sand: ein Schritt hin zum „Materialbild". In diese Kategorie gehört bereits die archaisierende „Stehende Figur mit blauer Fläche" (1933), die in ihrem kunstvollen Primitivismus vom Erlebnis Altamira geprägt ist. Baumeisters Beziehung zur Architektur, zu „gebauten" Formen, die sich allerdings immer erst im Verlauf des Malprozesses entwickeln und nicht „vorgefertigt" sind, kommt auch in der Serie der „Formpläne" zum Ausdruck, zu der „Steinschliff" (1947) gehört.

Hans Hartung, *T 55-3*, 1955

In Baumeisters letzten Lebensjahren entstanden Bilderzyklen („Montarù", „Monturi", „Kessaua"), in denen er seine künstlerischen und geistigen Erfahrungen zusammenfaßte. „Montarù" und „Monturi" stehen im Banne ernster, beherrschender Schwarzformationen. In „Monturi I A" (1953/54) ist die zentrale Diskusform weiß, das ganze Bild ausnahmsweise auf einen hellen Dur-Klang gestimmt. Der Scheibe antwortet am unteren Bildrand ein felsartiges Bildelement. Die leuchtende Farbigkeit, die tänzerische Beschwingtheit der metaphorischen Begleitfiguren scheinen von Miró beeinflußt zu sein. Ernster und von einer seltsamen, bezwingenden Magie ist das auf der linken Bildhälfte von einer geheimnisvoll anthropomorphen schwarzen Figur beherrschte „Kessaua auf Gelb" (1955). Unauflösbare, schwebende Bildchiffren bewegen sich auf die schamanenhafte Gestalt zu. Diese Zeichensprache läßt Raum für freie Assoziationen des Betrachters, denn: „Ungegenständliche Ausprägungen des menschlichen Geistes sind dem Transzendenten geöffnet" (Baumeister).

Anders als Baumeister ist der Hofer-(später: Munch-) Schüler Ernst Wilhelm Nay ursprünglich vom Expressionismus geprägt. Im Museum Ludwig kann man die Stufen seiner Entwicklung bis hin zu den freien Farbformen der letzten Jahre fast lückenlos verfolgen. Die „Frau im Taunus" (1939) steht stilistisch den im norwegischen Exil entstandenen Lofotenbildern aus dem

Hans Hartung, *T 56–21,* 1956

Jean-Paul Riopelle, *Rencontre (Begegnung),* 1956

Victor Vasarely, *Calota MC,* 1965–67

Willi Baumeister, *Steinschliff,* 1947

Willi Baumeister, *Stehende Figur mit blauer Fläche,* 1933

Willi Baumeister, *Monturi, Diskus I A,* 1953/54

Willi Baumeister, *Kessaua auf Gelb,* 1955

Ernst Wilhelm Nay, *Frau im Taunus,* 1939

Leben der Fischer nahe. Der liegende Akt ist als Motiv fast schon belanglos und wird einer strengen, aber rhythmisch bewegten, ornamentalen Bildordnung unterworfen. Auch die Formen der Natur, Berg und Wolke, sind nicht mehr Abbild, sondern Bildelement. Reicher noch entfaltet sich Nays Palette in den prächtigen Farb-Form-Partituren der „Hekate"-Zeit zwischen 1945 und 1948, zu der „Die Jakobsleiter" (1946) gehört. Nays Verständnis der Farbe als eigenwertige Form tritt in diesen Bildern trotz der differenzierten, anspielungsreichen Komposition schon klar erkennbar zutage. Das gleiche gilt für den „Mädchenkopf" von 1947 und seine ornamentale Gestaltung mit kleinteiligen Binnenformen.

Bis zur endgültigen Ausmerzung gegenständlicher Bezüge war es, an diese Assoziationsformen anknüpfend, nur noch ein relativ kleiner Schritt. Im Bild der „Rhythmen Blau und Rot", dessen Titel auch die intensive Beziehung von Nays Farb-Form-Verständnis zur Musik kennzeichnet, ist dieser Schritt vollzogen. Der „Rhythmus" der Farben und Formen – inbegriffen – ist für den „lesenden" Betrachter klar erkennbar. In den

Ernst Wilhelm Nay, *Blauflut,* 1961

folgenden „Scheibenbildern" wird die Farbchromatik bei konsequenter Betonung der Zweidimensionalität des Bildes zur endgültigen Reife gebracht („Dunkler Klang", 1956, „Ekstatisches Blau" und „Blauflut", beide 1961). Sein Verfahren bezeichnet der Maler dezidiert als „System der farbigen Satztechnik". Die schwebende, ruhige Bewegung der Farbscheiben wird später gestisch aufgebrochen durch expressive Bewegung und Auflösung der geschlossenen Kreisform mittels skripturaler Schraffuren, ehe der Künstler sich in seinen letzten Lebensjahren betont flächigen Bildzeichen in sparsam-verhaltenen, fast spröden ornamentalen Ordnungen von lapidarer Einfachheit zuwendet.
Fritz Winter studierte am Bauhaus bei Kandinsky und Klee, dessen Einfluß die berühmte Serie „Triebkräfte der Erde" verrät. Mit Nay, Hartung, Hubert Berke (auch er ein Klee-Schüler), Rupprecht Geiger, Emil Schumacher und anderen gründete er 1949 die Münchener Gruppe „Zen 49", die für die Entwicklung der deutschen Kunst nach dem Zweiten Weltkrieg von großer Bedeutung war. „Nächtlicher Regen" (1952) ist ein charakteristisches Beispiel für Winters immer etwas melancholische, schwerblütige Malerei in ruhigen Formen ohne direkten Bezug zur sichtbaren Welt, aber auf romantisch getönte Weise dem Nicht-Sichtbaren hinter den Dingen nachspürend. Diese malerische Metaphysik eignet auch dem Werk des zehn Jahre älteren, heute fast vergessenen Theodor Werner („Schwarz, Grün, Rot", 1951).
Wortgewaltiger Anwalt deutscher (nicht nur abstrakter) Nachkriegskunst ist bis auf den heutigen Tag Georg Meistermann, einer der wenigen großen Glasfenstermaler der Epoche. Kaum daß er mit dem Studium fertig war, wurde er zum „entarteten Künstler" promoviert. Schon in einem Bild des Dreißigjährigen („Der Maler", der die Zeit auslotet), einem Bild der Trauer und der Selbstbehauptung, wird das Gegenständliche zum bildnerischen Zeichen. Dieses frühe Bild enthält bereits den ganzen Meistermann, einen Maler, der mit der Linie so gut umzugehen versteht wie mit der Farbe, der zeichnend Maler und malend Zeichner bleibt und der nicht zuletzt der Baumeister, der Architekt seiner Bildpläne ist. „Fisch will Vogel werden" (1951) ist ein Bild der Metamorphose zwischen Abstraktion und Gegenständlichkeit, ein Schlüsselbild auch für die jungen Deutschen, die nach dem Krieg wieder Anschluß suchten an das, was draußen geschehen war. „Relief" (1910) zeigt die Auflösung der strengeren „Baupläne" ins Malerische. Es läßt zugleich eines der zentralen Meistermann-Themen anklingen: das Schweben. In diesem Fall: das Schweben farbiger Rechtecke in klug disponierender Bildordnung, die die konturenlosen farbigen Flächen in Schichten hintereinander staffelt, die Zweidimensionalität des Bildes durchlässig macht für den Raum und es auf diese Weise in eine bewegte, bewegende Meditationstafel verwandelt.
Stiller ist die Kunst Joseph Faßbenders, die eigenwillig graphische und malerische, architektonische und figurale Formulierungen in zurückhaltenden, erdigtonigen Farben ineinander verzahnt. Im Detail durchaus von gegenständlichen Anspielungen durchzogen („Ohne Titel", 1970), fügen sich labyrinthische Formen zu Kompositionen, denen ein konstruktives Gerüst die übergreifende bildnerische Ordnung verleiht. „Dionysos" als freie Interpretation eines römisch-kölnischen Themas zeigt, wie souverän Faßbender auch das große Format bewältigte.

Ernst Wilhelm Nay, *Die Jakobsleiter,* 1946

Georg Meistermann, *Fisch will Vogel werden,* 1951

Fritz Winter, *Nächtlicher Regen,* 1952

Joseph Faßbender, *Ohne Titel,* 1970 ▷

Hann Trier, *Tatort IV*, 1963

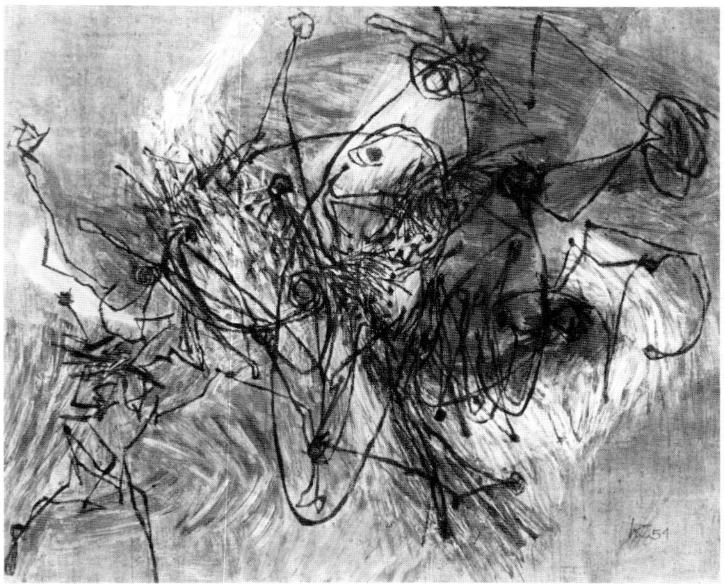

Hann Trier, *Puya I*, 1954

Wie Faßbender tendiert auch der von ihm geförderte, zwölf Jahre jüngere Hann Trier zum Decken- und Wandbild. Aber anders als der ältere Freund ist Trier von der Farbigkeit der großen Italiener, vor allem Veroneses, aber auch Tiepolos, und – näher an unserer Zeit – des Franzosen Pierre Bonnard geprägt. Die Rhythmik seiner Bilder wurde schon früh von den Tänzen Südamerikas beeinflußt, z. B. „Puya I" (1954). Das Thema der Bewegung und deren spontane Niederschrift („Maschineschreiben", „Den Teufel an die Wand malen") brachten Trier vorübergehend in vermeintliche Nähe zu „Tachismus" und „Informel". Doch wichtiger blieb für ihn immer das Thema des Labyrinths, das Wechselspiel von Raum und Fläche, dichter Farbstruktur und Aussparung: eine musikalisch-tänzerisch inspirierte strukturale Malerei von hoher koloristischer Qualität, etwa in „Tatort IV" (1963).

Es ist kein Zufall, daß die gestische Malerei unter Einsatz aller physischen und psychischen Reserven fast gleichzeitig in Europa und Amerika auf den Plan trat. In den USA mit dem Zentrum New York war der gewaltsame Akt der Befreiung aus europäischer Vormundschaft unter Anführung Jackson Pollocks das Leitmotiv. In Europa handelte es sich zum einen um den Aufstand gegen die Geometrie, zum anderen um den Protest gegen das reglementierte Leben in einer langweilig gewordenen Zivilisation, gegen die sich formierende Wohlstandsgesellschaft. Der einzelne, der „Mensch in der Revolte", wehrte sich gegen die Vereinnahmung durch das Kollektiv. Der Existentialismus lieferte dazu die Denkmodelle.

Die europäische Leitfigur war Wolfgang Schulze-Battmann, genannt Wols. Sein „Blaues Phantom" (1951) ist ein Schlüsselbild. In ihm kehrt der Maler auf einer anderen Drehung der Spirale wieder zu seinen phantastisch-surrealistischen Anfängen zurück. Das aus dem blauen Grund aufsteigende Nachtgesicht in seiner gespenstischen Schwebelage zwischen Werden und Vergehen wirkt wie eine bedrohliche Personifizierung der Ängste des Künstlers, die auch die Ängste der ganzen Epoche sind, einer Zeit ohne Illusionen und ohne Hoffnung. Die zentrale Figur löst sich an ihren Rändern schon wieder auf. Die erregten Kratzspuren in der Farbe, die über das vieläugige dunkle „Gesicht" hinaus in die Randzonen führen, der lange „Hals", den zwei kleinere schwebende Formen echohaft wiederholen, beschwört den Elendsgeruch der Vergänglichkeit. Kunstgeschichtlich wird die enge Verbindung eines nächtlichen Surrealismus zu „Tachismus" und „Informel" modellhaft erkennbar.

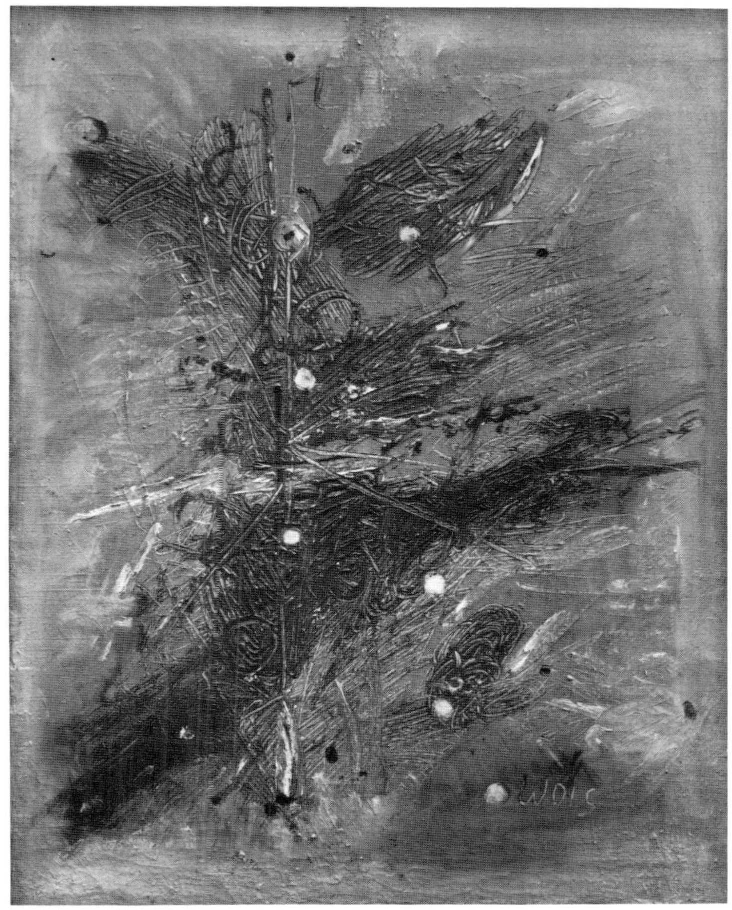

Wols (Wolfgang Alfred Otto Schulze-Battmann), *Les Voyelles (Die Vokale)*, 1950

„Wandteppich" (1949) und „Die Vokale" (1950) sind vorher entstanden, alle gegenständlichen Erinnerungen

Wols (Wolfgang Alfred Otto Schulze-Battmann), *Das blaue Phantom,* 1951

Antoni Tàpies, *Graues Relief in vier Teilen,* 1963

Antoni Tàpies, *Traumgarten,* 1949

Antoni Tàpies, *Blanc avec signe rose No LXXVII (Weiß mit rosa Zeichen Nr. 77),* 1958

Peter Brüning, *Bild Nr. 108,* 1962

getilgt. Der Maler schreibt, reißt, gräbt und kratzt die eigenen Empfindungen spontan und ohne vermittelnde „ästhetische" Kontrolle in die Leinwände. Er kehrt sein Innerstes nach außen, seine Ekstasen, seine Obsessionen, seine Leiden, seine Räusche, seine Verzweiflungen: Spuren der eigenen Existenz. Die Farben dehnen sich aus, lösen sich auf, zerstieben in einem von Irrlichtern durchzogenen Gewebe. Die eigenen Verletzungen werden zur Chiffre für die „Wunde der Welt". Sie sind weit entfernt von der beherrschten Eleganz der Psychogramme Hans Hartungs.
Im Surrealismus wurzelt ursprünglich auch die Malerei des Katalanen Antoni Tàpies. Im „Traumgarten" (1949) werden aber auch Anregungen durch orientalische Bilderzählungen verarbeitet. Später verweist nur noch die Anwendung bestimmter Materialien (Sand, Holz, Papier, Leim) und Techniken (Perforation, Reliefierung der Oberfläche) auf diese Ursprünge.
Die Bildtafeln der reifen Jahre sind von einem schweren, schweigenden Ernst. In einfachen, elementaren Formen und zurückhaltenden, dem Monochromen zuneigenden melancholischen Farben werden alltägliche Erfahrungen und Erinnerungen zu bildnerischen Zeichen verdichtet. In die gleichsam verriegelten, gegen die Außenwelt abgeschotteten Mauerbilder sind Spuren eingegraben: Rinnen, Nähte, Balken, Augen und unenträtselbare „Schrift"-Chiffren. Sie rufen die Vorstellung von schweigender, archaischer Landschaft, aber auch von Verletzung, Tod, Vergänglichkeit und Vergessen hervor. Sie geben ihr Geheimnis nicht preis. In ihrer unbewegten, undramatischen Stille sind sie unauflösbar wie die Welträtsel: „Graues Relief in vier Teilen" (1963), „Großes Schwarz und braunes Craquelé", „Zeichen auf weißen Ovalen" (beide 1966). „Weiß mit rosa Zeichen" (1958) ist ein Werk des Übergangs aus einer Zeit, in der Tàpies sein persönliches Vokabularium konsequent auszubilden beginnt.
Weit entfernt vom existentiellen, philosophisch grundierten Ernst dieser Bilder ist die aktionistische Kalligraphie des geistreichen Showmans Georges Mathieu („Dana", 1958), der mit seiner effektvollen Schnellmale-

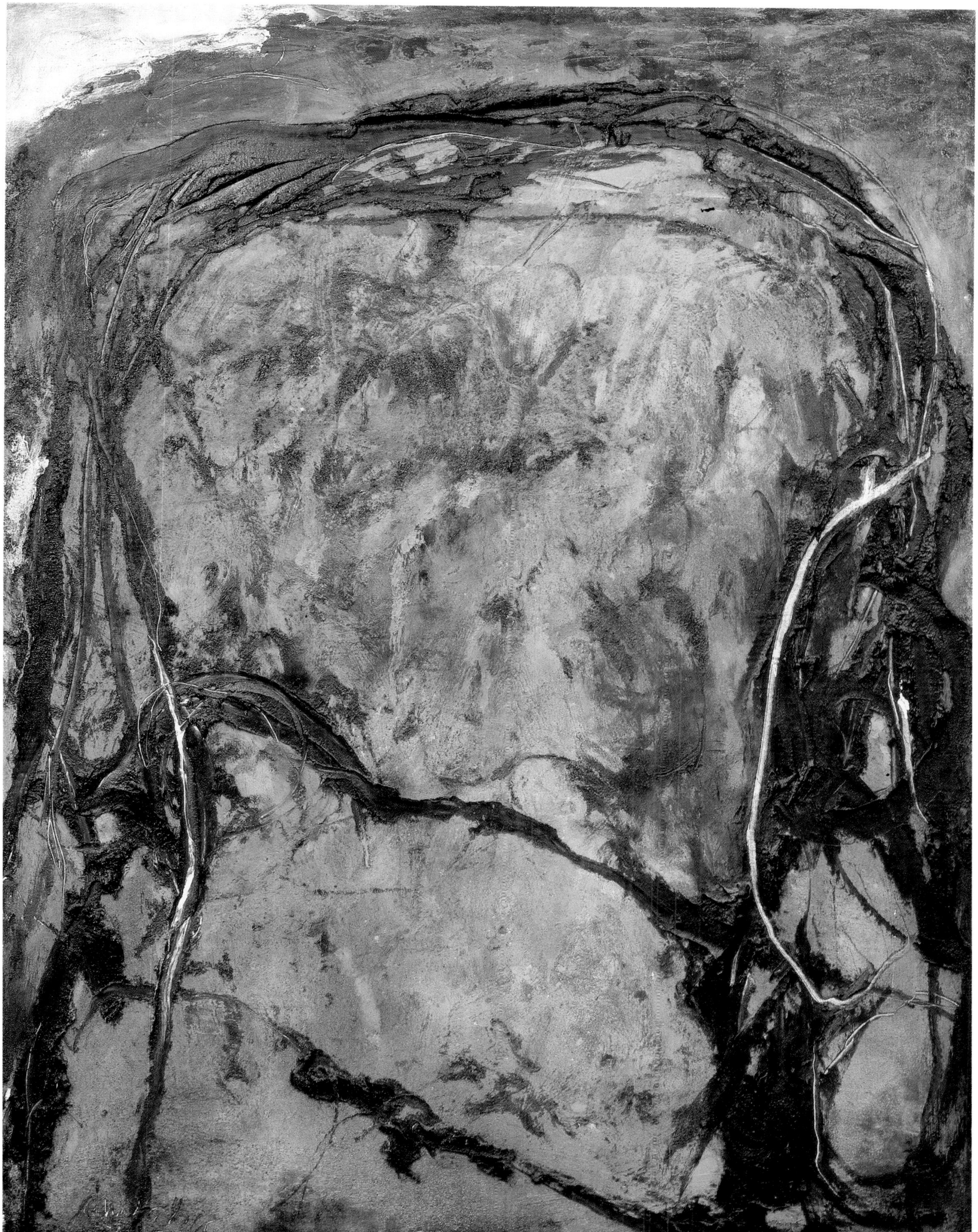

Emil Schumacher, *Deli,* 1975

Gerhard Hoehme, *Beschwörung*, 1960

Bernard Schultze, *Rubyrr*, 1957/58

rei im großen Format vor staunendem Publikum in den fünfziger Jahren spektakuläre Auftritte hatte: frühe Vorformulierungen des Happenings.

Ausnahmsweise einmal stehen die Deutschen in diesem Bereich sehr viel günstiger da als ihre französischen Kollegen. Emil Schumacher, Bernard Schultze, Fred Thieler, K. H. Sonderborg, Gerhard Hoehme, K. O. Götz sind noch immer am Werk. Nur Peter Brüning ist jung gestorben. Doch gerade seine parallel zu den musikalischen Strukturen der Zeit entstandenen frühen seriellen Bilder („Bild Nr. 108", 1962) haben nichts von ihrer inspirierten spontanen Frische verloren. Die expressive Malerei von heute mag zu ihrer Wiederentdeckung beigetragen haben.

Die konsequenteste Entwicklung haben Emil Schumacher und Bernard Schultze vorzuweisen, Schumacher in bedächtigen, wohlüberlegten Schritten, Schultze in vielfältigen Variationen, die sein Werk über die Malerei hinaus in die dritte Dimension hineinführten („Kopfloser Mannequin-Migof", 1967).

In Schumachers Bildern steckt der hohe Einsatz einer starken Persönlichkeit, die Körper und Geist im spurenreichen Kampf mit dem Material einsetzt. Unter zupackenden Händen wird die pastose Materie poetisiert und vergeistigt. Die Dialektik von durchgepflügter malerischer Fläche und teils kräftigen, teils leichten, zierlichen graphischen Signaturen gibt den erdhaften Bildern ihre Spannung. Ein „glücklicher Maler" – so Schumachers Selbstinterpretation – hat sie den

Bernard Schultze, *Migof-Ursula-Ahnentafel,* 1963

eigenen Zweifeln und Verzweiflungen abgerungen. Der Prozeß des Malens selbst, der Ausdruck des eigenen Wesens, wird auf unliterarische Weise zum Thema des bildnerischen Denkens. Die „traditionelle Ressorttrennung von Körper, Geist und Seele" ist, wie Schumachers Biograph Schmalenbach gesagt hat, in diesen ernsten Bildern, die in ihrer Haltung den Werken Antoni Tàpies' nahestehen, aufgehoben. Das gilt für die zerfurchte Farbgeologie früherer Bilder wie „Joop" (1963) ebenso wie für das zwölf Jahre später entstandene Stück Natur „Deli" (1975). Es ist „der Erde näher als den Sternen" (Schumacher).

In seinem Hang zum Grübeln und zum Spintisieren ist Bernard Schultze, der auch malend als ein exzellenter Zeichner erkennbar bleibt, ein sehr deutscher Künstler. Seine Wurzeln reichen über Surrealismus, Romantik und Donauschule zurück bis in die Zeit der späten Gotik. Beim Durchwandern seiner figuren- und anspielungsreichen Bild-Landschaften („Rubyrr", 1957/58) begegnet man – ob zwei- oder dreidimensional – „Blumen des Bösen" in giftigen, manchmal auch bleichen Farben („Migof-Ursula-Ahnentafel", 1963, „Migof-Parthenon", 1972). Nicht zufällig gehören die Symbolisten Baudelaire und Rimbaud oder Endzeitpoeten wie der Österreicher Georg Trakl zu den favorisierten Dichtern des nicht nur malenden, sondern auch schreibenden Erfinders einer bodenlosen Märchenwelt. In ihr wird das Namenlose auf der Schattenlinie zwischen Werden und Vergehen zur Bildgestalt. Das alte Vanitas-Motiv erscheint in neuer Formulierung aus dem Endzeitbewußtsein einer späten Kultur und aus dem halluzinierten Geist eines spätgeborenen Alexandriners.

Die Ästhetik des Häßlichen wird in Schultzes Bildern aus dem Geist unserer Zeit heraus angewandt und der glitzernden Scheinwelt unserer bedrohten Kultur gegenübergestellt. „Die Erde könnte unbewohnt sein", spricht Krapp in Becketts Einpersonenstück auf „Das

Karl Otto Götz, *Bild vom 14. 9. 1954,* 1954

letzte Band". Und Bernard Schultze stellt sachlich fest: „Ich bin sicher, die Natur geht weiter, sie wird wachsen und wuchern wie auf meinen Bildern, selbst wenn es eines Tages keine Menschen mehr geben sollte."
Gerhard Hoehmes Arbeiten „Beschwörung" und „Ornamentale Feierlichkeit" von 1960 haben die entfesselte Farbigkeit und die Gleichgültigkeit gegenüber allem Formalen bereits hinter sich gelassen. Strukturelle Ordnungen geben dem Bild wieder kompositorischen Halt. Geblieben sind das Hinausdrängen über den Bildrand, das Prinzip der Reihung. Auch die Farbe wird reliefartig aufgetragen und verwandelt sich auf sensible Weise im Licht. In Rom ist Hoehme dem Amerikaner Cy Twombly begegnet, und wie dieser ließ er sich von Kritzelzeichnungen auf Mauern und Wänden inspirieren. Die Resultate sind allerdings grundverschieden. Hoehme verdichtet die pastos aufgetragene Farbe durch graphische Netze. Solche Bilder müssen „gelesen" werden. Denn, so sagt er: „Bilder sind nicht auf der Leinwand, sondern im Menschen."
Die dynamischen Arbeiten von K. O. Götz („Bild vom 14. 9. 1954") entstehen in Sekundenschnelle. Dem Vorgang der Realisierung liegt das surrealistische Rezept: „Durch psychischen Automatismus und Paroxysmus das Wunder beim Schopfe packen!" zugrunde. Götz arbeitet in drei Etappen. Zunächst wird mit dunkler, flüssiger Farbe auf hellem Grund das Muster entworfen. Dann zieht ein Gummirakel neue Spuren. Helle und dunkle Zonen werden vermischt, Spritzer als Resultate des „gelenkten Zufalls" bleiben stehen. In die feuchte Farbe zieht der leere Pinsel seine Bahn und gibt der noch nassen Farbe ihre Struktur. Das hohe Risiko bedingt ein Verhältnis von 15 bis 20:1 zwischen Verwerfung und Auslöschen einerseits, Gelingen und Akzeptieren andererseits.
Eine Ausnahmestellung im mittlerweile nur noch eleganten, fashionablen Werk des Erotomanen Paul Wunderlich nimmt das phantastisch-gespenstische frühe Bild der „Freundinnen" (1959) ein, das gleichermaßen von Surrealismus und Informel geprägt ist. Die technische Virtuosität des Künstlers wird hier noch nicht zum Selbstzweck.
„Violettrot, vertikal" (1961) ist ein eindringliches Beispiel aus der frühen Werkphase Arnulf Rainers, dessen Thema bis heute Auslöschen, Vergänglichkeit und Tod geblieben sind. Das gilt für seine übermalten Grimassen, seine Masken und die expressiven, körpersprachlichen Arbeiten genauso wie für die von tiefer Skepsis

Arnulf Rainer, *Violettrot, vertikal,* 1961

Jean Dubuffet, *Le Chien sur la table (Der Hund auf dem Tisch),* 1953

und endzeitlicher Melancholie österreichischer Herkunft gezeichneten Übermalungen: „Malerei entsteht, um Malerei zu absorbieren, sie zu entwerten und zu beerdigen." So der Künstler selbst 1962. Aber die dominierende Farbe und die Spuren der subjektiven Handschrift bleiben sichtbar, das Dunkel läßt dem Licht nur eine kleine Ecke frei. Insofern ist „Violettrot, vertikal" dem Informellen verwandt. In seiner kontemplativen Haltung und dem langsamen, nachdenklichen Malvorgang des Überdeckens und Unsichtbarmachens kommt es allerdings auch anderen Tendenzen nahe, von der sogenannten monochromen Malerei bis zum „Color Field Painting".

H. E. Kalinowskis Lederkästen und Beutelungen („Ensachements") aus alten Materialien haben vordergründig kaum mehr etwas mit dem Informel gemein; aber in ihrem wortkargen, magisch aufgeladenen Ernst, ihrer Doppeldeutigkeit von schützender Hülle und aggressiver Objekthaftigkeit stehen sie geistig in der Nachbarschaft früher Tàpies-Arbeiten („Nächtliche Zuflucht", 1969).

Eine Ausnahmestellung in der Kunst der zweiten Jahrhunderthälfte nimmt das wandlungsreiche Werk Jean Dubuffets ein. Erst als über Vierzigjähriger entschied er sich für die Malerei, angeregt durch Bilder der Naiven, vor allem aber durch Kritzelzeichnungen von Kindern und Geisteskranken und durch die ordinären „Graffiti" auf Vorstadtmauern und Pissoirwänden. Im Protest gegen den Akademismus propagierte er die „Art Brut" („Rohe Kunst"), mit der die Epoche des Tachismus und Informel eingeleitet wurde.

Die „Straße mit Männern" (1944) und auch noch „Der Hund auf dem Tisch" (1953) sind exemplarische Produktionen dieser spontanen, anti-ästhetischen Malerei. In die zähflüssige Farbe werden primitive zeichnerische Figurationen und Texte erzählfreudig und in unbekümmert wechselnder Perspektive eingeschrieben. Einmal ist das Leben auf dem Lande das Thema („Straße mit Männern"), dann die Fragwürdigkeit wohlanständiger Häuslichkeit („Der Hund auf dem Tisch"). Natürlich ist Dubuffets Naivität gespielt; in Wahrheit sind seine hintergründig-ironischen Bilder skeptisch-eindringliche Befragungen der Realität und unseres Wirklichkeitsverständnisses. Auch in späteren Werkphasen kommt Dubuffets sarkastischer Humor auf höchst originelle Weise zum Ausdruck, wenn auch die kompromißlos aggressive Anti-Ästhetik der frühen Arbeiten gemildert erscheint („Der Alte in der Wüste",

Jean Dubuffet, *La Route aux hommes (Straße mit Männern)*, 1944

Jean Dubuffet, *Paysage portatif (Tragbare Landschaft),* 1968

1955, „Die Legende der Steppe", 1961). Zeichnerische und graphische Elemente bestimmen die Bildstruktur, das „Informelle" wird in eine ausgeprägtere, rhythmisch-kompositorische Balance gebracht. Erfahrungen aus dem Umgang mit lithographischen und Tuscheabdrucken während der fünfziger Jahre werden ins Bild eingebracht. Die Farbigkeit der märchenbunten, zellenartig aufgelösten Figurationen in der „Legende der Steppe" weist voraus auf die Zellenschrift der „Hourloupe"-Bilder, in denen die reale Erscheinung des Objekts einem erfundenen, ornamentalen Muster unterworfen wird.
Von hier aus bis zur Übersetzung dieser neuen Formensprache in die dritte Dimension ist es nur ein Schritt. Die „Tragbare Landschaft" (1968) begrenzt das Grenzenlose, an die Stelle des objektiven Illusionsraums tritt der subjektive Erfahrungsraum, die reale Welt wird übersetzt in ein System erfundener Zeichen in individueller Farbigkeit. Die hinter Sarkasmen verborgene geheime Dämonie der frühen Dubuffet-Bilder hat sich ins Heiter-Ironische aufgelöst.
Eine Künstlerin von großer Originalität und Erfindungskraft, in keine kunsthistorische Schublade passend, ist Ursula (Schultze-Blum), Frau des Malers Bernard Schultze, aber als Malerin und Objektemacherin ganz unabhängig von ihm, eine „self-made woman", wie sie im Buche steht. Ihre teils märchenhafte, teils mythentiefe phantastische Welt ist keineswegs harmlos. Schon die Thematik („Der große Schrank der Pandora", 1966) verweist darauf, daß Schönheit und Tod, Sinnlichkeit und Vergänglichkeit Nachbarn sind. Und so ist es kein Zufall, daß Jean Dubuffet, der Erzvater der „Art Brut", die außerordentliche Begabung der Autodidaktin und die Hintergründigkeit ihres spannungsreichen, widerspruchsvollen Werks früh erkannte. Ihre Schreine und Kästchen, mit Pelzen ausgeschlagen und mit gefundenen Objekten gefüllt, sind die säkularisierte Fortsetzung der Tradition frommer Reliquiare, reich ausgestattet, voller Schönheit, aber auch voller versteckter Gefahren. Ähnlich doppelbödig im Schmuck von Federn und Pelz ist das teils sinnenfrohheitere, teils hintergründig-dämonische Selbstbildnis „Das bin ich" (1966), während auf dem erzählfreudigen „Köln-Bild" (1972) die Stadt der Römer, der Kirchen und der Heiligen in ein phantasmagorisches Zwischenreich entrückt wird.

Ursula (Schultze-Blum), *Köln-Bild,* 1972

Ursula (Schultze-Blum), *C'est moi (Das bin ich),* 1966

Aktionistische und meditative Kunst
Von Cobra zu Color Field Painting

Zwischen Informel und Action Painting steht der abstrakte Expressionismus des europäischen Nordwestens, wie er von der Ende der vierziger Jahre gegründeten Gruppe „Cobra" (= Copenhagen, Brüssel, Amsterdam) im Aufstand gegen den schöngeistigen abstrakten Akademismus und gegen eine politisch-sozial indifferente Kunst praktiziert wurde. Als Persönlichkeit und als Künstler war der Däne Asger Jorn die überragende Figur. Auch seine Malerei wurzelt im Surrealismus, in der Spontaneität der „automatistischen Handschrift" und der Verbindung von Wirklichkeit und Traum. Thematische und malerische Einflüsse von Noldes magischer Bildwelt sind ebenfalls unübersehbar. Für Jorn hatte Kunst mehr zu sein als ein Gesellschaftsspiel, sie hatte ins Leben hineinzuwirken, auch politisch Stellung zu nehmen. Diese Einstellung führte in seinem letzten Lebensabschnitt zu intensiven Kontakten mit den politisch engagierten „internationalen Situationisten".

Die Vehemenz des Malakts, die besessene „Malwut" Asger Jorns sind unter den europäischen Künstlern der Nachkriegszeit ohne Vergleich. Der formzerstörerische Impuls, voll ausgebildet in den fünfziger Jahren nach Überwindung einer schweren persönlichen Krise, attackiert gleichermaßen die Unverbindlichkeit

Asger Jorn, *The Blow (Das Blasen)*, 1962

einer ausschließlich ästhetisierenden Kunst und die snobistische Gesellschaft, an die sie sich richtet. Jorns enorme Kraft formt die Farbexplosionen dennoch zum Bild. „Großkopfeter“ ist ein aufgeblasenes, großmäuliges Mensch-Tier-Wesen, realisiert in dicken, pastosen Farbschichten und karikaturistisch verzerrter Anatomie: großer Kopf, kleiner Körper. Die Explosivität und Dynamik der Malweise, die für Jorn bezeichnende Schwebelage der Farbfiguren zwischen Abstraktion und Gegenständlichkeit kommen in „The Blow“ („Das Blasen“, 1962, Pusten oder/und Keuchen), einem Werk der Reife, beispielhaft zum Ausdruck. Die magisch-visionären Bildgestalten, die aus dem bewegten Farbmeer aufsteigen, sind imaginierte Traumfiguren (Jorn), die der vordergründigen „Wirklichkeit“ der sichtbaren Erscheinung entgegengehalten werden. Die Realitätsebenen verschieben sich: Die sichtbare Welt wird irreal, die irreale Traumwelt zur wahren Wirklichkeit, die sich „hinter den Dingen“ verbirgt.

Ähnlich verhält es sich mit dem Werk Karel Appels, das unter dem Einfluß Asger Jorns entstand und – den Tendenzen der Zeit und der Anti-Ästhetik der Cobra-Gruppe entsprechend – auch Anregungen von Dubuffets „Art Brut“ verarbeitete. Die „Figur“ (1958) wächst dem Betrachter aus dem Bildgrund heraus entgegen, ohne identifizierbar zu sein. Während das Groteske bei Jorn dämonische Züge hat, wird das Unheimliche bei dem Holländer oft von heiter-ironischen Pointen aufgelockert.

Ruhiger im Bildaufbau, der Welt des Sichtbaren und Erfahrbaren näher sind die Bilder von Corneille (Cornelis van Beverloo). Sie zeigen Stadtstrukturen und Landschaften oft in Aufsicht: „Die weiße Stadt“ (1955). Die Erfahrung des Fliegens hatte der Kunst jener Jahre eine neue Dimension erschlossen. Auch der in kultivierter Farbigkeit zellenartig aufgeteilte „Vogelnistplatz“ (1960) weckt solche Erinnerungen, als habe der Maler den Blick von diesem Nistplatz aus gemalt.

Noch entschiedener tritt die Abkehr von den expressiven Tendenzen der frühen Cobra-Jahre bei Pierre Alechinsky in Erscheinung. „Dunkles Gefäß“ (1968) zeigt, wie die subjektive Handschrift von einer objektivierten Ornamentik abgelöst, die ehedem rauhe Malfläche geglättet wird, wozu die Verwendung der leichtfließenden Acrylfarbe beiträgt. Erhalten bleibt die Doppeldeutigkeit der halb abstrakten, halb gegenständlichen Kunstfiguren.

Der abstrakte Expressionismus Amerikas wurzelt im Werk des Deutschen Hans Hofmann, der schon Anfang der dreißiger Jahre in die USA auswanderte. Seine Hans Hofmann School of Fine Art war für fast 25 Jahre ein einflußreiches Ausbildungs- und Anregungszentrum. Ein Europäer, geprägt von der Pariser Avantgarde der Vorkriegsjahre, hat also die Befreiung der amerikanischen Kunst aus europäischer Vormundschaft wesentlich mitbewirkt. In den vierziger Jahren erst löst Hofmann sich endgültig von der Gegenständlichkeit, und erst jetzt schlägt das expressionistische Erbe voll durch. Die Farbe selbst ist das eigentliche Bildthema, die Form hat nur noch eine subalterne, die-

Karel Appel, *Personnage (Figur),* 1958

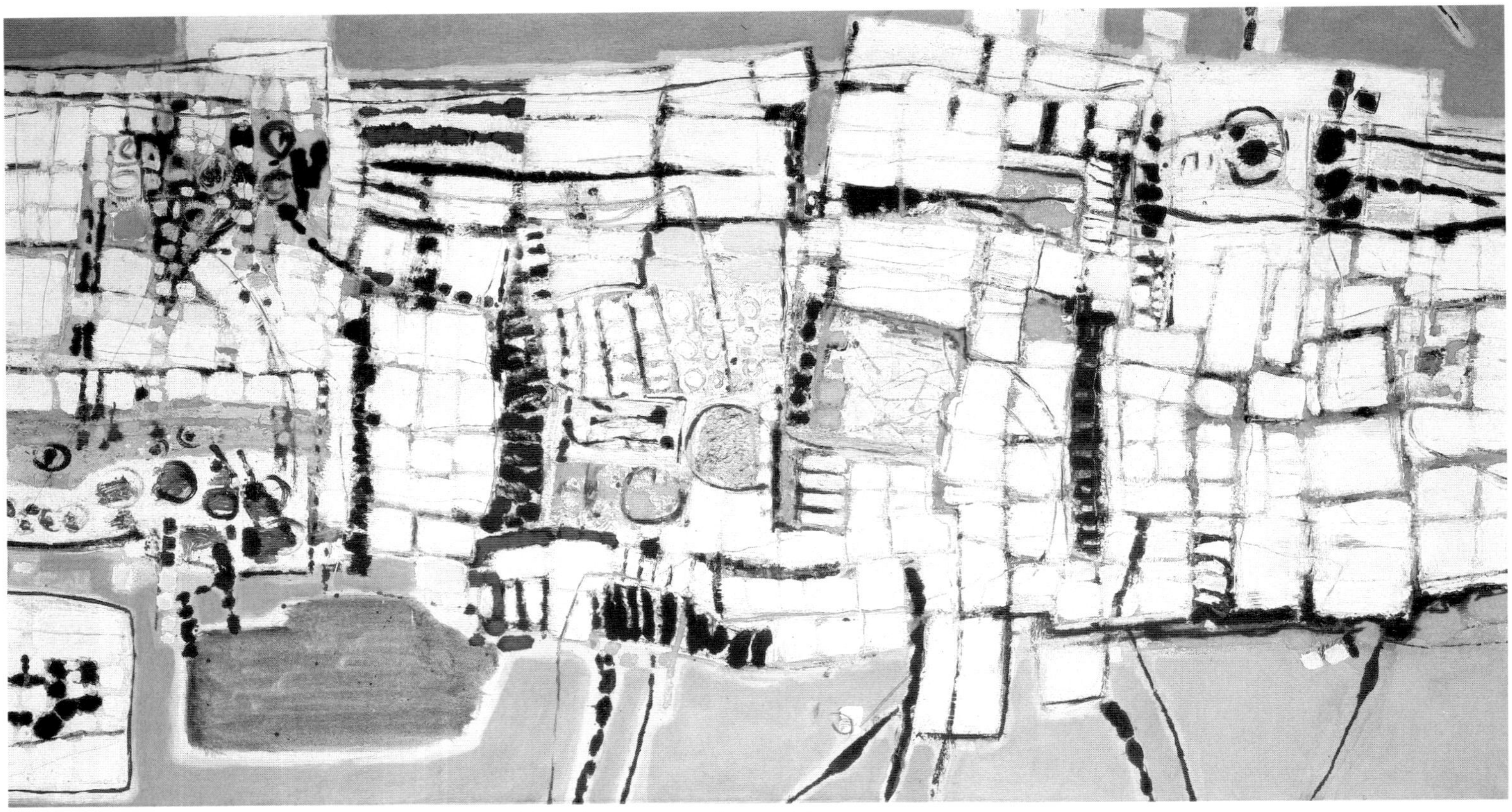

Corneille (Cornelis van Beverloo), *La cité blanche (Die weiße Stadt),* 1955

Pierre Alechinsky, *Coupe Sombre (Dunkles Gefäß),* 1968

Hans Hofmann, *Composition No. I,* 1952

Jackson Pollock, *Number 15 (Nummer 15),* 1951

nende Funktion und kommt erst im Spätwerk wieder zur Geltung. Die „Composition No. I" (1952) ist, wenn auch in einem relativ kleinen Format, ein Musterbeispiel des von Hofmann selbst initiierten abstrakten Expressionismus (Action Painting). Angedeutete, zeichenhafte Figurationen lösen sich in heftigen Farbwirbeln auf, die Kontraste sind kühn und kräftig, der Farbauftrag auf Holz ist teils pastos, teils transparent. Die erregte „Handschrift" drückt Emotionen ganz unmittelbar und ohne formale Zügelung aus. Die Grundidee ist das Verständnis der Farbe als Emanation des Lichts. „Farbe ist an sich selbst Licht", hat der Maler formuliert. „In der Natur schafft das Licht die Farbe. Im Bild schafft die Farbe das Licht." Ohne Hofmann, so kann man sagen, keine „tachistische" oder „informelle" Kunst, ohne Hofmann kein „Action Painting". Das sichert Maler und Werk über die ästhetische Qualität der Bilder hinaus einen herausragenden Platz in der Kunstgeschichte der zweiten Jahrhunderthälfte.
Bei Hofmann ist Jackson Pollock, nach Studienjahren bei dem großen Regionalisten Th. H. Benton und dem mexikanischen Revolutionsmaler Siqueiros, in die Schule gegangen. In Pollocks Werk erlebt nicht nur das Action Painting, sondern auch der große Befreiungsakt der amerikanischen Künstler seinen Höhepunkt. „Nummer 15" ist das fünfzehnte von insgesamt 22 Bildern, die der Maler Ende 1951 in der Galerie Betty Parsons ausstellte: monumentale „Zeichnungen", mit schwarzer Kunstharzfarbe direkt auf nicht grundierte Leinwände gemalt. Erinnerungen an „surrealistische" Figurationen der Frühzeit – inspiriert überdies von der Vorstellungswelt des Freud-Antipoden C. G. Jung, dessen Denken Pollock sein Leben lang maßgeblich beeinflußte – wandern durch die abstrakte Bildwelt der spontan und mit großem Körpereinsatz niedergeschriebenen labyrinthischen Farbnetze ohne kompositorisches Zentrum, die über den Bildrand hinausdrängen. Der Malvorgang vollzieht sich in höchster Konzentration, mit der Möglichkeit zu augenblicklichen Korrekturen, die endgültige Entscheidung über

das Format eingeschlossen. „Nummer 15" ist ein Bild des Übergangs. Es läßt in seiner anspielungsreichen, in die abstrakte Ordnung verspannten Noch-Figürlichkeit den obsessiven Charakter von Pollocks Malerei erkennen, der sich im Malprozeß selbst von seinen inneren Gesichten befreite.
Mit Jackson Pollock ist der 1904 in Rotterdam geborene, schon 1926 in die Vereinigten Staaten ausgewanderte Willem de Kooning der bedeutendste Vertreter des abstrakten Expressionismus amerikanischer Prägung (Action Painting). Seine gestische, expressive Pinselschrift ist von unvergleichlicher Kraft. De Kooning malte zunächst figürlich, wandte sich aber unter dem Einfluß Mirós und Arshile Gorkys, mit dem er befreundet war, bald der Abstraktion zu, ohne die Anregung durch Figur und Landschaft je ganz zu verleugnen. In manchen frühen Bildern verweist die Darstellung ungeschichtlicher, von äußeren Eindrücken unabhängi-

Willem de Kooning, *Untitled VII (Ohne Titel VII),* 1984

gen „Landschaften" des eigenen Inneren auf surrealistische Reminiszenzen. Je souveräner der Maler über seine Mittel verfügt, desto entschiedener bestimmen die spontan, aber mit großer Konzentration gesetzte Farbe und die dramatische Geste den Bildraum. Bis ins hohe Alter hinein hat de Koonings Malerei an Imagination nichts eingebüßt, auch wenn die Formen lockerer und sparsamer werden („Untitled VII", 1984).
Kraftvoll ist die auf den Schwung früherer Pinselzeichnungen zurückgehende dramatische Gebärde auf den Bildern Franz Klines. Der Maler beschränkte sich auf ein willkürlich changierendes Schwarz und ein zum Gelb tendierendes Weiß, nach Mondrian also auf die „Nicht-Farben". Erst in seinen letzten Lebensjahren wird die Palette wieder vielfältiger. Die Farbe ist für Kline ohne Bedeutung, Peinture interessiert ihn nicht. Der Rang seiner Bilder bestimmt der Kontrast von dynamischer Bewegung und Gegenbewegung, die in der naturhaften Vitalität ihrer Niederschrift aber nicht nur an eine monumentale Kalligraphie, sondern auch an Vorgänge in der Maschinenwelt erinnern. Die „Taufe" der Bilder erfolgt assoziativ. „Scranton" (1960) ist der Name eines Ortes in Pennsylvania, an den Kline sich erinnert haben mag. Der Maler verbietet dem Betrachter eigene Assoziationen nicht: „Ich denke, wenn man lange Linien benutzt – was könnten sie sein? Das einzige, was sie sein könnten, sind entweder Auto-

Franz Kline, *Scranton,* 1960

bahnen oder Architektur oder Brücken." Die gewaltige, bisweilen auch gewalttätige Dynamik einer aktivistischen, bewegten Welt gewinnt auf diesen Bildern gestische Gestalt.
Im Zeichen der „heftigen" Malerei von heute hat das späte Bild von Pollocks Frau Lee Krasner, „Frühlingshaftes Gelb" (1980), in seiner strahlenden Farbigkeit und im Kontrast zwischen temperamentvollem Farbauftrag und disziplinierter Bildordnung seine eigene Aktualität. Lee Krasner zieht hier die Summe ihrer Erfahrungen von Matisse über Hofmann bis zum Werk ihres Mannes.
Die meditative Variante des Action Painting repräsentiert das Werk Clyfford Stills. Auch für ihn bedeutet Malerei Selbstverwirklichung und Bekenntnis zur eigenen, unabhängigen Vorstellungswelt. Sein „Markenzeichen" sind die in immer wieder neuen Variationen auftauchenden gezackten Formen, die die Bildfläche wie ein Keil durchstoßen oder wie Blitze durchzucken. Das nur auf den ersten Blick beinahe mono-

Clyfford Still, *Ohne Titel,* 1948/49

Mark Tobey, *Hurrying Patterns (Hastende Muster),* 1970

chrome Gemälde „Ohne Titel" (1948/49) ist in Wahrheit von einer stufenreichen, ruhigen Farbigkeit, die durch präzise gesetzte, sparsame Rot- und Blaukontraste wirkungsvoll akzentuiert wird. Es zählt in der gebändigten Emotionalität des kraftvollen, das riesige Format mühelos bewältigenden, schichtweisen malerischen Vortrags zu Stills Meisterwerken.

Wie Still gehörte auch Mark Tobey zur sogenannten Pacific School, von der er allerdings später sagte, er wisse eigentlich gar nicht, was das gewesen sei. Tatsächlich fanden sich an der Westküste lediglich einige sehr gegensätzliche Künstlertemperamente zusammen (auch Rothko gehörte dazu), die sich wechselseitig inspirierten und sich sozusagen auf ihren originären Beitrag zur amerikanischen Kunst des Jahrhunderts vorbereiteten. Tobey war mit seiner skripturalen, ostasiatischer Kunst und ostasiatischem Denken inspirierten Malerei unter ihnen ein Außenseiter. Meditation statt Aktion ist das eigentliche Agens seiner künstlerischen Produktivität. Das dichte Gewebe seiner mit großer Sensibilität rhythmisierten Bildflächen ist im Spätwerk „Hastende Muster" (1970) im Vergleich zu früheren Arbeiten verhältnismäßig locker. Auch die Farbe ist intensiver als bei anderen Schriftbildern. Ihnen liegt meist ein konkretes Erlebnis zugrunde, dessen meditativer Reflex im skripturalen Netzwerk freier Formen autonomisiert wird.

Ebenfalls aus dem abstrakten Expressionismus kommt die nervöse, zeichnerisch-malerische Kunst Cy Twomblys; auch sie hat thematisch ihre Wurzeln im Surrealismus. Zudem sind Verbindungen zu den Graffiti unübersehbar, deren elementarer Primitivismus vom Künstler aber intellektuell reflektiert und in eine – seine – Kunstwelt übertragen wird. Schon der Titel „Verbrechen aus Leidenschaft" (1960) verweist auf Twomblys Leitmotiv: Liebe und Sexualität. Bei diesem Bild hat der Marquis de Sade Pate gestanden. Bei anderen ist es die Mythologie, sei es im antiken, sei es im modernen Gewande. Die Expressivität der Linienschrift dieses Künstlers ist allerdings, seinem ausgeprägten Intellektualismus entsprechend, bei weitem nicht so elementar wie bei Pollock. Sie steht der verletzlichen Nervosität eines Giacometti näher, obwohl das Prinzip einer nicht zentrierten, sondern über die Bildfläche gestreuten Komposition von Pollocks „all over" angeregt ist.

Auch Edward Kienholz, der Mann von der Westküste, war ursprünglich ein Maler von fast barbarischer Vehemenz. Diese Herkunft sieht man vielen seiner bemalten Environments noch an. Ebenso unübersehbar sind zwei andere Komponenten: die Verfremdung mit quasi surrealistischen Mitteln und eine lapidare Schlagkraft verdichtender Bilderfindung auf der Basis konkreter, alltäglicher Szenerien und Erfahrungen. Dabei spielt es keine Rolle, ob es sich, wie im Falle der berühmten „Beanery", um eine Kneipe und ihre Personen handelt oder um die Erinnerungen einer abgestorbenen Frau („Wait").

Die Alltagsthematik steht der Pop Art nahe, zumindest im gedanklichen Ansatz. Doch Kienholz begnügt sich nicht mit der sachlich unterkühlten puren Wieder-

Cy Twombly, *Crimes of Passion (Verbrechen aus Leidenschaft),* 1960

Edward Kienholz, *The Portable War-Memorial (Das tragbare Kriegerdenkmal),* 1968

Edward Kienholz, *Night of Nights (Nacht der Nächte),* 1961▷

gabe von Personen und Dingen. Er übt Kritik, er interpretiert und kommentiert: „Erstens würde ich niemals dieses Land [Amerika] beleidigen", heißt es in einem Leserbrief an einen Kritiker mit Bezug auf das „Tragbare Kriegerdenkmal" (1968), „weil ich es vielleicht ebenso liebe wie Sie. Ich würde mir jedoch auf meine Weise gestatten, es zu verändern. Meine Methode ist wie die der meisten Künstler ein System von Brennpunkt und Gesichtspunkt". Seine exakt lokalisierbaren, auf konkrete Vorgänge bezogenen Werke erzählen Geschichten ohne Worte. Kienholz' besondere Fähigkeit ist es, daß ihm das ohne Zuhilfenahme außerkünstlerischer Mittel und unter Verzicht auf literarische Anleihen gelingt. Die sehr komplexen Ereignisse und Zustände sind ohne Rest in Bilder übersetzt. Obwohl Kienholz kein politisierender Gesellschaftskritiker und kein polemisierender Künstler ist, erfolgt seine Ansprache so direkt, daß niemand sich ihr entziehen kann. Er macht nicht das Unsichtbare sichtbar, er macht das Sichtbare bewußt. Das Resultat ist Betroffenheit.

George Segal, *The Restaurant Window (Das Restaurantfenster),* 1967

Geradezu wortkarg ist das Bildobjekt „Night of Nights" (1961), der auf künstlerisch-poetische Bildzeichen verknappte Report vom Tode eines blutjungen Mädchens in einem verlassenen Brunnen und vom Scheitern aller Rettungsversuche. Das Balladeske, das bei Kienholz oft eine Rolle spielt, ist in diesem Nachtstück auf eine prägnante Formel von bewegender Eindringlichkeit gebracht worden.

Das berühmte „Tragbare Kriegerdenkmal" (1968) geht zurück auf ein ebenso berühmtes Kriegsfoto von der Aufrichtung des Sternenbanners nach der Eroberung von Iwo Jima und die heroisierende Nachbildung des Vorgangs auf dem Friedhof von Arlington. Den Insignien des Patriotismus, dem kriegerischen Uncle Sam und der von Kienholz in eine Tonne gesteckten „Frontbetreuerin" Kathy Smith, die unentwegt „God bless America" singt, und der kriegerischen Szene der Flaggenhissung durch Soldaten wird auf der rechten Seite die Banalität des ungerührt weitergehenden Alltagslebens gegenübergestellt („business as usual"). Daneben ein schwarzer Grabstein mit den Namen inzwischen ausgelöschter Länder und Platz für die, die demnächst ausgelöscht werden. Innerhalb der Aufschrift „Portable War Memorial" ist Raum für die Eintragung des nächsten „Victory"-Tages. Die Soldaten haben keine Köpfe, und die Flagge wird statt auf dem Suribachi-Berg auf einem simplen Gartentisch aufgepflanzt. Der Besucher, der aus dem Automaten seine Coca-Flasche zieht und es sich – wenigstens in der Theorie, leider nicht in der Museumspraxis – ganz bequem machen kann, wird aus seiner Behaglichkeit aufgeschreckt, wenn er plötzlich merkt, daß er neben einem zweiten Grabstein sitzt. An dessen unterem Ende entdeckt er den alten Tarzan, geschrumpft und radioaktiv. Vorne hockt ein Gipshund, die Bar annonciert „Hot Dogs".

Der ins kalt Surreale, Gespenstische entrückte Realismus des Werks (der Künstler arbeitet immer mit realistischen Requisiten) ist auf Benutzbarkeit durch den Besucher hin angelegt. Doch während Kienholz gelassen sagt, seinetwegen könnten die eigenen Werke getrost abgenutzt und zerstört werden, wenn sie nur gut dokumentiert seien, ist das Kunsthaus verpflichtet, sie zu erhalten.

Wie Kienholz hat auch Georges Segal als Maler begonnen. Zu seinen Lehrern gehörten die Großmeister des abstrakten Expressionismus, Hans Hofmann und Jackson Pollock. Während der Mann von der Westküste mit seinen Holzreliefs Ende der fünfziger Jahre in die dritte Dimension vorstieß, fing der New Yorker Segal um die gleiche Zeit an, mit Rupfen, Draht und Gips zu experimentieren. Die Mittel der Malerei waren ihm nicht real genug, um die Wirklichkeit seiner eigenen Existenzerfahrungen wiederzugeben. Alan Kaprow, der Großmeister des Happenings, leistete Schrittmacherdienste bei Segals Überlegungen, durch Einbeziehung von Realien des Alltags der Skulptur, für die Segal sich definitiv entschieden hatte, einen höchsten Wirklichkeitsgrad zu geben. So wurde, wie Kaprow formulierte, das Happening zur „Station der Reise vom Bild zum Environment".

Diese neue Kategorie der expandierenden Künste wurde von dem Kalifornier Stephan von Huene auf den Spuren des Komponisten Edgar Varèse und anknüpfend an Überlegungen Schönbergs und Kandinskys später um die Dimension des Klangs erweitert.

Anders als Kienholz bemalt Segal seine Figuren nicht. Auch auf Details verzichtet er. So formt er keine Individualitäten, sondern entwirft eine Typologie menschlicher Charaktere in alltäglichen Situationen, die jedermann vertraut sind: „Eine Frau wäscht ihre Füße in einem Waschbecken" (1964/65), „Das Restaurantfenster" (1967). Dabei stehen ihm die Menschen aus seiner Umgebung, seine Frau wie seine Freunde, Modell in einem bekannten Ambiente. Alltägliche Vorgänge wie Sitzen, Vorübergehen, Waschen, Kaffeetrinken werden unter Verzicht auf alles Psychologisieren zu skulpturalen Chiffren für menschliche Verhaltensweisen, für Isolation und Einsamkeit des einzelnen in der Massengesellschaft. Das Weiß des Gipses trägt die Spuren der formenden Hand des Künstlers, entrückt sie aber zugleich jedem vordergründig-naturalistischen Bezug und macht sie zu „Sinnbildern" unserer Existenz.

Ähnlich wie der große österreichische Zeichner Alfred Kubin, der ein halbes Jahrhundert seinen Freisitz Zwickledt so gut wie nie verließ, so lebte auch der Amerikaner Joseph Cornell in großer Zurückgezogenheit. Er ist nie ins Ausland gereist. Und wie Kubin von sich behaupten konnte: „Ich habe Brasilien in mir", so hätte Cornell sagen können, er habe die versunkene Welt des alten Europa in sich. Doch anders als Kubin lebte er nicht auf der „anderen Seite", wo die Zauberer und die Dämonen zu Hause sind, sondern in der „guten alten Zeit", die er mit seinen Reliquien einer imaginierten Erinnerung poetisch heraufbeschwor. Das surrealistische „Objet trouvé" erhält in Cornells kleinformatigen Kästchen eine neue, ins liebenswürdig Phantastische gewendete Bedeutung. Vom „Hôtel de l'Océan" (1959/60), einem Grandhotel alten Stils in Ostende, hat Cornell nur den Aufkleber für den Koffer des Globetrotters gesehen. Das genügte, um seine poetische Phantasie in Gang zu setzen und einen Mikrokosmos aus gefundenen Dingen (Bauklötzchen, Tonpfeife, Briefmarken, Blechsonne und Sternenbahnen) ins Kästchen zu zaubern. Seine Montagen haben für Amerika und den dortigen Neo-Dadaismus die gleiche Bedeutung wie das Werk von Kurt Schwitters für Europa.

Joseph Cornell, *Hôtel de l'Océan (Hotel Ozean),* 1959/60

Mythos der Farbe
Von Mark Rothko bis Yves Klein

Es hat lange gedauert, bis Mark Rothko, amerikanischer Maler ostjüdischer Herkunft, seine eigene, nur ihm gehörende Ausdrucksform gefunden hatte: die „abstrakten Ikonen" mit ihren einfachen, schwebenden, an den Rändern verfließenden Rechteckformen vor grenzenlosen Räumen („Erdbraun und Grün", 1955). Auch Rothko hat sich mit dem Surrealismus auseinandergesetzt wie seine Freunde, die abstrakten Expressionisten. Aber sein Weg führte nicht zur Aktion, sondern zur Meditation. Seine monumentalen Farbfiguren verlangen in ihrer schweigenden, sakralen Würde Konzentration und Versenkung. Es gibt nach der Zwischenstation der surrealen Bilder, die eine phantastische submarine Welt beschwören, keine

Mark Rothko, *Earth and Green (Erdbraun und Grün),* 1955

Barnett Newman, *Midnight Blue (Mitternachtsblau),* 1970

Symbolik mehr, keine Allegorien und keine geschichtlichen Reminiszenzen. Die Spiritualität der bildnerischen Mitteilung erschließt sich unmittelbar. Kein Hindernis schiebt sich zwischen den über die Ränder hinausdrängenden Farbraum mit seinen schwebenden Binnenformen: Das Bild läßt uns ein.
Rothkos gebändigtes Pathos ist ohne seine jüdische Vorstellungs- und Erlebniswelt nicht denkbar, aber auch nicht ohne die Erfahrung der weiten Räume amerikanischer Landschaften. Seine Werke sind Variationen über das Thema „Unendlichkeit". Doch der ekstatische Ausgriff ins Grenzenlose ist rational kontrolliert. Rothko hat dem Bedürfnis nach neuen Mythen die Glut seiner Farbe, die scharfe Kontraste bewußt vermeidet, und die sanfte Gewalt seiner kargen, wie Tempeltücher ins Bild gehängten Formen gegeben. Er hat bewiesen, daß religiöse Kunst, die keine konfessionellen Grenzen kennt, auch heute noch möglich ist.
Das gleiche gilt für Barnett Newman. Sein Nachtstück „Mitternachtsblau" (1970) belegt es. Im schönen, gleichmäßig dunklen Blauklang der Farbfläche, links durch einen weißen Farbbalken begrenzt, rechts von einem türkisfarbenen „zip" ohne Anfang und Ende unterteilt, gewinnt das „Sublime", das „Erhabene" – Newmans entscheidende Kategorie – bildnerische Präsenz. Anders als vor Rothkos Bildern wird dem Betrachter die Erfahrung des Eindringens in den Farbraum nicht aus der Entfernung zuteil, sondern nur dann, wenn er dicht vor das Bild tritt, wenn er sich von der Farbe umfangen und meditierend die Erfahrungswelt hinter sich läßt.
Bei diesem bildnerischen Denken setzt Brice Marden an, der – quer zu den Tendenzen der Zeit und quasi romantisch – die Aufgabe des Künstlers mit der des Priesters vergleicht, Mittler zu sein zwischen Mensch und Mythos. „Humilatio" („Unterwerfung", 1978) ist Teil der Bildserie „Annunciations" („Verkündigungen") und bezieht sich auf Verhaltensweisen der Maria während der Verkündigung des Engels. Blau als Symbolfarbe der Gottesmutter wird in einer Reihung von zwei schmalen und zwei doppelten Streifen variiert: von Blau-Weiß über Blau-Schwarz und Ultramarin zu Blau-Grün.
Ad Reinhardt nimmt unter den „Color Field Painters" eine einsame Sonderstellung ein. Er war ein Einzelgänger, Traditionalist und Utopist in einer Person. „Neue

Brice Marden, *Humilatio (Unterwerfung)*, 1978

Mythen“ gab es für ihn nicht. Sein Weg nach innen führte über die Auseinandersetzung mit den Kulturen Ostasiens. Trotzdem ist der Deutschamerikaner nicht in Versuchung geraten, seine westliche Herkunft zu vergessen. „Kontrolle und Rationalität sind Teil einer jeglichen Moral“, sagte er. Daran hat er sich als politischer Mensch und als esoterischer Künstler gehalten. Trotzdem gehen seine Bilder auf unverwechselbare, in ihrer eisenstirnigen Konsequenz höchst eigenwillig-individualistische Weise zurück auf ein äußerstes Elementares: auf das Schwarz, das seine farbige oder nichtfarbige Tiefe an der planen Oberfläche versteckt. Dieses Schwarz führt dicht heran an den Nullpunkt, an die Grenze zum nicht mehr Sichtbaren. Insofern sind Reinhardts reife Werke im Kontext zu zeitgenössischen Strömungen zu sehen, die zur Gründung der diversen Zero-Gruppen, zu den Huldigungen an das Quadrat des bewunderten Albers, zu Yves Kleins Monochromien, zu Rothkos und Barnett Newmans Farbtafeln führten, während es rückwärts Verbindungen zur Klassizität des Kubismus gibt. Er war für Reinhardt das große ästhetische Ereignis des Jahrhunderts. Auch gibt es Verbindungslinien zu Mondrian und zu Malewitsch.

Reinhardts Schwarz ist keine Erscheinungsform des Helldunkel. Es ist vielmehr eine Form des Lichts, das totale Licht, die Quelle des Lichts, während umgekehrt das Weiß nicht die Quelle des Dunkels ist. Dieses Licht ist den „black paintings“ immanent. Sie haben es aufgesogen. Es fällt nicht, wie bei Rothko, ins Bild, es hat jegliche Form ausgelöscht. Die hier und da, auch im „Abstrakten Bild“ (1954–1959) sichtbar werdenden Gliederungen (Rechteck, Kreuz oder Dreiteilung) sind ohne formale und symbolische Bedeutung. Reinhardts Schaffen verlief nicht, wie bei Cézanne, „parallel zur Natur“, sondern ihr entgegengesetzt. „Kunst ist immer tot“, stellte er provozierend fest, „eine lebendige Kunst ist Täuschung.“ Durch seine kompromißlose Haltung, die ihn auch eine gerichtliche Auseinandersetzung mit seinem ebenso kämpferischen einstigen Freund Newman nicht scheuen ließ, seine Ablehnung des „Avantgarde-Business“, verbaute er sich selbst konsequent den Weg zum Erfolg. Der stellte sich erst kurz vor seinem Tode ein, als er von jüngeren Künstlern als einer der wenigen älteren entdeckt wurde, die ihnen die Wege (zur Minimal und zur Concept Art) geebnet hatten. Reinhardts „black paintings“ sind Endstationen der Staffeleimalerei. Wie Cézanne sich als der Primitive eines neuen Weges verstand, so verstand Reinhardt sich als letzter Traditionalist. Sein Werk ist das eines konservativen Utopisten zwischen gestern und morgen.

Der Titel des Bildes „Abstract Painting“ (1954–1959) bezeichnet eine Grenzsituation zwischen den farbigen früheren Arbeiten und den „black paintings“. Das dominierende Schwarz läßt noch Nuancen erkennen: nächtliches Blau, ein ins Violette hinüberspielendes Pflaumenblau. Solche Klänge verweisen darauf, daß Reinhardts Schwarz alle anderen Farben einschließt: Farbe ist Emanation des Lichts. So wird auch das Licht eingeschlossen, hermetisch verriegelt. Das schlanke

Ad Reinhardt, *Abstract Painting (Abstraktes Bild),* 1954–59

Morris Louis, *Alpha-Ro,* 1961

Morris Louis, *Daleth,* 1958/59

Hochformat ist ungewöhnlich. Es bezeichnet gleichfalls die vermittelnde Position dieser bedeutenden Arbeit vor Reinhardts letztem Schritt ins noch tiefere Schwarz und zum „objektiven" Quadrat, das keine formellen Hierarchien mehr kennt. Struktur und Fraktur enthüllen sich nur im konzentrierten Hinschauen ohne Wechsel des Standorts und des Lichteinfalls, eine Art der Betrachtung, die vom gehetzten Menschen unserer Zeit viel verlangt.

Ebenfalls meditativ, aber ohne metaphysischen Anspruch wird die Farbe von Morris Louis (Bernstein), ebenfalls Sohn russischer Emigranten, verwendet. Er läßt sie auf der Leinwand (oder auf Baumwollsegeltuch) fließen und in den Malgrund eindringen. Um diesen Effekt zu erreichen, benutzt er die leicht „gehende" Acrylfarbe. Auf die Serie der „Veil"-(„Schleier"-)Bilder, in denen transparente Farbbahnen sich blumenhaft ausdehnen („Daleth", 1958/59), folgen die „Entfaltungen": Auf großen Querformaten verläuft die Farbe in freier Formulierung bandartig in vierfach diagonaler Parallelführung, entweder durch die Bildmitte („Alpha-Ro", 1961) oder jeweils rechts und links übereck. Die organhaft-vegetativen Farbfiguren verjüngen sich zum Bildrand hin. Die frei bleibende, große und unbearbeitete Fläche ruft den Eindruck von Weite hervor, die großzügig gelenkte Farbe schafft Raum. Diese Bilder, deren Farbigkeit vom schönen Licht über Washington inspiriert sind, laden ein zu entspannter, „weltlicher" Meditation.

Dichter in ihrer Struktur sind die leuchtend farbigen „stripes" („Streifen"-Bilder), „Pfeiler der Morgendämmerung" (1961), in denen auch indianische Bemalungen erinnernde Spuren hinterlassen haben. Die säulenartige Struktur der parallelen Farbstreifen vermittelt durch ihre Engführung im Vergleich zu den aufgelockerten „Entfaltungen" den Eindruck einer verdichteten Plastizität.

Kenneth Nolands verdankt wie Louis die Anregung zum Arbeiten mit fließenden Farben der Malerin abstrakter Farblandschaften, Helen Frankenthaler („Flutschlag I", 1974). In seinem Werk dominiert im Laufe der Jahre immer mehr eine geometrische Komponente. In „Provence" (1960) schwebt die am äußeren Rand zerfließende Scheibe aus Farbringen noch; in den statischeren folgenden Bildern (V-Formen, Ellipsen) wird die Beziehung zwischen strengerer Farbform und Bildträger untersucht, während in den späteren Streifenbildern („Schattenlinie", 1967) die Farbe und der bedeutungslos gewordene Bildgrund ununterscheidbar miteinander verschmelzen und die harten Farbstreifen sich tendenziell ins Unbegrenzte hinein fortsetzen. Die Farbe selbst, befreit von allen kompositorischen Rücksichten und Bildsystemen, ist das einzige Thema.

Morris Louis, *Pillars of Dawn (Pfeiler der Morgendämmerung)*, 1961

Lucio Fontana, *Concetto Spaziale: Attese (Raumkonzept: Erwartungen),* 1960

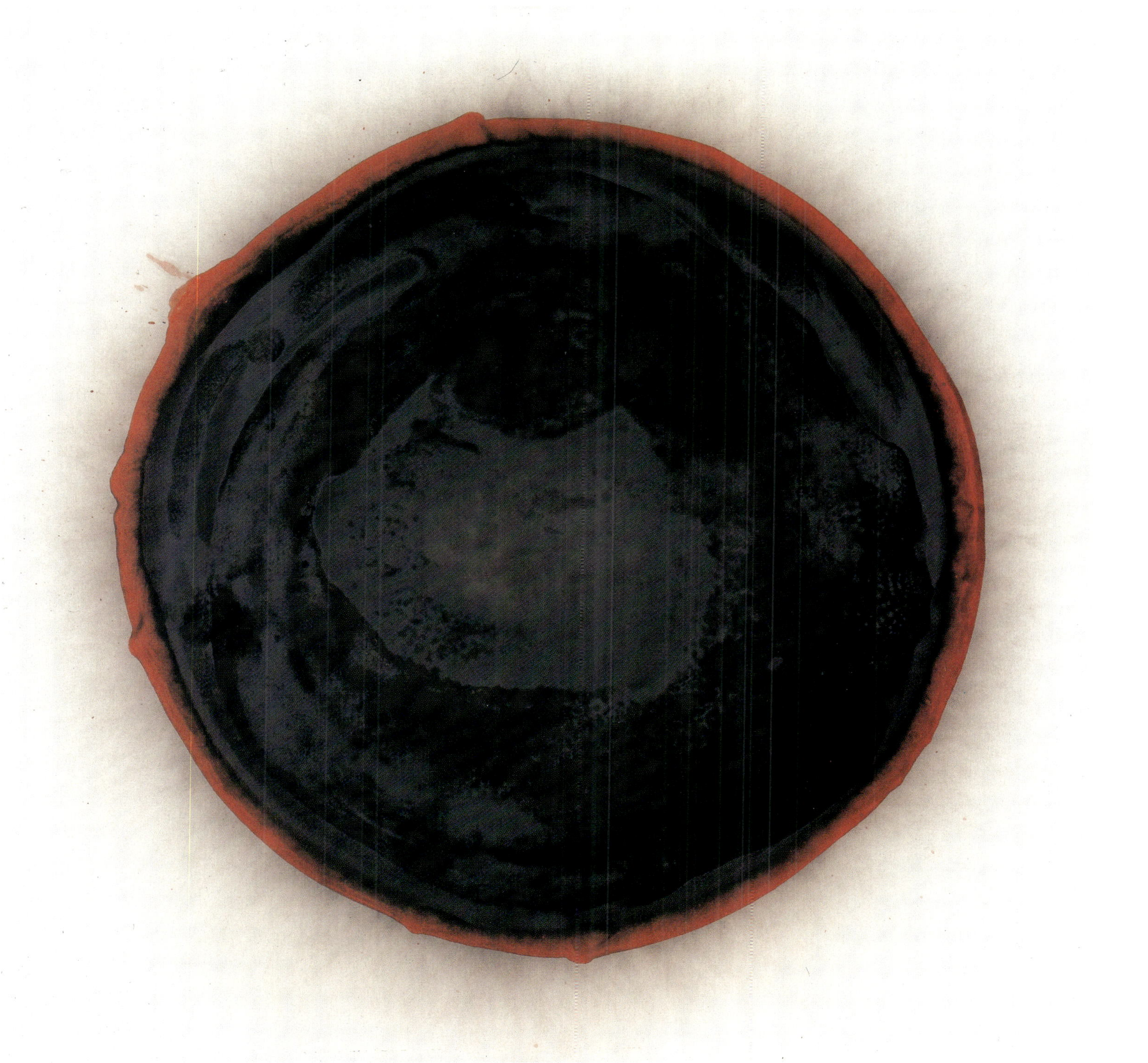

Otto Piene, *Feuer, Rot und Schwarz auf Weiß,* 1962

Auf ganz andere Weise dominiert die Farbe bei Larry Poons („Ohne Titel", 1970), der sie in verschiedenen Schichten übereinandermalt und ihr durch Auflegen und Abheben von Gegenständen Struktur gibt. Der Eindruck verstärkt sich, wenn beim Trocknen der Farbe die oberen Schichten reißen und die darunterliegenden sichtbar werden. Im Gegensatz zu Poons arbeitet Jules Olitiski („4. Schritt", 1971) mit Spritzpistole und Kompressor. Die Farbe ist nicht kompakt, sie wird vielmehr entmaterialisiert und löst sich in farbige Nebelschichten auf. Barbara Rose hat denn auch von einem „abstrakten Impressionismus" gesprochen, und es mag durchaus sein, daß Monets berühmtes Bild „Impression, aufgehende Sonne" (1872) den gebürtigen Russen ebenso beeinflußt hat wie William Turner mit seinen Nebellandschaften.

Der Aufstand gegen den Aufstand der europäischen „Action Painters", der Tachisten und das monochrome Utopia, zentriert in dem Licht-Idealismus der Gruppe Zero, begann 1957 mit den Abendausstellungen im Düsseldorfer Atelier Otto Pienes. Wie vorher die geometrische Abstraktion, so war auch der Tachismus akademisch, war der existentialistische Weltschmerz zur sentimentalen Geste geworden, der routinierte Trübsinn auch im Bereich der bildenden Künste eher bei Françoise Sagan als bei Jean-Paul Sartre zu Hause.

Dagegen stellte die Zero-Bewegung ihre – aus heutiger Sicht schon wieder naive – Vision einer besseren, lichterfüllten Welt. Der Weg führte von der subjektiven „Handschrift" der Tachisten zur anonymen Objektivität, von Wols zu Yves Klein und Lucio Fontana. Dem Italiener ist denn auch eine schöne Gemeinschaftsarbeit der deutschen Zero-Gruppe gewidmet: „Hommage à Fontana", Schmuckstück der „documenta III/1964".

Fontanas frühes „Weißes Manifest" von 1946 war eine Art „Altes Testament" für die Zero-Bewegung. Genauso wichtig waren die beiden „Spatialistischen Manifeste", in denen er seine Methode erläutert, die Leinwand zu perforieren („Buchi") oder zu durchschneiden („Tagli") und so in den Raum hinter dem Bild vorzustoßen.

Trotz der angeblichen leisen Verachtung für die bildnerische Ordnung als „Variationen für das Publikum" sind Fontanas rechteckige oder elliptische Perforationen und Einschnitte, die man auch mit den Kerben der „Primitiven" verglichen hat, präzise komponiert. Vergleichsweise „dramatisch" und bewegt ist die Folge von fünf Einschnitten in unregelmäßiger Breite und Länge im „Raumkonzept: Erwartungen" von 1960, während die drei in ihrer Länge leicht variierten Schnitte im gleichnamigen früheren Bild von 1960/61 ruhiger und kontemplativer sind. Wirklichkeitseindrücke werden im perforierten, die Farbe reliefartig mit dem Spachtel auftragenden „Raumkonzept: Hochzeit in Venedig" (1961) reflektiert und in eine subjektive Bildordnung umgesetzt. Das „Raumkonzept: Kleines Theater" (1966) hat eine vorgezogene „Proszeniumszone" aus Holz. Das Bild gibt eine knapp zusammenfassende symbolische Deutung des „Kleinen Welttheaters" (1966) vor dem nicht sichtbaren Raum, der durch die Perforierungen ins Bild eindringt. Wie Zero und die später gegründeten Gruppen „t" in Italien und „Groupe de la Recherche d'Art Visuel" in Paris ging es auch Fontana um die Aufhebung der Gattungsgrenzen zwischen Malerei und Plastik. In der flachen „Raumplastik" von 1957 wendet er seine Prinzipien in umgekehrter Weise an: Während er die zweidimensionalen Bilder durch Schnitt und Perforierung in die dritte Dimension hinein verlängert, wird umgekehrt die plastische Form flächig gehalten.

Noch wichtiger als Fontana war für die Zero-Bewegung Yves Klein, „Yves Le Monochrome", der, nur 34 Jahre alt, inmitten seiner hektischen Aktivitäten starb, die auf paradoxe Weise mit seiner meditativen, vom Zen-Buddhismus und von den Lehren der Rosenkreuzer beeinflußten monochromen Malerei kontrastiert. Sein „IKB" (International Klein Blue), ein intensives

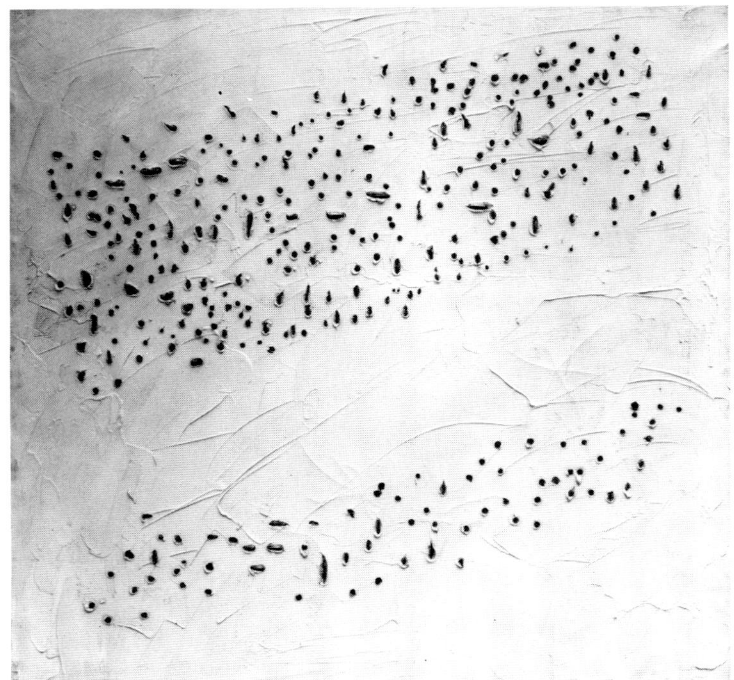

Lucio Fontana, *Concetto Spaziale: Sposalizio a Venezia (Raumkonzept: Hochzeit in Venedig)*, 1961

Ultramarin, fand er 1955, nach vielen Versuchen mit einem Pariser Chemiker: Die Farbpigmente werden nicht durch herkömmliche Mittel gebunden, sondern durch eine Petroleumsubstanz.

Auf andere Weise als Barnett Newman strebte Yves Klein das meditative Versinken des Betrachters in der reinen Farbfläche an, die durch keinerlei zusätzliche Bildelemente unterbrochen wird, nicht einmal durch einen „zip". Die Schwingung der Farbe erzeugt einen Nachhall auf der Netzhaut des Auges und soll auf diese Weise ins Innerste eindringen. Auch Klein spricht vom Eintauchen in einen Raum, „der größer ist als das Endliche". Es ist, auf einer neuen Bewußtseinsebene, das Blau der Romantik, das Blau des Himmels, durch das die Empfindung für das Unendliche geweckt wird („Monochromes Blau IKB 73", 1961). Die plane Flächigkeit wird gelegentlich unterbrochen durch Schwämme („Blaues Schwammrelief: RE 19", 1958). Diese Kombinationen entstanden im Zusammenhang

Yves Klein, *Relief éponge bleu: RE 19 (Blaues Schwammrelief: RE 19),* 1958

Yves Klein, *Anthropometrie: ANT 130,* 1960

mit der Arbeit für das neue Theater in Gelsenkirchen (Architekt: Werner Ruhnau).
Als Klein der von dem Kritiker Pierre Restany ins Leben gerufenen Gruppe der „Neuen Realisten" beitrat, die reale Materialien für die Schaffung ihrer Kunstwerke benutzten, erweiterte er seine Thematik durch Abdrücke des menschlichen Körpers auf Papier und Leinwand („Anthropometrie: Ant 130", 1960). Seltener setzt er Rot als Farbe ein, gelegentlich auch das symbolträchtige Gold („Monogold: MG 18", 1959–1961); aber er mochte es durchaus nicht, wenn monochrome Bilder in jeweils verschiedenen Farben zu dekorativen Arrangements zusammengestellt wurden. Das widersprach seinen quasi metaphysischen Intentionen und seiner strikten Auffassung von künstlerischer Sensibilität, von der Präsenz des Immateriellen im Material der Farbe.
Diesem Denken steht Otto Piene, der seinerzeitige Chefideologe der Zero-Gruppe, nahe. Auf den Spuren von Fontana, aber auch Moholy-Nagys arbeitete er mit neuen Techniken und Präsentationsformen: Lichtballette, Lichttheater, Museumsstücke für Licht, Luft und Feuer belegen es. Neben seinen frühen monochromen Rasterbildern sind seine „Rauchbilder" wichtig („Feuer, Rot und Schwarz auf Weiß", 1962). Er kam darauf bei der Arbeit an den Rasterbildern, als er sah, wie Kerzenruß durch Rasterfolien quoll. Die rotgeränderte „schwarze Sonne" der Feuerbilder entstand bei Verbrennen von Pigmenten auf Leinwand oder Papier. Der rote Ring außen bleibt erhalten, während die Scheibe schwarz wird und die Spuren des Rauchs sich über die Kreisform hinaus ausdehnen.

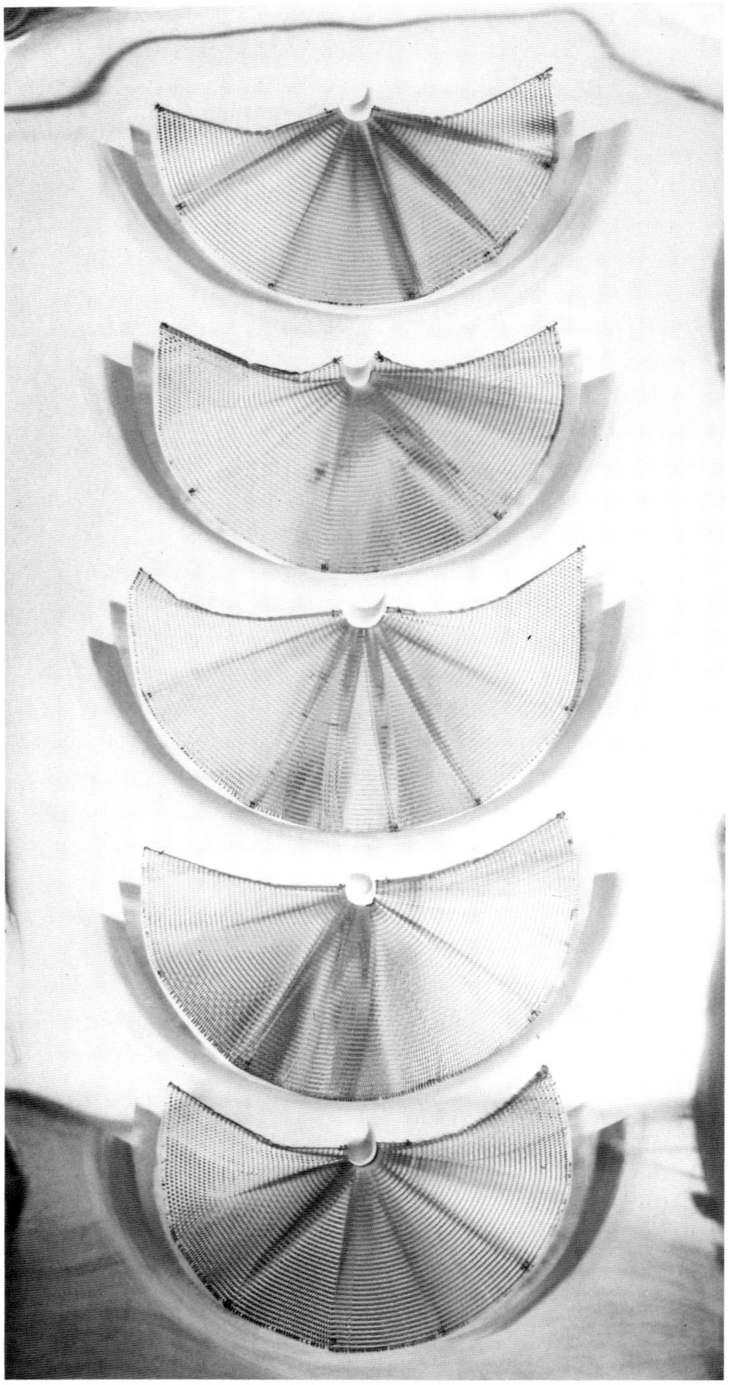

Heinz Mack, *Fünf Flügel eines Engels,* 1965

Heinz Mack, der als eine Art Wunderkind der Düsseldorfer Akademie noch mit dem Tachismus gespielt hatte, erfand die „Vibration" als sein Stilmittel, das er auf vielen schönen frühen Bildern praktizierte. Dann aber entdeckte er den Zauber des reflektierenden Lichts, als er zufällig auf eine Metallplatte über einem Sisalteppich trat. Damit war seine Kunst der Zukunft, die immer mehr auch die dritte Dimension mit einbezog, bereits vorprogrammiert. „Fünf Flügel eines Engels" (1965) und „Silbersonne" (1967) sind konsequente Weiterentwicklungen auf der Basis dieser

Gotthard Graubner, *Farbraumkörper – Diptychon,* 1977

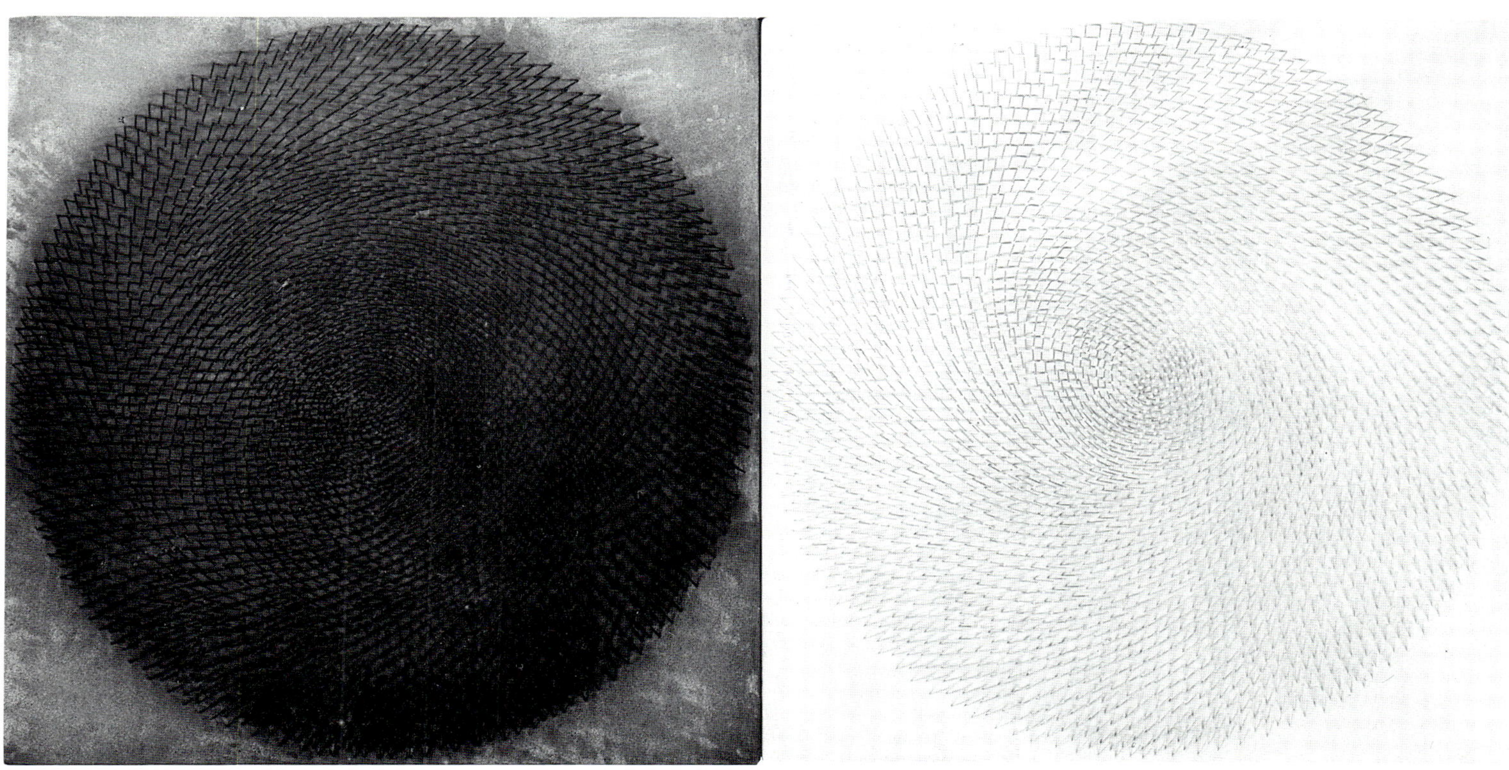

Günther Uecker, *Große Spirale I (Schwarz), II (Weiß),* 1968

ersten Entdeckung. Für die Flügel verwendet er hochwertiges Aluminium für Flugzeug- und Raketenbau. Dieses Material wird in Blöcke geschnitten und mit der Hand auseinandergezogen. Der Lichteinfall verändert es und gibt ihm den Hauch des Immateriellen. Technoides verbindet sich so mit Metaphysischem, Rationalität mit Romantik. Mack beruft sich auf Leonardo da Vinci: „Er war Ingenieur, und er malte Engel." Die rotierende „Silbersonne" dokumentiert den wichtigen Schritt zur Kinetik. Das berühmte Sahara-Projekt („10 Lichtsäulen im Sand der Wüste", 1968) war ein Höhepunkt dieser Entwicklung. Sie führte weit über die Grenzen der Malerei hinaus.
Das gleiche gilt für die beweglichen und unbeweglichen Nagelbilder und Objekte Günther Ueckers. Der Nagel als Medium schafft Raum im Wechselspiel von dichter und aufgelockerter Struktur, von Licht und Schatten. Nicht nur die bewegten, sondern auch die statischen Objekte verändern sich unter dem wechselnden Licht und durch die Bewegung des vor- und zurückgehenden oder vorüberschreitenden Betrachters. Das gilt für das Nagelrelief „Weiß-Weiß" (1961) aus den frühen Jahren von Zero ebenso wie für die spätere „Große Spirale I (Schwarz), II (Weiß)", 1968, und ihren eindrucksvollen Kontrast von Hell und Dunkel, Heiterkeit und Melancholie. Der unbelastete Optimismus, der Glaube an die lichterfüllte „weiße Welt" in einer ebenso lichten Zukunft ist hier schon skeptisch gebrochen, Tag- und Nachtgedanken halten eine schwierige Balance.
Am Anfang gab es lose Kontakte zwischen Zero und Gotthard Graubner. Auch seine „Farbraumkörper" sind malerische Manifestationen des Unendlichen, dem sich der Betrachter des Bildes gegenübersieht und das ihn umfängt („Farbraumkörper – Diptychon", 1977). Farbe ist Ausfluß des Lichts, und die Räume des Lichts sind undurchmeßbar. Graubner fängt es in seinen körperhaften Bildorganismen auf und läßt es zurückstrahlen. So wird Geistiges sinnlich erfahrbar, Immaterielles materialisiert: Licht ist Welle und Korpuskel.
Auch Graubners Werk hat Beziehungen zur Romantik, zu C. D. Friedrich vor allem, aber ebenso zu Turner und darüber hinaus zu den meisten großen europäischen Koloristen. Sein Thema jedoch ist von dem der Zero-Künstler grundsätzlich verschieden: Es ist die Farbe selbst und ihr Atmen im Bildorganismus. Im „Zwillingsbild" (1977) des Museums Ludwig korrespondiert die meditativ gedämpfte Farbigkeit der beiden Tafeln auf der Basis eines Anthrazitgraus, das einmal nach Grün, einmal nach einem rötlichen Pflaumenblau hin changiert. Im Zentrum nähern sich diese Werte auf zurückhaltend diskrete Weise einander an. Von der Intensität der Betrachtung hängt es ab, wie tief man in diese atmenden Farbräume einzudringen vermag.
Spröder sind die sensibel nuancierten Weißstudien Raimund Girkes („12 waagerecht gestufte Progressionen", 1971). Von den waagerechten Weißbändern wird die Bildfläche auf sanft vibrierende Weise moduliert. Die Stille dieser zurückhaltend strukturierten Bilder, die Reinheit des variantenreichen Weiß wird programmatisch den groben Reizen einer von banalen Bildern überfluteten Umwelt entgegengesetzt.

Piero Manzoni, *Achrome (Farblos),* 1960

Noch radikaler ist „Achrome" („Farblos"), 1960, von Piero Manzoni, einem ruhelosen, umtriebigen Geist, dessen Schaffen in seinem kurzen Leben vom Informel über Happening und Fluxus bis zur konsequentesten Monochromie führte: „Die Unendlichkeit ist, strenggenommen, monochrom oder, besser noch, der Farbe entblößt [...]. Für mich ist es die Frage, eine völlig weiße (oder besser völlig farblose, neutrale) Fläche zu geben, außerhalb aller gemalten Erscheinung [...]: ein Weiß, das keine Polarlandschaft, kein Assoziationsgegenstand, kein schönes Ding, keine Empfindung, kein Symbol oder sonst etwas ist: eine weiße Fläche, die eine weiße Fläche ist [...]."

Kunst für alle – Kunst für Künstler *Pop Art in New York*

Die Einbeziehung der Realien des Alltags gehört auch zu den Stilmitteln der Pop Art, nicht zuletzt im Werk der großen Wegbereiter Jasper Johns und Robert Rauschenberg. Im übrigen ist Pop Art eine Bezeichnung, die – anders als bei der Musik – im Bereich der bildenden Kunst längst nicht mehr trifft. Wir haben inzwischen erkannt, daß die Pop Art, mit all ihren trivialen Themen vom Comic strip bis zur Coca-Cola-Flasche, außerordentlich anspruchsvoll sein kann. Natürlich wendet sich diese typische Kunst der demokratischen Massengesellschaft nicht nur an eine Elite, sondern an ein breites Publikum; aber im Gegensatz zur populären, vertrauten Thematik sind die künstlerischen Mittel, die sie dabei verwendet, durchaus nicht immer tri-

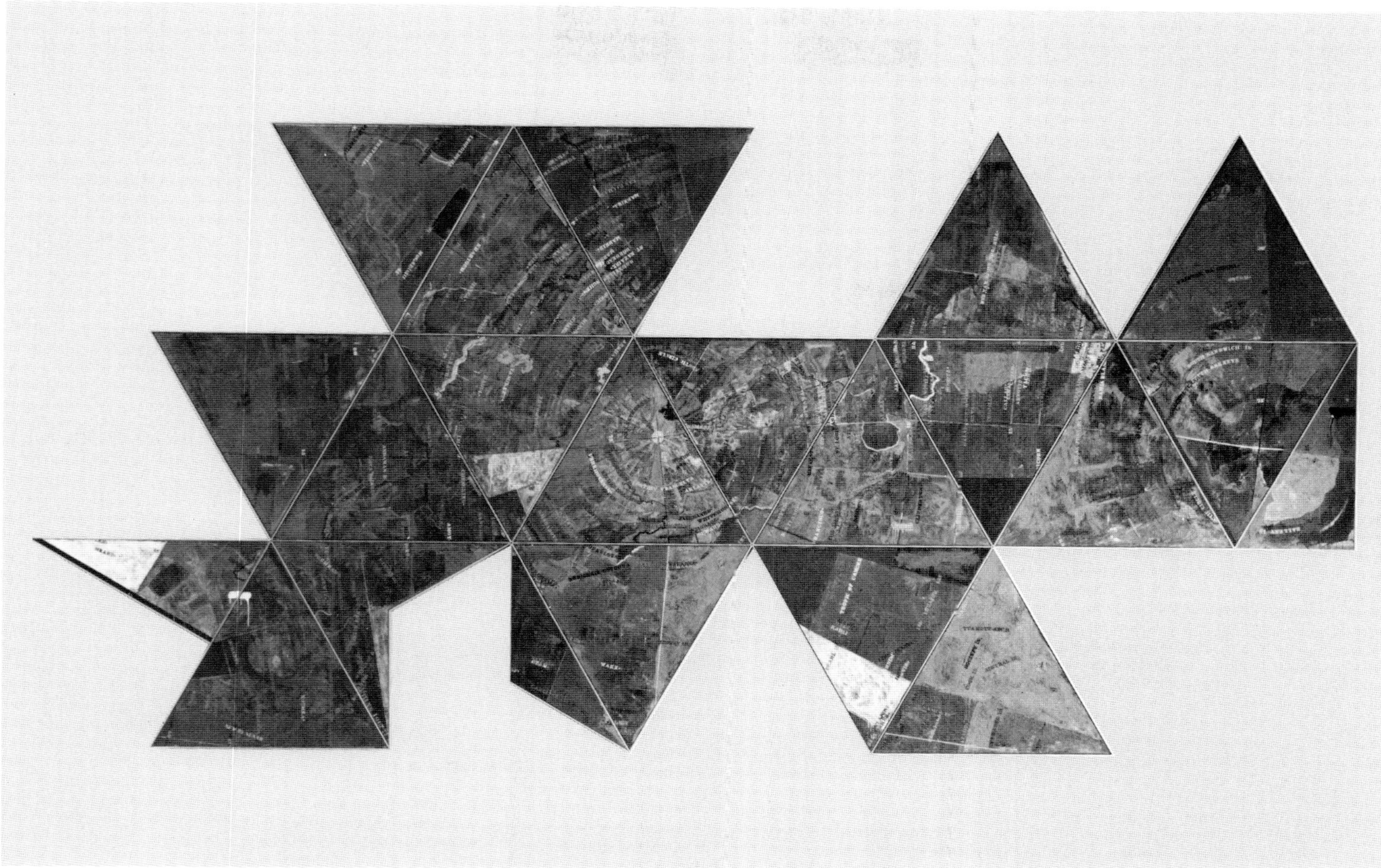

Jasper Johns, *Map (Weltkarte),* 1967–71

vial, in vielen Fällen sogar sehr kompliziert. Diese Kunst für Konsumenten ist zugleich eine Kunst für Künstler und Kenner, weit entfernt von jenem malerischen Dilettantismus, den man gelegentlich für ein Kennzeichen des Genialen hält. Insofern berührt sie sich mit der Malerei eines Fernand Léger, dem sie überdies manche Anregung zu verdanken hat.

Wie überragend die malerische Qualität von Pop Art sein kann, zeigt ein Blick auf das Werk ihres Wegbereiters Jasper Johns. Dem Verzicht auf jede Art von aufgesetzter „tieferer Bedeutung" steht eine außerordentliche Nachdenklichkeit gegenüber, die sich nicht mit dem äußeren Schein zufriedengibt, sondern immer nach dem Wirklichkeitsgrund fragt. Der Maler überträgt „hehre" und banale Gegenstände, so wie sie sind oder wie sie erscheinen, in die Zweidimensionalität des Bildes, ob es das nationale Symbol des Sternenbanners („Flagge auf orangefarbenem Feld", 1957), eine Schießscheibe oder die Schrift auf einem Bild im Theater ist („15' Entr'acte" – „Fünfzehn Minuten Pause", 1958), mit dem die Unterbrechung einer künstlerischen Aktion annonciert wurde. Die dabei entstehende neue Wirklichkeit innerhalb des Bildes wird der Wirklichkeit außerhalb des Bildes gegenübergestellt. Die Realitätsebenen verschieben sich, die Frage, ob Johns' Sternenbanner eine Fahne oder ein Bild sei, ist nicht eindeutig zu beantworten. Die Sache selbst verändert sich, wenn sie Bildgegenstand wird. So sind die Werke dieses Künstlers in ihrer scheinbaren Einfachheit eindringliche Befragungen der Realität: „Was ist wirklich?" Genausogut ließe sich mit dem biblischen Pathos vergangener Zeiten fragen: „Was ist Wahrheit?" Die Antwort wird – wie in der berühmten japanischen Filmerzählung „Rashomon" (1951) – immer verschieden ausfallen, je nach dem Blickpunkt und dem Erlebnisgrund des Betrachters. Immer ist, wie der Künstler sagt, eine Sache „anders, als sie war", und immer wird sie „anders, als sie ist".

In diesem tiefsinnig-pragmatischen gedanklichen Wechselspiel erschöpft sich die Kunst des Amerikaners jedoch nicht. So läßt „Entr'acte", in der dynamischen Art des malerischen Vortrags noch deutlich vom abstrakten Expressionismus beeinflußt, in der virtuosen Abstufung von Licht- und Schattenzonen, dichten und durchlässigen Farbfeldern eine überragende Technik erkennen, die Johns aufgrund intensiven Studiums von antiken Mumienporträts entwickelte: Neben Öl verwendet er flüssiges Wachs als Bindemittel für den Auftrag heißer Farben und das Arbeiten mit erhitztem Spachtel („Enkaustik"). Diese Technik benutzte er bereits für die in sich verschobenen Zahlenreihen des Bildes „Large White Numbers" („Große weiße Zahlen", 1958), das in seiner malerischen Sensibilität und dem differenzierten Reichtum seiner Nuancen zu den Meisterwerken unserer Zeit gehört. Die Zahlen ergeben keinen Sinn, sie weisen nicht über sich hinaus, sie stehen für sich selbst. Das Bildelement wird zum „Ding an sich". Wieder erhebt sich die Frage nach dem Wirklichkeitsgrund des Abbilds und des Abgebildeten, und wieder sind mehrere Antworten möglich.

Jasper Johns, *Flag on Orange Field (Flagge auf orangefarbenem Feld),* 1957

Jasper Johns, *Passage,* 1962

Jasper Johns, *Untitled (Ohne Titel),* 1972

Die gleiche Problematik liegt der monumentalen malerisch reichen „Landkarte" („Map", 1967–1971) zugrunde, die der Künstler in Anlehnung an die in Dreiecke zerlegte Weltkarte des Architekten Buckminster Fuller schuf, mit deren Hilfe die Zweidimensionalität der Erdoberfläche ohne Verzerrung wiedergegeben werden sollte.
Auf sehr komplizierte Weise wird die Wechselbeziehung zwischen der äußeren und der Bildwirklichkeit in der „Passage" von 1962 formuliert. Einerseits montiert Johns, Robert Rauschenbergs Vorstellungen folgend, Materialien der Wirklichkeit ins Bild (Lineal und Nagel vor einem grauen Viertelkreis), andererseits versieht er den bloßen Abdruck eines Bügeleisens mit der Aufschrift „Iron". Einer konkreten Gabel, von Kette und Draht gehalten, antwortet der gemalte Schatten eines Drahtes. Von Magritte weitergeführte Denkspiele Marcel Duchamps sind bei Johns nicht mehr Selbstzweck, sondern werden – über das Thema hinausführend – auf eine Duchamp entgegengesetzte Weise, Anlaß zur Entfaltung einer „passagen"reichen, brillanten Malerei, die Elemente der äußeren Wirklichkeit mit der gemalten Bildwirklichkeit kombiniert; ein Verfahren, dessen sich auch der Johns-Freund Rauschenberg in seinen „combines" immer wieder bedient.
In stärkerer, fast schon „poppiger" Farbigkeit und strengerer Formalisierung praktiziert Johns dieses Verfahren in „Edingsville" (1965): Das Bein in der linken Bildhälfte ist gemalt, die zwischen banale, ausklappbare Gegenstände gezwängte Hand auf der rechten Seite montiert.
Verschiedene Phasen im Schaffen dieses großen Künstlers sind auf dem Bild „Ohne Titel" von 1972 vereint: rechts die vergleichsweise grobe Montage aus fragmentarischen Körperabgüssen und sperrigen „Linealen", in der Mitte die stilisierte Gruppierung von Mauerbildern in der Stadt, links die flechtenartige Struktur eines Motivs, das Johns auf einem entgegenkommenden Auto entdeckte und das in der Folgezeit, vielfältig variiert, immer wiederkehrt. Auch die scheinbare Abstraktion reflektiert die Wirklichkeit. Die Fragmentarisierung der Welt, die Zerstörung übergreifender, verbindlicher Ordnungen, das Nebeneinander und die Gleichzeitigkeit unverbundener Wirklichkeitsbereiche und Denkstrukturen ohne hierarchische Gliederungen, die Verwischung der Grenzen zwischen dem Erhabenen und Banalen, dem Abbild und dem Abgebildeten gewinnen im Werk dieses denkenden Künstlers Gestalt. Der unüberschaubaren Komplexität der realen Welt wird die serielle Struktur einer Kunstwelt gegenübergestellt, die mit Fragmenten der Wirklichkeit arbeitet.
Die Verwendung alltäglicher Materialien spielt auch im Werk Robert Rauschenbergs eine große Rolle, der sich dabei auf den genialen „Lumpensammler" Kurt Schwitters berufen kann, dessen Ideen für ihn genauso wichtig, womöglich noch wichtiger waren als die Theorien Marcel Duchamps. Konkreter als sein Freund Johns auf die Überwindung des Grabens zwischen wirklicher Welt und Kunstwelt, zwischen Künstler und Betrachter bedacht, ist Rauschenbergs Haltung optimistischer. Zumindest in den fünfziger und sechziger Jahren, die ihn geprägt haben, glaubte er an die mögliche Überwindung der Antinomie von Kunst und Wirklichkeit und an die Chance, den rezipierenden Nichtkünstler aus seiner passiven Haltung herausreißen und zum schöpferischen Teilhaber machen zu können.
Die Aufhebung der Grenze zwischen Bild und Objekt, Hochkultur und Trivialkultur wird durch die „Odalisque" (1955–1958) exemplarisch belegt. Der Titel bezieht sich auf das gleichnamige lasziv-erotische Bild von Jean Auguste Dominique Ingres. Daran – und an „Die Badende von Valpencon" desselben Malers – erinnert zudem das Kissen, in das sich die Stütze, die den erleuchteten Bildcollage-Kasten trägt, eingedrückt hat wie der Körper der nackten Ingres-Damen ins sündige Pfühl.
Dieser Thematik entsprechen die Collagen auf dem illuminierten Kasten: Reproduktionen berühmter Bilder alter Meister und deren klassische Themen; Frauen in erotischer, Männer in aggressiv-sportlicher Pose, Landschaft, Tier, Tod und Vergänglichkeit. Über allem

Robert Rauschenberg, *Odalisque (Haremsfrau),* 1955–58

Robert Rauschenberg, *Soundings (Echolotungen),* 1968

Robert Rauschenberg, *Wall Street,* 1961

kräht ein Hahn als Inbild männlicher Eitelkeit. Alle Erhabenheit ist ad absurdum geführt. Viele Pop-Art-Themen werden in diesem Werk vorformuliert: der Triumph des Trivialen über das nur noch in ironischer Brechung erscheinende Erhabene, die Verwendung billiger Alltagsmaterialien, das Überschreiten der Gattungsgrenzen.

Ähnliche Tendenzen sind auch in der dreiteiligen „Allegory" (1959/60) erkennbar, einem „combine" aus Farbe, Regenschirmbespannung, gedrehter Metallsäule, Sackleinen und anderen Materialien. Doch hier tritt der Bildcharakter viel deutlicher hervor: durch eine interessante und höchst bewußte Komposition und einen kraftvoll-abwechslungsreichen Bildrhythmus, der von der dramatischen Kleinstruktur des rechten Bildteils über die konzentrierte Dynamik der schmalen mittleren Tafel zur ruhigen, fast klassischen Ordnung des größten, mehr als die Hälfte des „Triptychons" umfassenden dritten Bildteils führt. Auch die Herkunft des Künstlers aus dem Action Painting wird auf diesem Bild – man könnte es ebenso wie viele andere Werke Rauschenbergs mit Peter Ludwig als ein „Historienbild unserer Zeit" bezeichnen – in Format, Komposition und malerischer Handschrift ganz klar erkennbar.
Von Rauschenbergs Streben, Realwelt und Bildwelt, Leben und Kunst zu vermischen, sind „combines" wie „Schwarzmarkt" und „Wall Street" (beide 1961) geprägt. Die Bildteile von „Black Market" sind Fundstücke: Verkehrsschild, Autonummer, Foto, Notizblöcke mit Metalldeckeln und auf dem Boden ein Koffer mit Alltagsutensilien, Stempel und Stempelkissen. Der Besucher ist höflichst eingeladen, die Fundstücke zu vertauschen und den Tausch einzutragen. So soll er an der permanenten Veränderung des aus realen Dingen zusammengesetzten Kunstwerks aktiv mitwirken und von seinem passiven Zuschauerverhalten „erlöst" werden. Dieser Vorsatz entspricht dem idealen Demokratieverständnis der Kennedy-Ära, ist im Museumsalltag aber kaum zu realisieren, da es den „neuen Menschen" und damit den idealen, schöpferischen Museumsbesucher immer noch nicht gibt.
Praxisnäher sind die „Echolotungen" (1968). Sie entstanden im Zusammenhang mit den – noch immer und schon wieder – euphorischen Experimentierreihen

Robert Rauschenberg, *Allegory (Allegorie)*, 1959/60

Robert Rauschenberg, *Axle (Achse)*, 1964

Robert Rauschenberg, *Radiant White 952 (Strahlend weiß 952)*, 1971

von Künstlern, Ingenieuren und Technikern („Art and Technology"), die Kunst und Technik einander näherbringen sollten. Auf zwei Plexiglastafeln im Innern des Bildobjekts sind mit Hilfe des Siebdruckverfahrens Reproduktionen von Stühlen aufgezogen. Betritt der Besucher den (verdunkelten) Ausstellungsraum, erblickt er zunächst nur sich selbst im Spiegelbild auf versilberten Tafeln. Wenn er sich mit anderen geräuschvoll unterhält, herumtanzt oder in die Hände klatscht, löst der Schall zwischen den Wänden Lichter aus: Die Stühle werden in wechselnden Konstellationen sichtbar und verschwinden wieder im Dunkeln.
Zur Verwendung von Offset, Siebdruck und anderen Techniken wurde Rauschenberg durch Andy Warhol angeregt. Aber er mischt sie auf unverwechselbar persönliche, immer noch malerische Weise in „combines" wie „Axle" und „Frog" (beide 1964). Auch in ihrem Fall ließe sich von simultanen Historienbildern aus dem Geist und mit den Mitteln der eigenen Zeit sprechen: Fetische, Symbole und Leitfiguren geben sich – gelegentlich sogar verdoppelt wie John F. Kennedy in „Axle" – ein Stelldichein. Sie sind voneinander getrennt und doch durch eine übergreifende malerische Ordnung miteinander verbunden: Adler und Freiheitsstatue, Natur und Technik, ländliche Hütte und Großstadtembleme, Fallschirmspringer und die Venus von Rubens.
Spröder als solche – heute bereits klassischen – Bilder sind die monumentalen Kartonstücke im Stile des „Radiant White" („Strahlend weiß"), 1971. Hier benutzte der Künstler wieder allereinfachste Materialien (Pappkartons, Etiketten, Holzlatten), um klare bildnerische Ordnungen zu formulieren und aufs neue seine – an Schwitters anknüpfende – These zu belegen, daß man „aus ein Paar Socken" genausogut ein Bild machen könne „wie aus Holz, Nägeln, Terpentin, Öl und Leinwand".
Dadaistische Paradoxien spielen auch im Werk des dritten „Gründungsvaters" der Pop Art, Claes Oldenburg, eine wichtige Rolle. Er hat die harten Sachen weich, die weichen hart, die kleinen groß, die großen klein, die bedeutenden unbedeutend und die unbedeutenden bedeutend gemacht. Die Hintergründigkeit des gebürtigen Schweden in New York, sein tiefsinnig eulenspiegelhafter Humor, die Treffsicherheit seiner Pointen sind in heutiger Kunst noch immer ohne Vergleich. Europäischer und amerikanischer Witz verbinden sich in seinem Werk auf einzigartige Weise. Auch er kommt, was man seinen frühen Bemalungen durchaus ansieht, aus dem Action Painting. Überdies

Claes Oldenburg, *Men's Jacket with Shirt and Tie (Brown Jacket) Herrenjacke mit Oberhemd und Krawatte (braune Jacke),* 1961

gehört er, nächst Allan Kaprow, zu den Protagonisten des Happenings. Aus diesen Pioniertagen stammen die Figuren des „Straßenmädchens" und die karikaturistische „Birne" als „Kopf eines Passanten" (beide 1960). Es sind Figuren mit „tragender Rolle" und Requisiten zugleich. Die „Grünen Damenbeine mit Schuhen", das „Braune Jackett" und das "Weiße Hemd mit blauer Krawatte" (alle 1961) aus Stoff und Gips, mit Draht befestigt, mit Emaillelack bemalt, sind Resultate der Suche nach einem ebenso antitraditionellen, aber dauerhafteren Material als Pappe und Zeitungspapier, die er in der Periode der „Street Scenes" verwendet hatte. Die „dicke Putzschicht und die grüne Farbe einer Küche in seiner Nachbarschaft" inspirierten ihn, wie seine Frau Coosje van Bruggen schreibt, dabei ebenso wie „die Verdickungen und mysteriösen Unregelmäßigkeiten in den verputzten Wänden seines Treppenhauses, die durch die glänzende Lackfarbe [...] besonders hervortraten".

„Weiches Waschbecken" (1965) und „Weicher schwedischer Riesen-Lichtschalter" (1966) sind hervorragende Beispiele für die Monumentalisierung alltäglicher Gebrauchsgegenstände. Ihre Verwandlung von hart zu weich, von Mini- zu Maxiformaten dokumentiert Oldenburgs vertrackten Humor und seinen Sinn für das Paradoxe ebenso wie seine versöhnliche Menschlichkeit.

Welche Fülle von Assoziationen ein simpler Ge-

Claes Oldenburg, *Green Legs with Shoes (Grüne Damenbeine mit Schuhen),* 1961

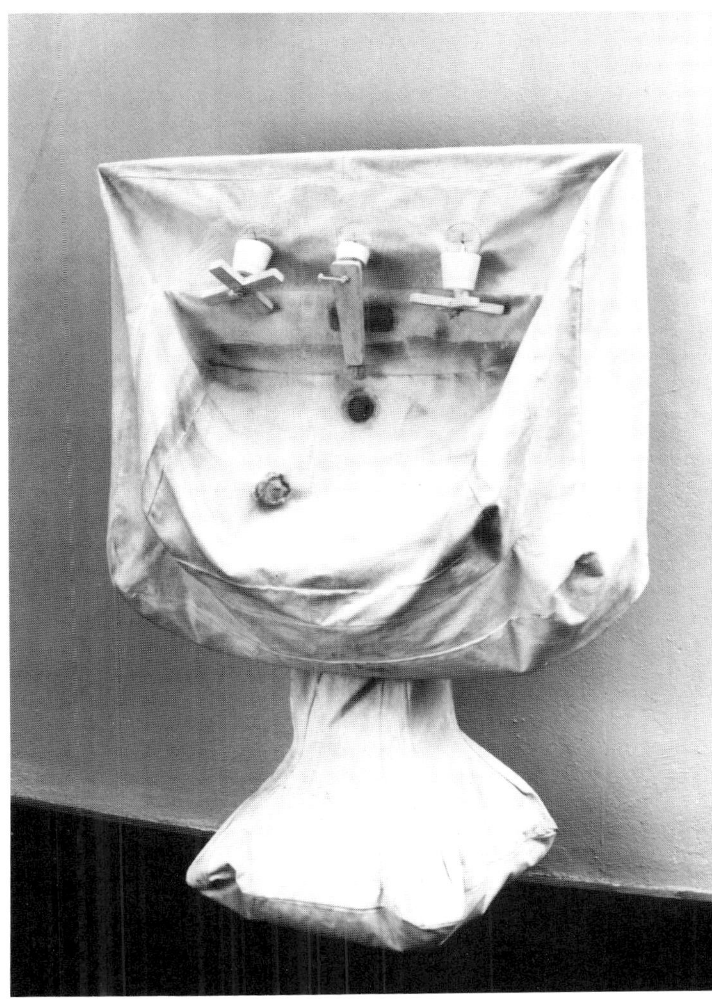

Claes Oldenburg, *Soft Washstand (ghost version) (Weiches Waschbecken, Fassung in Stoff),* 1965

Claes Oldenburg, *The Mouse Museum (Das Maus-Museum),* 1965–77

brauchsgegenstand in Oldenburgs Formulierung auslösen kann, zeigt die (harte) „Badewanne" aus Holz und Pappe von 1966. Die um 90 Grad gedrehte, aufrecht stehende, dünn bemalte Wanne erinnert zugleich an ein Schilderhäuschen und an einen ägyptischen Sarkophag. Die zeichnerischen Vorschläge zu antiheroischen Monumenten für Dinge des täglichen Gebrauchs (Regenschirm, Wäscheklammer, Zahnpastatube, Maurerkelle oder Gartenschaufel), von denen etliche inzwischen ausgeführt werden konnten, sind im Museum Ludwig durch verschiedene Modelle belegt, u. a. durch den „Vorschlag für ein Riesendenkmal im Coronation Park, Toronto" (1967) in Gestalt eines Regenabflußrohrs.

Das „Maus-Museum" (1965–1977), in seiner äußeren Form eine stilisierte Mickey Mouse, enthält die Zusammenfassung von alledem. Die selbstgemachten Objekte, die Relikte von Arbeitsprozessen, die veränderten und die gefundenen Gegenstände (Oldenburg findet sie auf Schritt und Tritt) stehen in enger Wechselbeziehung zum Gesamtwerk, zum Künstler und zu seiner Welt, aber auch zum Betrachter, der solchen Dingen (Zahnpastatube und Topflappen, Strumpfband und Lippenstift, Toaströster und Hamburger) täglich begegnet.

Der „Ray Gun Wing" („Strahlenpistolen-Flügel", 1969 bis 1977), wie das „Maus-Museum" ein „Musée infini", führt die endlose, immer wieder zu ergänzende und austauschbare Variation eines Prototyps, nämlich die unbesiegbar machende Strahlenpistole, die in Oldenburgs Leben und Werk eine zentrale Rolle spielt, vor Augen. In der seriellen Anordnung, im bildnerischen Arrangement wird eine kindlich-naive Freude am Spiel mit dem Requisit aus Comic und Science-fiction ebenso sichtbar wie Oldenburgs nachdenkliche Nobilitierung des – endlich ernstgenommenen – Trivialen und sein untrüglicher Instinkt für spannungsreiche ästhetische Ordnungen. Beide Environments sind Schlüsselwerke zum Verständnis von Oldenburgs künstlerischer Welt.

Jim Dine war ursprünglich ebenfalls ein Action Painter. Eine Arbeit wie die „Vergnügungs-Platte" von 1969 zeigt es. Auch er gehörte zu den Protagonisten der legendären New Yorker Happening-Zeit. Wenn er sagt, den größten Einfluß auf seine Arbeit habe sein aus Polen stammender Großvater mütterlicherseits gehabt, der einem Laden für Farben, Werkzeuge und Klempnerutensilien vorstand, so kann man diese saloppe Bemerkung weder als Gag noch als vordergründigen Hinweis auf die Vorliebe für derbe Werkzeuge abtun. Der Zug zum Handfesten und Konkreten entspricht dem unpathetischen Selbstverständnis jener amerikanischen Künstlergeneration, zu der Jim Dine gehört. Hinter der scheinbaren Simplizität dieser Sachverhalte verbirgt sich eine bemerkenswerte, menschenfreundliche Spiritualität voller Anspielungen, ironischer Vieldeutigkeiten und Paradoxien. Dabei hat Dine nie ein Neutöner sein wollen. „Ich weiß gar nicht", sagt er, „warum alles neu sein muß. Das ist doch die destruktivste Haltung überhaupt. Alles ist neu ... Aber ohne die alten Schönheitsmaßstäbe kann man mit einem Bild keinen Erfolg haben."

Auch Dines bildnerisches Denken spielt mit der Gegenüberstellung von realem Objekt und Kunstobjekt. „Sechs große Sägen" (1962), eine echte Säge und mehrere gemalte und gezeichnete, sind ein schlagendes Beispiel dafür. Der „Vergnügungs-Palette" gegenüber fragt man sich wiederum: Sind die Farben die Materialien des Künstlers oder deren Porträt? Der Ausblick in einen blauen Himmel verstärkt das Verwirrspiel: Ist die Palette nur Handwerkszeug oder Bildträger? Das inmitten der Farben tanzende Herz – Dines malerische

Jim Dine, *Roman Color Chart (Römische Farbkarte),* 1968

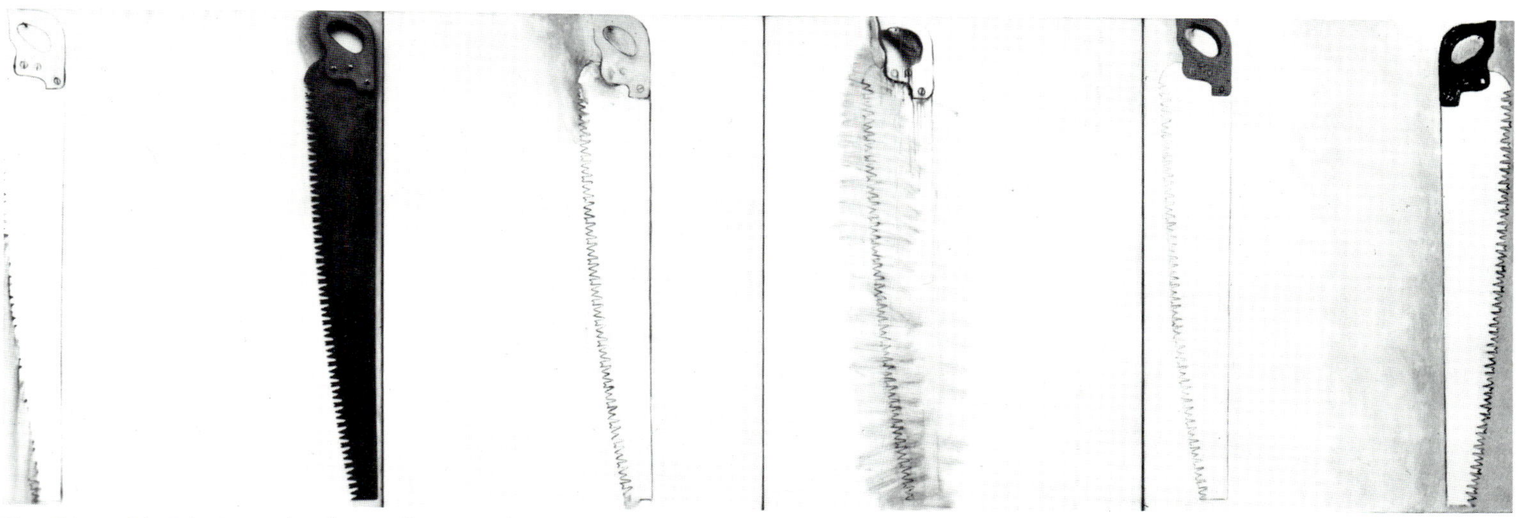

Jim Dine, *Six Big Saws (Sechs große Sägen),* 1962

Lieblingsvokabel – verweist ebenfalls auf den irritierenden Umstand des sprunghaften Wechsels von Realität und Irrealität. Ähnlich verhält es sich mit der „Römischen Farbkarte" (1968), einer riesigen Farblandschaft in serieller Anordnung.

Daß es Dine nicht um platte Abbildlichkeit geht, zeigt sein dreiteiliges, geheimnisvoll surrealistisches Monument „Engel für Lorca" (1966): ein tiefsinniges Memento, dessen Hut-Requisiten trotz ihres scheinbaren Realismus nicht exakt zu erklären sind. Einen direkten Bezug zwischen Leben und Kunst will Dine denn auch nicht akzeptieren: „Es gibt die Kunst, und es gibt das Leben", sagt er. „[...] wenn das Objekt benutzt wird, sagen die Leute, daß das Objekt benutzt wird, um die Kluft zu überbrücken – das ist Blödsinn. Das Objekt wird benutzt, um Kunst zu machen, genauso wie Farbe benutzt wird, um Kunst zu machen."

Auch James Rosenquist will nicht die Lücke zwischen Kunst und Leben überbrücken. Er zieht vielmehr eine scharfe Trennungslinie zwischen beiden, er will nicht Erfahrungen abbilden, sondern durch seine Bilder neue Erfahrungen bewirken. Rosenquist, der in seinen jungen Jahren riesige Kino-Plakatwände (Billboards) gemalt hat, zeigt uns Fragmente der Wirklichkeit, überdimensioniert, überlebensgroß, klar definierbar, aber nicht isoliert wie auf vielen Bildern seiner Pop-Art-Kollegen, sondern stets im Kontext zu anderen Ausschnitten. Dasselbe Wirklichkeitsfragment kann die Hauptsache in einem Bildfeld und gleichzeitig Kontext zu einem anderen sein. Alles ist aufeinander bezogen, dicht ineinander verzahnt, Teil einer übergreifenden monumentalen Konzeption. Früher hätte man wohl von „Komposition" gesprochen. Diese simultane Bildbetrachtung in der Abkürzung zwingt das Auge zum

James Rosenquist, *Horse Blinders (Scheuklappen)*, 1968/69

ständigen Umherwandern, zum „abstrakten" Sehen. Rosenquists Erfahrungen als Billboard-Maler spielen dabei eine Rolle. Auch die Reklametafeln sind, wenn man unmittelbar vor ihnen steht, nicht in der Totalen zu erfassen. Und der Maler möchte nach eigenem Bekunden die Dinge lebensgroß oder überlebensgroß möglichst nahe an den Betrachter heranbringen, weil die Gegenstände sich verändern und einem fremd werden, wenn man sie aus kurzer Distanz erblickt.

Das monumentale Hauptwerk des Künstlers im Museum Ludwig, das Environment „Horse Blinders" („Scheuklappen"), 1968/69, ist das Resultat der konsequenten Befolgung solcher Prinzipien. Die Bildreihe hat kein Zentrum, es gibt keine Richtung, in der man sie „lesen" müßte. Es ist gleichgültig, wo man beginnt, aufhört oder neu einsetzt. Diese Beliebigkeit wird bereits durch unterschiedliche Höhe der einzelnen Paneele programmiert. In typisch poppigem „Blow-up" werden alltägliche Dinge ins Riesenhafte vergrößert: Pinsel, Schüssel, Quirl, Telefonkabel, ein Stück schmelzende Butter, ein Daumen mit Farbe unter den Fingernägeln, eine Holzmaserung. Kein Teil ist vollständig, alles bleibt fragmentarisch, es gibt keine formalen oder thematischen Hierarchien. Die Bildfolge läuft unter Verzicht auf jegliche „Story" ab wie eine Filmsequenz. An den Ecken spiegeln polierte Aluminiumplatten die Bildgegenstände noch einmal. Auf solche Weise entstehen für den Betrachter Bilder im Bild. Es ist eine neue Art der Welterfahrung, die in dieser Arbeit malerische Gestalt gewinnt: das ausschnitthafte, gleichzeitige, „schnelle" Sehen des Großstädters.

Rosenquist hat sich gelegentlich darüber amüsiert, daß viele Leute glauben, die Pop-Artisten identifizierten sich mit den Massenidolen, die sie darstellen: „Sie lieben Marilyn Monroe wirklich." Wenn er einen anderen Star, Joan Crawford, darstellt („Ohne Titel, Joan Crawford sagt ...", 1964), so ist nicht die Schauspielerin das eigentliche Thema, sondern der kommerzialisierte Starkult, hier im Dienste einer Zigarettenfirma. „Porträtiert" ist nicht die Crawford, sondern ein Plakat; interpretiert wird dessen werbewirksame, grobmaschige Art der Aufmachung. Rosenquists einschlägige Erfahrungen als Reklamemaler werden bewußt eingesetzt, aber nicht kommentarlos affirmativ, sondern aus kritischer Distanz.

In der Collage „Regenbogen" (1961) werden noch verschiedene Materialien eingesetzt. Auch der Zufall ist bewußt mit einbezogen. So ließ der Künstler die Reste einer Glasscheibe im Bild, die auf dem Transport zerbrochen war.

In Roy Lichtensteins Werk verbindet sich eine schlagkräftige Simplizität mit „eleganter Verfeinerung und

James Rosenquist, *Untitled (Joan Crawford says…)* *(Ohne Titel, Joan Crawford sagt…)*, 1964

intellektueller Präzision“, wie Diane Waldman vom New Yorker Guggenheim-Museum formuliert hat. „Exactitudes“, der Titel eines Buches der Comtesse de Noailles, könnte als Leitmotiv über dem Werk dieses Pop-Künstlers par excellence stehen. Vielleicht ist es dieser angeborene Hang zur Genauigkeit in Verbindung mit der Fähigkeit zu kühler Distanz, die Lichtenstein davor bewahrt hat, sich selbst zu zitieren und den zum Scheitern verurteilten Versuch zu machen, die Pioniertaten der Pop Art mit ihren monumentalisierten Alltagsfetischen, ihren Trivial-Supermännern und Comic-strip-Sentimentalen ad infinitum fortzusetzen. Immerhin waren die Comics ein wichtiges Thema. Lichtenstein verdichtete ihre Formen und arbeitete Anspielungen auf vergangene Stile heraus, z. B. sind Anklänge an den Jugendstil in „Takka Takka“ (1962) erkennbar.

Noch bevor das zitaten- und anspielungsreiche Werk der reifen Jahre begann, hat Diane Waldman notiert: „Wie Ingres in der Lage war, die ideale Frau zu präsentieren, ist Lichtenstein imstande, uns eine neue Vision zu vermitteln, die nicht auf dem Comic strip basiert, sondern […] auf seinem Verständnis von moderner Kunst.“ Nicht zufällig fällt hier der Name des großen Klassizisten Ingres, nicht zufällig haben Mondrian und van Doesburg in Lichtensteins künstlerischer Entwicklung eine ebenso wichtige Rolle gespielt wie die punktuelle Farbgebung der Impressionisten („Die Kathedrale von Rouen“, nach Monet, 1969). Vor allem aber haben ihn die Kubisten im allgemeinen, Picasso und Léger (Studie zu „Bereitschaft“, 1968) im besonderen beeindruckt. Natürlich verweist der Stand der Reflexion auch zurück auf Cézanne, und es ist sicher-

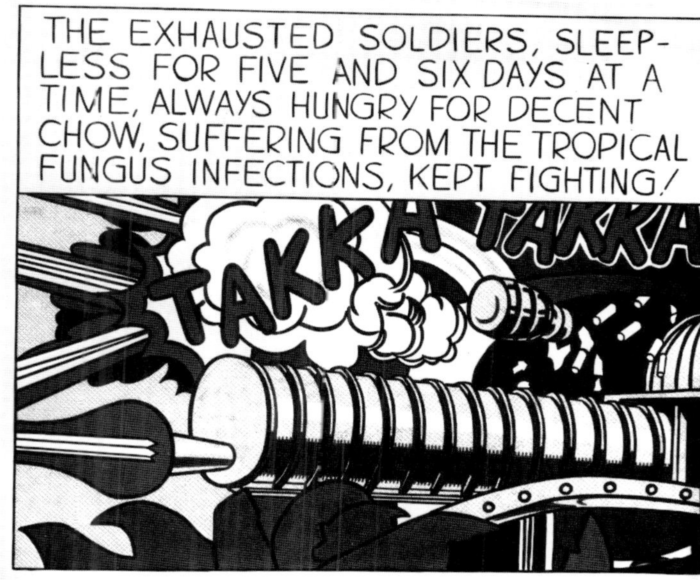

Roy Lichtenstein, *Takka Takka*, 1962

Roy Lichtenstein, *Stillife with Net, Shell, Rope and Pulley (Stilleben mit Netz, Muscheln und Tau mit Rolle)*, 1972

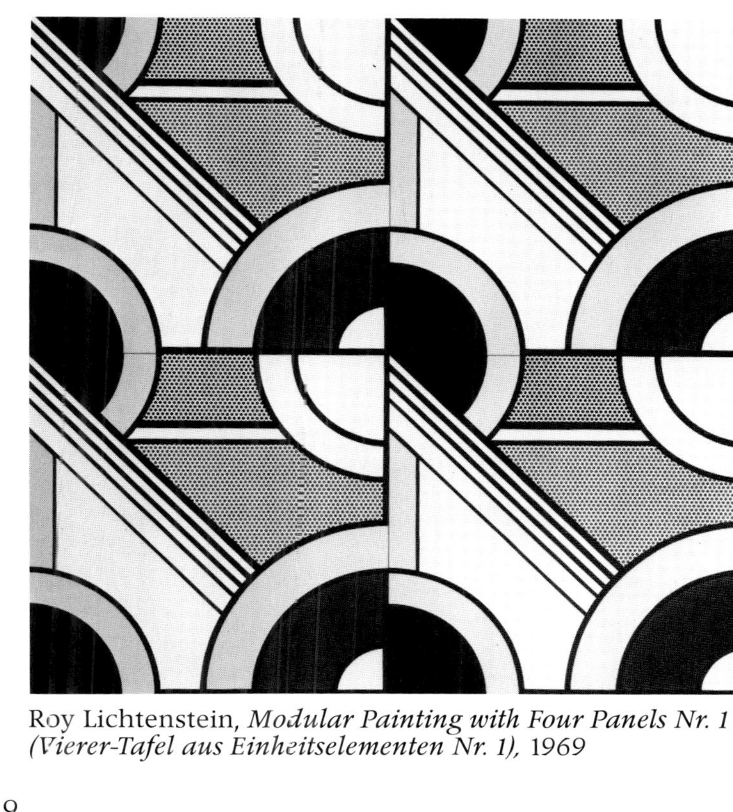

Roy Lichtenstein, *Modular Painting with Four Panels Nr. 1 (Vierer-Tafel aus Einheitselementen Nr. 1)*, 1969

Roy Lichtenstein, *M-Maybe (A Girl's Picture) (M-Möglicherweise; Bild eines Mädchens),* 1965

Roy Lichtenstein, *Study for „Preparedness“ (Studie für das Bild „Bereitschaft“),* 1968

Roy Lichtenstein, *Landscape with Figures and Rainbow (Landschaft mit Figuren und Regenbogen),* 1980

Roy Lichtenstein, *Rouen Cathedral (Seen at three different times of the day), Set No. 2 (Die Kathedrale von Rouen, zu drei verschiedenen Tageszeiten gesehen, Folge Nr. 2),* 1969

lich kein Zufall, daß ägyptische Pyramide und griechischer Tempel den gleichen Formschemata unterworfen werden wie eine bäuerliche Scheune („Rote Scheune II“, 1969) oder ein Hot dog.

In den achtziger Jahren wird immer häufiger Expressionistisches zum Bildthema, vom expressiven Dramatiker Picasso bis zu den Deutschen Marc und Heckel, Kirchner oder Schmidt-Rottluff („Landschaft mit Figuren und Regenbogen“, 1980). Doch immer ist das ungebärdig Expressive eingebunden in Lichtensteins nur scheinbar einfache, in Wahrheit höchst raffinierte, aus den Reproduktionstechniken unserer Zeit abgeleitete Formalisierungen mit ihrer Ironie, ihren hintergründigen Anspielungen und versteckten Huldigungen, die den hohen Bewußtseinsstand einer späten Kultur reflektieren. Der heutige Lichtenstein macht „Kunst über Kunst“, er kreiert – gegen die Tendenzen der Zeit – eine zeitenthobene Klassizität, näher bei Ingres als bei Delacroix, näher bei Cézanne als bei van Gogh, näher bei Mondrian als bei den Expressiven, deren Ausdrucksverlangen er dem strengen Gesetz seiner intelligenten Bildkonstruktionen („Vierer-Tafel aus Einheitselementen Nr. 1“, 1969) unterwirft. Diese Klassizität ist aber auch den früheren Arbeiten des Künstlers immanent. Seine Blow-up-Monumentalisierungen des Comics stehen den Formulierungen des späten Léger und dessen „Olymp der Proletarier“ nahe – auch in ihrem künstlerischen Rang („M-Maybe“ – „M-möglicherweise“, 1965).

Ähnliches gilt für die Stilleben. Sie halten eine sensible Balance zwischen Gegenständlichkeit und Abstraktion. Der Bildgegenstand bleibt zwar deutlich erkennbar, ist aber zugleich Teil einer abstrakt-dekorativen Bildordnung („Stilleben“, 1972). Dem entspricht die Feststellung des Künstlers: „Was ich tue, ist gestalten, was ich möchte, vereinheitlichen.“ Einerseits wird das Erhabene trivialisiert (ob Monets „Kathedrale“ oder ein niederländisches Stilleben des 17. Jahrhunderts), andererseits wird das Triviale nicht nur vergrößert, sondern es erhält in Lichtensteins Bildern eine neue Würde. Es wird dem „Erhabenen“ gleichberechtigt an die Seite gestellt. Diese Art der Legierung des Disparaten, die häufig festzustellende „Diskrepanz zwischen der Hohlheit des Inhalts und der rhetorischen Höhenlage des Vortrags“, wie der Berliner Interpret amerikanischer Kunst, Bernhard Kerber, sagt, machen Lichtenstein zum konsequentesten aller Pop-Artisten.

Der radikalste unter ihnen war aber – ehe er sich endgültig und um den Preis seiner künstlerischen Substanz in die Jet-set-Gesellschaft integrierte – Andy Warhol, Sohn tschechischer Emigranten und als Werbemann schon im Twen-Alter fast so erfolgreich wie heute, wenn auch noch nicht so berühmt. In seinem wertfreien Zynismus, ob echt oder gut gespielt, erkannte sich die zeitgenössische Gesellschaft wieder, und sie tut es noch heute. So wurde Andy Warhol zum Salonlöwen der Schickeria in aller Welt – seine vorerst letzte Pointe.

Rücksichtsloser als die anderen löschte der Künstler alles Individuelle aus und entfernte den letzten Rest von Pathos und Emotion, aber auch von Teilnahme aus seiner Kunst. Er ist der unterkühlte Reporter der Zeit

Andy Warhol, *Do-it-yourself – Landscape (Vorschlag für Sonntagsmaler – Landschaft)*, 1962

Andy Warhol, *Flowers (Blumen),* 1964

Andy Warhol, *129 Die in Jet-Plane Crash (129 sterben im Jet),* 1962

Andy Warhol, *Red Race Riot (Roter Rassenaufruhr),* 1963

Tom Wesselmann, *Bathtub No. 3 (Badewanne Nr. 3),* 1964

und zugleich ihre Symbolfigur. 1962 „porträtierte" er, was ihm schon immer besonders lieb war: Geldscheine („80 Zweidollarscheine"), aber auch „Do-it-yourself"-Malvorlagen („Vorschlag für Sonntagsmaler"), den Verschluß einer Pepsi-Cola-Flasche („Anzünden mit geschlossenem Deckel") und, mit der gleichen kaltschnäuzigen Unberührtheit, die Titelseite einer Zeitung mit der Nachricht von einem schrecklichen Flugzeugabsturz („129 sterben im Jet"; alle Bilder 1962), den filmischen Ablauf eines Aufstands („Roter Rassenaufruhr", 1963), einen steckbrieflich Gesuchten („Salvatore V", 1963) oder das Rock-Idol Elvis Presley („Doppel-Elvis", 1963). Ein Jahr später (1964) entstanden die „aufgepoppten", monumentalisierten „Blumen" als ironische Symbole der „Flower-power", der „Blumenkinder" jener Hippie-Jahre.
In Warhols Bildwelt (und seiner Technik) ist alles standardisiert, alles gleichwertig. Die Gelehrten streiten sich darüber, ob dies nun radikaldemokratisch oder bereits totalitaristisch sei, und manch einer traut auch der kalten Teilnahmslosigkeit des Malerstars nicht und hält ihn für einen rigorosen Moralisten und Zeitkritiker. Wie komplex das relevante Werk Warhols ist, zeigt schon die Zahl der Streitgespräche, die darüber geführt werden. Eine eindeutige Antwort auf so viele Fragen wird es nicht geben, und es spricht nichts gegen die Vermutung, daß Warhol selbst in seiner intelligenten Widersprüchlichkeit sie weder geben kann noch will. Nachweisbar ist allein, daß sein Werk – wenn man die hingefetzten Serien der letzten Jahre einmal beiseite läßt – so simpel nicht ist, wie es dem flüchtigen Blick erscheinen mag. Es gibt trotz technisierter Verfahren eine Fülle an sensiblen Farbabstufungen und Formvarianten, sogar in der Serie („Texaner, Porträt R. Rauschenberg", 1963). Die anonyme Perfektion, die Warhol selbst als höchstes Ziel verkündet („Ich wäre gern eine Maschine"), hat er kaum je erreicht. Auch bei ihm gibt es „Unfälle" bei der Produktion, die er nicht eliminiert, sondern zum Bildelement macht; auch für ihn gilt Klees Bemerkung, Genie sei „der Fehler im System".
Die Konsumwelt, in der selbst der Sex zum klinisch sauberen Konsumartikel wird, ist das Thema Tom Wesselmans. Das Environment „Badewanne Nr. 3" (1964)

Tom Wesselmann, *Great American Nude No. 98 (Großer amerikanischer Akt Nr. 98)*, 1967

Tom Wesselmann, *Landscape No. 2 (Landschaft Nr. 2)*, 1964

nimmt die Kunststoff-Zivilisationskultur aufs Korn: das gesichtslose Reklame-Ideal der schlanken Frau hinter dem Plastik-Vorhang in der Kunststoff-Wanne, vor Kunststoff-Kacheln, daneben eine reale Holztür mit gelbem Handtuch. Es sind, einschließlich des zum Sexualobjekt gemachten Frauenkörpers, Derivate: Symbolfiguren und Requisiten einer enterotisierten, eiskalten Pseudosexualität. Das tritt noch deutlicher im dreiteiligen „Großen amerikanischen Akt Nr. 98" (1967) in Erscheinung. Schon die Numerierung verweist auf das Klischeehafte, Wiederholbare der Sexual- und Zivilisationssymbole: „sündige" Lippen, knospende Brust, frische Orange, Aschenbecher und brennende Filterzigarette: „Genuß ohne Reue".
Vielschichtiger ist die Kombination eines Volkswagens in Beinahe-Originalgröße neben einem Kunststoffbaum, vor einer Landschaft mit Familienidyll im Hintergrund („Landschaft Nr. 2", 1964). Die Denaturierung der Natur, ihre Verdrängung durch den „Fortschritt" in einer technisierten Umwelt wird zu einer bündigen Bildformel zusammengefaßt.
Zivilisationsschrott führt John Chamberlains „Weißer Schatten" (1964) vor Augen. Die Teile eines Autowracks werden zum abstrakten Vanitas-Symbol von einer spitz in den Raum vorstoßenden bedrohlichen Aggressivität. Unabhängig von solcher Deutung ist aber die skulpturale Gestalt zu bewundern, die Chamberlain aus Trümmerstücken gewinnt.
Sehr viel optimistischer – und durchaus nicht gegen die Embleme der Zivilisation gerichtet – sind die auf eigenem Erleben beruhenden signalhaften Buchstaben- und Zahlenbilder Robert Indianas. Sie stilisieren die optischen Reize der Plakatwelt und machen sie – durchaus zustimmend und bejahend – durch strikte Formalisierung zu bildnerischen Zeichen mit teilweise autobiographischen Bezügen. „USA 666" (1966/67) nimmt das Motiv des Warnkreuzes vor Eisenbahnübergängen auf, die erste 6 bezieht sich auf den Geburtsmonat des Vaters, die 66 und der Rot-Grün-Kontrast erinnern an die Benzinfabrik „Philips 66", für die der Vater arbeitete, und an die Bundesstraße 66, die in den „goldenen Westen" führte. 666 schließlich ist der Name einer Medizin gegen Erkältungen. „The American Gas Works" (1961/62) poetisieren die Signale der technischen Welt: Das Gelb als Zeichen für brennbare Gase, die Kombination Schwarz und Gelb als Symbolfarben für Warnbaken, die Parallelstreifen als Anspielung auf die Nationalfahne, die Zählkreise als Hinweise auf die Gasuhren, die schablonisierten Schrifttypen als Symbole für die Welt der Normen. Die Skulptur „Zig" (1960) hingegen nimmt auch Historisches auf: Erinnerungen an indianische Totems und griechische Stelen,

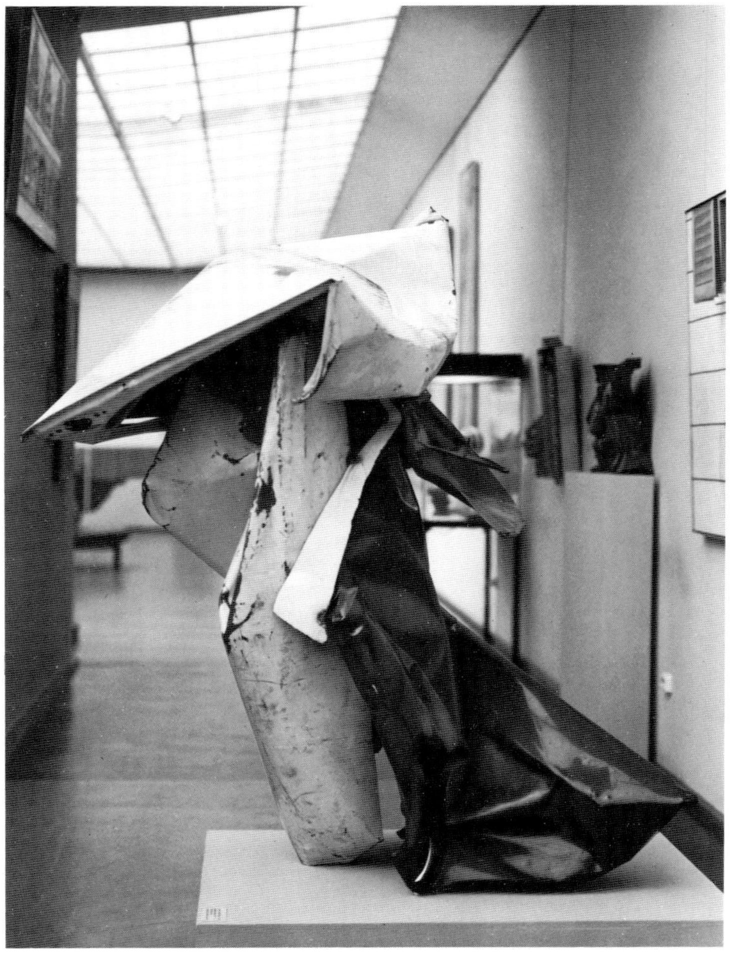

John Chamberlain, *White Shadow (Weißer Schatten)*, 1964

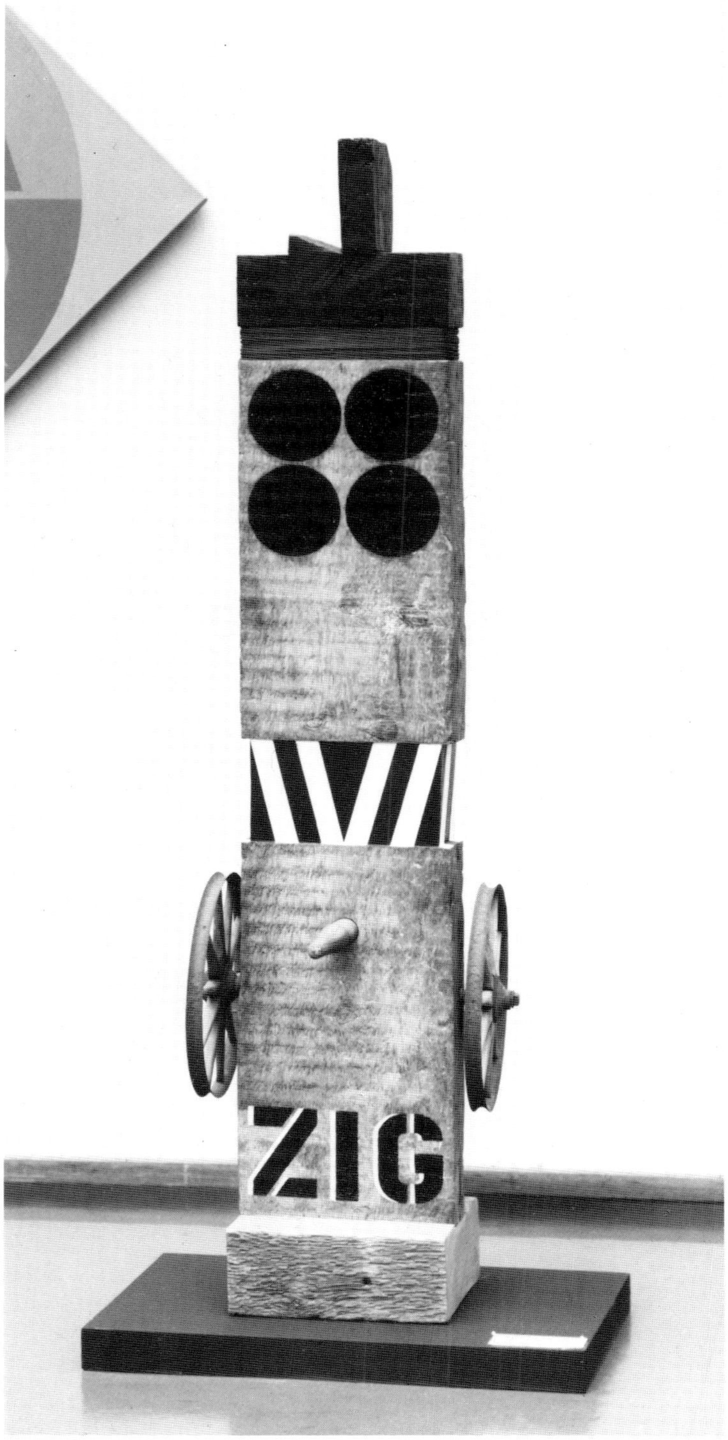

Robert Indiana, *Zig*, 1960

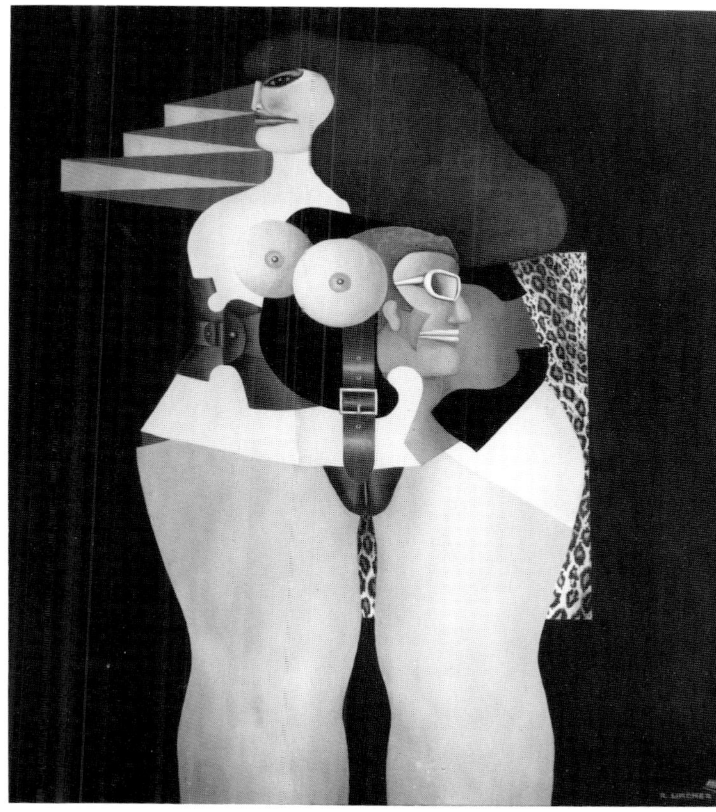
Richard Lindner, *Leopard-Lilly (Leoparden-Lilly)*, 1966

Richard Lindner, *Disneyland*, 1965

verbunden mit vergleichsweise zurückhaltenden Hinweisen auf die eigene Zeit durch die funktionslosen Räder und die schematischen Buchstaben und Zeichen.
Auch Allan d'Arcangelo spürt den neuen Erlebnisbereichen in der modernen Zivilisation nach, ohne sie kritisch in Frage zu stellen. Das zeigt die „Straßenszene Nr. 12“ (1965), in der sich eine signethaft markierte Straße auf eine Fläche in strahlendem Grün unter leuchtend blauem Himmel zubewegt, während knallrote Parallelogramme mitten im Grün die Richtung des Fahrerlebnisses signalisieren.
Wayne Thiebaud macht die vergänglichen Reize der

Robert Indiana, *The American Gas Works (Die amerikanischen Gaswerke)*, 1961/62

Richard Lindner, *Target No. 1 (Zielscheibe Nr. 1),* 1960–62

konsumorientierten Welt ebenfalls auf zustimmende Weise sichtbar. Ihn interessiert die vergängliche „Architektur" einer „Kuchentheke" (1963) ebenso wie die eines „Hamburgers", die er unbekümmert in der Nachbarschaft eines Frank Lloyd Wright ansiedelt.

Eine Sonderstellung innerhalb der amerikanischen Szene nimmt die Malerei des deutschen, aus Nürnberg stammenden Emigranten Richard Lindner ein. Sie wurzelt im Magischen Realismus Europas. Lindner verarbeitet Elemente der Werbung und der Karikatur und nähert sich unter dem Eindruck des Lebens im faszinierenden New York auf eine selbständige Weise der Pop Art, ohne in seiner europäisch-kritischen Haltung seine Unabhängigkeit zu verlieren.

Die Frau erscheint auf Lindners mit Akribie gemalten Bildern als Subjekt und Objekt der Verführung zugleich, als Erdmutter und Hure, Dämon und Opfer („Disneyland", 1965, „Leoparden-Lilly", 1966). Immer aber ist sie stärker als der Mann, auch wenn er, deutlich sichtbar wie im „Kissen" von 1966, der Halb- oder der Unterwelt angehört. Die künstlerischen Mittel sind die der gemalten Collage, der symbolträchtigen Überdimensionierung der Körperteile (Brust und Beine), der physiognomischen Typisierung, der unverbundenen Zusammensetzung starkfarbiger Flächen, der Verwendung lapidarer, vor allem sexueller Symbole (Zielscheibe, Reitdreß, Ledergürtel, Peitsche, Lolly, Papageienkopf, Sonnenbrille, Korsage) und die der Bildsprache von Leuchtreklamen und Plakaten. Immer geht es um die Beziehung zwischen Mann und Frau („Zielscheibe Nr. 1", 1960/62) und um die Gefahren des Weltstadtlebens im Neu-Babylon New York, dem Lindner gleichwohl mit Leib und Seele verfallen war.

Ihn bewunderte der Außenseiter Larry Rivers, der ebenfalls, wenn auch auf ganz andere Weise, am Rande der Pop Art seine eigenen Wege ging. „Moon Man – Moon Lady" (1973) verweist darauf, daß Rivers sich von tausendfach reproduzierten, zum Markenartikel heruntergekommenen Bildern inspirieren ließ und aus Klischees seine eigene Bildvorstellung entwickelte. Science-fiction, Mondfahrt und deren modische Vermarktung haben bei „Moon Man – Moon Lady" offenbar ebenso Pate gestanden wie die Neigung vieler Pop-Art-Künstler, ihre Motive doppelt nebeneinanderzusetzen.

Zwischen Faszination und Kritik
Pop Art in London

In Großbritannien hat Pop Art immer ganz anders ausgesehen als in Amerika. Das drückt sich bereits im Verzicht auf „Blow-up" und in der Wahl relativ kleiner Formate aus. Sie kann nicht als eine rein äußerliche formale Entscheidung angesehen werden, sie ist vielmehr auch eine Frage der Haltung, der inneren Einstellung. Natürlich wird auch in England die Welt des Trivialen und des Konsums, von der Mickey Mouse bis zum Kühlschrank, zum Thema. Es wird zunächst mit bewunderndem Respekt für die Errungenschaften der „schönen Neuen Welt", dann immer kritischer dargestellt. Vor allem im Werk von Richard Hamilton, aber auch bei Paolozzi, hat Marcel Duchamps intelligenter Skeptizismus die Pop Art stärker beeinflußt als in Amerika.

Spiritus rector der Bewegung war Richard Hamilton, der mit einigen seiner Freunde in den fünfziger Jahren die „Independent Group" gründete und die Einbeziehung der Trivialkultur (Film, Reklame, Mode, Comics, Konsumgüter) zum Programm erhob. Die Collage „Zu einer endgültigen Feststellung der neuen Trends in Herrenbekleidung und Zubehör" (1963) ist in Titel und Inhalt vom „Playboy" und von seinem Männlichkeitskult inspiriert, der sowohl das modische Oberhemd als auch den Weltraumfahrer John Glenn einschließt. Solche Inhalte werden von Hamilton aber nicht kommentarlos, sondern in kritischer Konfrontation dargestellt und auf ihre – fragwürdige – Substanz hin überprüft. An der Serie von Marilyn Monroes teils akzeptierten, teils abgelehnten (durchgestrichenen) Pressefotos („My Marilyn", 1964) interessierte ihn die Gleichzeitigkeit von männermordender Vitalität der Diva und ihrer unterschwelligen Gefährdung, wie sie in der „Streichung" der eigenen Person im Foto zum Ausdruck kommt. Gleichzeitig wird ein Grundzug der Konsumwelt ins Bewußtsein gehoben: die Eliminie-

Richard Hamilton, *Towards a Definitive Statement on the Coming Trends in Men's Wear and Accessories (Zu einer endgültigen Feststellung über neue Trends in Herrenbekleidung und Zubehör),* 1963

Richard Hamilton, *My Marilyn (Paste Up), (Meine Marilyn, Pin-up-Collage),* 1964

rung alles Originellen und Unangepaßten. Die glättende Auswahl des für gut Befundenen ist zum alsbaldigen Verbrauch durch ein „für dumm verkauftes" Publikum bestimmt. Alles Unperfekte, das die Harmonie durch unbequeme Ecken und Kanten stören könnte, wird ausgelöscht.

Die sakrale Weihe des Alltäglichen und Trivialen durch verklärende Interpretation und veredelndes Design in der Werbung wird im „Stilleben" von 1965 entlarvt. In ihm erscheint neben zwei elegant geformten Gläsern vor verschwebend diffusem Hintergrund das Werbefoto eines Toasters mit der angemaßten Würde eines Altaraufsatzes. „Swingeing London" („swingeing" heißt „gewalttätig" und ist ironisch an die Stelle von „swinging London" gesetzt) von 1968 zeigt Mick Jagger und den Galeristen Robert Frazer nach ihrer Verhaftung wegen Rauschgiftbesitzes. Hamilton entlarvt durch seine Bearbeitung eines Pressefotos, das damals Furore machte, die Unverhältnismäßigkeit des polizeilichen Vorgehens durch die Handschellen, mit denen die beiden Leitfiguren des beschwingten („Swinging") London jener Jahre aneinandergekettet sind. Er geißelt die Zerstörung der Privatsphäre durch die brutale Neugier der Medien und darüber hinaus das Ausgeliefertsein des Menschen überhaupt. Im bemalten Foto „Trafalgar Square" (1965–1967) und in der Collage „Badende I" (1966/67), der ebenfalls ein Foto zugrunde liegt, führt Hamilton auf geniale Weise seine Vision der Massengesellschaft und der Vereinsamung des einzelnen vor, aber auch individuelle Verhaltensweisen, die von dieser Gesellschaft geprägt sind.

Der hervorragende Maler Ronald Kitaj ist zugleich Sammler, Reisender, Literat, Filmtheoretiker, Informatiker und Kunstwissenschaftler. Das gibt seinem Werk die anspielungsreiche intellektuelle Struktur. Der „Österreichisch-Ungarische Infanterist" (1961) ist ein noch relativ unkompliziertes Bild als Frucht der Erinnerung an Studienjahre in Wien, wo der Dichtermaler Albert Paris Gütersloh Kitajs Lehrer war. Konkrete Erfahrung und historisches Wissen verbinden sich bei der Darstellung des k. u. k. Soldaten, ebenso Wirklichkeit und Traum, bewußtgemacht durch die reali-

Richard Hamilton, *Swingeing London 67 II (Gewalttätiges London 67 II)*, 1968

stische Darstellung im oberen, die entmaterialisierte, offen fragmentarische Malweise im unteren Bildteil. Komplizierter und weniger leicht dechiffrierbar ist die „Rollenbesetzung" (1967), die nur scheinbar simple Bild-Wort-Typologie der Mädchen in einem kalifornischen Bordell. An ihrem Beispiel wird die klischeehafte Rollenzuweisung in einer durchrationalisierten Gesellschaft vorgeführt, die dem Individuum den freien Raum zur Entfaltung seiner Persönlichkeit rigoros beschneidet.
Leichter zu verstehen ist Peter Blakes „Bo-Diddley"-Porträt (1963), die malerische Verfeinerung eines effektvollen Pop-Music-Plakats aus den frühen Tagen der Beatles und des „Swinging London".
Allan Jones, der bis in die sechziger Jahre hinein formal außerordentlich interessante, starkfarbige Abstraktionen malte („Figure falling", 1964), schuf als Pop Artist der zweiten Generation den Prototyp des „Sexy Girls" in ebenso deutlicher wie unterkühlter Las-Vegas-Erotik. „Idealer Partner" (1966/67) ist die bildnerische Darstellung der Frau als Lustobjekt der Konsumwelt.
Auf ganz andere Weise gab David Hockney dem Lebensgefühl jener Tage, das er für sich persönlich in sein temporäres freiwilliges Exil im sonnigen Kalifornien hinüberrettete, malerischen Ausdruck. Vereinfachte, unpsychologisch realistische Darstellung, geistvolles Spiel mit stilisierten Formen im Wechsel der Perspektiven und eine helle Farbigkeit bestimmen das homoerotische Bild des „Sonnenbadenden" (1966), das im Gegensatz zu dem widerborstigen Kritzelstrich der frühen Bilderzählungen des Künstlers steht („Ohne Titel", 1963).
Eine zurückhaltend parodistische Version französischer Herkunft erhielt die Pop Art im Werk des einstigen Neo-Realisten Martial Raysse, der die Welt der zum Idol erhobenen Klischees durch Schablonisierung und deren malerische „Verfremdung" zu entlarven trachtet: „Elle" (1962) ist die vollendet unnatürliche Darstellung eines idealtypischen Frauenkopfs in seiner ganzen Ausdruckslosigkeit, „Schlichtes und ruhiges Gemälde" (1965) zeigt die verfälschte Natur in einer Kunststoffwelt und offenbart zugleich die Langeweile, der die Menschen darin ausgesetzt sind.
In krassem Gegensatz zu dieser harmlosen Ironie steht die engagiert kritische Haltung des Deutschen Wolf Vostell, der auch der Vater des europäischen Happe-

Ronald B. Kitaj, *Austro-Hungarian Foot Soldier (Österreichisch-Ungarischer Infanterist),* 1961

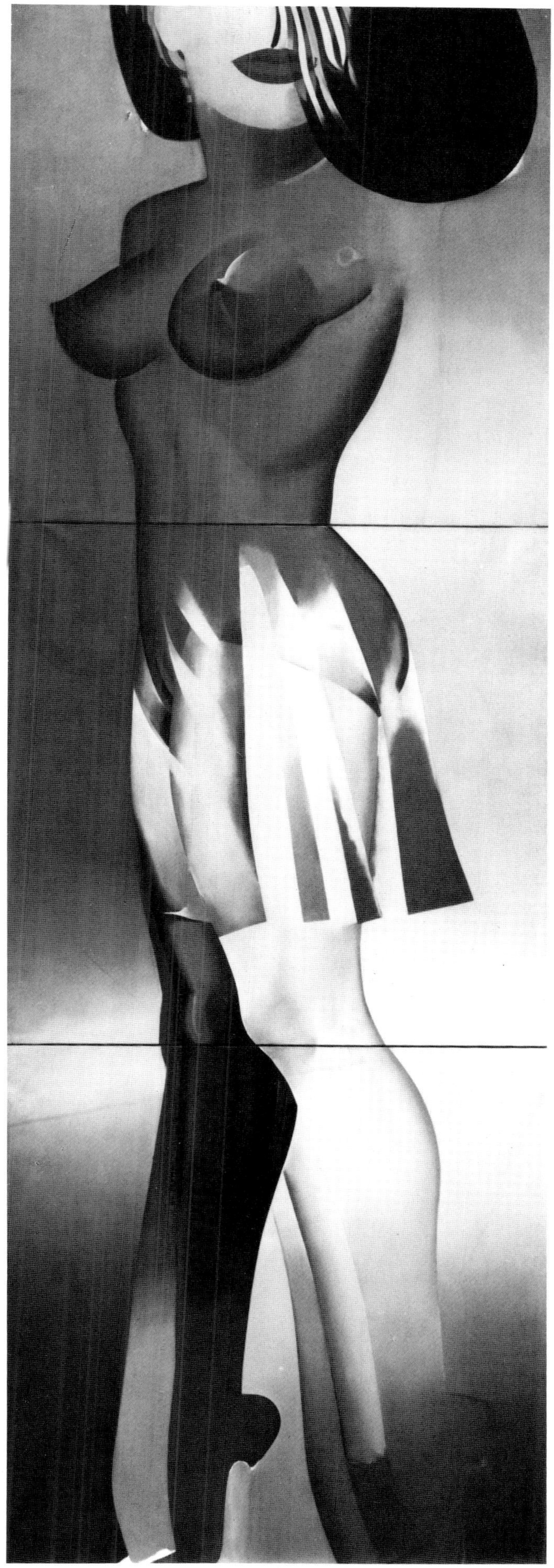

Allan Jones, *Perfect Match (Idealer Partner),* 1966/67

nings ist. Vostell will provozieren. Sein Gefühl für die soziale und politische Verantwortung des Künstlers unterscheidet ihn von den meisten Pop-Artisten. In seinem Moralismus ist ein Stück deutschen Idealismus lebendig geblieben, so unklassisch seine Bilder, Environments und Aktionen auch sein mögen. Was er kritisiert, ist die teils offenkundige, teils unterschwellige Inhumanität der einerseits durchrationalisierten, andererseits von irrationalen Ängsten und Aggressionen erfüllten Industriellen und postindustriellen Welt. Die Mittel für die Konfrontation sind das Happening, die „Decollagen" (Abreißbilder) als verkürzte und verdichtete Interpretation einer „zerrissenen" Welt („Coca-Cola", 1961) und – direkter – seine Bildräume und Tafelbilder, für die er die verschiedensten Materialien und Techniken einsetzt. Die Tendenz tritt in der „Hommage an Henry Ford und Jacqueline Kennedy" (1963–1967), zu der das Attentat auf den amerikanischen Präsidenten den Anlaß bot, unverhüllt in Erscheinung. Ziel der Anklage ist der alltägliche Terror, der in spektakulären Verbrechen wie dem Kennedy-Mord lediglich explodiert, latent aber immer vorhanden ist. Härter noch ist die Gegenüberstellung des

Peter Blake, *Bo-Diddley,* 1963

David Hockney, *Sunbather (Sonnenbadender),* 1966

Martial Raysse, *Simple and Quiet Painting (Schlichtes und ruhiges Gemälde),* 1965

berüchtigten Mordes an einem gefesselten Vietcong mit dem falschen Glamour einer Schönheitskönigin, die verbundenen Auges blind über die Schrecken der Zeit hinwegtanzt („Miss Amerika", 1968). Vostell benutzt für dieses „combine" aus Foto, Lasurfarbe und Siebdruck – ähnlich wie Rauschenberg und Warhol, aber in polemischer Absicht – die tägliche Aktualitätenschau der Medien, die das Erschreckende mit dem Banalen auf abstumpfende Weise vermischt. Gerade dadurch wird das berühmte Foto von der barbarischen Erschießung zum Memento über den Tag hinaus.

Die Poesie des Realen
Von der Pop Art zum Nouveau Réalisme

Im Werk des Franzosen Arman (Fernandez) werden die Gegenstände des Alltags nicht nur – wie bei Schwitters, Rauschenberg oder Vostell – ins Bild eingearbeitet, sie werden vielmehr selbst zum Thema. Damit ist die radikalste Position innerhalb der Gruppe „Nouveaux Réalistes" markiert. Am Anfang der Entwicklung steht Arman noch unter dem Einfluß der informellen Malerei, auch wenn er in seinem Bild „Freiexemplar" („Nominatif", 1952–1958) bereits vorgefertigte Materialien (Stempel) verwendet. Einen Schritt weiter geht er, wenn er im Porträt des Fotografen Charles Wilp (1961) Alltagsutensilien, die dem Leben und der Umwelt des „Porträtierten" entstammen, scheinbar wahl-

Wolf Vostell, *Miss Amerika,* 1968

Arman (Armand Fernandez), *Torse aux Gants (Torso mit Handschuhen),* 1967

Arman (Armand Fernandez), *Accumulation de brocs (Akkumulation von Kannen),* 1961

César (César Baldaccini), *Compression,* 1981 ▷

los „akkumuliert“ und auf diese Weise ein Bild der Person entwirft, ohne daß diese selbst in Erscheinung tritt. Die letzte Konsequenz dieses Vorgehens ist die „Akkumulation von Kannen“ (1961) in einem Glaskasten. Hier wird die verborgene Schönheit des angeblich Häßlichen ohne jede Bearbeitung ins Bewußtsein gehoben. Abbildung und Abgebildetes sind identisch, die Kannen werden nicht mehr nur als Modell benutzt, sie sind vielmehr das Bild selbst. Eine Variation stellt der „Torso mit Handschuhen“ (1967) dar, ein Beispiel für eine Reihe ähnlicher Arbeiten, in denen jeweils verschiedene Gegenstände in eine Polyesterform eingegossen wurden.
Césars „Compression“ von 1981 ist das – komprimierte – „Denkmal“ eines preisgekrönten Rennwagens. Anders als bei Chamberlain wird das Auto von César, der selbst schnelle Wagen liebt, nicht als Zivilisationsmüll für die Schrotthalde verstanden. Für ihn ist die „Compression“ eine Stele, ein Fetisch, der Vorgang des Zusammenpressens eine „Metamorphose des Objekts“, bei der alles Anekdotische weggelassen und das Reale durch Verdichtung zum Monument seiner selbst gemacht wird.
Nicht zufällig hat Daniel Spoerri, der in Rumänien geborene Schweizer, „Anekdoten zu einer Topographie des Zufalls“ zusammengetragen. Einer der Koautoren ist zugleich gemeinsam mit Spoerri der Urhe-

Daniel Spoerri, *La Table de Robert (Roberts Tisch)*, 1961

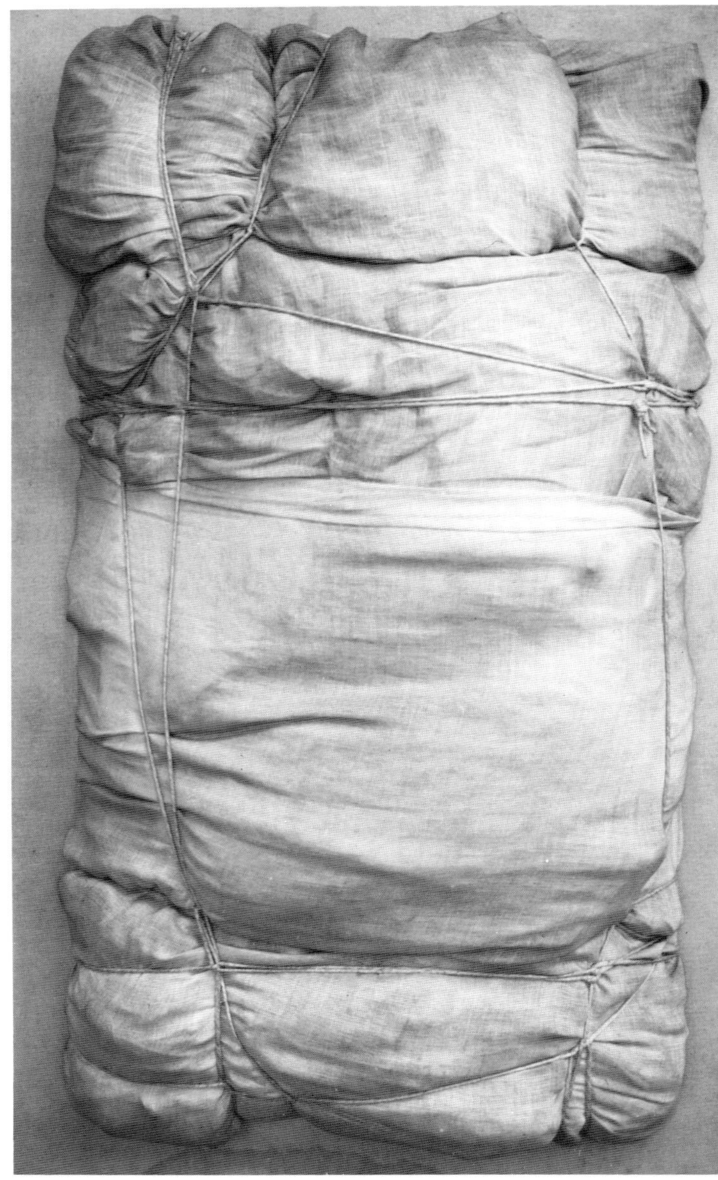

Christo, *Verpacktes Objekt,* 1963

ber von „Roberts Tisch" (1961): der französische Künstler Robert Filliou. Die beiden arbeiteten und aßen gemeinsam in Fillious damaliger Kopenhagener Wohnung. Die restlichen Spuren dieses „Arbeitsessens" zweier Freunde hat Spoerri in seinem „Fallenbild" fixiert. Eine Lebenssekunde zwischen Geburt und Tod erhält auf diese Weise die Qualität der Dauer, der Tisch wird zum Reliquiar des Alltäglichen in seiner ungeschönten Gewöhnlichkeit und Häßlichkeit.
Auch Christos Verhüllungen („Verpacktes Objekt", 1963 und „Mein Kölner Dom verpackt", 1980, Projekt) haben kein anderes Ziel, als dem alltäglichen Gegenstand seine seine eigene Würde, seine eigene Poesie (wieder) zu geben. Die Verpackung entrückt die Dinge des täglichen Gebrauchs auf „verfremdende" Weise dem Blick, gibt ihnen die Aura des Geheimnisvollen, Verborgenen. Anders als Armans Akkumulationen haben Christos Reliquiare des Alltags zwei Schichten: die nicht manipulierte, dem Blick entzogene innere und die äußere Haut, die vom Künstler stammt und auf hintergründig-ironische Weise die Frage nach Rang und Bedeutung der Verpackung und des Verpackten stellt. So wird das konkrete Objekt in eine andere ästhetische

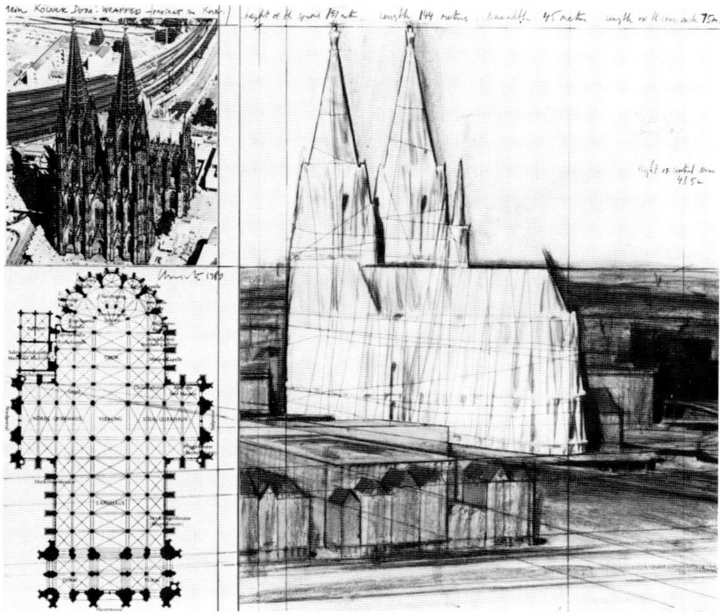

Christo, *Mein Kölner Dom Wrapped – Project for Cologne (Mein Kölner Dom verpackt – Projekt für Köln),* 1980

Dimension versetzt. Christos große Arbeiten sind für die Öffentlichkeit bestimmt, wenn die Projekte auch nicht immer realisiert werden können oder sollen. Die Collage „Mein Kölner Dom verpackt" (1980), ein Entwurf zum 100jährigen Domjubiläum, gibt eine Vorstellung von dem gedachten Zustand (vgl. zu Christo auch das Kapitel „Ausbruch aus dem Museum").
Das „Zerfetzte Plakat" (1961) von Raymond Hains ist im Zusammenhang mit vergleichbaren Arbeiten Vostells zu nennen, doch sieht man der Arbeit aus einfarbigen Papieren die Nachbarschaft zu tachistisch-informellen und impressionistischen Strukturen an. Hains' Prinzip ist es, die aufgeschönte Oberfläche der Plakatwelt zu zerstören, um die darunterliegende, ungesehene Wirklichkeit sichtbar zu machen. In der Décollage von 1961 tritt die polemische Komponente gegenüber der ästhetischen in den Hintergrund.
Zu den konsequentesten Vertretern des „Neuen Realismus" gehört Jean Tinguely, dessen teils fröhliche, teils hintergründig ironische und immer bewegliche Maschinenobjekte zwar auch „aus Teilen der Wirklichkeit" gemacht sind, diese Realität aber auch auf heitere Weise ad absurdum führen, vor allem den Perfektionismus der Technik in Frage stellen. In Tinguelys Werk feiert der Homo ludens, der spielende Mensch, fröhliche Urständ. Wie alle Apparate des Künstlers ist „Balouba Nr. 3" (1959) ein ebenso sinnlos wie unbekümmert in sich selber kreisendes maschinelles Spielzeug, das durch seinen Titel und in seiner Buntheit an die Tänze eines afrikanischen Stammes erinnert, im Nonsens seiner Bewegungen die phantasielos gewordene Zivilisationsgesellschaft verspottet. Ähnlich konzipiert ist die „Große Wassermaschine" (1966), nur sind muntere Wasserspiele an die Stelle der Farben und des fröhlichen Radaus getreten. Das „Fuhrwerk Nr. 8" (1968) nimmt durch sein permanentes Vor und Zurück den Transport, das ewige Hin- und Herfahren in der mobilen Gesellschaft, aufs Korn. Durch immerwährende Wiederholung der gleichen Bewegung werden

Raymond Hains, *Affiche déchirée (Zerfetztes Plakat),* 1961

Jean Tinguely, *Char No. 8 (Fuhrwerk Nr. 8),* 1968

Jean Tinguely, *Balouba No. 3 (Baluba Nr. 3)*, 1959

Frank Stella, *Ctesiphon III,* 1968

Statik und Dynamik auf paradoxe Weise in diesen Kunstwerken kombiniert, die gleichwohl in ihrer spielerischen Attitüde auf philosophische Weise das Thema von Zeit und Vergänglichkeit vor aller Augen abhandeln. Bisweilen wird Tinguelys Ironie zum schwarzen Humor, wenn etwa eine seiner Maschinen sich selbst zerstört: letzte Konsequenz eines sinnentleerten geschäftigen Automatismus, der zum Selbstzweck heruntergekommen ist.

Asketische Utopien
Varianten der Minimal Art

Minimal Art ist ohne den europäischen Konstruktivismus in Ost und West nicht denkbar. Dies bedeutet keine Abhängigkeit, sondern eine Verwandtschaft des bildnerischen Denkens und der geistigen Haltung. Minimal Art ist unter anderen geschichtlichen, sozialen und geographischen Voraussetzungen entstanden. Doch die Vorschläge der Russen Tatlin, Rodschenko, Malewitsch, Lissitzky, Gabo und Pevsner, der Niederländer um Mondrian, van Doesburg und Vantongerloo, schließlich auch der Lehrer des Weimarer Bauhauses werden aufgenommen, zu Ende gedacht und selbständig weitergeführt.
Auf das Pathos des abstrakten Expressionismus, auf die Inthronisierung des Trivialen durch die Pop Art, die dekorativen Ordnungen der Op Art folgte die äußerste,

Frank Stella, *Color Maze (Farblabyrinth),* 1966

bis an die Grenze zur Anonymität und darüber hinaus vorgetriebene „Objektivität" der Minimal Art. Es ist eine spröde, mit einfachsten Elementen operierende Kunst. Sie kommt mit schlichtesten Formen aus, die gedanklich allerdings sehr kompliziert sein können. Minimal Art darf nicht nur ästhetisch verstanden wer-

Frank Stella, *Bonin Night Heron No. 1 (Bonin-Nacht-Reiher Nr. 1),* 1976

den. Minimal Art will – vor allem in ihrer amerikanischen Ausprägung – die Umwelt verändern. Sie stellt alle Überlieferungen in Frage, sie verkündet das Ende des Originalgenies und seiner individualistischen „Handschrift". Im Hintergrund steht – wie bei den Konstruktivisten – eine konkrete Utopie, die Utopie einer neuen Kunst für alle. Schließlich ist an jene amerikanische Malerei zu erinnern, die der Minimal Art vorausging oder sie einleitete und viele ihrer Gedanken vorformulierte: die Malerei eines Mark Rothko, Barnett Newman, vor allem eines Ad Reinhardt, schließlich die Einflüsse der Jüngeren wie Kenneth Noland und vor allem Frank Stella.

Zu den Vorformen gehören Stellas schwarze, von einem schmalen geometrischen Streifenmuster strukturierte Bilder. In seiner sechsfachen strahlenden Farbigkeit führt das „Farblabyrinth" (1966) weit von solcher Sprödheit weg; aber in der „minimalistischen" Simplizität der in vier Dreiecksformen gegeneinander versetzten „rechtwinkligen Spirale" steht es ihr durchaus nahe. Diese Farbigkeit kennzeichnet auch „Ctesiphon III" (1968), das formal von den Farbscheiben Delaunays, im Bekenntnis zum dekorativen Muster von Matisse beeinflußt ist. Jede Art von „Bedeutung" ist aus dem Bild getilgt. Es meint nichts anderes als sich selbst, es ist sein eigener „Bildgegenstand". Später löst sich Stella immer mehr von diesen puristischen Farbformen, stößt in die dritte Dimension vor, benutzt zunächst locker „informelle" Farbstrukturen („Bonin-Nacht – Reiher", 1976/77) und bezieht sich schließlich in immer dichter werdender Struktur und Farbigkeit auf indianische Ornamentik.

Auch bei Ellsworth Kelly wird das Bild zum Objekt („Drei Tafeln: Blau Gelb Rot", 1966). Bildfigur und Bildgrund sind eine Einheit. „Drei Tafeln" besteht aus drei rechteckigen Teilen, die mit leuchtenden Farben völlig gleichmäßig überzogen sind. Ihre Ausdehnung bestimmt (wie beim späten Noland) allein der Bildträger, und der Wohllaut der Proportion bestimmt die Schönheit der mit dem Bildgrund verschmolzenen farbigen Bildfigur.

Lewis Stein treibt die Askese noch weiter, indem er radikal reduzierte Formen – im Bild „Ohne Titel" von 1969 sind es zwei kleine weiße in zwei roten Quadraten – an den unteren Bildrand einer großformatigen Leinwand rückt: eine Malerei des „Beinahe-Nichts", eine

Ellsworth Kelly, *Three Panels: Blue Yellow Red (Drei Tafeln: Blau Gelb Rot)*, 1966

Richard Tuttle, *Mountain (Berg),* 1965

Imi Knoebel, *Ohne Titel,* 1967–75

äußerste Herausforderung der Reaktionsfähigkeit des Betrachters.
Der „minimale Kunstgehalt“ als Programm tritt im Werk von Joe Baer kompromißlos in Erscheinung. Das Bild „Ohne Titel“ (1969–1971) ist die optische Realisierung eines intensiven Nachdenkens über Kunst. Im Fall dieser sechsteiligen Gruppe wird das Bild zum Objekt. Über die Keilrahmenränder der leeren weißen Tafeln sind farbige, schwarz gerahmte Streifen gemalt, die den Kontakt zur Wand herstellen. Auf diese Weise entsteht eine Interaktion zwischen Bild und Wand, die in ihrer Funktion als eigentlicher „Bildträger“ erkannt wird. Baers Thema ist die Beziehung von Farbe und Bildfläche zum Raum. Es handelt sich um die Sichtbarmachung („Visualisierung“) einer Idee: „Art about Art“ – „Kunst über Kunst“: Die Grenzen zu Concept Art sind fließend.
In den weiteren Umkreis der Minimal Art gehören die weniger spröden, durch bewegliche Elemente graziöser gemachten Bilder und Objekte des Venezolaners Jesús Raphael Soto („Weiße Kurvenlinien auf Weiß“, 1966), der mit Hilfe der Kinetik die Werke Mondrians beweglich erscheinen lassen möchte.
Auch der viel jüngere Richard Tuttle versucht, die Bildmittel radikal zu minimalisieren; aber er verzichtet auf geometrisierende Formen, was seine meist kleinformatigen Arbeiten gelöster und spielerischer erscheinen läßt („Berg“, 1965). Auch seine Stoffobjekte („Ohne Titel“, 1969) versteht er als „Zeichnungen dreidimensionaler Strukturen im Raum“, wie der Münchener Kunsthistoriker Hermann Kern formuliert hat, während das aus „sachfremden“ Materialien zusammengefügte „Rad“ (1965) an versunkene, nicht mehr funktionierende Mechanismen erinnert.
Bemerkenswert ist, daß einige der wichtigsten jüngeren deutschen Künstler, die mit minimalistischen Mitteln arbeiten, aus der Schule von Joseph Beuys kommen. Weniger verwunderlich erscheint es, angesichts dieser Herkunft, daß eine meditative Komponente in ihrem Werk stärker in Erscheinung tritt als bei den pragmatischeren Amerikanern. Das gilt sowohl für das achtteilige Bild „Ohne Titel“ (1967–1975) von Imi Knoebel als auch für die vier Aluminiumtafeln „Himmelsrichtungen“ (1976) des früh verstorbenen „Blinky“ Palermo (Peter Heisterkamp). Knoebels Bild verbindet die Monumentalität großer Formate mit der Sensibilität leichter und wohlbedachter Proportionsverschiebungen. Intelligent, mit sicherem Gefühl für Maß und Bildgestalt ist der Kontrast zwischen der statischen Ruhe der vier unteren und der schwebenden Leichtigkeit der vier schrittweise verkürzten oberen Bildtafeln herausgearbeitet, die in der optischen Wahrnehmung zurückzutreten scheinen. Der puristischen Verhaltenheit in der Gestaltung der weißen Tafeln entspricht die unaufdringliche – geradezu musikalische – Tempoverschiebung (Agogik) bei der Rhythmisierung des Bildes, das zu intensiver Kontemplation anregt.
Palermo benutzte für seine „Himmelsrichtungen“ Aluminiumplatten anstelle von Leinwand als Malgrund, um die Veränderung reiner Farbflächen durch Materialstrukturen zu verhindern. Die Abstände zwischen den Bildern müssen bei der Hängung deren Format genau entsprechen. Die am oberen und unteren Bildrand von jeweils zwei schmalen Farbleisten „gefaßten“ Rechteckformen sind von geometrischer Gesetzmäßigkeit, die der Maler auf die Gesetzmäßigkeiten des Kosmos bezogen wissen will. Die in vielen Schichten über einer weißen Grundierung aufgetragene und schließlich zum Klingen gebrachte Farbe hingegen symbolisiert die nicht vorhersehbare Veränderlichkeit des subjektiven Erlebens. Ratio und Gefühl sollen auf diese Weise in ihrer Gegensätzlichkeit bewußt erfahren und in eine spannungsreiche bildnerische Balance gebracht werden.
Auf Verbindungslinien zwischen Konstruktivismus, Minimal Art und Concept Art verweisen die konzeptuellen Arbeiten von Heijo Hangen („Doppelbild aus Anbauserie Nr. 5“, 1969) und Attila Kovacs („Koordination P 3 – 14 – 1974“, 1974), ebenso auf die erfreuliche Tatsache, daß Kunst nicht zu etikettieren ist. Hangens

Blinky Palermo, *Himmelsrichtungen I,* 1976

Rune Mields, *Ohne Titel (B 31/1971),* 1971

Doppelbild entwickelt als Teilung des Quadrats ein Modul, das die formale Grundstruktur festlegt, die aber in vielfältiger Weise kombiniert werden kann. Farbwahl und Zuordnung der Einzelbilder bleiben variabel.

Kovacs' Thema ist das Verhältnis zwischen einer schwarzen Fläche und einem Rastersystem. Veränderungen des Rasters führen auch zu Veränderungen der Form. Dies wird in Bildsequenzen sichtbar gemacht. Kovacs: „Meine ‚Koordinationen' sind relativierte Artikulationen vorgegebener Werke, die operativ erzeugt werden [...]. Wenn ich eine Graphik als Ausgang nehme, kann ich sie so relativieren, daß sie ganz anders erscheint, als sie tatsächlich ist." Die Sichtbarmachung von Wahrnehmungsprozessen auf wissenschaftlich-philosophischer Grundlage ist das eigentliche Thema dieser schwierigen Gedankenkunst.

Paolo Uccello ist das große historische Vorbild der Rune Mields, weil sich bei ihm künstlerisches Kalkül mit erlebbarer Anschaulichkeit verbindet. Die Vereinigung von Ratio und Imagination, die Umsetzung von Erkenntnisprozessen in malerisch-zeichnerische Formeln ist der Generalbaß im Werk dieser Malerin. Es entzieht sich ebenfalls der eindeutigen Klassifizierung zwischen Minimal Art, Concept Art und „neuen Mythen". In Mields' frühen Bildern erscheint das Rohr „als Zeichen für Kraft, Technik, Aggression und Rationalität", als ideales Medium für die Definition des – die sichtbare Wirklichkeit überschreitenden – relational verstandenen Raums („Ohne Titel", 1971). Später störte sie die Expressivität der Form bei ihrer malerischen Suche nach der mathematischen Harmonie der Welt, in der die Trennung zwischen Wissenschaft und Phantasie aufgehoben ist.

Die Idee als Kunstwerk Gedanken und Entwürfe der Concept Art

Bezeichnung und Definition der Concept Art gehen auf einen Künstler zurück, dessen Werk zwar noch zur Minimal Art gehört, in vielerlei Hinsicht aber bereits auf die folgende Kunstrichtung vorausweist: Es war Sol LeWitt, der 1967 seine „Paragraphen über die Conceptual Art" im „artforum" veröffentlichte, denen er zwei Jahre später seine „Leitsätze" zum gleichen Thema folgen ließ. Damit wies er auf die bereits angedeuteten Verbindungslinien hin, die unmittelbar auf die Minimal Art, weiter zurück aber auch auf die Klassische Moderne und – in Teilaspekten – auf die erste „konzeptuelle" Kunstrichtung der Moderne, den Kubismus, verweisen. Die Kernsätze lauten: „Ideen allein können Kunstwerke sein." Und: „Alle Ideen brauchen nicht physisch ausgeführt zu werden." Der heute in Hamburg lehrende Publizist Georg Jappe hat folgerichtig von der „Befreiung vom verdinglichten Kunstwerk durch einen schöpferischen Akt" gesprochen. Durch die offene, prozeßhafte Formulierung der Entwürfe wurde in idealistischer Erwartung dem Betrachter eine neue Rolle zugewiesen, die schon Lessing dem idealen Zuschauer im Theater zugedacht hatte, nämlich die Stücke selbst zu Ende zu dichten. Dahinter stand natürlich auch die Hoffnung, der Kommerzialisierung und der Umarmung durch das Wohlwollen entgehen zu können. Der Grundgedanke, daß in der Kunst die Idee und nicht die Ausführung das Entscheidende sei, ist zwar nicht ganz neu. Neu war aber die Radikalität, mit der man ihn ab Ende der sechziger Jahre zu verwirklichen trachtete. Die Spannweite dieser Versuche ist größer, als man rückblickend glauben – oder glauben machen – möchte. Sie umfaßt immerhin das mythische Erdloch eines Walter de Maria so gut wie die polemischen Diagnosen eines Hans Haacke.

Eine Station vor der Concept Art bezeichnen die Diagrammbilder des Japaners Shusaku Arakawa, der zwar nicht völlig auf Sichtbarmachung seiner Ideen verzichtet, aber doch die zeichnerisch-malerische Darstellung in dem Augenblick abbricht, in dem die Imagination beginnt, Dinge auszuformulieren („Ohne Titel", 1964/65). Arakawa geht es um den „Mechanismus der Bedeutung", das heißt um die Beziehung zwischen den Dingen und der Methodik ihrer Abläufe, die als offene farbige und zeichnerische, statische oder dynamische Formeln auf monochromer Fläche erscheinen. Sofern sie rational auflösbar sind, stellen sie an die gedankliche Mitarbeit des Betrachters hohe Anforderungen, wo nicht, appellieren sie an die Bereitschaft zu Einfühlung und meditativer Versenkung.

Douglas Hueblers „Variables Stück Nr. 48" (1971) enthält nicht nur ein Statement des Künstlers, sondern ist selber eins: eine Auswahl aus 650 Fotos, die Huebler

Shusaku Arakawa, *Untitled (Ohne Titel)*, 1964/65

Joseph Kosuth, *Frame – One and Three (Rahmen – Eins und Drei)*, 1965

James Lee Byars, *The Golden Speaking Hole (Das goldene Mundstück),* 1982

auf einer Reise von Bradford nach New York machte und die er von anderen zusammenstellen ließ zur beliebigen Veränderung durch den jeweiligen Besitzer oder Betrachter. Es geht ihm nicht darum, ein „Bild" zu machen, sondern optische Phänomene und Wahrnehmungsprozesse darzustellen.

Den Begriff an die Stelle der Erscheinung setzt Joseph Kosuth als wichtigster amerikanischer Vertreter der Gruppe „Art & Language" („Kunst und Sprache") innerhalb der Concept Art. „Rahmen – eins und drei" (1965) setzt die lexikalische Definition des Wortes „Frame" (Rahmen) gleichwertig neben den konkreten Rahmen und dessen Fotografie in Originalgröße. Noch einen Schritt weiter geht die – an Ad Reinhardts Theorien anknüpfende – Arbeit „Kunst als Idee – Definition ‚Abstract'", in der nur noch die Definition des Wortes „Abstract" aus dem Wörterbuch in Vergrößerung wiedergegeben wird. Hier ist eine äußerste Grenzposition der Concept Art bezeichnet, die den Betrachter auffordert, die dem Statement zugrunde liegende Theorie selbst nachzuvollziehen.

James Lee Byars ist weder der Aktionskunst noch der Concept Art zugehörig. Er bewegt sich in Grenzbereichen. Manchmal schreibt er Briefe, mal erscheint er, die Augen verbunden oder im Schatten, in tiefem Schwarz, konzentriert sich, spitzt die Lippen und verläßt den Raum: „Der vollendete Kuß" ist in die Luft

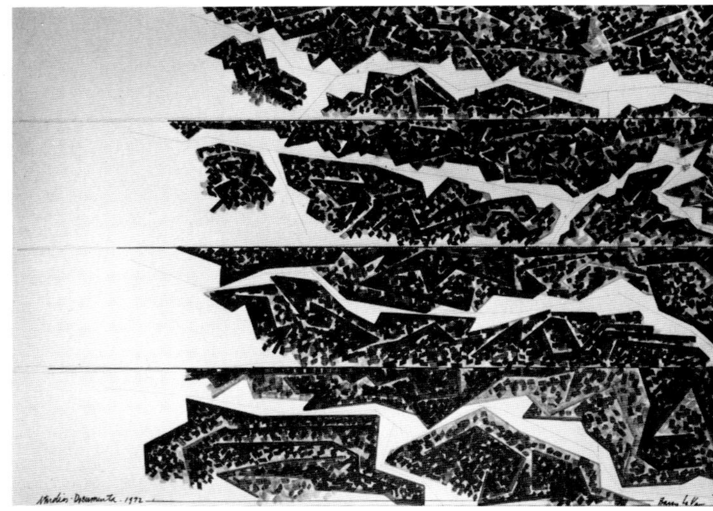

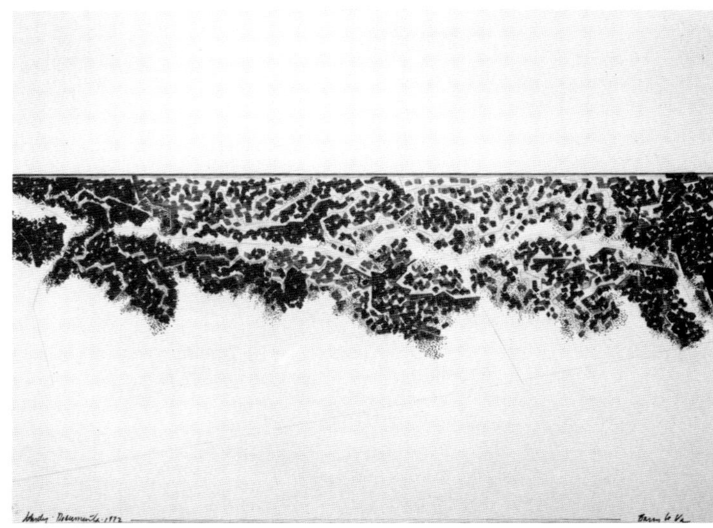

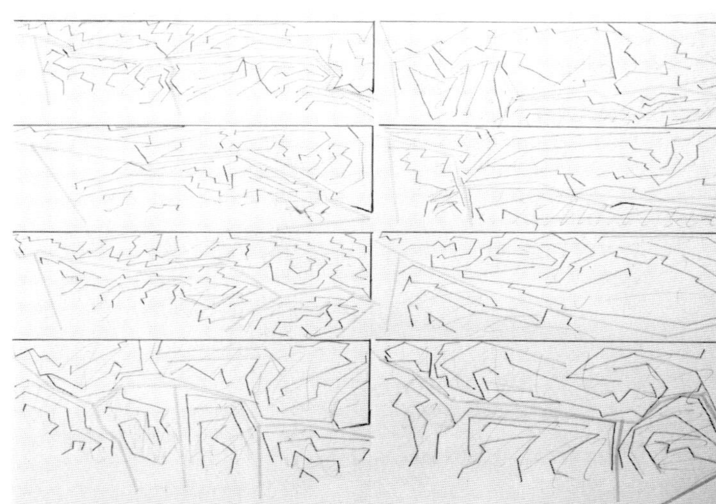

Barry Le Va, *Drei Studien zur documenta 1972,* 1972

gehaucht. In Berlin wollte er das Goldene Zeitalter vom Turm der Gedächtniskirche herab ausrufen, was deutscher Biedersinn verhinderte. Schreibt jemand zu Byars' „Erscheinen" einen lesbaren Text, so macht er ihn unlesbar durch Verkleinerung und Beseitigung der Interpunktion: Die Idee verträgt keine Beschreibung. Doch manchmal bleiben minimierte Objekte zurück. Zum Beispiel eine vollkommene Form wie der Kreis aus Glas mit einem noch viel kleineren Kreis in der Mitte, dem „Goldenen Mundstück" (1982), das

jedermann zur Verfügung steht, der seine Ideen der Öffnung in der transparenten Scheibe anvertrauen will. Minimal Art? Concept Art? Oder doch ein sensibles Requisit als Ideenträger? Die Frage bleibt offen.
Barry Le Va „markierte" auf der „documenta V/1972" mit zerbrochenen Gläsern auf dem Boden eines Ganges die – vom Besucher zu „erkundende" – Gefährlichkeit des Wegs („Drei Studien zur documenta 1972"). Der „Waldlauf, zum Objektivieren" (1971) ist ein vom Betrachter optisch und gedanklich zu vollendendes Statement mit der Spur des Läufers in Aufsicht und Querschnitt links, den Fotos des Waldes als Waldrand und Dickicht rechts.
Hanne Darbovens Thema ist vordergründig der ästhetische Reiz von Formeln und Zahlen, hauptsächlich aber die Darstellung zeitlicher Abläufe im Zeitraffer oder in der Zeitlupe mit Hilfe eines Zahlensystems, dessen Grundlage die Quersumme ist. „24 Songs" (1974) ist eine ihrer umfangreichsten Arbeiten. „Gegenstand der Gesänge", schreibt Evelyn Weiss, Kustodin am Museum Ludwig, „sind 24 Buchstaben des Alphabets. Jedem Buchstaben ist ein Gesang gewidmet, der in drei Teile, die Strophen, eingeteilt ist. Jede Strophe hat wiederum drei Verse. Für jeden Gesang hat die Künstlerin zwei Indizes geschrieben und dazu drei Strophen aufgezeichnet. Schema oder Schlüssel [...] ist die Verseinteilung. Jeder Vers ist in 10 Zeilen (von 1 bis 10) horizontal sowie vertikal eingeteilt. Außerdem legt die Künstlerin eine Zählung von 10 bis 100 zugrunde."
Ger Dekkers „Obstgarten bei Emmeloord" (1974) thematisiert in einer Abfolge von Fotosequenzen die ruhige Betrachtung einer Kulturlandschaft von verschiedenen Blickpunkten aus, einer Landschaft, in der das Gleichgewicht zwischen Natur und ihrer Nutzung durch den Menschen noch nicht gestört ist.
Die „Film-Malerei: Schwarze Vase horizontal" (1972) von Jan Dibbets macht einen in der Realität nicht wahrnehmbaren Zeitablauf und die währenddessen stattfindende Veränderung eines Objekts (in diesem Fall einer Vase) sichtbar, indem der Künstler in gleichbleibendem Abstand mit einer Filmkamera an einer Vase vorbeischwenkt. Die „wandernde" Vase läßt durch ihre Position im Bild auch den wechselnden Standort von Dibbets im Vorübergehen erkennen.
Zweifel an der Geschichte, ihren Überlieferungen, ihren Wertkategorien und ihrem Personenkult sind das Motiv des in London lebenden Jugoslawen Braco Dimitrijević. Sein Leitwort heißt: „Es gibt keinen Irrtum in der Geschichte. Die ganze Geschichte ist ein Irrtum."
So fotografierte Dimitrijević zufällig vorbeikommende Passanten („Casual Passers-by"), stellte die monumentalen Vergrößerungen an öffentlichen Orten aus und gab so den Personen eine Bedeutung, die sie hätten haben können, wenn die Geschichte anders verlaufen wäre. Im Park des Berliner Schlosses Charlottenburg errichtete er einen Obelisken mit der Inschrift: „Dies könnte ein Ort von historischer Bedeutung sein." Auf der Westseite des Kölner Doms ist eine Platte mit dem gleichen Text eingelassen.
Dimitrijevićs radikale Zweifel beziehen die Kunstgeschichte natürlich mit ein. So heißt es in seiner Geschichte von zwei Künstlern („Story about two artists", 1969): „Einmal, vor langer Zeit, da lebten weit weg von Städten und Städtchen zwei Maler. Eines Tages verlor der König, der in der Nähe auf der Jagd war, seinen Hund. Er fand ihn im Garten eines der beiden Maler wieder. Er sah die Werke dieses Malers und nahm ihn mit aufs Schloß. Der Name des Malers war Leonardo da Vinci. Der Name des anderen verschwand für immer aus dem menschlichen Gedächtnis."
Im Bild „Zwei Schritte voraus" (1972–1979) wandert ein Leopard durch ein Pollock-Gemälde. Das regelmäßige, natürliche Muster seines Fells wird mit den gewollten, freien und keinem Gesetz gehorchenden Strukturen der „Drippings" konfrontiert. In den „Triptychon Post

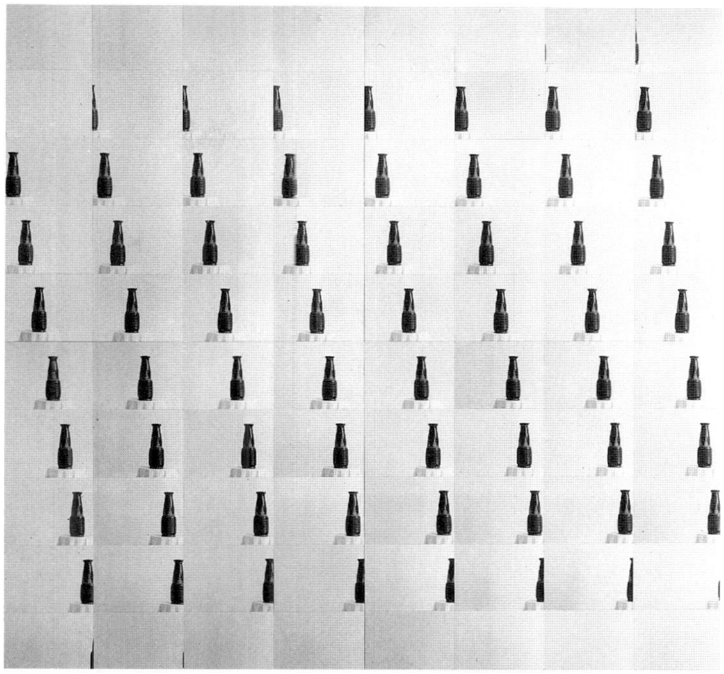

Jan Dibbets, *Film Painting: Black Vase Horizontal (Film-Malerei: Schwarze Vase horizontal)*, 1972

Braco Dimitrijević, *Triptychon Post Historicus*, 1984

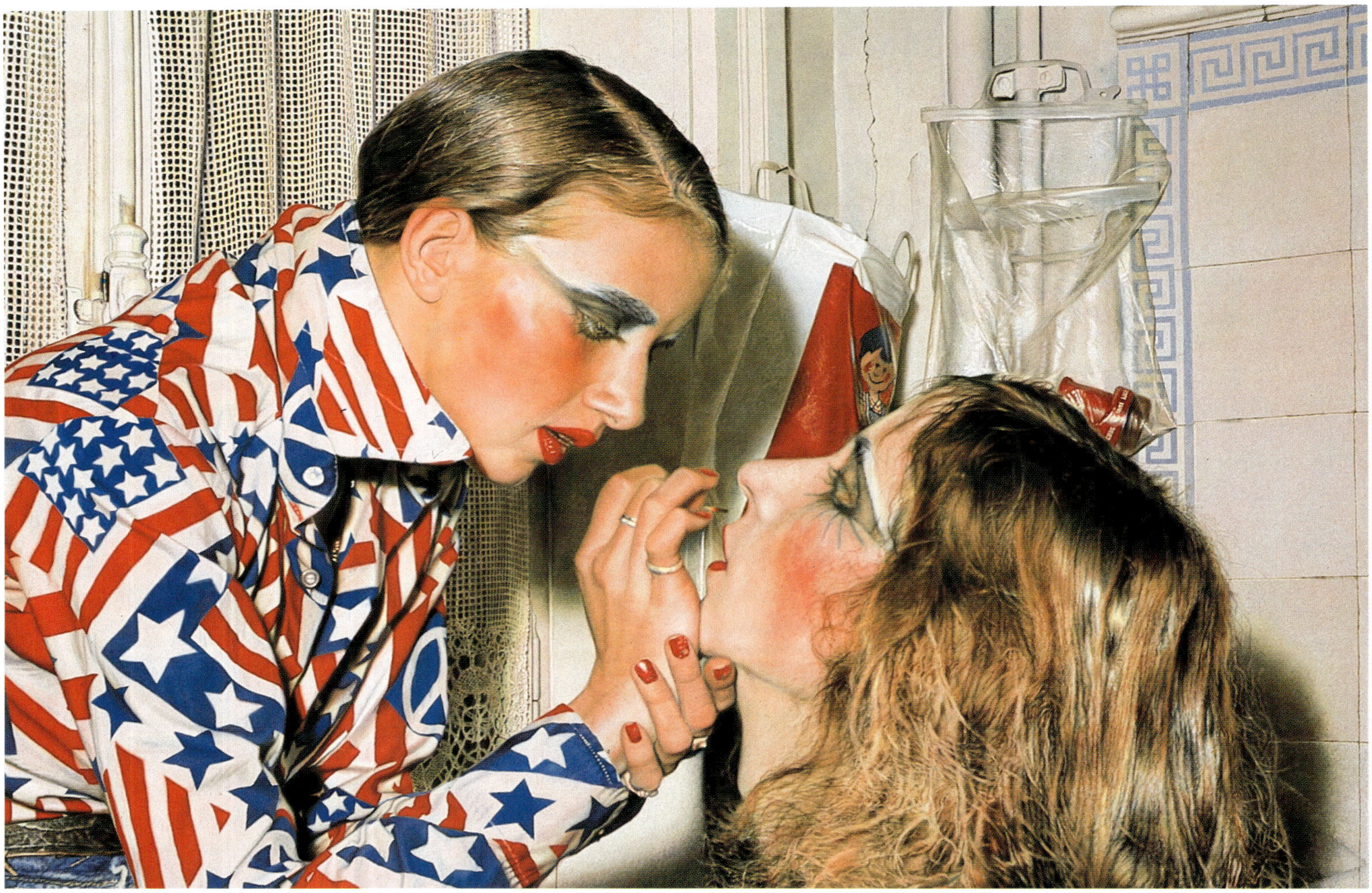

Franz Gertsch, *Marina schminkt Luciano,* 1975

Historicus" wird schließlich die Grenze zwischen den drei Bereichen Kunst, Natur und Alltag aufgehoben, wird etwa ein Bild von de Chirico („Möbel in einem Tal") kombiniert mit „Tisch, Leiter und antiker Büste, transportiert von Herrn König" und einer Birne (1984). Der Name des Museumsarbeiters ist genauso wichtig wie der des Künstlers, nur die ironisch zitierte Natur in Gestalt der Birne bleibt anonym.
Die Umwertung der Werte ist für jedermann einsichtig: De Chiricos Bild wird zum Objekt, Leiter und Tisch werden ebenso Teil des „Gesamtkunstwerks" von Dimitrijevićs Gnaden wie die vergängliche Frucht. Auf verblüffende Weise wird eine komplexe Problematik nicht nur verständlich, sondern auch optisch erfahrbar gemacht: Der Jugoslawe hat die Gretchenfrage der Concept Art: „Wie halte ich's mit der Sichtbarmachung abstrakter Ideen?" auf verblüffende Weise gelöst, ohne die Idee zu kompromittieren und ohne dem Kunstwerk zu nahe zu treten.

Befragung der Realität
Spielarten des Neo-Realismus

Die erste Hälfte der achtziger Jahre stand im Zeichen des Triumphs der „heftigen" expressiven malerischen Gestik. Schlechte Zeiten für Präzisionisten. So ist der Neo-Realismus der siebziger Jahre mit seinen verschiedenen Varianten vorübergehend ebenso in den Hintergrund des aktuellen Kunstinteresses geraten wie die Gegenposition einer puristischen Kunstpraxis, die in der Concept Art und ihrem asketischen Intellektualismus ihre extremste Ausprägung erfuhr. Wie falsch es ist, neo-realistische Kunst pauschal als vordergründigen Naturalismus abzuhaken, zeigt ein Blick auf das thematisch und formal höchst unterschiedliche Werk einiger seiner Protagonisten in Amerika und Europa.
Der Schweizer „Fotorealist" Franz Gertsch sagt über seine Arbeit: „Das Bild muß immer ein Bild bleiben und kein Ersatz der Wirklichkeit werden." Die vorbereitenden Fotoserien haben für ihn die Funktion eines Skizzenbuchs. Der formale Prozeß beginnt bei der Auswahl der endgültigen Bildvorlage. Ein wichtiges Stilmittel ist deren Übertragung ins große Format, das die Realität in hohem Maße verfremdet und das Vertraute unvertraut erscheinen läßt.
Nicht zufällig wendet sich Gertsch mit Vorliebe unangepaßten, „exzentrischen" Menschen zu, deren Persönlichkeit noch nicht von der Konsumwelt eliminiert ist, deren Gesichter noch nicht verschlissen sind („Marina schminkt Luciano", 1975). Gertsch agiert dabei nicht als „Insider", sondern als Außenstehender, als Freund oder als Sympathisant. Sein künstlerisches Medium ist eine – bisweilen fast pointillistische – Malerei mit spitzem Pinsel, das Resultat eine klangvolle, durchlichtete Farbigkeit von überaus dichter Struktur. Es gibt keine thematischen Hierarchien: Vorder- und

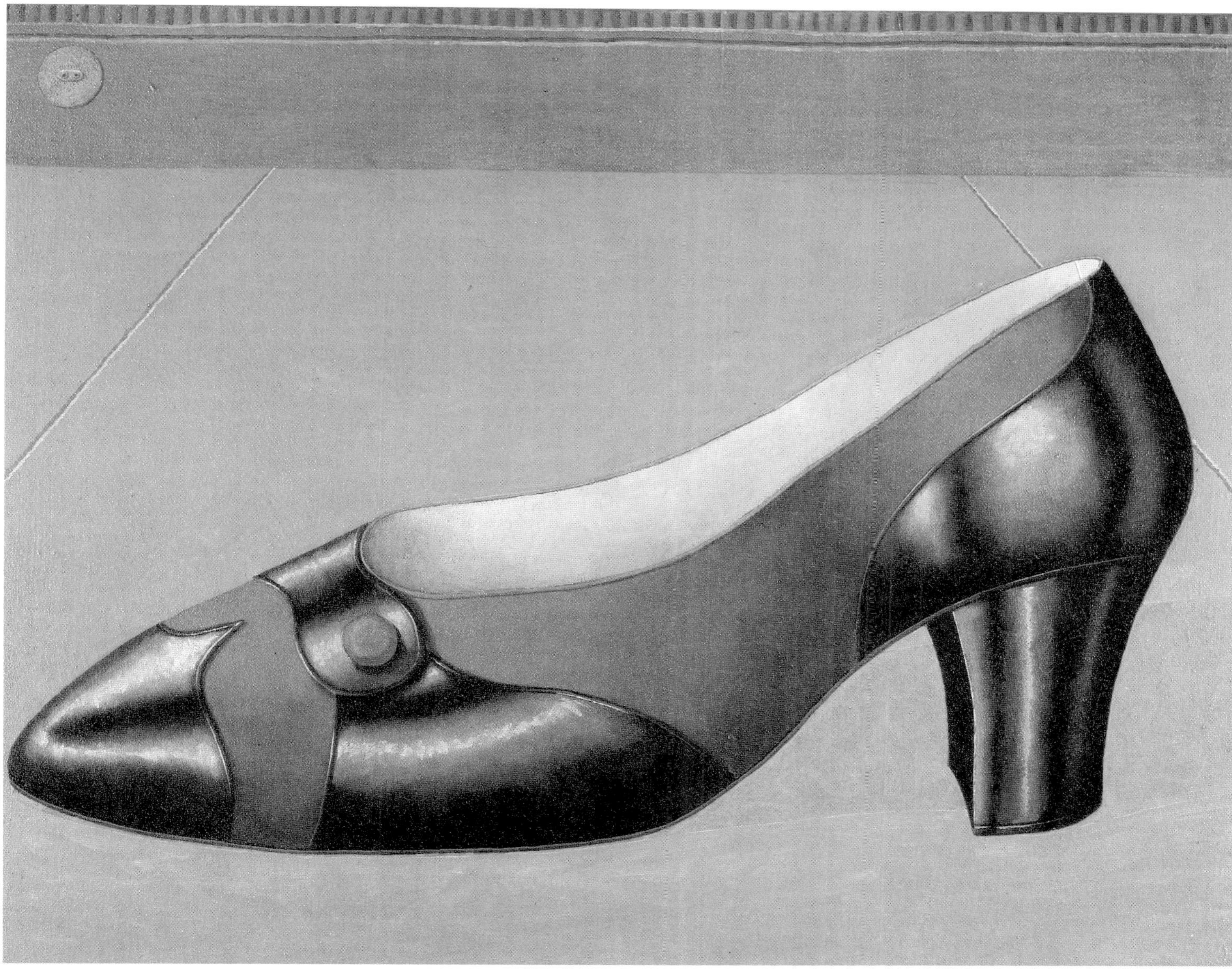

Domencio Gnoli, *Scarpa di Profilo (Schuh in Profilansicht)*, 1966

Hintergrund, Figur und Kostüm, Raum und Dekor sind mit der gleichen peniblen Sorgfalt gemalt. Die ungrundierte Malfläche zwingt zu äußerster Präzision. Großform und Kleinform sind nicht nur Abbild, sondern auch autonome farbige Flächen, die unabhängig vom Motiv ihre eigene Ordnung und ihre eigene formale Bedeutung haben. Mit Recht hat die Lausanner Kunsthistorikerin Erika Billeter angemerkt, bei Gertsch habe jeder Zentimeter „die Reinheit eines monochromen Bildes wie bei Yves Klein". Der Mann aus Bern ist ein sehr europäischer Maler. Seine „Freundschaftsbilder", die ein traditionsreiches Thema fortsetzen, sind keine neutralen Dokumentationen, sondern malerisch reiche Interpretationen. Mit plattem Naturalismus haben sie nichts zu tun.

Auch Domenico Gnoli ist kein Naturalist. Aus seinen Bildern ist der Mensch entweder verschwunden oder gänzlich anonymisiert („Mann mit zwei Ansichtsseiten", 1964). Dafür gewinnen die Dinge des täglichen Gebrauchs eine bedrohliche Präsenz. Sie werden zum Fetisch („Schuh in Profilansicht", 1966). Gnoli: „Für mich ist der alltägliche Gegenstand selbst, vergrößert durch die ihm geschenkte Aufmerksamkeit, schöner und schrecklicher, als jede Erfindung und Phantasie ihn hätten machen können. Er sagt mir mehr über mich selbst als irgend etwas anderes, erfüllt mich mit Furcht, Ekel und Entzücken." Gnoli hat seine eigenen Bedrohungen und Ängste, die zugleich die seiner Zeitgenossen sind, auf beinahe surrealistische Weise in die Darstellung seiner magischen Gegenstände hineingemalt.

Michelangelo Pistoletto, der sich inzwischen anderen künstlerischen Formen zugewandt hat, markierte mit seinen Spiegelbildern („Parteiversammlung Nr. 2", 1965) eine äußerste Grenzposition, indem er den Betrachter und seine Umgebung ins Bild durch den Spiegel unmittelbar einbezieht, ohne Blickkontakt zu den collagierten Personen des Bildes. Ziel des Künstlers ist es, mit solchen Arbeiten die „Kunst bis an den Rand des Lebens zu tragen".

Daß es zwischen Fotovorlage und Bild im seriösen Fotorealismus keine Identität gibt, zeigt auf eindrucksvolle Weise das Werk des Amerikaners Richard Estes („Imbißstube", 1967). Auch bei ihm werden Vorder- und Hintergrund bis ins Detail hinein mit einer – fast schon wieder surrealen – Überschärfe dargestellt, die

Michelangelo Pistoletto, *Comizio Nr. 2 (Parteiversammlung Nr. 2),* 1965

es in der Realität nicht gibt. Die Szenerien sind menschenleer, die Leuchtreklamen erstarrt, es gibt keine Bewegung. Bildgegenstand wird zum Denkmal seiner selbst. Die lautlose Stille dieser Bildwelt erinnert an die leeren Plätze der „Pittura metafisica".
Im Gegensatz dazu bringt Malcolm Morley bei seiner Darstellung banaler Alltäglichkeiten die malerische „Handschrift" wieder stärker ins Spiel („St. John's Branchenverzeichnis", 1971). Sie gibt der Bildoberfläche eine gewisse Plastizität. Sie wird von Morley, der den Scheincharakter der Wirklichkeit bloßlegen will, als distanzierendes Stilmittel eingesetzt.
Vom Action Painting kommt Howard Kanovitz her. Doch der Schüler von Franz Kline zeigte sich in der Folge stärker von der Pop Art beeindruckt, deren Einfluß auf den Fotorealismus auch bei anderen Künstlern nachweisbar ist. Kanovitz entwickelte eine spezielle Variante („Journal", 1972/73), indem er der Vorlage, hier dem Titelblatt des Magazins „Ladies Home

Richard Estes, *Foodshop (Imbißstube),* 1967

Howard Kanovitz, *Journal,* 1972/73

Malcolm Morley, *St. John's Yellow Pages (St. John's Branchenverzeichnis),* 1971

Öyvind Fahlström, *Roulette, Variable Painting (Roulette, variables Bild),* 1966

Journal", durch scheinbar kleine, verfremdende Eingriffe eine neue Bedeutung gibt. Das Titelbild des Klatschblattes schwebt, durch poppigen „Blow-up" ins Riesenhafte vergrößert, vor einem nicht näher definierten Hintergrund. Die Augen der Diva spiegeln eine Wirklichkeit außerhalb des Bildes, die leicht verschwebende Acrylmalerei entrückt die Darstellung ins Irreale. Die Überschneidung von Realität und Illusion, die „Illusion der Illusion", sind es, die den Künstler primär interessieren.

Vielschichtig und formal sehr genau durchdacht ist die Malweise des Kanadiers Alex Colville. Er arbeitet nicht mit Fotografien. Aus einer Serie von präludierenden Zeichnungen entwickelt sich eine geometrische Modellstruktur. „Als letzten Schritt fertigt er Zeichnungen nach lebenden Modellen, die er gemäß dem gewählten Modul proportioniert. Er malt auf Preßholzplatten, die mit Acryl präpariert und mit Gips geglättet werden; die Modulstruktur des Gemäldes wird dann auf die Holzplatte übertragen. Sie wird nun übermalt, zuerst mit dünnen Farben, dann [...], über einen Zeitraum von vielleicht drei Monaten hinweg, werden die Formen in feinerem Detail bis zu einer gleichmäßigen, opaken Oberfläche herausgearbeitet." So sein Biograph David Burnett. Colvilles Thema ist die Mythologie des Alltags, die der bildende Künstler, wie er meint, nicht allein den Dichtern vom Range eines James Joyce überlassen sollte. Seine schweigsamen Bilder sind statisch, doch auf fast allen wird eine Geschichte in lapidarer Verkürzung erzählt. Einfache menschliche Situationen sind die ebenso einfachen wie komplexen Themen: Einsamkeit, Isolation, Liebe, Fremdheit, Abschied und Arbeit.

Im symmetrischen Aufbau der „Tankstelle" (1966), in

Alex Colville, *Truck Stop (Tankstelle)*, 1966

dem in die Ferne gerichteten Blick des Tankwarts unter einem Caspar-David-Friedrich-Himmel, in dem Monument des Lastwagens mit dem schnuppernden Hund davor, in der lautlosen Stille der Szene wird der Alltag zur bildnerischen Legende. Der undramatischen, melancholischen Kargheit des Inhalts entspricht die Präzision der Form. Wie kaum ein anderer hält Colville die schwierige Balance zwischen Imagination und künstlerischem Kalkül. Hinter dem gewöhnlichen Realen lauert das Surreale. Die Zeit wird durchlässig, der malerische Report vom täglichen Leben in unserer Zeit zur „Sage vom Menschen".

Realistische Figuration verbindet sich auf Öyvind Fahlströms kaleidoskopartigem „Roulette, variables Bild" (1966) mit surrealistischen und dadaistischen Montagetechniken. Die Bildfelder sind – teils übermalte – Szenen aus Wochenschauen, Kriegs- und Trivialfilmen (u. a. Johnny Weissmueller als Tarzan), die beweglichen Zentralfiguren verweisen in ihrer marionettenhaften Manipulierbarkeit auf die Rolle des Menschen als bloßes Objekt einer konsumorientierten Gesellschaft und als Opfer von Krieg und Gewalt.

Auch in der Sowjetunion gibt es heute wieder einen Realismus ohne verklärendes Pathos. Alexander Petrows „Haus an der Eisenbahn" (1981) erinnert von fern an die Spiegeleffekte in Bildern von Richard Estes. Doch die Frau am Fenster ist das eigentliche Thema. Die Spiegelung der Umwelt in den Fensterscheiben reflektiert zugleich die nachdenkliche Haltung des alten Menschen. Petrow gibt keine objektivierende Darstellung, sondern bringt auch subjektive Empfindungen ins Spiel.

Romantik und konstruktivistisch inspirierte Bildkomposition verbinden sich in Jan Kryschewskis „Hafenpier im Winter" (1981). Der Blick der Rückenfigur aufs Meer erinnert an die Thematik Caspar David Friedrichs.

Keiner historischen oder zeitgenössischen Strömung

Alexander Nikolajewitsch Petrow, *Das Haus an der Eisenbahn,* 1981

Boris Birger, *Ehepaar.* 1981

exakt zuzuordnen ist die verinnerlichte, jeglicher Aktualität entrückte, von verhaltenem Licht durchströmte Malerei Boris Birgers, dessen ganzes Interesse der geistig-seelischen Beziehung der Menschen zueinander jenseits aller Alltagsprobleme gilt (vgl. „Ehe-

Gerhard Richter, *Abstrakt Nr. 484,* 1981

Gerhard Richter, *Ema – Akt auf einer Treppe,* 1966

paar", 1981). Heinrich Böll hat den Maler besonders geschätzt.

Auch der vielseitigste und wandlungsreichste deutsche Künstler der Gegenwart, der brillante Maler Gerhard Richter, hat mit Fotos gearbeitet. Man braucht nur seine diesbezüglichen Arbeiten mit denen von Franz Gertsch oder Estes zu vergleichen, um zu erkennen, wie vielschichtig und gegensätzlich die Malerei sein kann, der man das Klischee „Fotorealismus" aufgedrückt hat.

Schon als Richter, gebeutelt vom „sozialistischen Realismus" in der damals noch streng doktrinären DDR, in den „goldenen Westen" kam und ironisch „kapitalistischen Realismus" praktizierte, konnte er, nach dem Urteil des Berliner Kritikers Heinz Ohff, „malen wie ein alter Meister". In vielen Abschnitten seines Werks spielt die Fotografie eine wichtige Rolle. Er benutzte Fotos von Prospekten, Illustrierten und Büchern, die in verwischten, teils grauen, teils farbigen Tönen auf die Leinwand übertragen und partiell übermalt wurden. Themen sind die Welt der Werbung und der Boulevardmagazine, Alltagsgegenstände und private Familienbilder. In diesem Kontext entstand die geistreich-ironische Variation zu Duchamps „Akt, eine Treppe herabsteigend". Richters damalige Frau kam zum Modellstehen herunter, er fotografierte sie und übermalte das „verwischte" Foto mit dünnflüssiger Farbe, das Helldunkel des Schnappschusses mit großer Sensibilität ins Malerische übersetzend („Ema – Akt auf einer Treppe", 1966).

Der bewußten, den Betrachter in seiner Wirklichkeits-

Konrad Klapheck, *Der Supermann,* 1962

wahrnehmung verunsichernden „Unschärfe" des Aktbildes steht die Präzision bei der Darstellung von Bewegungsabläufen im Bilde der „Fünf Türen" (1967) entgegen. Der Rhythmus der Darstellung, das delikate Grau-Weiß der Farbgebung, der Kontrast von harten Konturen und malerisch weichen, „Atmosphäre" schaffenden Bildfeldern entziehen das Bild jeglichem vordergründig-naturalistischen Bezug.
Zwischen dieser Arbeit und dem dritten Bild im Museum Ludwig („Abstrakt Nr. 484", 1981) entstanden die im Gestus expressiven, in der Reduktion der Farbe auf Schwarz, Weiß, Grau zurückhaltenden Stadtbilder, die ironisch verfremdeten Landschaften in Anlehnung an romantische Motive, die monochromen Graustrukturen, die konzeptuellen Farbtafeln, die Reihe von Personen der Zeitgeschichte und schließlich, als Vorstufe zu dieser vorläufig letzten Phase, starkfarbige Schlingen- und Schlierenbilder. Immer umkreist Richter das Thema Realität und das Problem ihrer Fixierung im Bild. Gerade die langjährige Ablehnung der individuellen „Handschrift", die Rückführung des Künstlerischen auf die Bildidee und den malerischen Prozeß ebneten ihm den Weg zu den starkfarbig-expressiven Bildern der jüngsten Zeit. Die Technik wird durch Vergröberung und Offenlegung der Malvorgänge und Malschichten einsichtig gemacht. Breite Farbflächen lassen durch offene Stellen darunterliegende Schichten erkennbar werden. Geplante und spontane Gesten wechseln ab. Eine heftige Farbigkeit unterstreicht die Erregtheit des Duktus und des Bildentwurfs. Richter sieht abstrakte Arbeiten durchaus im Rahmen seiner Versuche, sich der Wirklichkeit von immer neuen Positionen aus zu nähern: „Abstrakte Bilder sind fiktive Modelle, weil sie eine Wirklichkeit veranschaulichen, die wir weder sehen noch beschreiben können, auf deren Existenz wir aber schließen können."

Magie und Expression
Aspekte deutscher Malerei der Gegenwart

Die Kunst der siebziger und vor allem der achtziger Jahre ist im Museum Ludwig als „musée infini" offen gegenüber der Gegenwart und Zukunft und es sind Pflöcke eingeschlagen, die den Weg zur Ergänzung der Sammlung weisen. Sie umfaßt auch Werke von Künstlern, die sich der Etikettierung entziehen.

Im Bereich der deutschen Malerei ist unter diesem Aspekt von der mittleren Generation nicht zuletzt der Einzelgänger Konrad Klapheck zu erwähnen, der sich schon immer quer zu den Tendenzen der Zeit gestellt hat. Sein relevantes Werk führt eine magische Dingwelt mit entlarvend ironischen Bezügen zur menschlichen Gesellschaft und zu menschlichen Verhaltensweisen vor. Es setzte ein, als die ungestüme Gestik des Tachismus noch in voller Blüte stand. Schon 1955 malte Klapheck mit penibler Akkuratesse eine einsame, altmodische Schreibmaschine als einziges Objekt eines Stillebens.

Auch die Bilder im Museum Ludwig stellen vermenschlichte, „beseelte" Maschinen dar: „Die Ahnen" (1960) sind symbolisiert durch eine reduzierte statuenhafte Mischung aus Rechen- und Schreibmaschine. Die monotone Reihung der Tasten verweist auf die entsprechende Anordnung von Ahnentafeln, die in den Jahren des Dritten Reiches als „Arier-Nachweis" entweder eine legitimierende oder – wo der Beweis nicht erbracht werden konnte – lebensgefährliche Funktion hatten. „Der Supermann" (1962) ist wieder eine Schreibmaschine mit unverschlüsseltem Phallussymbol im Zentrum. Das stark formalisierte Instrument erfährt bei Klapheck eine „Geschlechtsumwandlung". Die Maschine, „auf der", wie der Künstler sagt, „die wichtigsten Entscheidungen unseres Lebens gefällt werden", steht bei ihm „für den Vater, den Politiker und den Künstler". Die „Soldatenbräute" (1967) hingegen sind (weibliche) Schusternähmaschinen, die auf bedrohliche Weise als kriegslüsterne, beutegierige Kolonne vorüberziehen. „Der Diktator" (1967–1970) ist ein starres, fensterloses anthropomorphes Monument, eintönig und bedrohlich wie die Architektur der Verwaltungsburgen unserer Zeit. Steil und gefährlich ragt ein Registrierkassenhebel als zepterartiges Machtinstrument ins Bild.

Klaphecks Maschinen sind Archetypen der technischen Existenz, aber auch indirekte „Porträts", die stellvertretend menschliche Gefühle und Verhaltensweisen widerspiegeln: Lust und Angst, Hoffnung und Verzweiflung, Brutalität und manchmal auch verborgene Zärtlichkeit.

Die Auslöschung der individuellen Handschrift, die objektivierende Anonymität der Figuren eines kalten Mythos ist in ihrer hintergründig-ironischen Brechung der Schutzschild, hinter dem Klapheck seine Gefühle verbirgt. „Nur mit der Kälte der Präzision bewaffnet", sagt er, „hat man Zugang zu den Feuern der Seele, und nur unter dem Deckmantel des Scherzes spricht man aus, was man gesehen hat."

Die Strenge der Form orientiert sich am bewunderten Jan Vermeer. Die Verbindung von Präzision und Phantastik ist an surrealistischen Vorbildern – von Tanguy über Oelze bis zu Dalí – geschult, aber auch an Richard Lindners Großstadtmythologie und am Magischen Realismus. Die Nachbarschaft zur Trivialwelt der Pop Art, von der Klapheck nichts wußte, als er seine ersten Maschinen malte, ist wohl seinem Lehrer Bruno Goller mit zu verdanken. Er, den Pop-Artisten wie Richard Hamilton oder Claes Oldenburg bewundern, ist aufgrund seiner scheuen Zurückhaltung einer der unbekanntesten unter den bedeutenden Malern des Jahrhunderts. Er hat die Magie der einfachen Dinge und die Magie der Zahl schon in den zwanziger Jahren entdeckt. Aber die unbeteiligte, kühl auftrumpfende Sachlichkeit, mit der die Pop-Artisten die Erscheinun-

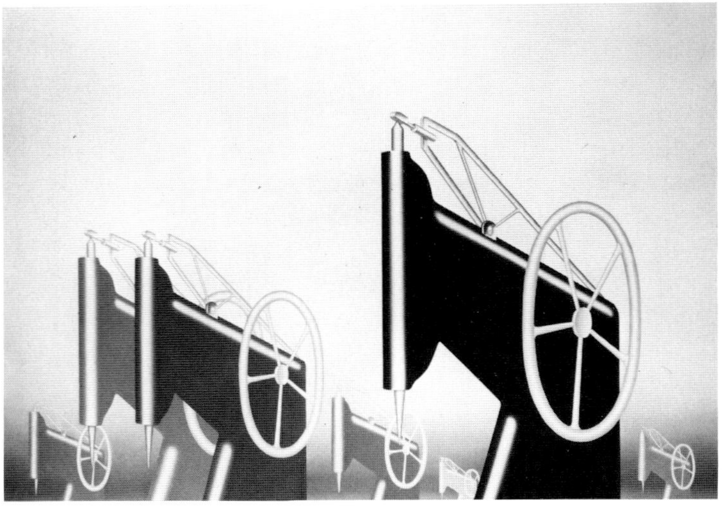

Konrad Klapheck, *Soldatenbräute,* 1967

Bruno Goller, *Verschiedene Bilder,* 1955

gen der Plakat- und Konsumwelt ins Bewußtsein heben, ist diesem sensiblen Mann und typischen Europäer fremd geblieben. Gollers Bildfiguren, ob Menschen, Tiere oder Dinge, sind trotz ihres raffinierten Dekorums und ihrer die Realität übersteigenden Phantastik von einer idolhaften Strenge. Aber die Liebe zu dieser kleinen Welt ist unübersehbar („Verschiedene Bilder", 1955). Diskretion und Verfremdung schließen Sentimentalität aus. Gollers Bilder sind nicht bekenntnishaft, sondern objektiv, die Komposition ist diszipliniert und spielerisch zugleich, die Farbe von toniger Zurückhaltung. Eine meisterliche Maltechnik versagt sich laute Töne und virtuose Effekthascherei. Durch die trennende Rahmung der Bildgegenstände – Mensch, Tier, Ding, Zahl, Ornament – macht der Maler Isolation, Unvertrautheit, Entfremdung auf eine zwar distanzierte, aber auch sanfte und teilnahmsvolle Weise bewußt.

Aus der Begegnung mit den unverbrauchten Mythen fremder Kulturen entwickelt Michael Buthe seine eigene Mythologie, die er den sinnentleerten, vorprogrammierten Klischees einer phantasielosen Konsum- und Plakatwelt entgegenstellt („Maske", 1973). Er reagiert spontan auf die fremde, farbige Welt Afrikas, vor allem Marokkos, ohne sie sich intellektuell anverwandeln zu wollen. Seine Bilder, Collagen und Environments aus verschiedenen Materialien spiegeln die eigene Faszination und die emotionale Teilhabe des

Bernhard Heisig, *Letztes Bildnis meiner Mutter,* 1978

Michael Buthe, *Maske Nigeria – Marrakesch – Madrid,* 1973

Künstlers in starken Farben und erfindungsreichen Formen.

Horst Antes ist durch die Kunstfigur des Kopffüßlers berühmt geworden, die durch die expressive Farbigkeit des Hintergrundes in ihrer Körperhaftigkeit betont und reliefartig nach vorn gerückt wird. „Drittes Landschaftsbild" (1968) zeigt eine heitere Version der diesmal – in weiblicher und männlicher Version – verdoppelten Gestalt, die unheimlich und bedrohlich wirken kann, obwohl der Künstler selbst mit Recht darauf besteht, daß es sich nicht unbedingt um „dämonische Wesen oder Ausgeburten der Hölle" handele. Der Start zum sportlich-erotischen Wettkampf vor der hügeligen Landschaft, über die ein fliegender Stuhl hinwegsegelt, hält eine heikle Balance zwischen hintergründiger Ironie und latenter Gefährlichkeit.

Im Werk C. O. Paeffgens spielt neben der Malerei das objekthafte bildnerische Zeichen eine wichtige Rolle. Im Wandobjekt „Schwarz auf Weiß" (1969–1972) begegnen sich Insignien der Macht und Zeichen der Liebe in einem geistreichen, anspielungsreichen Arrangement, das ohne Bitterkeit banale Symbole wie den Mond der Liebenden, das auf den Kopf gestellte,

Wolfgang Mattheuer, *Was nun?,* 1980

verdreifachte Herz, aber auch geheiligte Güter wie Herrscherstab und Kreuz mit doppeldeutiger Ironie aufs Korn nimmt.

Douglas Swan malt Bilder über Bilder. Seine zitierende und kommentierende Kunst ist Produkt einer späten Kultur und setzt zu ihrer Entschlüsselung die Bereitschaft zu intellektueller Auseinandersetzung voraus. Sein Triptychon „Die Büglerin" (1979) ist eine Variationsreihe über das berühmte gleichnamige Bild von Edgar Degas, an dem ihn aber weniger das Ganze als vielmehr das Fragment interessiert, das er auf gegensätzliche Weise interpretiert. Über die bemalte Leinwand stülpt der Maler eine ebenfalls bemalte Kunststoffhaube. So spielt sich das Bildgeschehen auf zwei Ebenen ab, die nicht deckungsgleich sind. Der Luftraum zwischen beiden, mit dem Wort „AIR" gekennzeichnet, ist das einzig „Reale", das sich zwischen die Kunstwelt der Bildschichten schiebt und die „harte Objektstruktur in eine luftigere Malerei" verwandeln soll (Swan).

Die traditionsorientierte Malerei in der DDR ist durch Beispiele aus dem Werk des temperamentvollen, an Kokoschka und vor allem Beckmann geschulten Bernhard Heisig („Freiheitsbrücke Budapest", 1972, „Letztes Bildnis meiner Mutter", 1978) und durch Bilder Wolfgang Mattheuers vertreten, der die „unverhoffte Erfindung" im Sinne des Surrealismus ins Bild einführt. Trotzdem ist er kein Surrealist, da es ihm nicht um Traum und Wahn, sondern um „den Sinn und den vernünftigen Schluß im Bild" zu tun ist („Was nun?", 1980).

Die dominierende Strömung in der Kunst der Bundesrepublik, die neo-expressive „heftige" Malerei, wird einleitend durch neun wichtige Werke der beiden Schrittmacher Georg Baselitz und A. R. Penck repräsentiert. Die Bedeutung der beiden Künstler für die Rückkehr zur expressiven, gestischen Malerei ist mit der zu vergleichen, die Johns und Rauschenberg für das Aufkommen und die Durchsetzung der Pop Art hatten.

Georg Baselitz kam mit seinen frühen Bildern während der sechziger Jahre schnell in die Schlagzeilen. Seine gestisch vitale, thematisch morbide Malerei jener wilden Jahre, mit der er nicht nur gegen einen sterilen Akademismus der späten abstrakten Kunst, sondern auch gegen den Verhaltenskodex bürgerlicher Wohl-

Georg Baselitz, *Die Peitschenfrau,* 1965

Georg Baselitz, *Der Wald auf dem Kopf,* 1969

anständigkeit und eine verlogene Sexualmoral protestierte, trieb die Betroffenen auf die Barrikaden. Auch im Abstand vieler Jahre haben diese Bilder, jenseits aller vergessenen Skandale, nichts von ihrer malerischen Energie verloren. „Die große Nacht im Eimer" (1962/63), die makabre Darstellung eines disproportionierten Jungen mit übergroßem Kopf und überdimensioniertem Penis, ist zu einem Schlüsselbild des Aufstands gegen die Konventionen geworden. Im Bild der über Grabhügel tanzenden „Peitschenfrau" (1965) beginnt die Welt schon, sich zu drehen: eine Vorstufe zu den auf dem Kopf stehenden, abgeklärteren Werken der folgenden Zeit. Den literarischen Kommentar zu diesen Arbeiten, deren böseste wohl die bittere Verhöhnung längst kommerzialisierter Weihnachtsbräuche ist („Weihnachten", 1964), liefert der Text des 1. und 2. „Pandämoniums". Der Autor des „Theaters der Grausamkeit", Antonin Artaud, auf den sich bereits Surrealisten und Tachisten berufen hatten, Lautréamont, die Leitfigur der Surrealisten, aber auch van Gogh haben bei diesen wahrhaft „wilden" Texten Pate gestanden.

Baselitz, der übrigens bei Hann Trier studiert hat, erkannte rechtzeitig, daß man nicht sein Leben lang den wilden Mann spielen kann. Diese Erkenntnis hat wohl mit zu der radikalen Abwendung vom Frühwerk beigetragen. Das Ziel des reifen Baselitz, des Bewunderers von Corinth und den „entarteten" Expressionisten, ist es, die Qualitäten der Malerei unabhängig von Thema und Form zur Geltung zu bringen. Um dies zu erreichen und die Bedeutungslosigkeit des jeweiligen Motivs nicht intellektuell, sondern optisch zu beweisen, stellt er seine Bilder auf den Kopf („Der Wald auf dem Kopf", 1969, „Schlafzimmer", 1975). Die Gegenständlichkeit ist nur noch Kontrollinstanz. Durch sie soll abstrakte Willkür vermieden und die Bildstruktur gefestigt werden. „Reine" Malerei als sinnliches Erlebnis für Künstler und Betrachter ist im Wechsel von kalten und warmen Tönen, Dichte und Lockerheit, Ruhe und Erregung das einzige Thema.

Von A. R. Penck gibt es eine Reihe von fünf Bildern. Zwei stammen aus der Mitte der sechziger, zwei aus der Mitte der siebziger Jahre. Das Freundschaftsbild „Ohne Titel" (1964) (vgl. auch S. 42) steht noch ganz im Banne eines symbolisch aufgeladenen Expressionismus von glühender Farbigkeit. Es weist aber in der abkürzenden Zeichensprache der Begleitfiguren zugleich voraus auf die folgenden Systembilder: Strichmännchen in der Hand des Filmemachers Böttcher, Vögel über dem Kopf Wolf Biermanns, Rechenschieber in der Hand Penck-Picassos, Sichelstab des „Nachtgespensts" Georg Baselitz. In diesen Arbeiten verbindet sich eine archaisierende, signalhafte Zeichenschrift mit abstrakten Symbolen der Kybernetik. „Ein mögliches System" (1965) zeigt in diesen abkürzenden, verdichtenden Formulierungen komplexe Vorgänge: brutale Kämpfe mit der Axt rechts, eine in zwei Gruppierungen – eine erregt teilnehmende, eine statische – aufgeteilte, eingezäunte Versammlung in der Mitte, einen Freudentänzer links daneben, an beiden Außenseiten je eine Figur, die Tafeln hochhält. Die rechte ver-

Georg Baselitz, *Die große Nacht im Eimer,* 1962/63

A. R. Penck, *Ohne Titel (Freundesgruppe),* 1964

A. R. Penck, *Ein mögliches System,* 1965

Jörg Immendorff, *Café Deutschland I,* 1978

weist auf die Kämpfenden und zeigt eine Tafel mit der doppeldeutigen Formel „A = Ich und Ich = B“, die linke hält in der einen Hand das Abbild der stillen, teilnahmslosen Gruppe im Gehege, in der anderen die Formel „A = Ā“. Aktion, Nachricht und Kommentar, archaische, aber immer noch aktuelle Verhaltensweisen werden in dieser gemalten „Physik der menschlichen Gesellschaft“ zu malerischen Formeln zusammengefaßt.

Das „Strukturbild“ (1974) zeigt eine von abstrakten und figuralen Kürzeln ausgefüllte Fläche. In die rationale Zeichensprache der hochtechnisierten Welt brechen Figurationen uralter Irrationalismen ein. Im selben Jahr entstand das Mädchenbild „Ohne Titel“. Das ausdrucksvoll melancholische Gesicht ist umgeben von einem Punkt- und Rastersystem. Der Mensch hat die äußere Welt total verändert, doch seine Aggressionen und Ängste sind die gleichen geblieben.

Die Begegnung mit Penck war für Jörg Immendorff, der zum unmittelbar politisch engagierten Umkreis des großen Joseph Beuys gehörte, von entscheidender Bedeutung. Die beiden trafen sich 1976, einige Jahre bevor Penck in den Westen ging. „Wir wollen ein gutes Kollektiv werden. Ein Kollektiv was Gegensätze einschließt“, verkündete Immendorff in einer Arbeit aus demselben Jahr. Die Gleichzeitigkeit von freundschaftlicher Nähe und Trennung durch zwei gegensätzliche politische Systeme, denen sich hüben wie drüben keiner der beiden Maler zugehörig fühlte, wurde zu einem wichtigen Bildmotiv in Immendorffs zentralem Werk „Café Deutschland“, jener Bildreihe, die Immendorff zur führenden Figur unter den wenigen wichtigen Malern der Bundesrepublik machte, die mit ihrer Kunst unmittelbare politische Wirkung erzielen wollen.

Der zweite wichtige Anstoß kam von Renato Guttuso (vgl. S. 152), nicht von der Person, sondern von seinem Schlüsselbild „Caffè Greco“ und der Auflehnung gegen die These des italienischen Malers und aktiven Sozialisten: „Ich glaube nicht, daß ein Künstler der Realität mit dem Vorsatz die Stirn bietet, sie zu verändern [...]. Der Maler malt die Dinge, nicht die Ideen.“

Karl Marx, *Paolozzi III,* 1978

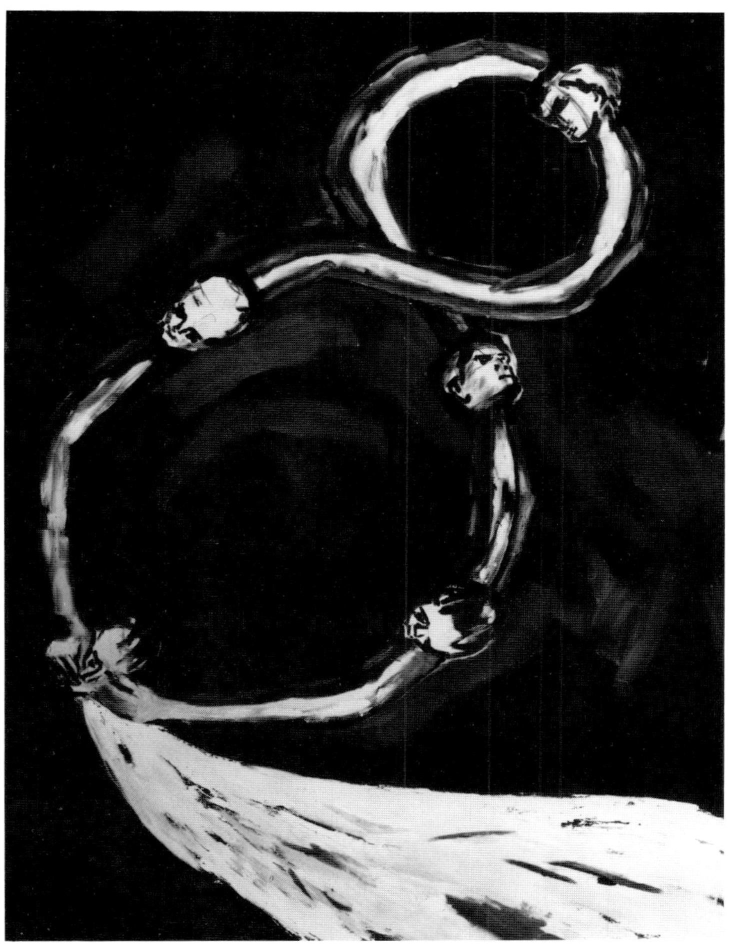

Volker Tannert, *Ohne Titel,* 1982

In der in Aufsicht wiedergegebenen, bewegten, bühnenartigen Szenerie von „Café Deutschland I" (1977/78) durchbricht die Hand des Malers die (Berliner) Mauer, während der Kopf von Freund Penck mit dem Brandenburger Tor im Rücken als Spiegelung auf einem Pfeiler sichtbar wird. Links davon noch einmal Immendorff: tanzend und – wie eine Figur aus Brechts Lehrstücken – auf ein Hakenkreuz in den Fängen eines Adlers verweisend. Vom oberen rechten Bildrand blickt der „Stückeschreiber" selbst, als Lichtbringer mit Kerze auf die figurenreiche Szenerie. Anders als im Urteil anderer engagierter Künstler und Schriftsteller wird er von Immendorff offenbar auch politisch ausschließlich positiv gesehen.
Was die zugleich erzählende und kommentierende Bilderreihe Immendorffs vor den Untiefen des Illustrativen und der puren Agitation bewahrt, ist seine Fähigkeit, sowohl einer konkreten politischen als auch der eigenen persönlichen Situation geschichtliche Tiefe zu geben, die handelnden Figuren bei aller unstilisierten Realistik der Darstellung nicht nur als Individuen, sondern auch als „Stellvertreter" eines politischen Systems und einer geistigen Haltung erscheinen zu lassen. Dem entspricht die Verdichtung der körperhaft plastisch gemalten Gegenstände (Adler, Wachtturm, Kerze, Eis, Stacheldraht, Mauer) zu sinnfälligen Bildsymbolen.
Ein Maler, dessen Werk von den zeitgenössischen Strömungen eingeholt wurde, ist der Kölner Hochschullehrer Karl Marx. Eros und Tod, Lust und Angst, Orgie und Vernichtung, Einsamkeit und Entfremdung sind die Grundthemen seiner leidenschaftlichen, bisweilen aggressiven, dem deutschen Expressionismus verpflichteten Kunst. Wie seine obsessiven erotischen Darstellungen, so läßt auch das Porträt des Bildhauers Eduardo Paolozzi (1978) die vehemente Handschrift des Malers erkennen. Kopf und Hand füllen nicht nur die ganze Bildfläche, sondern drängen darüber hinaus. Das gibt dem Bild trotz des schattenhaft zurücktretenden Gesichts eine eindringliche Präsenz.
Bevor der dreißigjährige Gerhard-Richter-Schüler Volker Tannert sich in letzter Zeit einer romantisch-symbolistischen Landschaftsmalerei zuwandte, schuf er eindringliche, mit vitalem malerischem Gestus ausgeführte Bildchiffren für existentielle menschliche Situationen zwischen Angst und Hoffnung in einer vergleichsweise kargen, auf wenige, aber kraftvoll akzentuierte Kontraste beschränkten Farbigkeit („Ohne Titel", 1982).
Unter den jüngeren Künstlern, die im Bereich der neuen deutschen Malerei auf eigenständige, dennoch die Tradition nicht verleugnende Weise Vorzügliches leisten, nimmt Horst Münch einen hervorragenden Platz ein. Seine Arbeiten verbinden Spiritualität mit spontanem Zugriff, Nachdenklichkeit mit formaler Sicherheit, Sensibilität mit Kühnheit, auch im Bereich der nuancenreichen Farbigkeit. Münchs Figurationen halten eine ihm eigentümliche Schwebelage zwischen Abstraktion und Gegenständlichkeit, zwischen bewußtem kritischem Rückgriff auf Überliefertes und freier Erfindung, zwischen Expression und Konstruk-

Horst Münch, *Victory,* 1983

Charly Banana, *Der Hirsch im Kreuzverhör,* 1983

tion. Dabei entstehen bildnerische Zeichen von ungewöhnlicher Imagination und Originalität („Victory", 1983).
Charly Banana (alias Ralf Johannes) ist ein Außenseiter, der in Extremen lebt, teils in der oberen (Johannes), teils in der unteren Welt (Banana). Es ist, so darf man vermuten, eine vehemente Lebensgier, die sie umtreibt, den Künstler Banana und den Bürger Johannes, eine Gier, deren Kehrseite das Bewußtsein von der Vergänglichkeit ist. Die Paradoxie, die Verfremdung des Vertrauten, der Zerrspiegel, eine monumentalisierte Trivialität sind die Mittel dieses sonderbaren „Doppels", die Oberfläche zu durchdringen, den Schein zu zerstören und zu zeigen, was sich dahinter verbirgt: Lebensleere, Ersatzwelten, Isolation, Sprachlosigkeit. Recherchen im Licht und im Schatten der Wirklichkeit, am Tag und im Traum sind Teil des malerischen Prozesses. Banana-Johannes setzen sich der Wirklichkeit aus, ehe sie sie kommentieren oder auf den Kopf stellen, wenn zum Beispiel ein Mann den armen Banditen seinen Reichtum hinwirft, während er selbst von einem wildgewordenen Reh bedroht wird, oder wenn – in einem späteren Bild – ein Hirsch von schreienden Schatten ins Kreuzverhör genommen wird („Der Hirsch im Kreuzverhör", 1983).
„Weh dem, der Symbole sieht!" Dieser letzte Satz der Addenda zu Samuel Becketts Roman „Watt", von Horst Münch gern benutzt, könnte auch als Motto über den collagierten Arbeiten Tina Juretzek stehen, in denen sich Spontaneität des malerischen (und zeichnerischen) Vortrags und Leuchtkraft der Farbe mit kontrollierender Nachdenklichkeit und formaler Präzision, abstrakte Chiffrierung mit lebendiger Gegenständlichkeit verbinden („Juni-Frauen", 1983). Diesem sensiblen Gleichgewicht entspricht die Offenheit des Bildraums, der dem Betrachter viel Freiheit zu eigenen Assoziationen läßt.
Sigmar Polke, der hintergründigen Witz und einen schier unerschöpflichen Ideenreichtum mit souveräner Meisterschaft in der Anwendung einer höchst variablen malerisch-zeichnerischen Technik verbindet, ist mit einem großformatigen Frühwerk („Kopf", 1966) vertreten. Es gehört zu einer Serie von Rasterbildern, die Polke, damals noch ein „Twen", zwischen 1963 und 1969 malte. Auf den ersten Blick sieht es so aus, als hätten sich Pointillismus und Pop Art ein Stelldichein gegeben. Auf den zweiten Blick erkennt man die gravierenden Unterschiede und die Selbständigkeit des Polke'schen Verfahrens: Während die Punkte der Neo-Impressionisten die Wirklichkeit auflösen, werden sie von Polke mehrschichtig als Aufbau-Elemente für eine autonome Bildwirklichkeit verwendet. Von Lichtensteins Rasterverfahren unterscheiden sie sich durch ausgeklügelte und höchst vertrackte „Handarbeit" bei der Übertragung auf die monumentale Bildfläche. So entsteht eine spannungsreiche Kontrapunktik zwischen Bildkonstruktion und freiem Spiel der Bildelemente. „Die Punkte sind meine Brüder", sagt der Maler. „Ich bin auch ein Punkt. Früher haben wir immer zusammen gespielt, heute geht jeder seine eigenen Wege. Wir treffen uns nur noch zu Familienfesten und fragen uns: wie geht's?"

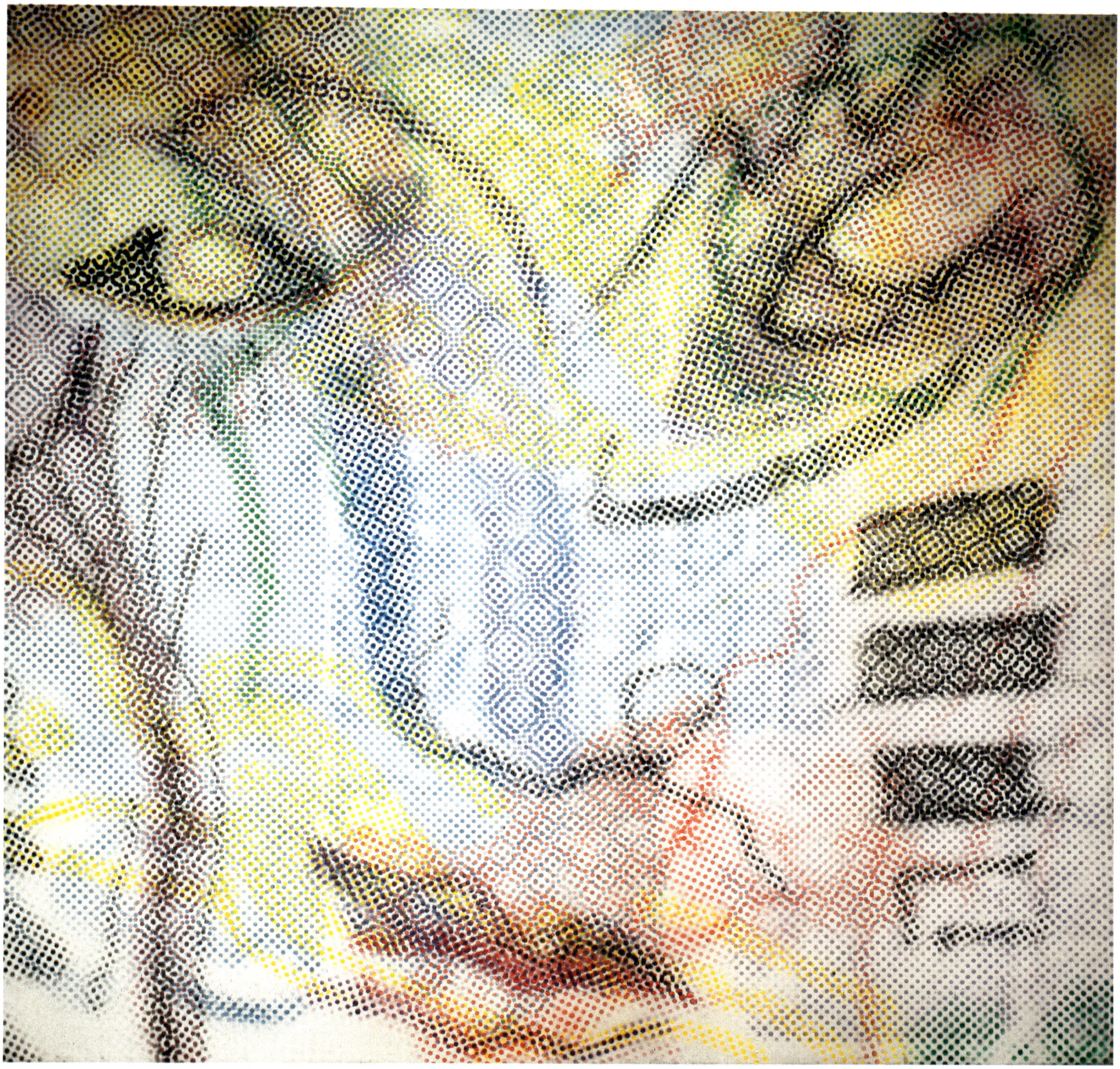
Sigmar Polke, *Kopf,* 1966

Nancy Stevenson Graves, *Shaman (Schamane),* 1970

Utopische Archäologie
Die Entwürfe der „Spurensicherung"

Verbindungslinien zwischen versunkenen Kulturen und der Gegenwart zu ziehen, den Menschen wieder an die Wurzeln seiner geschichtlichen, vorgeschichtlichen und biologischen Existenz heranzuführen, Kunst und Natur zu versöhnen, unserem verflachenden, hektischen Dahinleben wieder eine Tiefenperspektive zu geben, hat sich die „Spurensicherung" zum Ziel gesetzt.

Als Nancy Graves vor Jahren verblüffend lebensnahe Kamele in Kunsthäusern aufstellte, konnte man auf den ersten Blick glauben, man habe es mit einem poppigen Gag oder einer spezifischen Form des Hyperrealismus zu tun. Doch das war ein Trugschluß. In Wahrheit ging es ihr damals schon um Spurensicherung. „Ceridwen, aus Fossilien" (1969) legt davon Zeugnis ab. Ceridwen ist der walisische Name für die Göttin, die zugleich über Tod und Unsterblichkeit wacht. Das Thema der Plastik ist wiederum ein Kamel, aber kein heutiges, sondern ein vorgeschichtliches. Nicht seine lebendige Erscheinung wird vor uns hingestellt, sondern seine fossilen Reste. Nancy Graves' Arbeit ist ein zeitgenössisches Memento mori, das zur Meditation über Raum und Zeit, Werden und Vergehen, über die Unaufhaltsamkeit evolutionärer Veränderung und Erdverschiebungen herausfordert.

Das zehnteilige Environment „Schamane" (1970) orientiert sich an der versunkenen Kultur eines Indianerstammes im amerikanischen Nordwesten, der im 19. Jahrhundert ausgestorben ist. Die Stücke bestehen aus Federn, Knochen, Insekten und hautähnlichen Schnüren. Sie sind in ihrer ungewöhnlichen Höhe von 4,20 m nicht mit einem Male wahrzunehmen. Gefordert ist demnach der umherwandernde Blick aus der Nähe und aus der Ferne. Thema sind die Rituale eines Medizinmannes und der daran beteiligten Personen. Wie bei „Ceridwen" handelt es sich um die „Spurensicherung" vergangener Mythen und ihrer kultischen Bedeutung, die Herkunft, Leben, Tod und Überleben umschließt.

Auch Charles Simonds ist fasziniert von den Lebensformen und den Mythen der Indianer, nicht zuletzt von denen der schon im europäischen Mittelalter aus unbekannten Gründen untergegangenen „Anasazi" im Südwesten der Vereinigten Staaten. Ihre wunderbar menschliche Architektur, die „dwellings" ihrer in den Fels gebauten kleinen Städte sind für ihn geschichtsbezogene Urbilder menschenwürdiger Behausungen. Aus der gestalterisch beschwörenden Erinnerung dieser versunkenen Welten entsteht unter seinen Händen die Utopie eines menschenwürdigen Daseins im Kon-

Nancy Stevenson Graves, *Ceridwen, Out of Fossils (Ceridwen, aus Fossilien)*, 1969

Charles Simonds, *Park Model/Fantasy I (Parkmodell/Fantasie I)*, 1974–76

Anne und Patrick Poirier, *Ausée,* 1975

takt mit der Natur, die auch wieder in die phantasielosen Steinwüsten der Städte einziehen sollte („Parkmodell I, II, III", 1974–1976). Simonds will „die Gegenwart durch die Vergangenheit aufbrechen", um so die Möglichkeit zu schaffen, auch die Gegenwart „in einem anderen Licht zu sehen". Die Vergangenheit seiner imaginären Völker, seiner „little people", wird zum Modell für eine Gesellschaft, die auch in einer ständig sich verändernden Welt ihre Identität zu bewahren vermag und auf eine vernünftige, humanere, weniger mörderische, weniger profitorientierte Weise zu leben versteht als die Menschen der Gegenwart mit ihrem selbstzerstörerischen Zweckdenken. Das ist der Sinn von Simonds' utopischer Archäologie.

Das Wort „Spurensicherung" ist ironisch aus der Kriminalistik abgeleitet. Es bedeutet zugleich „Spuren verwischen" und „Spuren erfinden", wie sich an vielen Beispielen der utopischen Archäologie zeigen läßt. Die Wissenschaftlichkeit ist fiktiv, die Dokumente sind oft erfunden. Bei Anne und Patrick Poirier spielt die konkrete und die legendäre europäische Vergangenheit eine wichtige Rolle. Auch bei ihnen schließen die künstlerischen Visionen nicht nur Vergangenes, sondern auch zukünftigen Zerfall mit ein, Verfall und Zerstörung der eigenen Werke mit eingeschlossen. Die Romantiker haben solche Ideen antizipiert. Von ihrer Art, zu denken und zu träumen, sind viele Spurensicherer ebenso angeregt wie von Lévy-Strauss' Gesellschaften jenseits des historisch Erfahrbaren, von der Objekthaftigkeit der Dinge bei Duchamp oder Beuys, vom Objet trouvé der Surrealisten und vom Nouveau roman.

„Ausée" (1975) ist nicht auf einen konkreten Ort bezogen, sondern die visionär erinnerte Rekonstruktion – besser: die poetische Konstruktion – der Ruinen einer legendären Orakelstadt. Das Werk ist ein „Denk-Mal" gegen das Versinken in Geschichtslosigkeit, eine Gefahr, die in den siebziger Jahren, in denen „Ausée" entstand, eine besondere Aktualität hatte. „Ausée" mit seinen Theatern, Türmen, Toren, Plätzen und Kultstätten geht quer durch die Zeiten, ist keiner historischen Epoche zugeordnet. Seine Ruinen sind, wie der Kritiker Günter Metken gesagt hat, „Metapher des lückenhaften historischen Gedächtnisses der Menschen". In diesem Sinne ist „Ausée" ein Bild und Gestalt gewordener Appell an die Kräfte der Phantasie, ein Aufruf, sich zu erinnern, weil es ohne Erinnerung keine Bewältigung der Gegenwart und keinen Entwurf für eine menschliche Zukunft geben kann.

2. Die Skulpturen im Museum Ludwig

Von klassischer Harmonie zum Kubismus

Der erste große thematische Schwerpunkt der Skulpturensammlung des Museums Ludwig liegt zwar, wie bei der Gemäldeabteilung, auf dem deutschen Expressionismus; aber die Chronologie beginnt etwas früher. Den Auftakt bilden Arbeiten von Medardo Rosso („Carne altrui", 1883, „Ecce Puer", 1906), dessen Werk zwischen dem 19. und 20. Jahrhundert, zwischen Genre, Impressionismus und einem Symbolismus mit sozialkritischen Anklängen vermittelt. Der schöne „prä-existente" Knabenkopf mit dem noch verhangenen Gesicht, das aus der Materie ins beseelte Leben eintritt, ist ein Werk der Reife aus dem Geiste Rodins. Neben ihm war der Italiener der erste, der impressionistische Tendenzen auf die Plastik übertrug, wie sie später auch im Werk der Renée Sintenis in seiner Bewegtheit und in seiner fast malerischen Oberflächenbehandlung zum Ausdruck kommen („Daphne", 1930).
Die Abkehr von Rodin und die Rückkehr zu einer Skulptur von klassischer Harmonie auf der Basis der Lehren Adolf von Hildebrands manifestiert sich im Werk Aristide Maillols. Was seine Skulpturen von denen der Neo-Klassizisten und ihrer latenten Gedankenblässe unterscheidet, ist der Wirklichkeitssinn des Franzosen, der sich nicht an abstrakten Idolen, sondern am lebendigen Modell orientiert und dies mit einem ausgeprägten Sinn für Maß und Form verbindet. Während „Leda" (um 1902) in ihrer diskret zurückhaltenden Bewegtheit noch an klassische Vorbilder erinnert, verkörpert die Allegorie der „Île de France" (1925) bereits einen neuen, selbstbewußten Frauentyp und läßt deutlich Maillols Verständnis der Plastik als bildnerische Architektur erkennen. Unter seinem Einfluß steht das Werk des 13 Jahre jüngeren Charles Despiau, in dem aber das Typisierende durch realistische Details aufgelockert wird („Assia", 1938). Die Franzosen haben die deutsche Plastik bis in die Zeit vor dem Zweiten Weltkrieg hinein stark beeinflußt.
Die Plastik des Kubismus wird am schönsten und reinsten durch die in anderem Zusammenhang (vgl. Kapitel „Klassische Kunst im 20. Jahrhundert") bereits erwähnte „Gitarre" (1914) von Henri Laurens repräsentiert, der sich aber in den folgenden Jahren jener schweren, mythologisierenden, organhaften Plastik der geschlossenen Volumina zuwandte, die ihn berühmt gemacht hat („Der Abschied", 1941). Die Arbeiten führten den Künstler nicht nur zurück zu den Idolfiguren aus der Frühzeit des Menschen, sondern auch zu seinen älteren Zeitgenossen Maillol und vor allem Brancuşi.
Auch „Die Sitzende" (1914) von Raymond Duchamp-

Renée Sintenis, *Daphne,* 1930

Villon ist – ganz im Gegensatz zu seinem legendären „Großen Pferd" – trotz ihrer frühen Entstehungszeit dem entindividualisierten, archaisierenden Typus näher als dem futuristisch infiltrierten Kubismus, aus dem sie kommt, wie einige formale Elemente noch andeutungsweise erkennen lassen.
Konsequenter sind die Arbeiten der aus Rußland nach Paris gekommenen Bildhauer: Alexander Archipenko („Flacher Torso", 1914), integriert mit den formalen Mitteln des Kubismus im Wechsel von Positiv- und Negativformen (konkav und konvex) den Hohlraum in seine Skulpturen; Jacques Lipchitz („Lesende", 1919), übertrug Elemente des analytischen und des syntheti-

Aristide Maillol, *Leda,* um 1902

schen Kubismus der Malerei in die Plastik, ehe er sich in den zwanziger Jahren ebenfalls wieder organischen Formen mit bewegter Oberfläche zuwandte („Géricault", 1932); Ossip Zadkine schließlich („Intimität/Narziß", 1950), behielt das kubistische Vokabular in vielfachen Varianten bis zuletzt bei.

Eine Zwischenstellung zwischen kubistischer und abstrakter Plastik nimmt die Skulptur „Aufstieg" (1929) des deutschen Emigranten Otto Freundlich ein. Auch an die aus der Natur abgeleiteten Organformen Hans Arps könnte man denken, wenn nicht Freundlichs geradezu gewalttätig nach oben drängende, ineinander verschlungene Formen ungleich dramatischer wären.

Der revolutionäre Konstruktivismus ist durch die Bildhauerbrüder Antoine Pevsner („Der letzte Aufschwung", 1961/62) und Naum Gabo („Konstruktion im Raum – Kristall", 1937) vertreten. Beide forderten 1920 in ihrem „Realistischen Manifest": „1. Um dem wirklichen Leben zu antworten, muß die Kunst auf zwei fundamentalen Elementen gründen: dem Raum und der Zeit. – 2. Das Volumen ist nicht der einzige räumliche Ausdruck. – 3. Die kinetischen und dynamischen Elemente können den Ausdruck der wirklichen Zeit erlauben, statische Rhythmen genügen dafür nicht. – 4. Die Kunst muß aufhören, imitativ zu sein, um neue Formen zu entdecken."

An diese Leitsätze haben sich beide ihr Leben lang gehalten. Das wird ganz deutlich, wenn man sich ver-

Aristide Maillol, *Île de France,* 1925

Henri Laurens, *L'Adieu (Der Abschied),* 1941

Henri Laurens, *La Guitare (Die Gitarre),* 1914

Raymond Duchamp-Villon, *Die Sitzende,* 1914

Alexander Archipenko, *Flacher Torso,* 1914

gegenwärtigt, daß „Der letzte Aufschwung" auch Pevsners letzte Arbeit ist. (Der Titel ist von der Witwe.) Das bedeutende Werk ist eine Rundumplastik ohne Schauseite. Statik und Dynamik, Ruhe und Bewegung sind in spannungsvolle Beziehung zueinander gesetzt. Auch hier spielt der von lapidaren Formen mit strahlenförmiger Oberfläche umgebene leere Raum eine ebenso wichtige Rolle wie das Volumen.
Dieses konsequent durchgehaltene Prinzip erfährt in Gabos „Konstruktion im Raum" eine weitere Steigerung durch die Verwendung des durchsichtigen, leichten Plexiglases bei der Gestaltung der komplizierten, widersprüchlichen Kunstfigur mit ihren Überschneidungen und Verschachtelungen. Im Wechsel des Lichts werden – verstärkt durch formale Bewegung und Gegenbewegung in Verbindung mit den graphischen Strukturen – dynamische Abläufe assoziiert. Die Plastik wird bildnerische Chiffre kosmischen Geschehens. Beide Brüder haben auch in ihren reifen Jahren an die Veränderbarkeit und die Vervollkommnung der Welt auf der Grundlage konstruktivistischer Entwürfe geglaubt. Eine gute Ergänzung als Beispiel der frührevolutionären avantgardistischen Kunst Rußlands ist das plastische Materialobjekt „Konstruktion" (1919) von Konstantin Wialow, das unter Anleitung und im Geiste Tatlins entstand.

Jacques Lipchitz, *Die Lesende,* 1919

Otto Freundlich, *Ascension (Aufstieg),* 1929

Antoine Pevsner, *Dernier Elan (Der letzte Aufschwung),* ▷
1961/62

Naum, Gabo, *Construction in Space – Crystal (Konstruktion im Raum – Kristall),* 1937

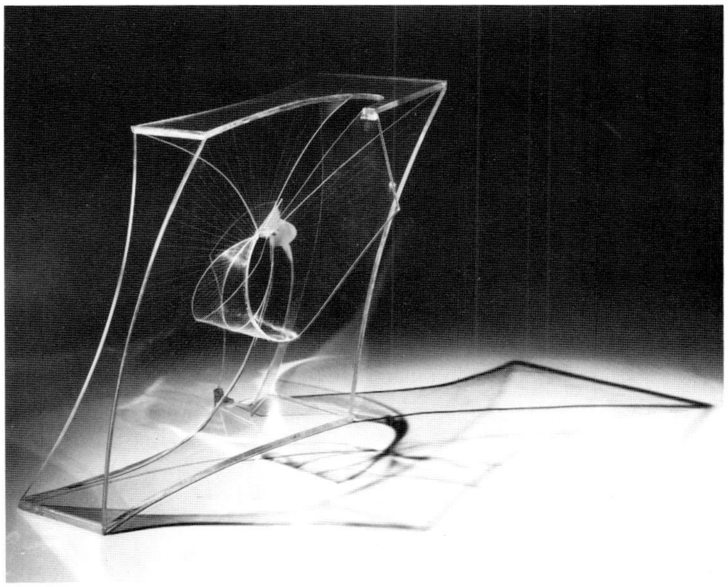

Ernst Barlach, *Der Rächer,* 1914

Zwischen Ost und West – die Expressionisten

Die Gegenposition zur kühlen Leidenschaft dieser Entwürfe für eine konkrete bessere Welt bezeichnet das Werk eines Mannes, der nicht im Osten zu Hause war, sich aber immer dorthin gezogen fühlte: Gemeint ist Ernst Barlach, der expressionistische Dichterbildhauer. In seinen verinnerlichten Plastiken verbindet sich genaue Beobachtung mit grüblerischer Vertiefung, Präzision der vereinfachten Formen mit emotionaler Steigerung des Ausdrucks. Gegen die Mystifizierung seiner Kunst hat er sich immer gewehrt. Mythos und orakelhafte Urworte sind eher in der etwas angestrengten, raunenden Symbolik seiner Dramen anzutreffen. Das humane Element und die Vieldeutigkeit selbst der ekstatischen Barlach-Figuren hat der Dichter Hans Carossa anschaulich am Beispiel des „Berserkers" beschrieben, der mit dem „Rächer" (1914) und dem „Schwertzieher" eine Werkgruppe bildet: „Frage ich mich [...], was mir an dem Kunstwerk nahekam, so war es gewiß nicht jene große Zorngebärde an sich, sondern eher ihr Widerspruch zu dem Antlitz des Tobenden, das von Natur sanft, ja furchtsam war, ein Eindruck, den das weite mönchische Gewand verstärkte. Und so war es eigentlich ein Unsichtbares, das einen ergriff: die unmenschlich-feindselige Macht, welche fähig war, diesen stillen Menschen in solch tierischen Wahnsinn zu treiben." Diese nachdenkliche Anmerkung läßt sich ohne Gewaltsamkeit auf den „Rächer" beziehen, selbst wenn die gewalttätige, eruptive Dynamik der zweiten Figur etwas gebändigter ist.

Souveräner noch in der lapidaren Vereinfachung der Form, gelassener, wenn auch voll konzentriert in der Haltung, ist der „Singende Mann" (1928). Spannung und Entspannung bewahren eine sensibel austarierte Balance nicht ohne verborgenen Humor. Das Spätwerk „Hockende Alte" (1933), fünf Jahre vor Barlachs relativ frühem Tod entstanden, zeigt die Rückkehr des Künstlers zur geschlossenen, blockhaften Form unter Verzicht auf ausladende Gestik. Barlachs expressiv gesteigerter Realismus drückt sich nur noch in der Übergröße von Händen und Füßen sowie in der eindringlichen Gestaltung der vom Leben gezeichneten Gesichtszüge der alten Frau aus.

Neben Barlach ist Wilhelm Lehmbruck der zweite

Ernst Barlach, *Singender Mann,* 1928

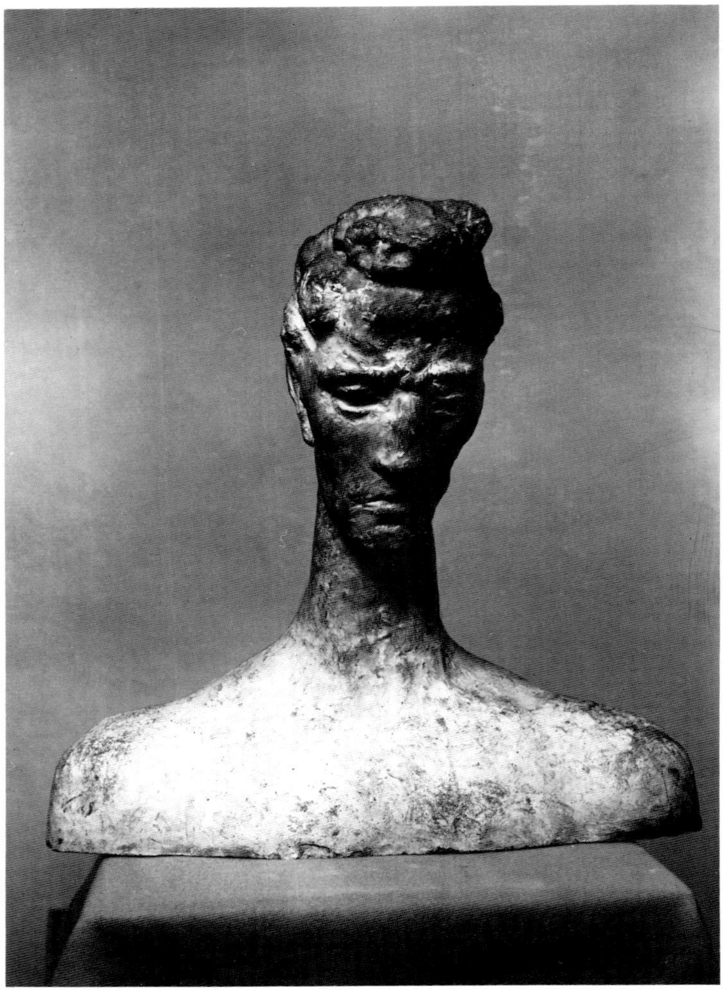

Wilhelm Lehmbruck, *Jünglingskopf,* 1913

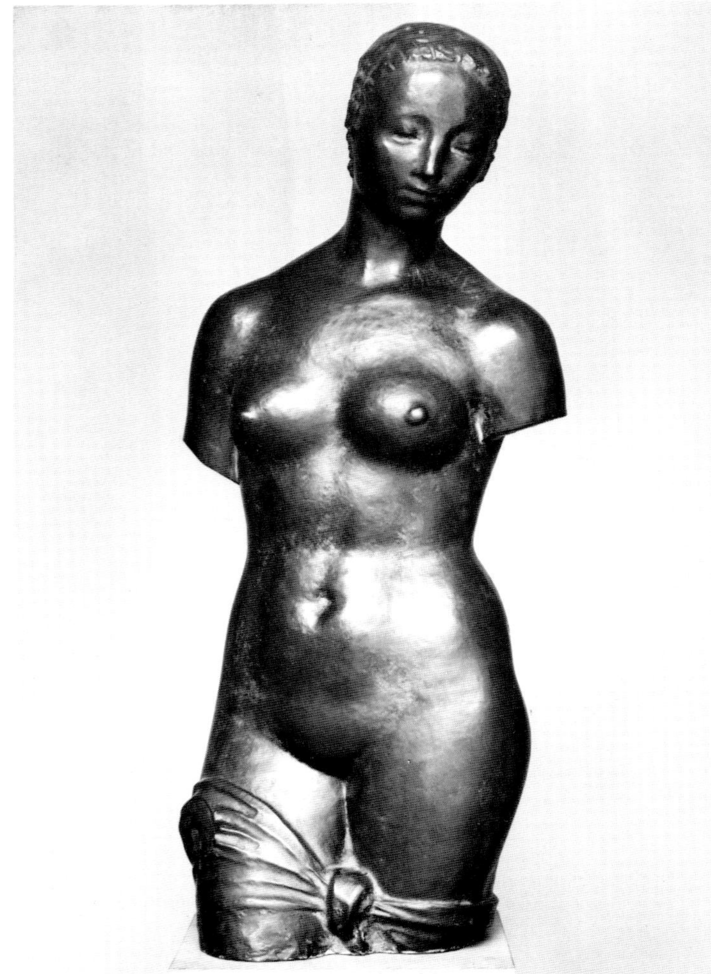

Wilhelm Lehmbruck, *Frauentorso,* 1910

expressionistische Bildhauer von europäischem Rang. Während für den visionär-ekstatischen Norddeutschen der Osten schon früh zum künstlerischen Schicksal wurde, war für den stilleren Lehmbruck die Begegnung mit Frankreich – dem Frankreich der Kathedralen ebenso wie dem Frankreich Rodins und Maillols – das entscheidende Erlebnis. In der Auseinandersetzung mit großen Vorbildern aus Gegenwart und Geschichte, zu denen auch Michelangelo gehörte, fand der Duisburger Bergmannssohn seine eigene Form, die ihrerseits bis in die Jahrhundertmitte und darüber hinaus weiterwirkte. Sowohl Henry Moore als auch Joseph Beuys gehören zu Lehmbrucks Bewunderern. Beuys begann seine letzte Rede wenige Tage vor seinem Tod mit den Worten: „Ich danke meinem Lehrer Wilhelm Lehmbruck."

Der „Frauentorso" von 1910 läßt noch den Einfluß Maillols erkennen, doch ist dessen strenge Klassizität durch einen zurückhaltenden Lyrismus gemildert, wie er in der Neigung des Kopfes und der leichten, gelösten Drehung des Körpers zum Ausdruck kommt. Der melancholische Charme vieler Lehmbruck-Figuren, das Melos der Linie, der zurückhaltende, weiche Schmelz der Oberflächenbehandlung kündigen sich in diesem Werk ebenso an wie in dem Steinguß „Büste Frau L." aus dem gleichen Jahr.

Das berühmteste Beispiel für die Entwicklung des reifen, persönlichen Lehmbruck-Stils ist die verinnerlichte Figur der „Knienden" von 1911, die heute eine

Käthe Kollwitz, *Klage,* 1938

Georg Kolbe, *Tänzerin,* 1922

Rudolf Belling, *Alfred Flechtheim,* 1927

weltweite Popularität genießt, aber noch in den zwanziger Jahren im Namen der Sittlichkeit und des Anstands von grobschlächtigen Fanatikern umgestürzt wurde.

Die „gotische" Überlänge der schlanken Gliedmaßen dient im Sinne expressionistischer Vorstellungen der Steigerung des Ausdrucks und der Vergeistigung der Gestalten. Die letzte Konsequenz der Anwendung dieser Prinzipien zieht Lehmbruck dann zwei Jahre später mit dem „Emporsteigenden Jüngling" (1913). Alles sinnenhaft Erdenschwere, die Betonung des Volumens – wie noch bei Maillol – wird zurückgenommen; ebenso die dramatisierende Oberflächenbehandlung Rodins mit ihren Buckeln und Höhlungen. Der leere Raum zwischen den Körpergliedern wird Teil der Skulptur. Die asketische Strenge der gedehnten Köpfe und Leiber weist weit voraus auf die Auflösung des Volumens bei Giacometti. Der „Geneigte Frauenkopf" (1911) ist eine begleitende, selbständige Studie zur „Knienden", der „Jünglingskopf" (1913) gehört formal und thematisch zum Umkreis des „Emporsteigenden Jünglings".

Auch der eindrucksvolle, einem Selbstporträt nahekommende Frauenkopf der „Klage" (1938), den Käthe Kollwitz in ihrer Trauer um den verstorbenen Ernst Barlach schuf, weist expressive Züge auf. Sie waren im dramatischen Realismus der engagierten Pazifistin und mitleidenden Gesellschaftskritikerin unterschwellig bereits präsent. Strenger in ihrer blockhaften Geschlossenheit und verhaltener im Ausdruck ihrer nach innen genommenen Trauer sind die Figuren von „Vater und Mutter" (1931/32), die 1954 von Schülern Ewald Matarés kopiert und als Denkmal für die Toten beider Weltkriege in den Trümmern der Kölner Kirche St. Alban aufgestellt wurden.

Expressionistische und kubistische Tendenzen mischen sich in den Arbeiten Rudolf Bellings aus den zwanziger Jahren. Eine wichtige Rolle spielen die Porträts aus dieser Zeit, von denen das rudimentäre „Bildnis des Kunsthändlers Flechtheim" (1927) eines der bekanntesten und gelungensten ist. Obwohl Belling sich auf die expressiv übersteigerte Formulierung von Auge, Nase, Mund und Stirn mit Haaransatz beschränkt, kommt das Wesentliche des charaktervoll eigenwilligen Gesichts auf höchst originelle und einprägsame Weise zum Ausdruck

In der Leidenschaft ihrer Bewegung und dem trancehaft entrückten Ausdruck ihres Gesichts gehört auch Georg Kolbes schwebende „Tänzerin" (1922) zur Plastik des Expressionismus. Durch die Kühnheit der Formulierung unterscheidet sie sich von Kolbes späteren, leicht epigonalen Arbeiten ebenso wie von der teils realistischen, teils archaisierenden Klassizität Richard Scheibes, des postexpressionistischen Edwin Scharff und seines Schülers Hermann Blumenthal oder Kurt Lehmanns.

Poesie und Dämonie

Besonders reich ist das reife Werk des Elsässers Hans (Jean) Arp durch Arbeiten aus 30 Schaffensjahren vertreten. Der Bildhauerpoet war in seinen jüngeren Jahren einer der geistvollsten unter den Dadaisten und Surrealisten, aber auch der sanfteste und versöhnlichste. Zwar kritisierte er unmißverständlich den phantasielosen und kriegslüsternen Rationalismus der Epoche; aber sein Beitrag war nicht so sehr der aggressive Protest als vielmehr der poetische Gegenentwurf einer humanen Bildwelt. Runde organische Urformen und plastische Architekturen als Gleichnisse natürlichen Wachstums einerseits und harmonisch-geometrische Konstruktionen als Beispiele menschlicher Schöpferkraft andererseits werden als einander ebenbürtig gegenübergestellt. Alle diese Gebilde einer quellenden, sich selbst disziplinierenden, zweckfreien Formphantasie – ob Plastik oder Relief, wie das surreale „Nadir“ (1959, Nadir ist der Gegenpol des Zeniths), ob Menschen-, Tier- oder Pflanzenmetamorphose – haben die Versöhnung von Kunst und Natur zum Ziel und sind erfüllt von einem leisen, unaufdringlichen Humor. „Kobra-Kentaur“ (1952), „Krallenalu“ (1942), „Schlangenbewegung“ (1955) belegen dies ebenso wie „Das kleine Theater“ (1959), dessen schräggestellter, seitlich gestützter Guckkasten zur Szene eines ironisch abgekürzten „Kleinen Welttheaters“ mit abstrakten Figuren wird.

Arps Plastiken bilden Natur und Architektur nicht ab; sie sind schöpferische Antworten auf die Welt der Erscheinungen, denen er seine autonomen Kunstfiguren mit ihren eigenen Form- und Wachstumsgesetzen

Hans Arp, *Kobra-Kentaur,* 1952

Hans Arp, *Construction architectonique (Architektonische Konstruktion),* 1965

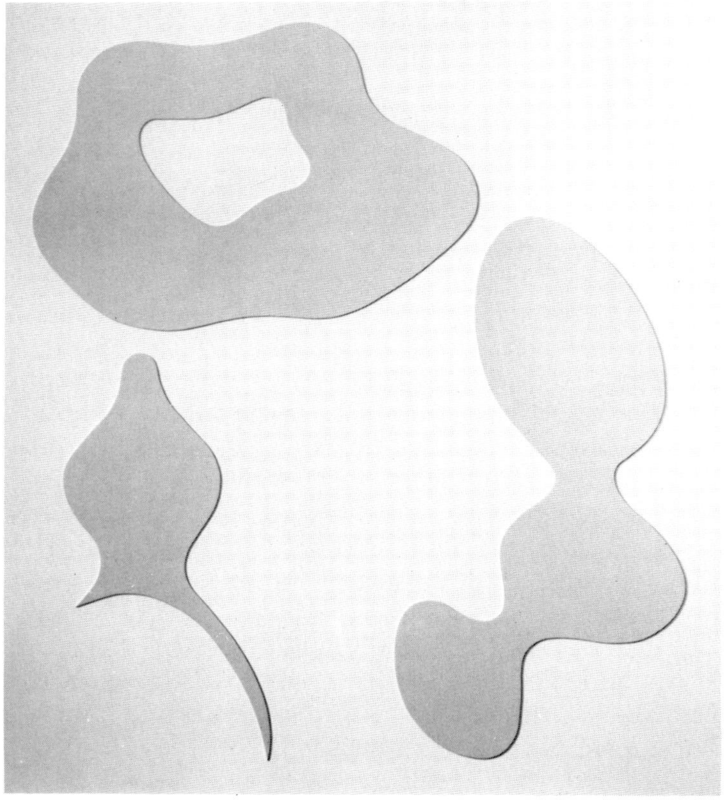

Hans Arp, *Relief Nadir,* 1959

Alberto Giacometti, *Place (Platz),* 1950

entgegenhält („Architektonische Konstruktion“, 1965). Auch der Mensch wird Teil der Natur, in seiner Körperlichkeit („Weiblicher Torso“, 1930/1953) und in seiner reflektierenden Geistigkeit.
Im diametralen Gegensatz zu den blühenden, schwellenden Organformen Hans Arps nahe der Natur stehen die überlangen, „surrealistischen“ Figuren Alberto Giacomettis, die im Laufe der Jahre immer länger werden: Zeichen im Raum, die sich unter den nervösen Händen des Künstlers oft aufzulösen scheinen. Dieser nicht nur abgründigste, sondern wohl auch bedeutendste Bildhauer des Jahrhunderts, zugleich einer der sensibelsten und tiefsinnigsten Maler der Epoche, hat die eindringlichsten Bildchiffren für „die existentielle Situation des Menschen, seine Isolation, seine Kontaktarmut und seine Hoffnungslosigkeit gefunden“ (Eduard Trier). Insofern steht sein Werk in geistiger Nachbarschaft zu den Stücken des französisch schreibenden Iren Samuel Beckett.
Wie bei diesem sollte man auch bei Giacometti ein teils grimmig karikaturhaftes, teils chaplineskes humoristisches Element auf dem Hintergrund eines großen, schweigsamen Ernstes nicht ganz übersehen. Es kommt in der spitz und aggressiv in den Raum vorstoßenden „Nase“ (1947) des in einem Käfig hängenden, eingesperrten, gespenstischen Kopfes mit seinem schreienden Mund zum Ausdruck, der gleich dem sackartig herunterhängenden Hals wie gehäutet erscheint. Die Nase aber stößt spitz und bedrohlich auf den Besucher zu und fordert auf provozierende Weise sein Nachdenken heraus.
Der „Platz“ (1950) zeigt eine Gruppierung rudimentärer, dünner Figuren in verschiedener Länge ohne jede Kommunikation, weit voneinander entfernt und jedem realen Bezug entrückt, auf einer relativ breiten, auf vier Füßen stehenden Platte. Die schmalen, schweigenden, isolierten Gestalten definieren in ihrer wechselnden Größe den sie umgebenden Raum. Das „Geworfensein“ des Menschen in eine sinnlose Existenz, wie Sartre es beschrieben hat, gewinnt in Giacomettis Figuren bedrängende Anschaulichkeit.
In geistiger Nachbarschaft ist Germaine Richiers zu-

Alberto Giacometti, *Le Nez (Die Nase)*, 1947

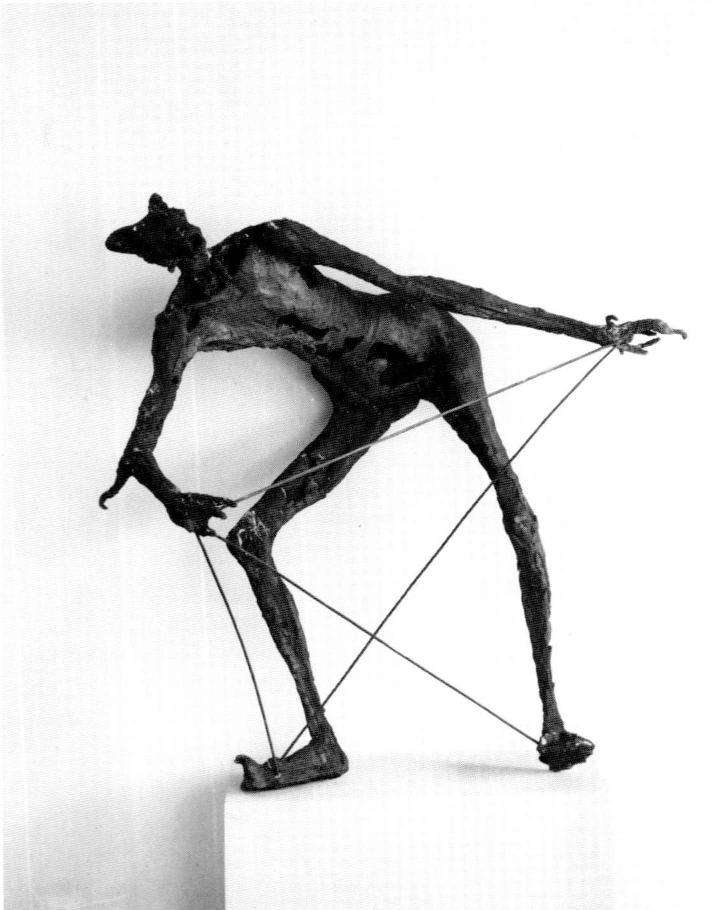

Germaine Richier, *Le Griffu (Das Krallenwesen)*, 1952

gleich groteskes und dämonisches „Krallenwesen" (1952) zu sehen, das sich selbst gegen den Betrachter hin abriegelt. Allerdings erscheint bei der Richier noch immer die ganze Gestalt, wenn auch durchlöchert, zerfressen und wie in Auflösung begriffen. Die abstrakten Gerüste haben formal und gedanklich einen anderen Sinn als Giacomettis Käfige. Sie definieren nicht nur den Raum, sondern auch die Bewegungsabläufe, und haben zugleich, der zerfallenden Natur entgegengesetzt, eine zeichenhaft-okkulte, der Zerstörung entzogene Bedeutung.

Julio González, der mit Picasso die Eisenplastik erfand und ein hervorragender Zeichner war, verstand Plastik programmatisch als Zeichen im Raum, ehe er sich in den letzten Jahren seiner Tätigkeit wieder naturnäheren Arbeit zuwandte. Die „Tänzerin mit Marguerite" (1956) ist der Nachguß einer späten Eisenplastik von 1937/38. Die ritualisierte expressive Gestik, die Reduktion der Figur auf ihr Gerüst, die widerspenstige Grazie der Bewegung verleihen der Arbeit eine makaber-groteske Dämonie, die allerdings durch den Wechsel des Materials – Bronze statt Eisen – an Härte verliert.

Henry Moore und die Folgen

Wenn Giacometti der schwierigste und extremste unter den Bildhauern des Jahrhunderts ist, so ist der Bergmannssohn Henry Moore aus Yorkshire der einflußreichste und berühmteste. Bis zu ihm war die englische Plastik seit dem Mittelalter ohne Bedeutung. Es gab keine Anzeichen für eine Befreiung aus traditionsbefangener epigonaler Einfallslosigkeit, als Moore die Szene betrat: keine „junge Hoffnung", kein „vielversprechendes Talent", sondern alsbald die beherrschende Gestalt unter den Bildhauern der ersten Jahrhunderthälfte.

Die Idee, Bildhauer zu werden, kam ihm in der Sonntagsschule, als ein Lehrer einen erbaulichen Vortrag über Michelangelo hielt. Seit dieser Zeit hat er eine Fülle von Eindrücken verarbeitet: afrikanische Plastik, die Etrusker, die Kunst des präkolumbianischen Mexiko, das europäische Mittelalter, das „disegno" des italienischen Quattrocento, Brancuşi, den klassizistischen Picasso. Diese mächtigen Eindrücke haben seine schöpferischen Kräfte nicht gelähmt, sondern befreit, zumal er nie den Kontakt zur Natur in ihrer monumentalen und in ihrer minimalen Erscheinungsform verlor. So versteht er Plastik folgerichtig als Kunst für den freien Raum unter freiem Himmel, umspielt und verändert von Licht und Schatten.

Aus diesem Geist ist die „hellenistisch" umhüllte „Liegende Gewandfigur" (1952/53) entstanden, ein „Urbild im kunstgeschichtlichen wie auch im Sinne der Psychologie von C. G. Jung, [...] Nachkomme aller irdischen Göttinnen, der Venus und der Flußnymphen [...], die Frau schlechthin, [...] Gegenstand der Liebe und Quelle des Lebens", wie der britische Kunsthistoriker Norbert Lynton gesagt hat. Anders als bei der kleinen „Liegenden" von 1938, die ihre formale Spannung aus dem für Moore lange Zeit entscheidend wichtigen Wechselspiel von Volumen und Hohlraum bezieht, dominiert in der großen Arbeit die geschlossene Form der teils erdenschweren, teils schwebend entrückten

Henry Moore, *Draped Reclining Figure (Liegende Gewandfigur),* 1952/53

Gestalt, der die Freiräume als Teile des Ganzen untergeordnet sind.
Die verstümmelte Figur „Krieger mit Schild" (1952/53), Nachklang von Moores Erlebnissen als Kriegszeichner, läßt die erstaunliche Fähigkeit des Künstlers erkennen, auch dem kleinen Format innere Monumentalität zu verleihen.
In den fünfziger und sechziger Jahren sah es so aus, als finde Henry Moore im eigenen Lande kongeniale Nachfolge in Gestalt des Dreigestirns Kenneth Armitage („Sitzende", 1961), Reg Butler („Mädchen", 1953) und Lynn Chadwick („Mond von Alabama", 1957). Doch der künstlerische Schwung jener Jahre, der sich in originellen und eigenwilligen thematischen und formalen Erfindungen manifestierte, konnte nicht durchgehalten werden, weder von Armitage, dem Schöpfer der Scheibenfiguren, noch von Reg Butler, dessen überschlanke, manieristische Mädchengestalten damals viel Eindruck machten, noch von Chadwick mit seinen aggressiven, archaisierenden Wächterfiguren aus Stahl, Stein und Bronze. Es ist Butlers persönliche Tragik, daß sein wichtigstes Konzept, der Entwurf für ein „Denkmal des unbekannten politischen Gefangenen", mit dem er 1953 einen Berliner Wettbewerb gegen die internationale Bildhauerprominenz gewann, in der Bundesrepublik, die intensiv damit beschäftigt war, ihr „Wirtschaftswunder" zu feiern und die Vergangenheit zu verdrängen, nicht ausgeführt wurde. „Sind wir nicht heute", schrieb der Essayist Hans Egon Holthusen in einem Gutachten zur Realisierung der Arbeit 1956, „in Deutschland so gut wie in anderen Ländern schon wieder auf dem besten Wege, in einer Atmosphäre des seelischen Schlendrians, des geistigen Von-der-Hand-in-den-Mund-Lebens und der ohnmächtigen Vergeßlichkeit gegenüber den katastrophalen Bewandtnissen der Epoche, sind wir nicht im Begriff, in Provinzler und Schildbürger einer restaurativen Biedermeierei zu entarten?" So war es. Und leider hat sich, wie das einleitend erwähnte Beispiel (vgl. S. 35) der Entfernung einer Serra-Plastik in New York zeigt, 30 Jahre danach nicht viel geändert.
Die Weiterentwicklung – besser: Neuformulierung – der britischen Plastik erfolgte schließlich in Opposition zur übermächtigen Vaterfigur. Einer der wichtigsten Opponenten – inzwischen mit dem großen Alten längst wieder versöhnt – war Eduardo Paolozzi, einer der Mitbegründer der Pop Art, mit seinem mutationsreichen Werk. Auf die bronzenen Idole einer unheilen Welt folgen die architektonisch-konstruktiven Türme, ihrer geschlossenen folgt die offene Röhrenform, ihr

Eduardo Paolozzi, *Das Letzte der Idole,* 1963

Anthony Caro, *Prospect II (Ansicht II)*, 1964

wiederum der verchromte, spiegelnde Stahl. „Das letzte der Idole“ (1963), aus Fertigteilen gemacht, „ein Totempfahl des Maschinenzeitalters“, ist ein Turm, anthropomorphe Kunstfigur und Maschinendenkmal zugleich. Die poppige Bemalung verweist auf Paolozzis damalige Vorstellung von einer bemalten Skulptur, die dazu führen sollte, die Trennungslinie zwischen Malerei und Plastik eines Tages ganz aufzuheben: ein Gedanke, der, vielfältig variiert, weitreichende Folgen gehabt hat. „Molik I“ (1967) zeigt den unermüdlich recherchierenden, nicht auf einen Stil festzulegenden Künstler von einer ganz anderen Seite. Die gewellte abstrakte Figuration spiegelt Gestalt und Farbe der Umwelt und macht sie zum Bestandteil der Skulptur. Der Betrachter erblickt sich selbst, seine Umgebung und deren Veränderung wie in einem vervielfachten Zerrspiegel. Die Grenzen zwischen der Plastik und ihrer Außenwirkung verschwimmen.
Anthony Caros sockellose Skulpturen wirken zunächst wie weitergeführte konstruktivistische Entwürfe, doch werden die vorgefertigten Industrieformen zweckentfremdet. Sie haben keine Funktion („Ansicht II“, 1964). Die zweckfrei montierte, durch Bemalung gesteigerte Form wird insofern der durchrationalisierten, zweckgerichteten technischen Welt entgegengestellt. Die schweren und die leichten Teile halten in ihrer Diagonalstellung eine sensible Balance.

Zwischen Abstraktion und Tradition

Hans Uhlmann ist neben dem 20 Jahre jüngeren Norbert Kricke der bedeutendste deutsche Bildhauer der Nachkriegszeit, wenn man von dem alle Gattungsgrenzen sprengenden Joseph Beuys einmal absieht. Vor dem Zweiten Weltkrieg konstruierte er in der Weiterentwicklung kubistischer Arbeiten höchst originelle Figuren und Köpfe aus Draht. Seine wichtigsten Werke, in die die Erfahrungen der dreißiger Jahre eingingen, schuf er aber nach 1945. Auf den Spuren Vladimir Tatlins und Julio González' fand er seine eigene Form, in der sich die architekturale Strenge und Klarheit der frühen Russen mit dem freien Linienspiel gebündelter, ineinander verschlungener Kurven und Kreise verbindet („Stahlplastik“, 1956). Im Laufe der Jahre verschwinden die letzten Reminiszenzen an Figürliches, die Formen werden weiter reduziert und konzentriert („Großes Dreieck“, 1964).
Neben diesen konsequent abstrakten Neutönern beherrschten zunächst zwei Vaterfiguren die deutsche Szene der Nachkriegszeit: Gerhard Marcks und Ewald Mataré. Der konservativere ist Gerhard Marcks, der Hüter klassischer Traditionen, der das Bauhaus früh verließ, als dort die technoiden Tendenzen mit dem Ziel einer Massenkultur ein Übergewicht erhielten. Auch seine Auseinandersetzung mit dem Expressionismus und der Abstraktion blieb Episode. Ein Griechenlandaufenthalt bestätigte ihn in seinem Selbstverständnis als Hüter und Fortsetzer klassischen europäisch-abendländischen Erbes. Trotzdem wurde er von den Nazis als „entarteter Künstler“ verfolgt und unterdrückt.
Marcks' künstlerische Mittel sind großzügige Verein-

Hans Uhlmann, *Stahlplastik*, 1956

Gerhard Marcks, *Gefesselter Prometheus II,* 1948

fachung der Form und Verinnerlichung des Ausdrucks. In der Figur der „Eos" (1934) ist alles Körperliche zurückgenommen zugunsten einer säulenhaften Geschlossenheit der Form. Die Göttin der Morgenröte, die die Züge einer Marcks-Schülerin trägt, scheint schwerelos vom Sockel aufzusteigen, zu schweben. Der Erde näher, aber von vergleichbarer Sensibilität des Ausdrucks ist die Figur der Trauernden des „Kölner Totenmals" im Kreuzgang der Kirche St. Maria im Kapitol (1946–1949). Die Gebärde der Trauer ist ohne Pathos im wörtlichen wie im übertragenen Sinne nach innen genommen, in das stille Gesicht, die leichte Neigung des Kopfes und die Arme unter dem schützenden Umhang. Stärker akzentuiert ist die sitzend niedergebeugte Gestalt des „Gefesselten Prometheus" (1948), Personifizierung des Leidens an der Zeit und am Menschen. Anders als in der geschlossenen Form der Frauengestalten ist der vom Körper umschlossene Raum aktiver Bestandteil der Komposition.
Viel offener gegenüber den Strömungen der eigenen Zeit war Ewald Mataré, Corinth-Schüler und später Lehrer von Joseph Beuys, Erwin Heerich und Günter Haese. Berühmt wurde er durch seine Arbeiten im öffentlichen Raum, zu denen auch der Stefan-Lochner-Brunnen (1955/56) auf dem Hof des alten Wallraf-Richartz-Museums/Museums Ludwig gehört, vor allem durch seine Dom- und Kirchenportale für Köln, Salzburg und Hiroshima. Sein am Expressionismus und Kubismus geschultes autonomes plastisches Schaffen ist demgegenüber in den Hintergrund des öffentlichen Interesses geraten. Sehr zu Unrecht. Matarés relativ kleine Arbeiten in Bronze und vor allem in Holz zeigen eine wohlgelungene Verbindung von natürlicher und abstrakter Form. Ob „Schlafende Katze" (1929), „Kuh" (1929) oder „Weiblicher Torso" (1932): Naturform verwandelt sich unter seinen Händen zum bildnerischen Zeichen, ganz aufs Wesentliche konzentriert. Auf jegliches anekdotische Beiwerk wird verzichtet. Die sorgfältige Politur der Oberfläche unter bewußter Einbeziehung der Maserung des Holzes verstärkt den Eindruck von der Verdichtung der natürlichen Erscheinung zur künstlerischen Form, ohne daß die Lebendigkeit der Plastik darunter litte. Die Arbeiten fordern das Tastgefühl heraus. Man nimmt sie gern in die Hand. „Dürer hat schon recht", notierte der Künstler in seinem Tagebuch, „daß man die Kunst aus der Natur herausreißen kann, sie ist nur versteckt, und es bedarf einiger Mühe..."
Die „herausgerissene" Form ist nicht Selbstzweck. Sie dient vielmehr als Mittel, die komplexe Realität im Bildwerk sichtbar zu machen. Dabei geht es nicht primär um Ästhetik. Eine Plastik soll ein „notwendiger Gegenstand" sein. „Ich will kein ästhetisches Kunstwerk mehr –", schrieb Mataré 1947 an Albert Schulze Vellinghausen, den einflußreichsten deutschen Kritiker der beiden ersten Nachkriegsjahrzehnte, „ich mache mir einen Fetisch." Von dieser Position aus führt ein direkter Weg zur Magie des Objekts beim Mataré-Schüler Joseph Beuys.

Ewald Mataré, *Weiblicher Torso,* 1932

Alfred Lörcher, *Gespräch beim Baden*, 1955

Originell und lebendig sind die Miniaturplastiken des Schwaben Alfred Lörcher, der das skulpturale Gruppenbild zu seinem Thema gemacht hat. Seine liebenswürdigen Arbeiten („Gespräch beim Baden", 1955), die alltägliche Szenen darstellen, bezeichnen in ihrer Bewegtheit und der Kommunikationsfreudigkeit ihrer Figuren eine – allerdings anspruchslosere – optimistische Gegenposition zu Giacomettis abgründigem Existentialismus.

Die folgende Bildhauergeneration in Deutschland ist durch Karl Hartung und Bernhard Heiliger vertreten. Hartung, an Brancuși, Lehmbruck und Arp geschult, entwickelt aus Urformen des Natürlichen seine abstrakten Zeichen wie das an einen geschundenen Torso erinnernde „Monument" (1954), das er zu einem Denkmal für Opfer der Gewaltherrschaft weiterentwickelte. Heiligers Formen sind in ihrer eleganten Reduzierung, die sich zunächst ebenfalls an Brancuși und Arp orientierte, in der Verbindung organischer und technischer Formen dem klassischen Formkanon näher („Figur mit erhobenen Armen", 1949). Unkonventionell und ausdrucksstark sind seine formal reduzierten, ganz auf das Wesentliche eines Charakters konzentrierten Porträts („Karl Hofer", 1951).

Der frühe Otto Herbert Hajek und Emil Cimiotti repräsentieren das deutsche Informel in der Plastik der späten fünfziger Jahre, das in diesem Bereich Episode blieb. Hajeks „Raumknoten" (1958), seine durchbrochenen Flächen, Raumkonstruktionen und Raumschichtungen verweisen durch ihre Verbindung von gerüstartigen Strukturen und Höhlen mit vegetativen Formen bereits auf ein besonderes Architekturverständnis, von dem die heutigen Arbeiten des Künstlers geprägt sind.

Die Arbeiten von Wilhelm Loth, die das Geschlechtliche der Frau zugleich betonen und in sachliche Distanz entrücken („Gespreizter Torso", 1972), stehen außerhalb der gängigen Trends. Letzteres gilt auch für

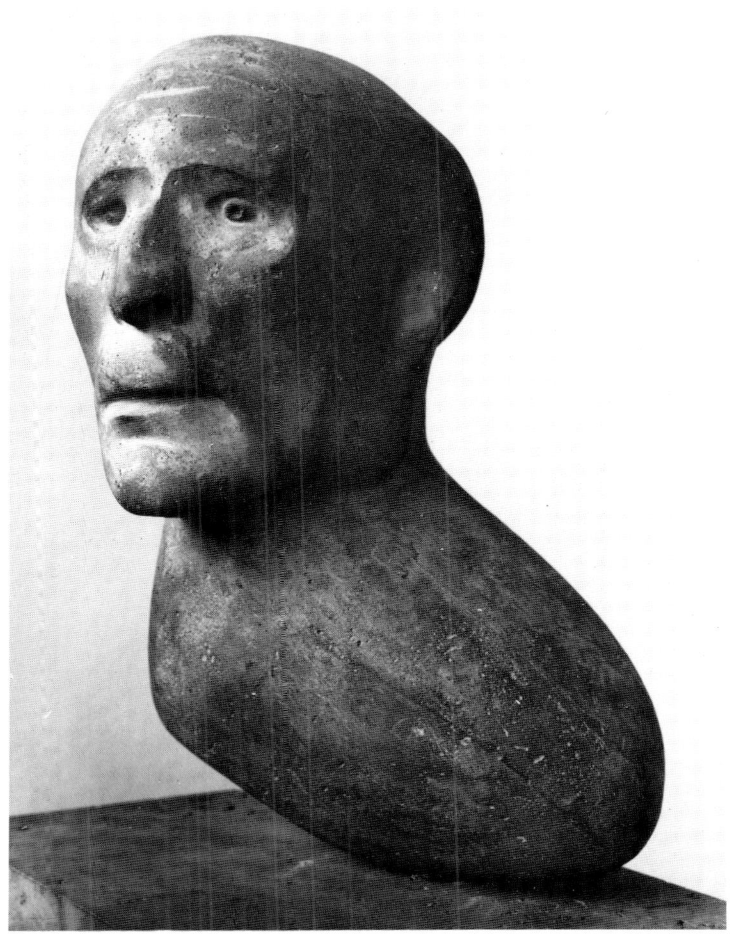

Bernhard Heiliger, *Karl Hofer*, 1951

Günter Haese, *Oase*, 1964

die Organisches mit Konstruktivem verbindenden, oft auf Architektur bezogenen Plastiken von G. F. Ris („Rundrelief", 1967/68) und die graziösen, heiter-ironischen beweglichen Drahtplastiken Günter Haeses, der schon früh in den USA erfolgreich war. Es sind in die Luft geschriebene Gedichte, voller Charme, pointenreich und präzise („Oase", 1964).

„Denken ist Plastik"

Die komplexeste Figur von allen war natürlich, nicht nur für Deutschland, der Bildhauer, Objektemacher, Maler, Zeichner, Environment-, Happening-, Fluxus- und Aktionskünstler Joseph Beuys, mit Heinrich Böll 1974 Begründer der „Freien internationalen Hochschule für Kreativität", politisch denkender Mensch und – in einem überkonfessionellen Sinn – auch Homo religiosus. Durch seinen Glauben an die schöpferischen Kräfte in jedem Menschen, durch sein Verständnis der Plastik als Summe aller sozialen und intellektuellen Aktivitäten des Menschen – auch „Denken ist Plastik" – hat er alle Gattungsgrenzen durchbrochen und den Kunstbegriff erweitert wie niemand zuvor. Sein Kulturverständnis schließt das Politische, das Mythologische, das Magische und letztendlich auch das Religiöse mit ein. Kunst ist nicht nur Bestandteil des Lebens, das Leben selbst soll zum Kunstwerk werden. Der von Beuys geprägte Begriff der „sozialen Plastik" antizipiert die Verwirklichung dieser utopischen Vision, die über alle historischen Vorstellungen vom „Gesamtkunstwerk" weit hinausführt. Beuys hat, so stellte mit Recht der Frankfurter Kritiker und Museumsmann Peter Iden in einem Nachruf auf den Anfang 1986 verstorbenen Magier fest, „nicht abgelassen, auf den Zusammenhang einer Gesellschaft zu bestehen, in der die Kunst sich aufheben könnte und aufgehoben sein würde, eine Gesellschaft als Skulptur humaner Möglichkeiten".

Diese Idee materialisierte sich in verschiedenen Stoffen. Fett, Honig, Kupfer und Schwefel sind leitende, wärmende Materialien, Filz isoliert, kalte Metalle stoßen ab: Kälte führt zur Entfremdung, Liebe manifestiert sich im unaufhaltsamen Strom sich ausbreitender Wärme. Unter solchen Aspekten erschließt sich ein reiches Lebenswerk, so hermetisch es sich manchmal dem Verständnis zu verweigern scheint.

Die Sensibilität, die Verletzlichkeit des Künstlers und des Menschen Joseph Beuys spricht ganz unmittelbar aus seinen Zeichnungen, aber auch aus vielen seiner Collagen („Königstochter sieht Island", „Halbiertes Filzkreuz mit Staubbild Martha", beide 1960). Unter das Profil der Königstochter ist ein Kreuz eingezeichnet, das im ganzen Werk immer wieder auftaucht. Eine magische Hand daneben mit ihren magischen Zeichen scheint Heidnisches mit christlicher Symbolik zu verbinden. Schlitten assoziieren Kälte, der Sonnenring Wärme. Fast unverschlüsselt ist die Symbolsprache des „Staubbilds Martha": Der zu Staub zerfallende Mensch zusammen mit einem Brief im einfachen Reliquiar eines groben Rahmens. Das halbierte Kreuz

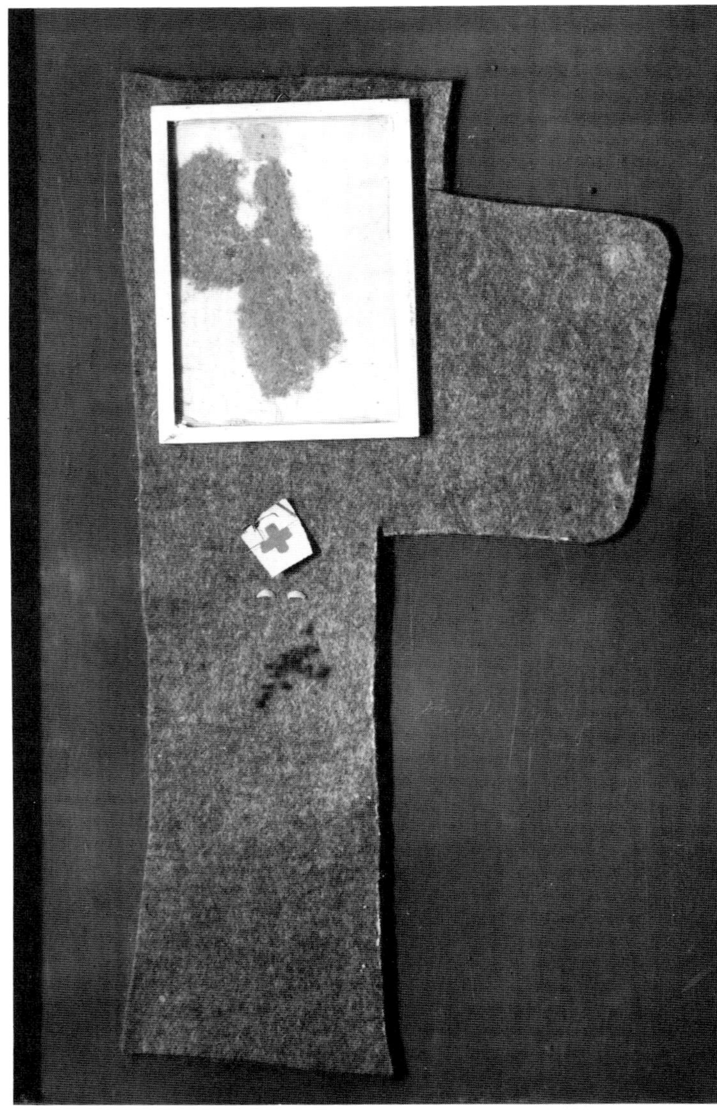

Joseph Beuys, *Halbiertes Filzkreuz mit Staubbild Martha*, 1960

steht als Zeichen der Trennung von Rom und Byzanz, von Europa und Asien („Eurasien"), aber auch für die Teilung der Welt in unserer Zeit. Auf dem halbierten Filz ist ein griechisches Kreuz auf einem Zettel befestigt: Mit einfachsten Mitteln hat Beuys ein bewegendes Gleichnis Bild werden lassen, das in die Tiefe der Geschichte und des menschlichen Bewußtseins dringt.

Auch die Plastik „Sibylla-Justitia" (1957) mit den Gewichtheberkugeln an den Enden der „Waage der Gerechtigkeit", den aufgehängten Augen und eingezeichneten organischen Formen steckt voller gedankentiefer Anspielungen. Die bergende Schale von „Val" (1959/1969) beschwört die Vorstellung von Tal, Grab und Mensch, das „Doppelaggregat" (1958/1969) mit seinen saugenden Hohlräumen erscheint als denkmalhafte Formulierung bedrohlicher Kräfte. Die dialektische Konfrontation eines Schwefelblocks und eines Schwefelbreis in einer Schale mit drei Luftpumpen („Zerstörte Batterie S → Schwefel", 1969) scheint eine Verbindung zwischen uns und der jener Frühzeit zu ziehen, in welcher der ungeteilte Stoff eine hohe, noch nicht „zerrührte" Bedeutung hatte. Rational restlos zu dechiffrieren ist das rätselhafte Stück nicht, soll es

Joseph Beuys, *Königstochter sieht Island,* 1960

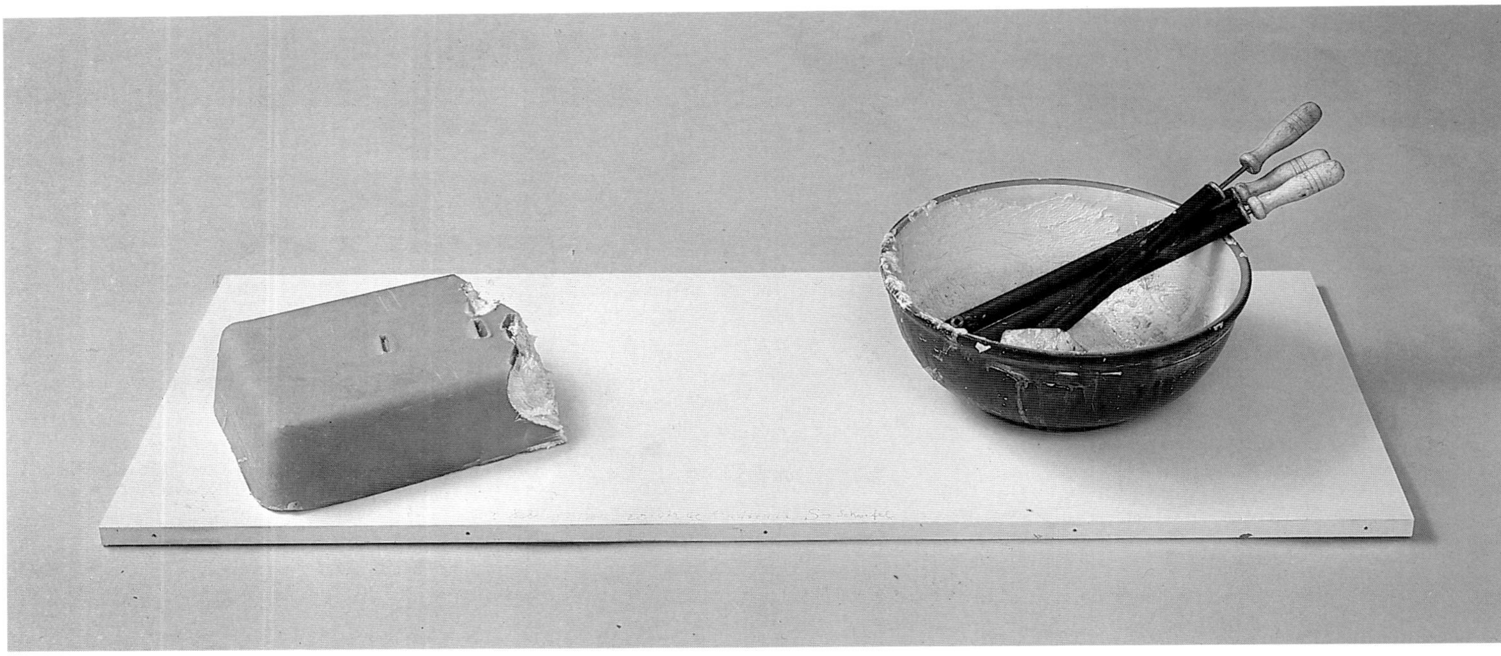

Joseph Beuys, *Zerstörte Batterie S → Schwefel*, 1969

Joseph Beuys, *Doppelaggregat*, 1958 (1969)

wohl auch nicht sein. Das Irrationale spielt bei Beuys eine wichtige Rolle. In einem Rundfunkinterview (1969) sagte er über den Ursprung der Plastik: „Der Ausgangspunkt ist völlig undifferenziert, ist ein chaotisch Strömendes, Undifferenziertes." Dieses „chaotisch Strömende" ist auch in seinen abgeschlossenen Arbeiten allgegenwärtig. Sie sind nicht vollendet im klassischen, sondern offen im romantischen Sinn. Das magische Objekt, Matarés „Fetisch", entzieht sich der rationalen Erklärung, wenn sich auch dem, der sich auf das Werk einläßt, vieles erschließt. Und große Kunst ohne einen Rest von Geheimnis gibt es nicht.

Auch im Schaffen des Beuys-Schülers Reiner Ruthenbeck spielt die spezifische Qualität des Materials eine wichtige Rolle. Seine „Glasplatte in Stofftasche II" (1971) ist nicht nur sockellos, sondern hängt an der Wand. Thema ist der Gegensatz zwischen hart und weich, dehnbar und starr, transparent und undurchsichtig, Stabilität und Instabilität, offener und geschlossener Form. Das Glas zwingt den unteren Teil der Tasche in ein gestrafftes Rechteck, der obere strebt – in lockerer Raffung – wie ein Zeltdach über die Begrenzung des Glases hinaus. Irritation des Auges und des Tastsinns führen den Betrachter zur kritischen Überprüfung von Wahrnehmungsprozessen.

In ihrer unbestechlichen Disziplin und ihrer überprüfbaren formalen Klarheit bezeichnen die Plastiken Erwin Heerichs die Gegenposition zur raunenden Magie eines Joseph Beuys. Die scheinbare Nähe zu den Arbeiten der amerikanischen Minimalisten täuscht. Denn Heerich, in dem neben deutschem auch französisch-hugenottisches Erbe lebendig ist, geht es um eine auf strengen Gesetzmäßigkeiten beruhende Komposition aus Kugel, Kubus und Zylinder, Quader und Pyramide. Die Körper werden von ihm mit seiner außergewöhnlichen „Begabung zu pointierter Formu-

Reiner Ruthenbeck, *Glasplatte in Stofftasche II,* 1971

Erwin Heerich, *Kartonobjekt,* 1969

lierung" in eine Ordnung von zwingender Logik gebracht, die er in seinen Zeichnungen vorbereitet und interpretiert. „Die von ihm bevorzugten Techniken, das Ziehen einer Linie, das Schneiden einer Naht, das Biegen einer Kante", schreibt einer seiner Entdekker, Hans van der Grinten, „werden mit einer hochgradigen Kultur gehandhabt, aber andererseits sind sie wesenhaft von einer ursprünglichen Primitivität, die sich nicht auf noch einfachere Ebenen zurückführen ließe." Daß es ihm nur um die Form und nicht ums Material geht, zeigen die Plastiken aus einfachem Karton („Kartonobjekt", 1969). Diese modellhaften Arbeiten liegen auch der Übertragung in andere Materialien („Ohne Titel", 1969) und in andere Größenordnungen stets zugrunde. Solche Transformationen sind ohne Substanzverlust möglich, weil allen Arbeiten – im Bestreben nach äußerster Objektivität – ein exakter Plan zugrunde liegt, der die Ausführung bestimmt. Die Idee, das „Gedachte" ist Heerichs oberste Kategorie, nicht das „Gemachte".

Ganz anders liegen die Dinge bei Ulrich Rückriem. Für ihn ist das Material essentieller Bestandteil seiner Arbeit, gleichgültig, ob Holz, Eisen oder Stein. Sein spezifischer Charakter wird nicht verändert, ist vielmehr Ausgangspunkt der künstlerischen Konzeption: „Das Material, seine Form, seine Eigenschaften und Ausmaße beeinflussen und begrenzen meine bildnerische Tätigkeit", sagt der Künstler. Steine werden zerlegt und in bestimmten Ordnungen wieder zusammen- oder in Beziehung zueinander gesetzt, und zwar ohne Eingriffe in ihre materielle Beschaffenheit. Der Formen-

Ulrich Rückriem, *Dreieck,* 1979

vorrat beschränkt sich auf Rechteck, Quadrat, Kreuz, Dreieck, Trapez und andere einfache geometrische Grundelemente. Der Stein wird gespalten oder – wie beim „Dreieck" von 1979 – geschnitten. Die glatte Schärfe der Schnitte ergibt einen höheren Abstraktionsgrad als die Spaltung mit Hammer und Meißel. Durch Zerlegung und genau überlegte Zusammenfügung – im Falle des „Dreiecks" durch leicht versetztes Aufeinanderstapeln der beiden Teile – wird ein Stück Natur in einem anderen Kontext zum Kunstwerk. Insofern wird Natur nicht einfach „ausgestellt", obwohl der ursprüngliche Zustand ohne jede Verfremdung immer sichtbar bleibt. Denn, so sagt Rückriem: „Die von mir am Material vorgenommenen Bearbeitungen bestimmen das Objekt selbst und dessen Beziehung zu seinem Standort." Rückriems Arbeiten gehören mit ihrer einsehbar gemachten Dialektik von Natur und Kunst in eine vom Menschen geschaffene Umgebung. Sie haben nichts mit Archaismus und Mystik zu tun. Und so ist es durchaus verständlich, daß der Künstler in einem Gespräch fast beiläufig anmerkte: „Eigentlich bin ich ja ein Konstruktivist."

Von erstaunlicher Kraft und Selbständigkeit in der Verarbeitung historischer Anregungen sind die Arbeiten der sowjetischen Bildhauerin Nina Shilinskaja (geb. 1926). Sie selbst nennt als Inspirationsquellen gotische Skulptur, Architektur sowie die altrussische Ikonenmalerei. Unübersehbar ist aber auch eine ausdrucksmächtige expressive Gestaltungsweise, gebändigt durch eine formale Disziplin kubistischer Prägung, wie man ihr auch in den Arbeiten der Ljuba Popowa begegnet („Der Kreuztragende", 1979).

Die Plastik der europäischen Nachkriegsheroen, die um 1950 und noch auf der „documenta" I und II Furore machten, ist wie die Malerei der École de Paris in die Jahre gekommen und herber Kritik ausgesetzt. Im Museum Ludwig wird sie im wesentlichen nur von Italienern vertreten. Von Marino Marini gibt es ein „Klagendes Pferd" (1950), im Schreck erstarrt, bildhauerischer Ausdruck des „Apocalypse-now"-Gefühls der Jahre nach dem Zweiten Weltkrieg. Pietro Consagras „Begegnung" (1956) übersetzt ein altes Thema in ein formenreiches, mehrschichtiges, abstraktes Vokabular. Arnoldo Pomodoro schließlich benutzt in seiner zellenartig strukturierten „Tafel des Mathematikers" (1961) das technische Vokabularium der Zeit zur Darstellung natürlicher, menschlicher und kosmischer Ordnungssysteme.

Mondrians Konstruktivismus, Moholy-Nagys Experimente mit Licht und Bewegung sind die Inspirationsquelle für den in Paris lebenden Ungarn Nicolas Schoeffer und seine Vorstellung vom technoiden „Gesamtkunstwerk" aus beweglicher (Licht-)Malerei, Plastik und Architektur. Bei ihm spielt die strukturierte Zeit und ihr von gesteuerten und ungesteuerten Umwelteinflüssen rhythmisierter Ablauf unter Einbeziehung des Aleatorischen, des gelenkten Zufalls (Lärm und Stille, Kälte und Wärme, Licht und Bewegung), eine große Rolle. Am Ende steht die Utopie der „kybernetischen Stadt", der Welt als Kunstwerk für alle.

Nina Iwanowa Shilinskaja, *Der Kreuztragende,* 1979

Marino Marini, *Klagendes Pferd,* 1950

Niki de Saint-Phalle, *Schwarze Nana,* 1968/69

Bedeutender als die etwas beiläufige Auswahl europäischer Plastik nach 1945 ist der Bestand an Skulpturen amerikanischer Künstler, von denen Alexander Calder und David Smith längst die klassischen Weihen erhalten haben. Calder ist mit einem relativ frühen „Mobile" und einem späteren „Stabile" vertreten. Die Mobiles, in kreativer Fortsetzung der ersten Drahtplastiken und des legendären Miniaturzirkus entwickelt, sind Manifestationen des Künstlers als Homo ludens und außerordentlich populär geworden. Die an einem Faden aufgehängten, scheinbar frei schwebenden, raffiniert gegeneinander versetzten „Dreizehn Stacheln" (1940) werden von einer großen, herzförmigen und drei kleineren Stahlplatten in ihrem labilen Gleichgewicht gehalten. Ein Lufthauch genügt, um sie in Bewegung zu setzen. Das heitere Spiel mit dem Zufall ist vom Künstler durch sorgfältige Berechnungen so abgesichert, daß es bei aller Vielfalt der Möglichkeiten nicht zur „Katastrophe" kommen kann.
Calder hat diesem heiteren Spiel einen ernsten und anspruchsvollen Sinn hinterlegt. Wie schon Moholy-Nagy verstand er seine kinetischen Gebilde als Gleichnisse für Bewegungen im Universum. Dessen System

Nicolas Schoeffer, *Chronos 5,* 1960

Die Plastiken sind im Grunde nur Wegweisen zu diesem Ziel. „Chronos 5" (1960) ist, wie viele andere Schoeffer-Skulpturen, aus polierten beweglichen Metallteilen und drehbaren Farbfolien konstruiert. Die teils vorprogrammierte, teils zufällige permanente Veränderung von Farbe und plastischer Erscheinung im Raum versteht Schoeffer, worauf der Titel schon hinweist, als sichtbar gemachte Zeit.
Das Urbild aller „Nanas" der französischen Künstlerin Niki de Saint-Phalle ist die unvergessene Monumentalfigur „Hon" („Sie"), die 1966 im Moderna Museet Stockholm die Besucher mit weit gespreizten Beinen dazu einlud, das unterhaltsame Innere der Kunstfigur zu betreten, in dem Spiele, eine Bar und Aquarien für Kurzweil sorgten. Auch die folgenden „Nanafiguren", zu denen die des Museums Ludwig gehört (1968/69), sind fröhliche Neu-Formulierungen des Jahrtausende alten Themas der Urmutter, der kommerzialisierten Kühlschrank-Erotik einschlägiger Voyeur-Magazine gutgelaunt, aber auch kompromißlos entgegengehalten.

Alexander Calder, *The Boot (Der Stiefel),* 1959

Alexander Calder, *Thirteen Spines (Dreizehn Stacheln),* 1940

oder „ein Teil dieses Systems", so sagt er, sei ihm „zum tieferen Sinn aller Formen in meinem Werk" geworden. Solcher Programmatik sind die sockellosen erdgebundenen, unbeweglichen, manchmal sogar bedrohlichen Stabiles („Der Stiefel", 1959) bewußt entgegengesetzt.
David Smith war es, der neben dem stärker mit Europa verbundenen Calder der amerikanischen Plastik entscheidende Impulse und neue Maßstäbe gegeben hat. Trotzdem hat er sich immer als Glied in einer historischen Kette verstanden und die Impulse, die er vom Schaffen Picassos und González' empfing, nie verleugnet: „Die besten Künstler sind vermutlich sowohl Erneuerer als auch Kinder ihrer Eltern. Meine Eltern waren alle Künstler vor mir, deren Werk ich kannte."
Anders als Picasso verstand er sich nicht als einer, der findet, ohne zu suchen, sondern als einer, der aus einem vorhandenen Vorrat auswählt. Plastik interessierte ihn nicht als Ästhetikum, sondern als Zeichen des Lebens.
„Ohne Titel" (1953) gehört zu einer Gruppe von Arbeiten, die von der Schrift inspiriert sind, Zeichen im Raum, die, wie Smith glaubte, jeder verstehen kann. Es

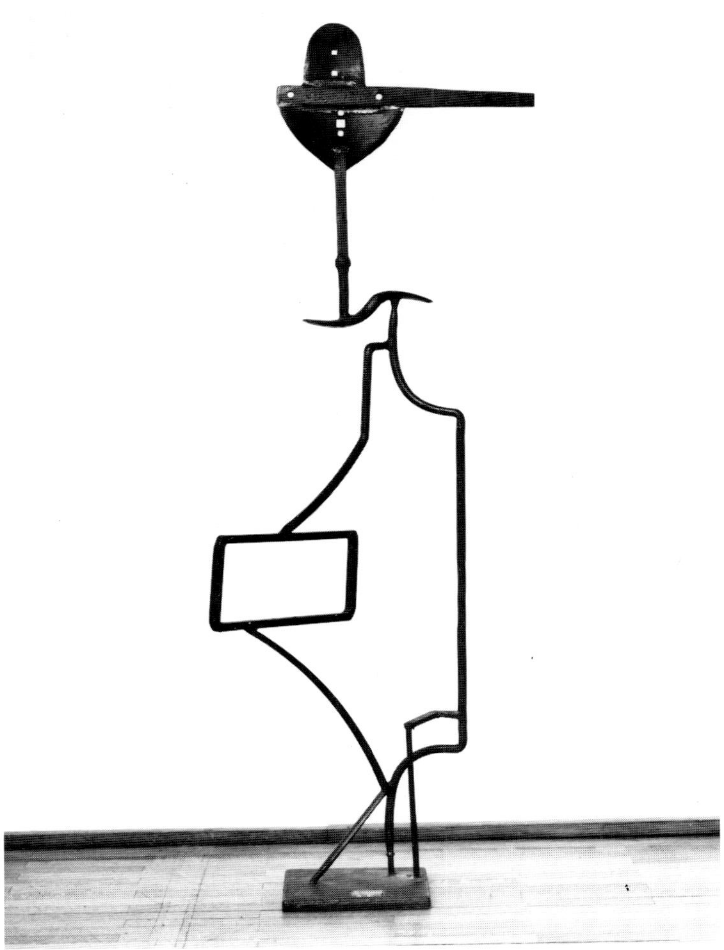

David Smith, *Untitled (Ohne Titel),* 1953

David Smith, *Voltron XV,* 1963

Mark di Suvero, *Martian Ears (Marsmenschenohren),* 1975

ist kein Zufall, daß der Bildhauer auch ein hervorragender Zeichner war. So ist „Untitled" die Umsetzung der zeichnerischen „Schrift" in die dritte Dimension. „Voltron XV" (1963), so genannt zu Ehren einer Stahlfirma und ihrer Arbeiter im italienischen Voltri, gehört zum Themenkreis „Totem", der neben der Schrift für Smith große Bedeutung hatte. Die anthropomorphe Skulptur ist aus Industriematerialien und mit Montagewerkzeugen konstruiert. Die fast monströse, bedrohliche Figur ist von expressiver Wucht und verweist auf das Aggressionspotential, das in jedem Menschen steckt.

Mark di Suvero ist, wie die Stahlplastik mit dem provozierenden Titel „Marsmenschenohren" (1975) zeigt, ein legitimer Erbe von David Smith. Die aus einer schweren Stahlplatte ausgeschnittenen, nach oben und unten geklappten „Ohren" schaukeln auf der schmalen Spitze der durch breite Bodenformen statisch abgesicherten Stütze. Ornament und Bewegung stehen in paradoxem Widerspruch zur Schwere des Materials und zum industriellen Fertigungsprozeß: Smiths zupackender Ernst ist ironisch gebrochen.

Mit der Minimal Art wurde die Plastik endgültig vom Sockel heruntergeholt. Die Formate sind, dem Namen der Richtung widersprechend, oft riesig. Bei der Betrachtung der puristischen Arbeiten wird man übrigens oft feststellen können, daß sich das programmatisch für immer verabschiedete Pathos gelegentlich durch die Hintertür wieder einschleicht, wenn auch unter ganz anderen Prämissen und mit ganz anderen Zielen als zur Blütezeit der im Action Painting rauschhaft sich entfaltenden individuellen „Handschrift" der selbstbewußten Künstler-„Persönlichkeit".

Als die Minimal Art sich durchzusetzen begann, war das historische Programm einer anonymen Kunst für alle, war der Konstruktivismus schon fast vergessen. Minimal Art ist wieder eine „klassenlose" Kunst ohne Hierarchien, die – nach dem Verständnis der Protagonisten der Bewegung – überlieferte europäische Gesellschaftsstrukturen widerspiegelten. Robert Morris berief sich in diesem Sinne schon früh auf das Beispiel von Tatlin, Rodschenko, des jungen Gabo und Vantongerloos. Minimal Art, insbesondere natürlich die Plastik, existiert nicht beziehungslos im luftleeren Raum. Sie ist immer auf die Umgebung bezogen und meist daraufhin bereits konzipiert: auf die Landschaft, auf die Architektur oder – wie im Fall Carl Andres und Dan Flavins – unmittelbar aufs Museum.

Andres „Bauholzobjekt" (1964/1970) steht nicht nur in Relation zur Umwelt, sondern ist auch der eigenen Erlebniswelt als Eisenbahner entnommen. Der Künstler verschachtelt bearbeitete Holzbalken als „Monumente" menschlicher Tätigkeit ineinander und baut daraus einen massiven, wehrhaften Turm. Seine „Verschluß-Serie" (1976) geht einen entscheidenden Schritt weiter. Die aus quadratischen Stahlplatten zusammengesetzte, begehbare „Plastik" ist nicht mehr dreidimensional, sondern flach und horizontal: „Die Idee einer Skulptur ist die ‚Straße'. Jedes Teil ist vertauschbar, auch die Form kann durch verschiedene Zusammenstellung verändert werden, je nach Gestalt und Anspruch des umgebenden Raumes, in den die Serie integriert werden oder den sie definieren soll."

Der Anteil der Theorie an diesen konzeptuellen Arbeiten, die den überlieferten Begriff „Plastik" radikal in Frage stellt, ist unübersehbar.

Dan Flavin lehnt den Ausdruck „Skulptur" für seine Arbeiten mit einigem Recht ab. „Dieses Projekt" – das

Carl Andre, *Lock Series (Verschluß-Serie),* 1976

Anbringen von Leuchtstofflampen – „wurde fälschlicherweise als Skulptur bezeichnet, und das von Leuten, die eigentlich mehr Ahnung haben sollten." So der Künstler selbst. Daß auch sein bildnerisches Denken auf den Konstruktivismus zurückgeht, zeigt der Titel seiner Arbeit im Museum Ludwig: „Monument 7 für V. Tatlin" (1964/65). Die Anonymität des Kunstwerks in Gestalt handelsüblicher Leuchtstoffröhren ist total. Immerhin sind Assoziationen möglich: Orgelpfeifen, Kathedralfassade, Flugmaschine. Worauf es ankommt, ist aber der Effekt des Lichts, seine Ausstrahlung im Raum und die dadurch bewirkte Veränderung der Dinge, die sich darin befinden. Flavin will seine Werke nüchtern betrachtet wissen. Er bezieht seine Anregungen von den Lichtern der Großstadt und nicht aus dem Universum. Spiritistische oder soziologische Spekulationen sind ihm suspekt.

Don Judd will den Unterschied zwischen Inhalt und Form, Welt und Ordnung nicht länger akzeptieren: „Ich wollte keine Arbeit, die umfassend oder im üblichen Sinn universal war [...]. Eine Form, eine Masse, eine Farbe, eine Oberfläche ist in sich schon etwas und sollte nicht als Teil einer völlig anderen Gesamtheit darin versteckt liegen. Formen und Materialien sollten ohne Zusammenhang gesehen werden." Die Konsequenz dieses Denkens ist die Serie, die regelmäßige Aneinanderreihung gleicher Objekte ohne Hierarchie. „Ohne Titel: Acht Moduleinheiten" (1966–1968) ist ein typisches Beispiel, dessen Wirkung durch den Raum gesteigert wird, in den die Module gestellt sind, in den hinein sie sich ausdehnen und der durch sie hindurchgeht.

Im Schaffen von Robert Morris ist die Minimal Art nur eine, allerdings wichtige Phase. Sein „Bett" aus Maschendraht („Ohne Titel", 1968) ist ebenfalls eine Serie aus sechs gleichen Teilen. Die durchsichtige Oberfläche des Volumens bezieht den Raum und seine Veränderung durch wechselndes Licht und Schatten mit ein. Dieser Eindruck soll durch die neutrale Tönung des Materials erhalten bleiben und nicht durch ablenkende Farbe gestört werden. Zur gleichen Zeit betonte Morris den Anspruch ungeformter Materialien ohne begrenzende geometrische Struktur: „Ungeformte Massen sind ebenso entwicklungsfähig denkbar wie Würfel, Fetzen ebenso akzeptabel wie Stahlstangen." Aus solchen Überlegungen – und in der Auseinandersetzung mit Beuys – sind seine amorphen Filzstücke entstanden.

Sol LeWitt wolle den Betrachter nicht belehren, sondern ihm Information vermitteln, schreibt Lucy R. Lippard, die für die Minimal Art den Terminus „Primary Structures" erfand. Die „Dreiteilige Folge" (1968) ist dafür ein gutes Beispiel. Aus einem Quadrat entsteht ein Kubus, mit Hilfe einer Modulzahl werden drei weitere Körper daraus. Der Vorgang wird sichtbar gemacht durch die leichte offene Rahmung. Solche Skulpturen werden im Studio entworfen und anderswo ausgeführt. Der Verzicht auf individuelle Formgebung, auf Handschrift und Ausdruck macht's möglich. Auch LeWitts Wandzeichnungen werden von Assistenten realisiert. Die schon in den sechziger Jah-

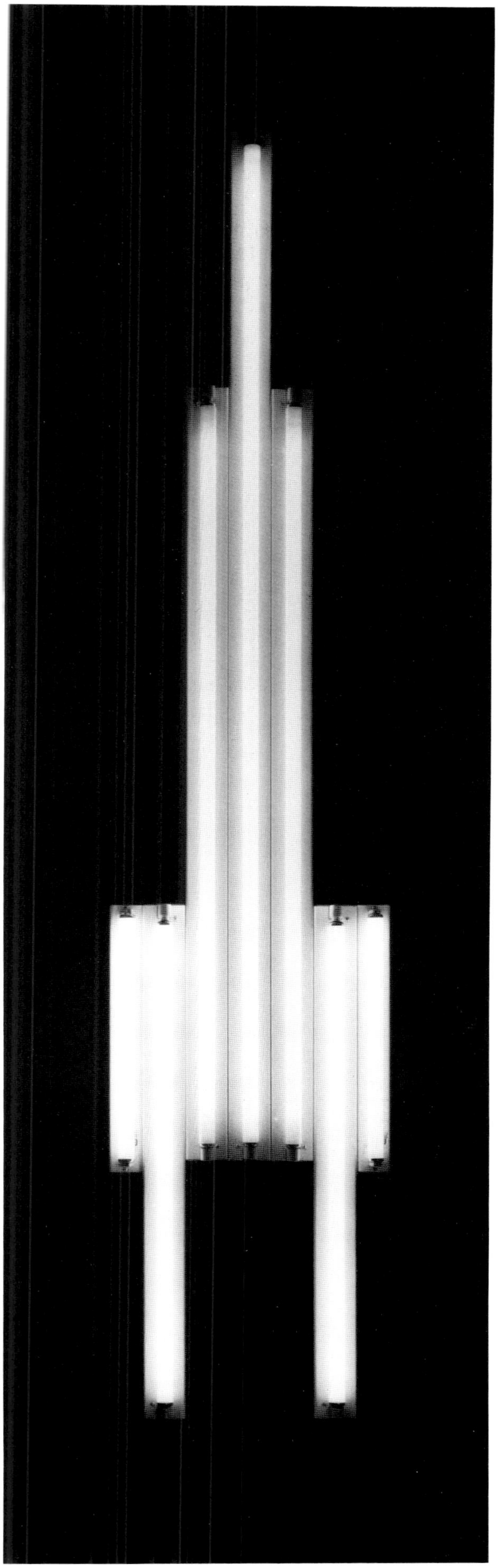

Dan Flavin, *Monument 7 for V. Tatlin (Monument 7 für V. Tatlin),* 1964/65

Robert Morris, *Untitled (Ohne Titel)*, 1968

Donald Judd, *Untitled (eight modular units, V-channel piece) (Ohne Titel: acht Moduleinheiten, V-Kanalstück)*, 1966–68

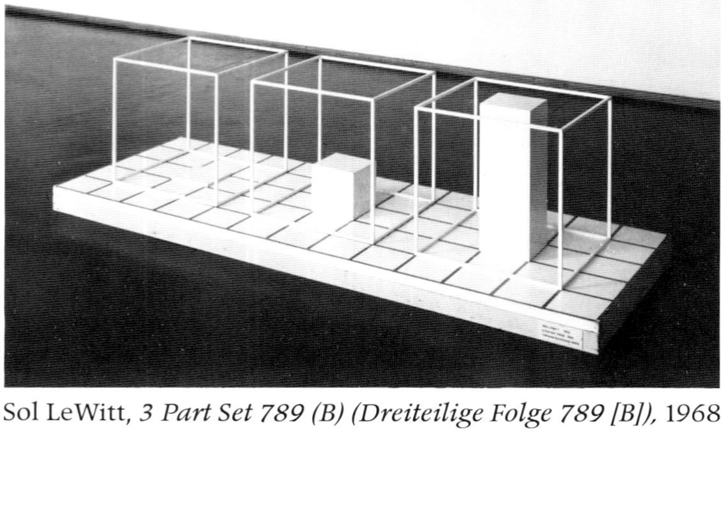

Sol LeWitt, *3 Part Set 789 (B) (Dreiteilige Folge 789 [B])*, 1968

ren geäußerte Vermutung, das Objekt werde eines Tages ganz überflüssig sein, wurde in der Concept Art dann Realität.

Monument und Denkspiel

Im Werk von Richard Serra, das man bereits der „Postminimal-Generation" zugeschlagen hat – so schnell geht das heute! –, erreicht die Minimal Art ihre ernsteste, bündigste und darum wohl auch provozierendste Formulierung. Für den Amerikaner ist Kunst zu wichtig, um sie den Ästheten zu überlassen. Seine Werke sind konzentrierter Ausdruck konkreter Erfahrungen. Deshalb ist die Bezeichnung „Konkrete Kunst" im Sinne der Theorie des Stijl-Künstlers van Doesburg die treffendste. Serra hat als Stahlwerker gearbeitet. Seine Erfahrung im Umgang mit dem von ihm gewählten Material, dessen Eigenschaften er genau kennt, ist daher im wörtlichen Sinne existentiell. Die Wirkung der in einem labilen Gleichgewicht gehaltenen schweren Stahlplatten hat – am Beispiel des heißumstrittenen Bochumer „Terminals" – ein Mann am besten beschrieben, der selber am Hochofen gearbeitet hat: „Längere Zeit stand ich am Hochofen", schrieb er, „habe rostige Platten eingeschmolzen und auch solch große rostbraune Stahlplatten wie die des Terminals mit riesigen Maschinen bearbeitet. Wenn ich heute am Terminal vorbeifahre, werde ich an all die Schwierigkeiten, die Arbeit und auch die Genugtuung erinnert, die ich erlebte, wenn ein Werkstück gut geworden war. Unwillkürlich denke ich dann, daß es ein Stück von mir sein könnte."

Richard Serra, *Moe,* 1971

Diese vorurteilslose Direktheit des Urteils jenseits aller ästhetisierenden Schöngeisterei ist leider noch selten gerade bei den Leuten anzutreffen, denen der Zugang zu Serras konkreter Kunst als zeichenhafte Verdichtung konkreter Erfahrung am leichtesten fallen müßte. Das Mißverstehen von Kunst als unverbindliche Unterhaltung zum Feierabend, als Widerspiegelung einer heilen Welt außerhalb der Wirklichkeit ist die Ursache dafür. Selbst der industriell hergestellte Cortenstahl wird als zu „rohes" Material für ein Kunstwerk inmitten der Industrielandschaft abgelehnt, während man ihn als Baumaterial bedenkenlos akzeptiert. Kunst sollte eben glatt, schön poliert und „sauber" sein. Edelstahl wäre „schon besser" (vgl. hierzu das Kapitel „Gegenpositionen").
So ist der sicherste Platz für Serras mächtige, schweigend-ernste Arbeiten vorerst noch das Museum. „Moe" (1971) ist auch dafür geschaffen. Die tonnenschwere Skulptur bezieht, wie fast alle Serra-Plastiken seit dem „Kartenhaus" aus Blei von 1969, ihre Spannung aus dem Kontrast zwischen der scheinbaren Labilität der Aufstellung und dem enormen Gewicht der drei in eine Rolle eingelassenen Stahlplatten. Es entsteht der Eindruck von Bedrohung und Gefährdung. Die Plastik hat keine Frontansicht, alle Teile sind – den Prinzipien der Minimal Art entsprechend – gleichwertig. Man muß, so will es der Künstler, „Moe" umschreiten, um das Werk in seinen vielfältigen Aspekten und immer wieder neuen optischen Konstellationen zu erkennen. Die lapidare Einfachheit der gegeneinander versetzten Platten täuscht zunächst über die komplizierten Gedankengänge hinweg, die dem gestalterischen Konzept Richard Serras und seiner Realisierung zugrunde liegen. Man muß aber durchaus nicht, wie ein hartnäkkiges Vorurteil meint, Kunstgeschichte studiert haben, um sie zu erkennen. Denn sie sind alle ins sichtbare Werk eingegangen und damit für jedermann optisch erfahrbar, der offene Augen hat.
Der Ruhm Michael Heizers beruht auf seinen „Land Art"-Arbeiten (er nennt sie „Earth Works") in der Wüste von Nevada und anderswo. Die dabei gemachten Erfahrungen hat er auch bei der Gestaltung seiner im Wechsel von Negativ- und Positivformen über den Boden zerstreuten und präzise ausformulierten Skulpturen angewendet, zu denen die Holzplastik „Kreis I" (1976) gehört. Das Thema der schönen, mehrteiligen Arbeit ist das Verhältnis von Kreissegmenten zur idealen Kreisform.
Walter de Marias Bodenplastik „Fünfeck" aus der Serie „5 bis 9" (1973) besteht, dem Titel entsprechend, aus fünf gleich großen, makellos geformten Vielecken vom Fünfeck bis zum Neuneck. Das Thema ist Wachstum, Progression. In der offenen Form der einzelnen Stücke liegt eine Kugel, die gerollt werden kann: eine lapidare, anschauliche Formulierung des Gegensatzes zwischen Ruhe und Bewegung. Daß es dem bedeutenden Land-Art-Künstler dabei auch um magisch-mystisch-religiöse Hintergründe, um bildnerische Gleichnisse für Ordnungssysteme, um die Verbindung der Frühzeit des Menschen mit dem Heute, des Irrationalen mit dem Rationalen geht, wird auf dem Hintergrund seines grüblerischen Werkes einsichtig (vgl. hierzu das Kapitel „Ausbruch aus dem Museum").
Die Bodenskulptur ist die konsequenteste Version der Plastik ohne Sockel. David Rabinowitchs „Elliptische Fläche in 3 Teilen und 2 Maßstäben" (1973) ist ein radikales Beispiel für die Minimalisierung der Form. Der Betrachter soll um die am Boden liegende Arbeit herumgehen und dabei, wie der zweimalige „documenta"-Chef Manfred Schneckenburger sagt, „die konkrete Raumerfahrung beim Abgehen zu einem Teil der plastischen Wirkung [...] machen". Das heißt: Das Nicht-

Walter de Maria, *Pentagon (Series 5 to 9) (Fünfeck – aus der Serie 5 bis 9)*, 1973

David Rabinowitch, *Elliptical Plane in 3 Masses and Scales (Elliptische Fläche in 3 Teilen und 2 Maßstäben)*, 1973

Royden Rabinowitch, *Barrel Construction (Faßdauben und Deckel)*, 1964

Alain Kirili, *Commandment I (Gebot I)*, 1979

Eva Hesse, *Accession II (Zuwachs II)*, 1968

sichtbare, die Assoziationen des Betrachtenden werden Teil der Skulptur. Der Witz dabei ist, daß sich überdies die asymmetrische Aufteilung der glatten Fläche beim Umschreiten im Verhältnis der Teile zueinander und zum Ganzen optisch permanent verändert.
Auch die Arbeiten von David Rabinowitchs Bruder Royden verlangen den körperlich und gedanklich beweglichen „Augenzeugen". Auftakt zu seinem Werk sind Horizontalskulpturen aus Eichenfaßteilen, die er zu einer neuen, widersprüchlichen Ordnung arrangiert. Thema ist der Gegensatz zwischen Wölbung und Höhlung (konvex und konkav), zwischen der Rundform von Deckel bzw. Boden und der gerichteten rechteckigen Gesamtform im Bezug zum Betrachter („Faßdauben und Deckel", 1964).
Auflehnung gegen den Purismus der Minimal Art signalisieren neben dem Einsatz der neuen Medien (Video, Performance, Fotografie, Lichträume etc.) auch Arbeiten jüngerer Bildhauer wie Alain Kirili. „Gebot I" (1979) ist eine Bodenplastik aus 26 schmiedeeisernen Teilen in veränderbarer Anordnung und unterschiedlicher, geringer Höhe. Boden, Wand und Raum werden als aktive Bestandteile der Plastik verstanden. Die Stücke erscheinen wie in die dritte Dimension versetzte Lettern einer vergessenen Sprache. Tatsächlich hat Kirili die Anregung zu seiner Arbeit durch jüdische Kultobjekte empfangen. Er sagt: „Diese Skulptur [...] ist eine Umsetzung von Zeichen, sie ist ein Feld von Zeichen."

Die früh verstorbene Eva Hesse war eine Schülerin von Josef Albers. Ihr offener Fiberglas-Würfel „Zuwachs" (1968) ist eine sinnfällige, sensible Veranschaulichung der Gegensatzpaare hart und weich, glatt und rauh, dicht und hohl. Das einfache Mittel ist die Einführung von schmalen Plastikschläuchen durch die Wand in das Innere des Kastens.

Phantasie und Wirklichkeit

Von der rigorosen Härte und dem formalen Purismus der Minimal-Künstler und den elitären Denkspielen der Concept-Artisten gleich weit entfernt ist die heiter-ironische Figurenwelt der Marisol. Ihre Assemblagen aus verschiedenen Materialien stehen der Pop Art nahe, zumal sie mit ihrem Werk der Gefahr begegnen will, daß allzu intellektuelle Kunst zu einer Sache für Eingeweihte werde. Im Unterschied zu den meisten Pop-Artisten ist ihr aber auch Gesellschaftskritik nicht fremd, obwohl sie sich nicht als politische Künstlerin sieht. Oft ist sie in ihren Werken selbst präsent, so auch in ihrer Montage „Der Besuch" (1964) als „Zweite von rechts". Der leise Sarkasmus der Darstellung eines fragwürdigen Familienidylls ist leicht erkennbar an der steifen Haltung der drei Damen und ihrem unpersönlich verklemmten Gesichtsausdruck, an dem beiseite geschobenen, in eine Tonne gezwängten Kind und der totalen Kommunikationslosigkeit.
Obwohl sie aus Relikten der Alltagswelt zusammengesetzt sind, haben die hölzernen Schreine der Louise Nevelson etwas Magisches, Kultisches. „Königliche Gezeiten IV" (1959/60) ist wie ein Altar aufgebaut. Hier werden die Utensilien des Lebens nicht denunziert, sondern auf eine barock-romantische Weise zum Kunstobjekt erhöht. Die Goldfarbe betont die Würde, die die alltäglichen Dinge in der Sicht der Künstlerin erhalten. Louise Nevelson versucht auf ihre sehr persönliche, nicht ganz unpathetische und sehr phantasievolle Weise, die Totalität des Lebens am Beispiel gesammelter und miteinander kombinierter Requisiten sichtbar zu machen.
Kultische Rituale von der Frühzeit bis zur Hippie-Kultur prägen das Werk von Paul Thek. In ihm spielt der Tod als nächtliche Kehrseite des Lebens auf sehr direkte Weise – bis hin zur Identifikation des Künstlers mit einem toten Hippie – eine Hauptrolle. Der geschiente, federgeschmückte Arm („Ohne Titel", 1967) ist Reliquie und Fetisch zugleich, wie es der Symbolsprache Theks entspricht, in der Heidnisches und Christliches zu verfremdenden Bestandteilen einer „individuellen Mythologie" gemacht werden. Brutaler und ohne jeglichen Rest verklärender Romantik ist die „Sänfte" (1968). Podest, Gerüst und Stuhl sind offenbar Schauplatz eines Ritualmords an einem in Ketten gehängten, blutigen Kind. Das rohe Fleischstück auf dem Sitz verstärkt den Schock.
Im Gegensatz zu solchen Extremformen neo-sakraler „neuer Mythen" steht die sarkastische Heiterkeit der veristischen Miniatur „Ohne Titel" (1965) von Robert Graham. Zielscheibe seines Spotts sind die Ersatzver-

Marisol (Escobar), *La Visita (Der Besuch),* 1964

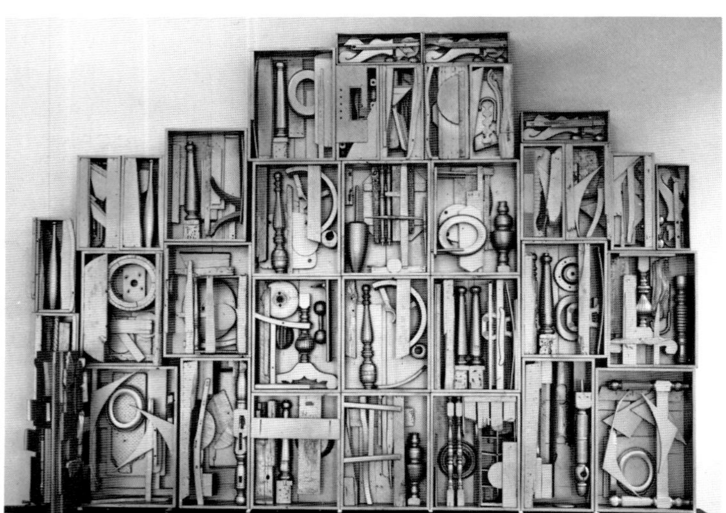

Louise Nevelson, *Royal Tide IV (Königliche Gezeiten IV),* 1959/60

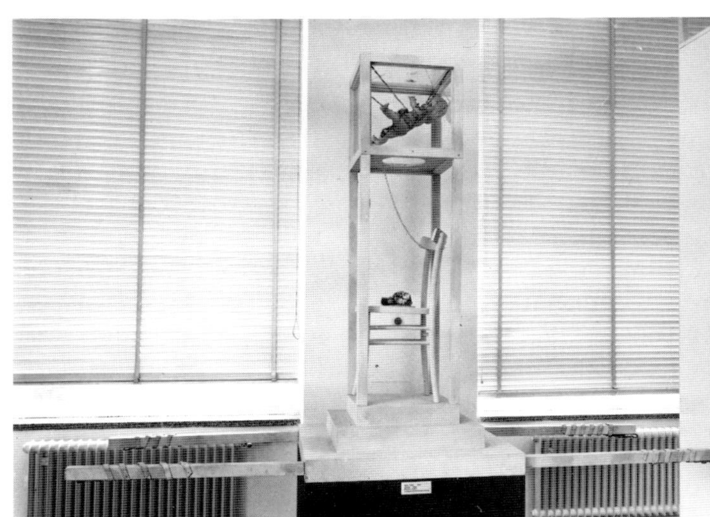

Paul Thek, *Sedan Chair (Sänfte),* 1968

Robert Graham, *Untitled (Ohne Titel),* 1965

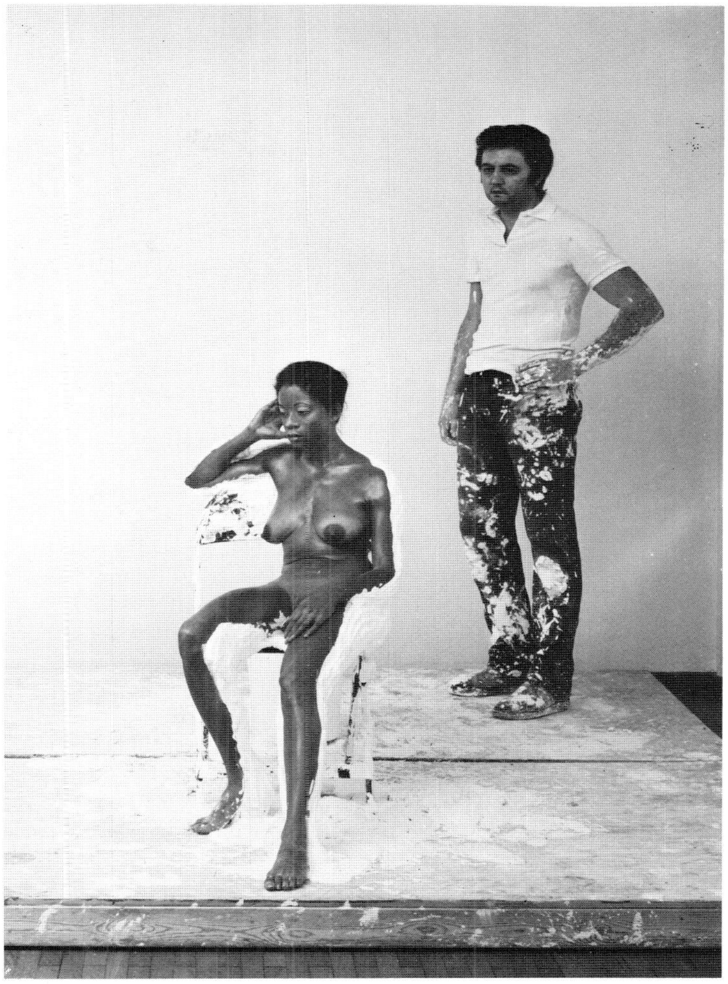

John de Andrea, *Untitled (Ohne Titel),* 1977

gnügungen der „better people" im fortgeschrittenen Alter: die Nachahmung der kalifornischen Glamour-Szenerie à la Hollywood und die zum phantasielosen Sexismus heruntergekommene Erotik einer spießbürgerlichen Lebewelt.
John De Andrea gehört zu den Künstlern, die den Hyperrealismus in der Plastik am weitesten getrieben haben. Trotzdem haben seine Arbeiten nichts mit einem vordergründigen, platten Naturalismus zu tun. Darauf verweist schon die zurückhaltende Bemalung in neutralen Farben, die alle laute Zurschaustellung von Virtuosität vermeidet. Das gleiche gilt für die Wahl der unspektakulären, stillen Situationen, in die er seine Figuren hineinstellt. Sie spielen meist im privaten, intimsten Bereich („Ohne Titel", 1977). Dem entspricht die Auswahl der Modelle. Er nimmt seine Gipsabgüsse immer von Menschen aus der eigenen Umgebung, Menschen, die er gut kennt. Worum es ihm geht, ist die präzise Darstellung der unwiederholbaren, einmaligen Individualität, wie sie in ihrer körperhaften Erscheinung zum Ausdruck kommt. Die flache Reproduktion durch das Foto genügt ihm nicht. Er will den ganzen Menschen. So produziert er dreidimensionale Momentaufnahmen, in denen die Zeit stillsteht.
Duane Hanson geht mit seiner Arbeit über den intimen Privatbereich De Andreas weit hinaus. Sein Thema ist die „Comédie humaine" im Sinne Balzacs. Seine Forderung an die Kunst lautet, sie habe als „Dokument" verbindliche Auskunft über die Zeit und ihre Gesellschaft zu geben. In diesem Sinne ist Hyacinthe Rigauds Repräsentationsbildnis des Sonnenkönigs Louis XIV für Hanson ein Schlüsselbild. Sein am höchsten verehrter Maler aber ist – noch vor Goya und Ingres – Hans Holbein d. J. Dessen Überschärfe der Darstellung erscheint ihm vorbildlich, weil sie charakteristische Züge sichtbar mache, über die das unbewehrte Auge sonst hinweggleiten würde; durch Präzision wird eine äußerste Steigerung, Verdichtung und Konzentration des Realen erreicht. Auch daß die Requisiten nicht beiläufige Zutat sind, sondern zur Person gehören und sie interpretieren, ist für Hanson entscheidend wichtig. Solcher Präzision hat der Amerikaner seit 1967, dem Jahr seiner Entscheidung für einen lebensnahen skulpturalen Realismus, nahezukommen versucht. Der Weg führte von den anklägerischen Szenerien der ersten Jahre („Krieg", „Bowery-Alkoholiker") zur undramatischen Darstellung des „fremden Alltäglichen" am Beispiel einfacher Menschen „in einer komplexen, verworrenen und verqueren Welt" (Hanson). Hanson stellt sie in Positionen dar, die für sie typisch sind. Das einzelne Individuum wird zum „Stellvertreter", zum Repräsentanten einer gesellschaftlichen Gruppe innerhalb einer wirklichkeitsnahen, typischen Situation, die man in der Hektik des Alltags meist nicht wahrnimmt. Eine solche Figur ist die „Frau mit Umhängetasche" (1974), in deren Gesicht sich die ganze Verlorenheit, die ganze Melancholie eines durchschnittlichen Lebens spiegeln.

Duane Hanson, *Woman with a Purse (Frau mit Umhängetasche)*, 1974

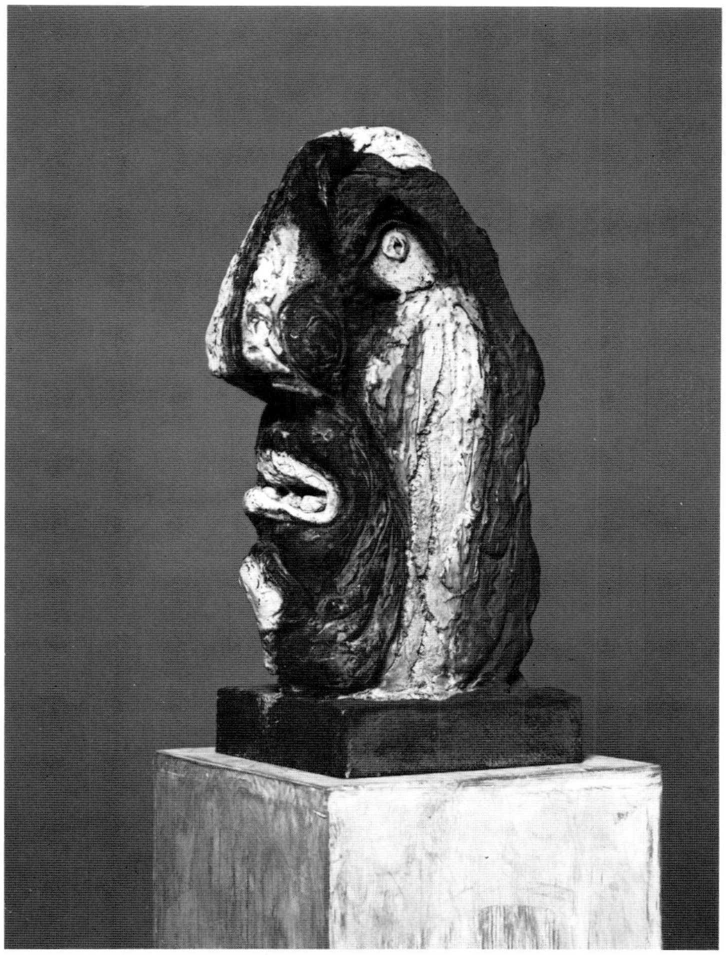
Markus Lüpertz, *Il Principe,* 1983

Die neo-expressionistische Plastik ist vorerst nur durch einige vehemente Arbeiten des neuerdings in Düsseldorf lehrenden Markus Lüpertz vertreten.

Neue Medien

Während das Museum Ludwig auf der Basis der Sammlung L. Fritz Gruber bereits eine beachtliche Foto-Abteilung aufbauen konnte, wurde im Bereich der neuen Medien (Video, Künstlerfilm, Performance) erst ein bescheidener Anfang gemacht. Qualitativ allerdings ist der Auftakt vorzüglich. Von Jürgen Klauke, der nicht nur „Performer", sondern auch ein hervorragender Zeichner und Maler ist, wurde die eindrucksvolle Fotoserie „Formalisierung der Langeweile" (1979/80) erworben, die in ein anderes Medium übertragene „Kurzpartitur" einer Performance. Sie zeigt den Künstler in einem ebenso verzweifelten wie absurden Kampf mit einem zur dramatischen Person gewordenen Stuhl: eine eindringliche Sequenz um Einsamkeit, vertauschte Identität von Mensch und Requisit und unlösbare Verstrickung.
Ein Künstler, der mit der Forderung nach dem aktiven Rezipienten nicht nur theoretisch, sondern in der künstlerischen Praxis Ernst gemacht hat, ist Franz Erhard Walther. Seine Objekte und Werksätze („Um Brutalität zu verstehen", 1967) sind keine autonomen Kunstwerke. Sie sollen vielmehr benutzt werden, um

Franz Erhard Walther, *Um Brutalität zu verstehen (Vorschlag),* 1967

Jürgen Klauke, *Formalisierung der Langeweile,* 1979/80

Handlungs- und Gedankenprozesse auszulösen. Ohne Beteiligung des Betrachters bleibt das Objekt ein toter Gegenstand. Erst durch aktive „Benutzung" wird es zum Instrument zur Bewußtmachung von Erfahrungen. Daß diese Teilhabe funktioniert, hat F. E. Walther an vielen Orten im Kontakt mit Partnern aus den verschiedensten Lebensbereichen und unterschiedlichster Altersstufen zeigen können. Sein Werk hat neue Möglichkeiten für den Umgang mit Kunst erschlossen. Der Prozeß, den er in Gang gesetzt hat, ist längst noch nicht abgeschlossen.

Rebecca Horns Thema ist die Erweiterung sinnlicher und spiritueller Erfahrung. Ihre künstlerischen Mittel sind zunächst Objekte und Performance, später Video und Film. Auch bei ihr kann das Objekt personalisiert werden. Im Film „Der Eintänzer" ist es ein Tisch, der als „außerordentlicher Herr" und Doppelgänger eines blinden Tänzers Tango tanzt. Isolation, Selbstentfremdung, Sprachlosigkeit, die im Leeren kreisende, geschwätzige Automatik gestörter zwischenmenschlicher Beziehungen, die „Austauschbarkeit zwischen Dingen und menschlichen Wesen, zwischen Wirklichkeit und Täuschung" (Germano Celant) sind das Thema von Rebecca Horns erstem Spielfilm: „La Ferdinanda". In ihm sind die Objekte so wichtig wie die Personen, deren Agieren sie widerspiegeln. Pfauen spielen dabei eine wichtige Rolle. „Die Pfauenmaschine" (1981) im Keller der Villa „Ferdinanda" begleitet und kommentiert, was in den oberen Räumen geschieht, entfaltet sich zu voller Pracht oder sinkt vibrierend zusammen. Das Federleichte und die mechanische Steuerung verleihen dem Pfauenrad die unbewußte Anmut der Marionette. Aktion und Skulptur: Zwischen diesen Polen bewegt sich die Kunst der Horn. Das ausgestellte Objekt und die betextete Rauminstallation fassen Emotion und Reflexion zu einer poetischen Metapher zusammen.

Rebecca Horn, *Die Pfauenmaschine,* 1981

Literatur

Vorbemerkung: Das folgende Literaturverzeichnis ist lediglich eine knappe Auswahl. In den meist leicht erreichbaren Werken findet der Leser weiterführende Hinweise.

Allgemeine Texte zur Kunst des 20. Jahrhunderts

Argan, Giulio Carlo: Die Kunst des 20. Jahrhunderts. Berlin 1977
Glozer, László: Westkunst. Zeitgenössische Kunst von 1939 bis 1981. Köln 1981
Grohmann, Willi (Hrsg.): Kunst unserer Zeit. Malerei und Plastik. Köln 1966
Haftmann, Werner: Malerei im 20. Jahrhundert, Textband. 4. Aufl., München 1965
ders.: Tafelband (Bildenzyklopädie). 3. Aufl., München 1980
Hess, Walter: Dokumente zum Verständnis der modernen Malerei. Neuausgabe: Reinbek 1984
Hofmann, Werner: Grundlagen der modernen Kunst. 2. Aufl., Stuttgart 1978
ders.: Zeichen und Gestalt. Frankfurt 1957
Hughes, Robert: Der Schock der Moderne. Düsseldorf 1982
Lucie-Smith, Edward, Sam Hunter und *Adolf Max Vogt:* Kunst der Gegenwart. Berlin 1978
Read, Herbert: Geschichte der modernenMalerei.München–Zürich 1959
Richter, Horst: Malerei unseres Jahrhunderts. 2. Aufl., Köln 1977
ders.: Geschichte der Malerei im 20. Jahrhundert. 6. Aufl., Köln 1985
Rubin, William (Hrsg.): Primitivismus in der Kunst des zwanzigsten Jahrhunderts. München 1984
Ruhrberg, Karl: Der Schlüssel zur Malerei von heute. Düsseldorf–Wien 1965. Neuausgabe unter dem Titel: Malerei unseres Jahrhunderts. Düsseldorf 1986
Schmidt, Georg: Kleine Geschichte der modernen Malerei. 13. Aufl., Basel 1982
Schneckenburger, Manfred: Der letzte Aufbruch der Moderne. Kunst der Gegenwart. Berlin 1984
Thomas, Karin: Bis heute. Stilgeschichte der bildenden Kunst im 20. Jahrhundert. 6. Aufl., Köln 1985

Claus, Jürgen: Expansion der Kunst. Hamburg 1970
ders.: Kunst heute. Hamburg 1965
Gehlen, Arnold: Zeitbilder. Zur Soziologie und Ästhetik der modernen Malerei. 2. Aufl., Frankfurt a. M. 1965
Imdahl, Max: Bildautonomie und Wirklichkeit. Zur theoretischen Begründung moderner Malerei. Mittenwald 1981
ders.: Arbeiter diskutieren moderne Kunst. Berlin 1982
Jauß, H. R. (Hrsg.): Die nicht mehr schönen Künste (Poetik und Hermeneutik, Bd. III). München 1968
Kultermann, Udo: Neue Formen des Bildes. Tübingen 1969
Platschek, Hans: Bilder als Fragezeichen. München 1962
Sedlmayr, Hans: Verlust der Mitte. Berlin 1955
ders.: Die Revolution der Künste. Hamburg 1955
Spies, Werner: Das Auge am Tatort. Achtzig Begegnungen mit Kunst und Künstlern. München 1979
Wedewer, Rolf: Bildbegriffe. Anmerkung zur Theorie der neuen Malerei. Stuttgart 1963
Seit 45. Die Kunst unserer Zeit. 3 Bde. Brüssel 1970–1972
Der Hang zum Gesamtkunstwerk. Ausstellungskatalog. Aarau und Frankfurt a. M. 1983
documenta I–VII. Ausstellungskataloge. Kassel 1955–1982
Paris–New York, Paris–Berlin, Paris–Moskau, Paris–Paris. Ausstellungskataloge. Paris 1977–1981
Tendenzen der zwanziger Jahre. Ausstellungskatalog. Berlin 1977

Plastik

Adelmann, M.: Europäische Plastik der Gegenwart. Stuttgart 1966
Burnham, Jack: Beyond Modern Sculpture. New York 1968
Giedion-Welcker, Carola: Plastik des 20. Jahrhunderts. Stuttgart 1955
Hammacher, A. M.: Die Entwicklung der modernen Skulptur, Tradition und Erneuerung, Berlin 1973
Kultermann, Udo: Neue Dimensionen der Plastik. Tübingen 1967
Trier, Eduard: Figur und Raum. Berlin 1960. 2. verb. Aufl. u. d. Titel: Form and Space. London–New York 1968
ders.: Bildhauertheorien im 20. Jahrhundert. 3. Aufl., Berlin 1984

Nachschlagewerke

Enzyklopädie der Malerei. Hrsg.: H. Bauer. Freiburg 1976–1978
Kindlers Malereilexikon in 6 Bänden. Reprint: Köln 1977
Knaurs Lexikon moderner Kunst. Hrsg.: L.-G. Buchheim. München–Zürich 1965
Knaurs Lexikon der abstrakten Malerei. Hrsg.: Michel Seuphor. München–Zürich 1957
Knaurs Lexikon der modernen Plastik. München–Zürich 1961
Phaidon Dictionary of Twentieth Century Art. Oxford 1975
Thomas, Karin: Sachwörterbuch zur Kunst des 20. Jahrhunderts. Köln 1973
Thomas, Karin, und *de Vries, Gerd:* DuMont's Künstlerlexikon von 1945 bis in die Gegenwart. Köln 1977
Vollmer, H.: Allgemeines Lexikon der bildenden Künstler des XX. Jahrhunderts. 5. Bd. u. Supplement. Leipzig 1953–1962

Einzelne Länder

Schmied, Wieland: Malerei nach 1945 in Deutschland, Österreich und der Schweiz. Berlin 1974
Thomas, Karin: Zweimal deutsche Kunst nach 1945. Köln 1985
Vogt, Paul: Geschichte der deutschen Malerei im 20. Jahrhundert. Köln 1972 und 1974
Kunstlandschaft Bundesrepublik. Junge Kunst in deutschen Kunstvereinen. Stuttgart 1984
Sammlung deutsche Kunst nach 1945. Städtisches Kunstmuseum, Bonn 1983
Vierzig Jahre deutsche Kunst 1945–1985. Ausstellungskatalog. Nationalgalerie, Berlin 1985
Von hier aus. Ausstellungskatalog. Düsseldorf 1984
Sotriffer, Kristian (Hrsg.): Der Kunst ihre Freiheit. Wege der österreichischen Moderne von 1880 bis in die Gegenwart. Wien 1984
Lüthy, Hans A., und *Heusser, Hans-Jörg:* Kunst in der Schweiz 1890–1980. Zürich 1983
Armstrong, Tom: Amerikanische Kunst 1930–1980. Ausstellungskatalog. München 1982

Hunter, Sam: American Art of the 20th Century. New York o. J.
Kerber, Bernhard: Amerikanische Kunst seit 1945. Stuttgart 1977
Prown, Jules David, und *Rose, Barbara:* Amerikanische Malerei. Von der Kolonialzeit bis zur Gegenwart. Genf 1960
Rose, Barbara: Amerikas Wege zur modernen Kunst. Köln 1967
Amerikanische Kunst heute. Ausstellungskatalog. Köln 1976
Gray, Camilla: Die russische Avantgarde der modernen Kunst 1863–1922. Köln 1963. Als Paperback: Das große Experiment. Köln 1974
Russische Avantgarde-Kunst. Die Sammlung George Costakis. Köln 1982
Russische Kunst des 20. Jahrhunderts. Die Sammlung Semjonow. Stuttgart 1984
Aspekte sowjetischer Kunst der Gegenwart. Ausstellungskatalog. Köln–Aachen 1982
Groh, Klaus: Aktuelle Kunst in Osteuropa. Köln 1972
Lang, Lothar: Malerei und Graphik in der DDR. 2. Aufl., Luzern–Frankfurt 1980
Thomas, Karin: Die Malerei in der DDR 1949–1979. Köln 1980
Weichardt, Jürgen: Kunst in sozialistischen Staaten. Oldenburg 1980

Impressionismus

Blunden, M. und *G.:* Der Impressionismus in Wort und Bild. Stuttgart 1983
Courthion, Pierre: Malerei des Impressionismus. Köln 1976
Novotny, Fritz: Die großen französischen Impressionisten. Wien 1953
Rewald, John: Die Geschichte des Impressionismus. Köln 1979

Fauvismus und Expressionismus

Brühl, Georg: Herwarth Walden und „Der Sturm". Leipzig–Köln 1983
Buchheim, L.-G.: Die Künstlergemeinschaft Brücke. 2. Aufl., Feldafing 1967
ders.: Der Blaue Reiter und die Neue Künstlervereinigung München. Feldafin 1959
Crespelle, Jean-Paul: Fauves und Expressionisten. München 1963
Die Rheinischen Expressionisten. Hrsg.: Städtisches Kunstmuseum Bonn. Recklinghausen 1980
Dube, Wolf-Dieter: Der Expressionismus in Wort und Bild. Stuttgart 1983
Giry, Marcel: Der Fauvismus. Würzburg 1981
Hamann, Richard, und *Hermand, Jost:* Epochen deutscher Kultur von 1870 bis zur Gegenwart, Bd. 5: Expressionismus. München 1976
Kandinsky, Wassily, und *Marc, Franz* (Hrsg.): Der Blaue Reiter (München 1912). Dokumentarische Neuausgabe von Franz Lankheit. 3. Aufl., München 1979
Leymarie, Jean: Fauvismus. Genf 1959
Myers, Bernhard S.: Malerei des Expressionismus. Köln 1959
Reidemeister, Leopold: Künstlergruppe Brücke. Berlin 1976
Roters, Eberhard: Europäische Expressionisten. Gütersloh 1971
Schmied, Wieland: Zeichen des Glaubens – Geist der Avantgarde. Religiöse Tendenzen in der Kunst des 20. Jahrhunderts. Stuttgart 1980
Schneider, Pierre: Matisse. München 1984 (umfangr. Bibliographie)
Walden, Herwarth: Expressionismus – Die Kunstwende (Berlin 1918). Reprint: Nendeln 1974
Skulptur des Expressionismus. Ausstellungskatalog. Köln 1983

Futurismus

Apollonio, Umbro: Der Futurismus. Manifeste und Dokumente einer künstlerischen Revolution 1909–1918. Köln 1972
Baumgarth, Christa: Geschichte des Futurismus. Reinbek 1966
Kozloff, Max: Cubism – Futurism. New York 1973
Lista, Givovanni: Futurisme. Manifestes, proclamations, documents. Lausanne 1973
Wir setzen den Betrachter mitten ins Bild. Futurismus 1909–1917. Ausstellungskatalog. Düsseldorf 1974

Kubismus

Daix, Pierre: Der Kubismus in Wort und Bild. Stuttgart 1982
Fry, Edward: Der Kubismus. Köln 1966
Habasque, Guy: Kubismus. Genf 1959
Kahnweiler, Daniel Henry: Der Weg zum Kubismus (München 1920). Erweiterte Ausgabe: Stuttgart 1957
Rosenblum, Robert: Der Kubismus und die Kunst des 20. Jahrhunderts. Stuttgart 1960

Orphismus

Düchting, Haja (Hrsg.): Robert Delaunay. Schriften 1912–1940. München 1983
Schuster, Peter-Klaus (Hrsg.): Delaunay und Deutschland. Köln 1985

Rayonismus

George, Waldemar: Larionow. Luzern–Frankfurt 1968

Dada und Surrealismus

Cabanne, Pierre: Gespräche mit Marcel Duchamp. Köln 1972
Jean, Marcel: Geschichte des Surrealismus. Köln 1959
Motherwell, Robert (Hrsg.): The Dada Painters and Poets: An Anthology. New York 1951
Nadeau, Maurice: Geschichte des Surrealismus. Reinbek 1965
Picon, Gaëton: Der Surrealismus in Wort und Bild. Stuttgart 1976
Richter, Hans: Dada – Kunst und Antikunst. Köln 1964
Rubin, William: Dada und Surrealismus. Stuttgart 1972
Schmied, Wieland: 200 Jahre Phantastische Malerei. Berlin 1973
Schneede, Uwe M.: Malerei des Surrealismus. Köln 1973
Verkauf, Willi (Hrsg.): Dada. Monographie einer Bewegung. 2. Aufl., Teufen 1961
Waldberg, Patrick: Der Surrealismus. Köln 1965
Wescher, Herta: Die Collage. Köln 1968
Dada and Surrealism Reviewed. Ausstellungskatalog. London 1978

Suprematismus und Konstruktivismus

Gaßner, Hubertus, und *Gillen, Eckhart:* Zwischen Revolution und Sozialistischem Realismus. Dokumente und Kommentare. Köln 1979
Malewitsch, Kasimir: Suprematismus – Die gegenstandslose Welt. Hrsg.: Werner Haftmann. Köln 1962
Rathke, Ewald: Konstruktive Malerei, 1915–1930. Hanau 1967
Rickey, George: Constructivism, Origins and Evolution. 2. Aufl., London 1968
Rotzler, Willy: Konstruktive Konzepte. Zürich 1977
Shadowa, Larissa: Suche und Experiment. Dresden 1978
Der Konstruktivismus. Ausstellungskatalog. Staatsgalerie, Stuttgart 1974

De Stijl

Jaffe, H. L. C.: Mondrian und De Stijl. Köln 1967

Abstrakte Kunst

Baumeister, Willi: Das Unbekannte in der Kunst. Köln 1960
Blok, Cor: Geschichte der abstrakten Kunst. 1900–1960. Köln 1975
Brion, Marcel: Geschichte der abstrakten Kunst. Köln 1965

Lützeler, Heinrich: Abstrakte Malerei, Bedeutung und Grenze. Gütersloh 1967
Seuphor, Michel: Ein halbes Jahrhundert Abstrakte Malerei von Kandinsky bis zur Gegenwart. München–Zürich 1962

Bauhaus

Whitford, Frank: Bauhaus. London 1984
Wingler, Hans M.: Das Bauhaus. 3. Aufl., Köln 1975
Roters, Eberhard: Maler am Bauhaus. Berlin 1965

Neue Sachlichkeit und Magischer Realismus

Koella, Rudolf (Hrsg.): Neue Sachlichkeit und Surrealismus in der Schweiz. Winterthur–Bern o. J.
Kolb/Roters/Schmied: Kritische Grafik der Weimarer Zeit. Stuttgart 1985
Schmalenbach, Fritz: Die Malerei der Neuen Sachlichkeit. Berlin 1973
Schmied, Wieland: Neue Sachlichkeit und Magischer Realismus in Deutschland 1918–1933. 2. Aufl., Hannover 1976

Realismus zwischen den Kriegen

Kliemann, Helga: Die Novembergruppe. Berlin 1969
Krempel, Ulrich (Hrsg.): Am Anfang. Das Junge Rheinland. Katalog. Düsseldorf 1985
Schneede, Uwe M. (Hrsg.): Die zwanziger Jahre, Manifeste und Dokumente deutscher Künstler. Köln 1979
Steingräber, Erich (Hrsg.): Deutsche Kunst der 20er und 30er Jahre. München 1981
Realismus. Zwischen Revolution und Reaktion. Ausstellung: Paris–Berlin 1980–1981. Katalog. München 1981
Zwischen Widerstand und Anpassung. Kunst in Deutschland 1933–1945. Ausstellungskatalog. Berlin 1978

American Scene

Amerika, Traum und Depression 1920–1940. Ausstellungskatalog. Berlin 1980
Edward Hopper 1882–1967. Ausstellungskatalog. Düsseldorf 1981

Konstruktiver Realismus

Bohnen, Uli: Das Gesetz der Welt ist die Änderung der Welt. Die rheinische Gruppe progressiver Künstler. Berlin 1976
Vom Dadamax zum Grüngürtel. Köln in den 20er Jahren. Ausstellungskatalog. Köln 1975

„Entartete Kunst"

Hinz, B.: Die Malerei im deutschen Faschismus. München 1974
Roh, Franz: „Entartete" Kunst. Hannover 1962

Sozialer Realismus

Hiepe, Richard: Die Kunst der neuen Klasse. Gütersloh 1973

Tachismus – Informel

Bayl, Friedrich: Bilder unserer Tage. Köln 1960
Grohmann, Will (Hrsg.): Neue Kunst nach 1945. Köln 1958
Manfred de la Motte (Hrsg.): Dokumente zum deutschen Informel. Ausstellungskatalog. Bonn 1976
Thema Informel. Ausstellungskatalog. Leverkusen–Berlin 1973
Informel. Die Malerei der Informellen heute. Ausstellungskatalog. Saarbrücken 1983

Abstrakter Expressionismus – Action Painting

Everitt, A.: Abstrakter Expressionismus. München 1977
Geldzahler, Henry (Hrsg.): New York Painting and Sculpture, 1940–1970. New York 1969
Lambert, Jean-Clarence: Cobra – eine freie Kunst. Königstein 1985
Sandler, Irving: Abstrakter Expressionismus. Der Triumph der amerikanischen Malerei. Herrsching 1974
Tuchman, Maurice: The New York School: Abstract Expressionism in the 40's and 50's. London 1969

Zero

Honisch, Dieter: Günter Uecker. Stuttgart 1983
Mack – Piene – Uecker. Ausstellungskatalog. Hannover 1965
Zero 1, 2 und 3 (1958–1961). Neuausgabe: Köln 1973

Monochrome Malerei

Wember, Paul: Yves Klein. Köln 1969
Monochrome Malerei. Ausstellungskatalog. Leverkusen 1960

Op Art

Barrett, C.: Op Art. Köln 1974
Op Art. Ausstellungskatalog. Wuppertal 1969

Farbfeldmalerei

Lippard, Lucy R.: Ad Reinhardt. Stuttgart 1985
Rosenberg, Harold: Barnett Newman. Berlin 1983
Rothko, Mark: Ausstellungskatalog. Berlin–Düsseldorf–Zürich 1971
Shapiro, David: Jim Dine. Stuttgart 1984
Formen der Farbe. Ausstellungskatalog. Bern–Stuttgart 1966/67

Pop Art

Becker, Jürgen, und *Vostell, Wolf* (Hrsg.): Fluxus, Happening, Pop Art, Nouveau Réalisme. Reinbek 1965
Lippard, Lucy R.: Pop Art. München 1968
Ohff, Heinz: Pop und die Folgen!!! Düsseldorf 1968
Pierre, J.: DuMont's kleines Lexikon der Pop Art. Köln 1978
Wilson, Simon: Pop Art. München 1974
Pop Art in England. Ausstellungskatalog. Hamburg 1976

Kinetik

Popper, Frank: Die kinetische Kunst. Köln 1975
Kunst-Licht-Kunst. Ausstellungskatalog. Eindhoven 1966
Neue Tendenzen. Licht und Bewegung. Ausstellungskatalog. Leverkusen 1964

Minimal Art

Battcock, Gregory: Minimal Art. New York 1968
Minimal Art. Ausstellungskatalog. Düsseldorf–Berlin 1969

Spurensicherung

Metken, Günter: Spurensicherung, Kunst als Anthropologie und Selbsterforschung. Köln 1977

Concept Art

Hoffmann, Klaus: Kunst im Kopf, Aspekte der Realkunst. Köln 1972
Honnef, Klaus: Concept Art. Köln 1971
Maenz, Paul (Hrsg.): Art & Language. Texte zum Phänomen Kunst und Sprache. Köln 1972

Arte Povera

Celant, Germano: Arte Povera. Neuaufl.: Mailand 1985 (deutsch: Tübingen 1969)

Analytische Malerei

Honnef, Klaus, und *Millet, C.:* Analytische Malerei. Genua 1975

Objektkunst – Environment

Rotzler, Willy: Objektkunst. Von Duchamp bis Kienholz. Köln 1981
Metamorphose des Dings. Ausstellungskatalog. Berlin 1971

Neo-Realismus

Kultermann, Udo: Radikaler Realismus. Tübingen 1972
Roh, Juliane: Deutsche Kunst seit 1960. München 1971
Sager, Peter: Neue Formen des Realismus. Köln 1973
Kunst nach Wirklichkeit. Ein neuer Realismus in Europa und Amerika. Ausstellungskatalog. Hannover 1973
Realismus und Realität. Ausstellungskatalog. Darmstadt 1975
Zwischen Krieg und Frieden. Gegenständliche und realistische Tendenzen in der Kunst nach 45. Hrsg. vom Frankfurter Kunstverein. Berlin 1980

Transavantgarde

Buchloh, Benjamin: Postmoderne – Neo-Avantgarde. Köln 1985
Haenlein, Carl (Hrsg.): Sandro Chia, Francesco Clemente, Enzi Cucchi. Kataloge der Kestner-Gesellschaft, Hannover 1983–85
Oliva, Achille Bonito: Im Labyrinth der Kunst. Berlin 1982

Heftige Malerei (Die Neuen Wilden)

Faust, Wolfgang Max, und *de Vries, Gerd:* Hunger nach Bildern. Köln 1982
Klotz, Heinrich: Die Neuen Wilden in Berlin. Stuttgart 1984
Kynaston McShine: An International Survey of Recent Painting and Sculpture. New York 1984
Junge Künstler aus Österreich. Ausstellungskatalog. Luzern 1982
Ursprung und Vision. Neue deutsche Malerei. Ausstellungskatalog. Berlin 1984
Zeitgeist. Ausstellungskatalog. Berlin 1982

New Image Painting

Honnef, Klaus: Back to the USA. Ausstellungskatalog. Bonn 1983

Museum Ludwig

Handbuch Museum Ludwig, Kunst des 20. Jahrhunderts. Hsg. von Karl Ruhrberg; Redaktion Bd. 1: *Evelyn Weiss,* Bd. 2: *Gerhard Kolberg;* Katalogtexte von: *Adam C. Oellers, Alfred M. Fischer, Ursula Peters, Dieter Ronte, Christoph Brockhaus, Reinhold Mißelbeck.* Bd. 1+2, Köln 1983

Abbildungsverzeichnis

A. Kunst des 20. Jahrhunderts/Von Sammlern und Sammlungen

Abbildungsverzeichnis

B. Künstler und Kunstströmungen unseres Jahrhunderts

Jankel Adler, *Katzen,* 1927
Öl auf Leinwand, 100,7 x 120,5 cm
Stiftung Haubrich, 1946

Josef Albers, *Homage to the Square: Green Scent (Huldigung an das Quadrat: Grüner Duft),* 1963
Öl auf Hartfaserplatte, 120 x 120 cm
Stiftung Ludwig, 1976

Pierre Alechinsky, *Coupe Sombre (Dunkles Gefäß),* 1968
Acryl auf Pergament auf Leinwand, 100 x 244 cm
Jubiläumsspende 150 Jahre WRM, 1974

Carl André, *Lock Series (Verschluß-Serie),* 1976
36 Stahlplatten, je 100 x 100 cm
Stiftung Ludwig, 1976

John de Andrea, *Untitled (Ohne Titel),* 1977
Glasfiber, PVC, Gips, Stoff, Farbe, Männl. Figur, H. 185 cm (stehend), weibl. Figur, H. 115 cm (sitzend)
Stadt Köln, 1978

Karel Appel, *Personnage (Figur),* 1958
Öl auf Leinwand, 116 x 89 cm
Sammlung Haubrich, 1959

Shusaku Arakawa, *Untitled (Ohne Titel),* 1964/65
Mischtechnik auf Leinwand, 2 Teile, je 245 x 160 cm
Stiftung Ludwig, 1976

Alexander Archipenko, *Flacher Torso,* 1914
Bronze, H. 38,2 cm
Stadt Köln, 1964

Arman (Armand Fernandez), *Accumulation de brocs (Akkumulation von Kannen),* 1961
Emaillekannen, Plexiglas, 83 x 140 x 40 cm
Stiftung Ludwig, 1976

Arman (Armand Fernandez), *Torse aux Gants (Torso mit Handschuhen),* 1967
Kunststoffhände in Polyester, 170 x 55 cm
Stiftung Ludwig, 1976

Hans Arp, *Kobra-Kentaur,* 1952
Gips, 78 x 43 x 30 cm
Schenkung Frau M. Arp-Hagenbach

Hans Arp, *Relief Nadir,* 1959
Pavatex auf Holz, 152,5 x 130,5 cm
Schenkung Frau M. Arp-Hagenbach, 1971

Hans Arp, *Construction Architectonique (Architektonische Konstruktion),* 1965
Gips, 84 x 60 x 25 cm
Schenkung Frau M. Arp-Hagenbach, 1972

Francis Bacon, *Painting 1946 (Gemälde 1946,* zweite Fassung), 1971
Öl auf Leinwand, 198 x 147 cm
Stiftung Ludwig, 1976

Giacomo Balla, *Velocità d'automobile (Geschwindigkeit eines Automobils),* 1913/14
Öl auf Leinwand, 49,5 x 67 cm
Leihgabe Privatbesitz, 1981

Charly Banana, *Der Hirsch im Kreuzverhör,* 1983
Dispersionsfarbe auf Nessel und Materialcollage
190 x 170 cm

Ernst Barlach, *Der Rächer,* 1914
Bronze, H. 44 cm
Stadt Köln 1944

Ernst Barlach, *Singender Mann,* 1928
Bronze, H. 49 cm
Schenkung Farbenfabriken Bayer Leverkusen, 1950

Georg Baselitz, *Der Wald auf dem Kopf,* 1969
Öl auf Leinwand, 250 x 190 cm
Stiftung Ludwig, 1976

Georg Baselitz, *Die große Nacht im Eimer,* 1962/63
Öl auf Leinwand, 250 x 180 cm
Stiftung Ludwig 1976

Georg Baselitz, *Die Peitschenfrau,* 1965
Öl auf Leinwand, 162 x 130 cm
Stiftung Ludwig, 1976

Willi Baumeister, *Steinschliff,* 1947
Öl auf Leinwand, 46,5 x 65 cm
Sammlung Haubrich, 1948

Willi Baumeister, *Stehende Figur mit blauer Fläche,* 1933
Öl und Sand auf Leinwand, 82 x 65,5 cm
Sammlung Haubrich, 1949

Willi Baumeister, *Kessaua auf Gelb,* 1955
Öl auf Karton, 65 x 81 cm
Stiftung Peill, 1976

Willi Baumeister, *Monturi, Diskus I A,* 1953/54
Öl und Sand auf Hartfaserplatte, 185 x 135 cm
Stadt Köln, 1979

Jean Bazaine, *Le Plongeur (Der Taucher),* 1949
Öl auf Leinwand, 147 x 115 cm
Stadt und Land NW, 1963

Max Beckmann, *Landschaft mit Luftballon,* 1917
Öl auf Leinwand, 75,5 x 100,5 cm
Stadt Köln, 1954

Max Beckmann, *Bildnis Reber,* 1929
Öl auf Leinwand, 140,5 x 72 cm
Schenkung Farbenfabriken Bayer Leverkusen, 1955

Max Beckmann, *Selbstbildnis mit schwarzer Kappe,* 1934
Öl auf Leinwand, 100 x 70 cm
Stadt Köln, 1957 (Legat Georg und Lilly von Schnitzler, 1979)

Max Beckmann, *Der Leiermann,* 1935
Öl auf Leinwand, 175 x 120,5 cm
Stadt Köln, 1957 (Legat Georg und Lilly von Schnitzler, 1979)

Max Beckmann, *Zwei Frauen,* 1940
Öl auf Leinwand, 80 x 61 cm
Stadt Köln, 1949

Max Beckmann, *Tango (Rumba),* 1941
Öl auf Leinwand, 95,5 x 55,5 cm
Stadt Köln, 1957 (Legat Georg und Lilly von Schnitzler, 1979)

Max Beckmann, *Drei Frauen im Profil,* 1942
Öl auf Leinwand, 85 x 55 cm
Stiftung Haubrich, 1946

Max Beckmann, *Stilleben mit drei Gläsern,* 1944
Öl auf Leinwand, 95 x 56 cm
Sammlung Peill, 1976

Rudolf Belling, *Alfred Flechtheim,* 1927
Bronze, H. 19 cm
Sammlung Haubrich, 1958

Joseph Beuys, *Zerstörte Batterie S → Schwefel,* 1969
verschiedene Materialien, 28 x 112 x 44 cm
Stiftung Ludwig, 1976

Joseph Beuys, *Halbiertes Filzkreuz mit Staubbild Martha,* 1960
Gouache und verschiedene Materialien, 108 x 68 cm
Stiftung Ludwig, 1976

Joseph Beuys, *Doppelaggregat,* 1958 (1969)
Bronze, 108 x 214 x 78,5 cm
Stiftung Ludwig, 1976

Joseph Beuys, *Königstochter sieht Island,* 1960
Gouache und verschiedene Materialien, 114 x 99 cm
Stiftung Ludwig, 1976

Boris Birger, *Ehepaar,* 1981
Öl auf Leinwand, 120,5 x 110 cm
Leihgabe Privatbesitz, 1982

Peter Blake, *Bo-Diddley,* 1963
Acryl, Scotch tape auf Hartfaser, 122,4 x 78,3 cm
Stiftung Ludwig, 1976

Georges Braque, *Pichet, Citrons, Compotier (Karaffe, Zitronen, Fruchtschale),* 1928
Öl auf Leinwand, 40,5 x 120,5 cm
Stadt Köln, 1958

Georges Braque, *Verre, violon et papier á musique (Glas, Violine und Notenblatt),* 1913
Öl und Kohlezeichnung auf Leinwand, 64,5 x 91,5 cm
Stiftung Kuratorium und Förderges. Landesregierung NW, 1962

Peter Brüning, *Bild Nr. 108,* 1962
Öl auf Leinwand, 120 x 145 cm
Stadt Köln, 1962

Carl Buchheister, *Dreieckskomposition,* 1928
Öl auf Sperrholz, 152 x 152 x 135 cm
Schenkung Frau E. Buchheister, Hannover, 1968

Michael Buthe, *Maske,* Nigeria–Marrakesch–Madrid, 1973
Papiercollage, Deckfarben, Goldbronze, 137 x 80 cm
Stadt Köln, 1978

James Lee Byars, *The Golden Speaking Hole (Das goldene Mundstück),* 1982
Glas und Gold, D. 280 cm
Stadt Köln, 1982

Alexander Calder, *Thirteen Spines (Dreizehn Stacheln),* 1940
Stahl, 220 x 220 cm
Stadt Köln, 1969

Alexander Calder, *The Boot (Der Stiefel),* 1959
Eisenblech, H. 195 cm
Stadt Köln, 1962

Heinrich Campendonk, *Frau mit Fischen,* 1929
Hinterglasmalerei, 67 x 48 cm
Stiftung Haubrich, 1952

Anthony Caro, *Prospect II (Ansicht II),* 1964
Stahl bemalt, 260 x 215 cm
Stiftung Ludwig, 1976

Carlo Carrà, *La donna e l'assenzio* oder *Donna al caffè (Die Frau und der Absinth* oder *Frau im Café),* 1911
Öl auf Leinwand, 67,5 x 52,5 cm
Leihgabe Privatbesitz, 1980

César (César Baldaccini), *Compression,* 1981
gepreßte Autokarosserie, 152 x 56 x 53 cm
Leihgabe Ford-Werke, Köln, 1982

Marc Chagall, *Moses zerbricht die Gesetzestafeln,* 1955/56
Öl auf Papier auf Leinwand, 228 x 154 cm
Leihgabe Wallraf-Richartz-Kuratorium, 1960

Marc Chagall, *Sabbath,* 1910
Öl auf Leinwand, 90,5 x 94,5 cm
Stiftung Haubrich, 1946

Marc Chagall, *Gelbes Haus,* 1924
Öl auf Leinwand, 54,7 x 37,8 cm
Stiftung Haubrich, 1946

John Chamberlain, *White Shadow (Weißer Schatten),* 1964
Autoschrott geschweißt, H. 172 cm
Sammlung Ludwig, 1969

Giorgio de Chirico, *Meubles dans une valleé (Möbel in einem Tal),* 1927
Öl auf Leinwand, 100 x 135 cm
Leihgabe Privatbesitz, 1983

Giorgio de Chirico, *Intérieur metaphysique (Metaphysisches Interieur),* 1926
Öl auf Leinwand, 100 x 73 cm
Leihgabe Privatbesitz, 1983

Giorgio de Chirico, *La Comédie romaine (Die römische Komödie),* 1926
Öl auf Leinwand, 147 x 117 cm
Leihgabe Privatbesitz, 1982

Christo, *Verpacktes Objekt,* 1963
Leinwand, Bindfaden, 81 x 45 cm
Galerie R. Ricke, Köln, 1969

Christo, *Mein Kölner Dom Wrapped – Project for Cologne (Mein Kölner Dom verpackt – Projekt für Köln),* 1980
Emaillefarbe, Pastell, Zeichenkohle, Fotografie, Fotokopie und technische Daten, Collage in zwei Teilen:
71 x 28 cm und 71 x 56 cm
Leihgabe Privatbesitz, 1980

Alex Colville, *Truck Stop (Tankstelle),* 1966
Acryl auf Hartfaser, 91,6 x 91,6 cm
Stiftung Ludwig, 1976

Corneille (Cornelis van Beverloo), *La cité blanche (Die weiße Stadt),* 1955
Öl auf Leinwand, 79 x 146 cm
Sammlung Haubrich, 1959

Joseph Cornell, *Hôtel de l'Océan (Hotel Ozean),* 1959/60
verschiedene Materialien, 21,5 x 36 x 10,2 cm
Stadt Köln, 1970

Salvador Dalí, *Der Bahnhof von Perpignan,* 1965
Öl auf Leinwand, 295 x 406 cm
Sammlung Ludwig, 1978

Robert Delaunay, *Rhythme sans fin (Endloser Rhythmus),* 1934
Öl auf Leinwand, 208 x 51,9 cm
Stadt Köln, 1973

Paul Delvaux, *Les Dryades (Die Dryaden),* 1966
Öl auf Leinwand, 149,5 x 237,5 cm
Sammlung Ludwig, 1977

André Derain, *Vue de St. Paul-de-Vence (Blick auf St. Paul-de-Vence),* 1910
Öl auf Leinwand, 60,5 x 80,5 cm
Stadt Köln, 1947

Jan Dibbets, *Film Painting: Black Vase Horizontal (Film-Malerei: Schwarze Vase horizontal),* 1972
80 Fotos auf Aluminiumplatten aufgezogen, je 24 x 19 cm, zusammen 190,0 x 192,0 cm
Stiftung Ludwig, 1976

Braco Dimitrijević, *Triptychon Post Historicus,* 1984
Foto nach einer Installation anläßlich der Ausstellung im Museum Ludwig 1984 mit Giorgio de Chiricos *Möbel in einem Tal* (1927)
Leihgabe Privatbesitz

Jim Dine, *Six Big Saws (Sechs große Sägen),* 1962
Öl, Säge, Nägel auf Leinwand, 4 Teile, 122,5 x 368 cm
Stiftung Ludwig, 1976

Jim Dine, *Roman Color Chart (Römische Farbkarte),* 1968
Leinwand, Schrauben, Bänder, zwei Teile, 213 x 416 cm
Stiftung Ludwig, 1976

Otto Dix, *Bildnis Dr. Hans Koch,* 1921
Öl auf Leinwand, 100,5 x 90 cm
Stiftung Haubrich, 1946

Otto Dix, *Selbstbildnis,* 1931
Öl und Tempera auf Holz, 100 x 80 cm
Stiftung Haubrich, 1946

Otto Dix, *Bildnis des Dichters Theodor Däubler,* 1927
Tempera auf Sperrholz, 150 x 100 cm
Stiftung Haubrich, 1946

Kees van Dongen, *Bildnis Ana,* um 1905/06
Öl auf Leinwand, 55 x 46,4 cm
Stadt Köln, 1911

Jean Dubuffet, *La Route aux hommes (Straße mit Männern),* 1944
Öl auf Leinwand, 129 x 96 cm
Stiftung Ludwig, 1976

Jean Dubuffet, *Le Chien sur la table (Der Hund auf dem Tisch),* 1953
Öl auf Leinwand, 89,7 x 116,5 cm
Stadt Köln, 1966

Jean Dubuffet, *Paysage portatif (Tragbare Landschaft),* 1968
Polyurethan, 100 x 140 x 100 cm
Stiftung Ludwig, 1976

Marcel Duchamp, *La Boîte en valise (Das tragbare Museum),* 1964
Holz, Papier, Glas, Kunststoff, Photos, 83 Einzelstücke in einem roten Lederkasten, 41 x 37,8 x 10,5 cm
Stadt Köln, 1971

Raymond Duchamp-Villon, *Die Sitzende,* 1914
Bronze, vergoldet, H. 73 cm
Sammlung Ludwig, 1976

Wassily Ermilow, *Memorial-Tafel „21. Januar 1924",* 1924
Metall und Emaille, 79 x 79,5 cm
Sammlung Ludwig, 1979

Max Ernst, *Laon,* 1916
Öl auf Leinwand, 65,6 x 100,5 cm
Stiftung Haubrich, 1946

Max Ernst, *Au Rendez-vous des amis (Das Rendezvous der Freunde),* 1922
Öl auf Leinwand, 129,5 x 193 cm
Stadt Köln, 1971

Max Ernst, *Die Jungfrau Maria verhaut den Menschensohn,* 1926
Öl auf Leinwand, 100 x 81 cm

Max Ernst, *Lerche im Wald,* 1926/27
Deckfarben auf Karton, 37 x 25 cm
Sammlung Haubrich, 1948

Max Ernst, *Fleurs-Coquillages (Muschelblumen),* 1929
Öl auf Leinwand, 100 x 80 cm
Stadt und Land NW, 1963

Max Ernst, *Birth of Comedy (Geburt der Komödie),* 1947
Öl auf Leinwand, 53 x 40 cm
Stiftung Peill, 1976

Max Ernst, *Printemps à Paris (Frühling in Paris),* 1950
Öl auf Leinwand, 115 x 89 cm
Leihgabe des Landes NW, 1966

Richard Estes, *Foodshop (Imbißstube),* 1967
Öl auf Leinwand, 166 x 123,5 cm
Stiftung Ludwig, 1976

Öyvind Fahlström, *Roulette, Variable Painting (Roulette, variables Bild),* 1966
Öl auf Foto, Papier, Vinyl, Pappe und Magnete, 152,5 x 166 cm
Stiftung Ludwig, 1976

Joseph Faßbender, *Ohne Titel,* 1970
Öl auf Leinwand, 150 x 104,5 cm
Jubiläumsspende 150 Jahre WRM, 1974

Lyonel Feininger, *Brücke III,* 1917
Öl auf Leinwand, 80,5 x 100 cm
Sammlung Haubrich, 1951

Lyonel Feininger, *Türme über der Stadt (Halle),* 1931
Öl auf Leinwand, 88,3 x 124 cm
Sammlung Haubrich, 1952

Dan Flavin, *Monument 7 for V. Tatlin (Monument 7 für V. Tatlin)*, 1964/65
Leuchtstoffröhren, 300 x 100 cm
Stiftung Ludwig, 1969

Lucio Fontana, *Concetto Spaziale: Attese (Raumkonzept: Erwartungen)*, 1960
Aquarell auf Leinwand, 80 x 100 cm
Schenkung des Kölnischen Kunstvereins, 1963

Lucio Fontana, *Concetto Spaziale: Sposalizio a Venezia (Raumkonzept: Hochzeit in Venedig)*, 1961
Öl auf Leinwand, 152 x 154 cm
Stiftung Ludwig, 1976

Otto Freundlich, *Ascension (Aufstieg)*, 1929
Bronze, 200 x 104 x 104 cm
Stadt Köln, 1978

Otto Freundlich, *Grün – Rot*, 1939
Öl auf Leinwand, 65 x 54,4 cm
Stadt Köln und Land NW, 1963

Naum, Gabo, *Construction in Space – Crystal (Konstruktion im Raum – Kristall)*, 1937
Plexiglas, 57,2 x 57,2 x 46 cm
Stadt Köln, 1969

Franz Gertsch, *Marina schminkt Luciano*, 1975
Acryl auf ungrundierter Baumwolle, 234 x 346,5 cm
Sammlung Ludwig, 1976

Alberto Giacometti, *Le Nez (Die Nase)*, 1947
Bronze, 38 x 7,5 x 66 cm
Sammlung Ludwig, 1979

Alberto Giacometti, *Place (Platz)*, 1950
Bronze, bemalt, 56,2 x 56 x 42,5 cm
Sammlung Ludwig, 1979

Werner Gilles, *Verkündigung*, 1948
Öl auf Leinwand, 45 x 65 cm
Sammlung Haubrich, 1948

Domencio Gnoli, *Scarpa di Profilo (Schuh in Profilansicht)*, 1966
Öl auf Leinwand, 110 x 139,5 cm
Stiftung Ludwig, 1976

Karl Otto Götz, *Bild vom 14. 9. 1954*, 1954
Mischtechnik auf Leinwand, 90 x 120 cm
Sammlung Ludwig, Köln

Bruno Goller, *Verschiedene Bilder*, 1955
Öl auf Leinwand, 170 x 140 cm
Stiftung Ludwig, 1976

Natalia Gontscharowa, *Porträt von Larionow*, 1913
Öl auf Leinwand, 105 x 78 cm
Sammlung Ludwig, 1980

Camille Graeser, *Gelb-Blau-Volumen 1:1, 1/18, bewegt*, 1974
Acryl auf Leinwand, 120 x 120 cm
Stadt Köln, 1976

Robert Graham, *Untitled (Ohne Titel)*, 1965
bemalter Ton, Plexiglas, 43 x 25 x 36 cm
Stiftung Ludwig, 1976

Gotthard Graubner, *Farbraumkörper – Diptychon*, 1977
Öl auf Leinwand auf Synthetikwatte, je 248 x 248 x 15 cm
Stadt Köln, 1978

Nancy Stevenson Graves, *Shaman (Schamane)*, 1970
Stahl, Latex, Gaze, Ölfarbe, Marmorstaub, Acryl, 426 x 426 x 365 cm
Stiftung Ludwig, 1976

Nancy Stevenson Graves, *Ceridwen, Out of Fossils (Ceridwen, aus Fossilien)*, 1969
Bronze, ca. 5 x 5 m
Sammlung Ludwig, 1978

Juan Gris, *Syphon, verre et journal (Syphon, Glas und Zeitung)*, 1916
Öl auf Leinwand, 155 x 46,5 cm
Stiftung WRM-Kuratorium und Fördergesellschaft, 1964

George Grosz, *Dr. Eduard Plietzsch*, 1928
Öl auf Leinwand, 110 x 79,5 cm
Sammlung Haubrich, 1949

Renato Guttuso, *Caffè Greco*, 1976
Öl auf Leinwand, 282 x 333 cm
Sammlung Ludwig, 1977

Günter Haese, *Oase*, 1964
Messingdraht, 29,5 x 27 x 30 cm
Stiftung Ludwig, 1976

Raymond Hains, *Affiche déchirée (Zerfetztes Plakat)*, 1961
farbiges Papier auf Zink, 200 x 100 cm
Stadt Köln, 1971

Richard Hamilton, *Towards a Definitive Statement on the Coming Trends in Men's Wear and Accessories (Zu einer endgültigen Feststellung über neue Trends in Herrenbekleidung und Zubehör)*, 1963
Öl, Collage, Plastikfolie auf Holz, 122,3 x 81,2 cm
Stiftung Ludwig, 1976

Richard Hamilton, *My Marilyn (Paste Up), (Meine Marilyn, Pin-up-Collage)*, 1964
Fotos, Öl, Papier, 50,4 x 51 cm
Stiftung Ludwig, 1976

Richard Hamilton, *Swingeing London 67 II (Gewalttätiges London 67 II)*, 1968
Siebdruck, Öl auf Leinwand, 67 x 85 cm
Stiftung Ludwig, 1976

Duane Hanson, *Woman with a Purse (Frau mit Umhängetasche)*, 1974
Polyester, Harz, Talk, mit Fiberglas verstärkt, Ölfarbe, Bekleidungsstücke, Perücke, H. 163 cm (Lebensgröße)
Stiftung Ludwig, 1976

Hans Hartung, *T 55-3*, 1955
Öl auf Leinwand, 100 x 72 cm
Sammlung Peill, 1976

Hans Hartung, *T 56–21*, 1956
Öl auf Leinwand, 180 x 114 cm
Stadt Köln und Land NW, 1963

Erich Heckel, *Fasanenschlößchen bei Moritzburg*, 1910
Öl auf Leinwand, 97 x 120,5 cm
Stadt Köln, 1949

Erich Heckel, *Kanal in Berlin*, 1912
Öl auf Leinwand, 83 x 100 cm
Stiftung Haubrich, 1946

Erwin Heerich, *Kartonobjekt*, 1969
Karton, 60 x 60 x 60 cm
Stiftung Ludwig, 1976

Bernhard Heiliger, *Karl Hofer,* 1951
Bronze, H. 46 cm
Stadt Köln, 1956

Bernhard Heisig, *Letztes Bildnis meiner Mutter,* 1978
Öl auf Preßpappe, 118,5 x 83 cm
Leihgabe Privatbesitz, 1982

Werner Heldt, *Stilleben auf dem Balkon,* 1951
Öl auf Leinwand, 57 x 71 cm
Sammlung Haubrich, 1959

Eva Hesse, *Accession II (Zuwachs III),* 1968
Fiberglas, 80 x 80 x 80 cm
Stiftung Ludwig, 1976

David Hockney, *Sunbather (Sonnenbadender),* 1966
Acryl auf Leinwand, 183 x 183 cm
Stiftung Ludwig, 1976

Gerhard Hoehme, *Beschwörung,* 1960
Mischtechnik auf Leinwand, 128 x 200 cm
Stiftung Kölnischer Kunstverein, 1961

Heinrich Hoerle, *Masken,* 1929
Öl auf Leinwand, 68,5 x 95,5 cm
Stiftung Haubrich, 1946

Heinrich Hoerle, *Zwei Frauenakte,* 1930/31
Öl auf Sperrholz, 108 x 73 cm
Stiftung Haubrich, 1946

Carl Hofer, *Maskerade,* 1922
Öl auf Leinwand, 129 x 103 cm
Stiftung Haubrich, 1946

Hans Hofmann, *Composition No. I,* 1952
Öl auf Sperrholz, 76,2 x 60,9 cm
Sammlung Ludwig, 1980

Rebecca Horn, *Die Pfauenmaschine,* 1981
Metall, Pfauenfedern, Elektromotor, Installation mit drei Glassäulen à 4 m Höhe mit Text, 2 Glaskästen mit caput mortum und mit Asche gefüllt
Stadt Köln, 1982

Jörg Immendorff, *Café Deutschland I,* 1978
Acryl auf Leinwand, 278 x 326 cm
Sammlung Ludwig

Robert Indiana, *Zig,* 1960
Holz, Draht, Eisen, Ölfarbe, 165 x 45 x 41 cm
Stiftung Ludwig, 1976

Robert Indiana, *The American Gas Works (Die amerikanischen Gaswerke),* 1961/62
Acryl auf Leinwand, 152,5 x 122 cm
Stiftung Ludwig, 1976

Alexej von Jawlensky, *Stilleben mit Vase und Krug,* 1909
Öl auf Pappe, 49,5 x 43,5 cm
Sammlung Haubrich, 1947

Alexej von Jawlensky, *Märchenprinzessin mit Fächer,* 1912
Öl auf Pappe, 65,5 x 54 cm
Stiftung Peill, 1976

Alexej von Jawlensky, *Variation,* um 1916
Öl auf Leinenkarton, 37,8 x 26,2 cm
Stiftung Haubrich, nach 1946

Jasper Johns, *Flag on Orange Field (Flagge auf orangefarbenem Feld),* 1957
Enkaustik auf Leinwand, 167 x 124 cm
Stiftung Ludwig, 1976

Jasper Johns, *Passage,* 1962
Enkaustik, Stück eines Zollstockes, Metallkette, Gabel, Papier, Collage auf Leinwand (3 Teile), 178 x 102 cm
Stiftung Ludwig, 1976

Jasper Johns, *Map (Weltkarte),* 1967–71
Enkaustik, Pastell und Collage auf Leinwand, 22 Teile, 500 x 1000 cm
Stiftung Ludwig, 1976

Jasper Johns, *Untitled (Ohne Titel),* 1972
Acryl und Wachsfarben auf Leinwand, Holzplatten, Wachsabgüsse und verschiedene Materialien, 4 Teile, 183 x 490 cm
Stiftung Ludwig, 1976

Allan Jones, *Perfect Match (Idealer Partner),* 1966/67
Öl auf Leinwand, 280 x 93 cm
Stiftung Ludwig, 1976

Asger Jorn, *The Blow (Das Blasen),* 1962
Öl auf Leinwand, 125 x 199 cm
Stadt Köln, 1980

Donald Judd, *Untitled (eight modular units, V-channel piece) (Ohne Titel: acht Moduleinheiten, V-Kanalstück),* 1966–68
rostfreier Stahl, 120 x 313 x 318 cm
Stiftung Ludwig, 1976

Wassily Kandinsky, *Moskau, Zubowski-Platz III,* um 1916
Öl auf Leinwand, 180 x 200 cm
Sammlung Ludwig

Wassily Kandinsky, *Weißer Strich,* 1920
Öl auf Rupfen, 98 x 80 cm
Stadt Köln, 1977

Wassily Kandinsky, *Scharfruhiges Rosa,* 1924
Öl auf Pappe, 63,6 x 48,2 cm
Sammlung Haubrich, 1952

Howard Kanovitz, *Journal,* 1972/73
Acryl auf Leinwand, 273 x 243 cm
Stiftung Ludwig, 1976

Ellsworth Kelly, *Three Panels: Blue Yellow Red (Drei Tafeln: Blau Gelb Rot),* 1966
Öl auf Leinwand, 210 x 153,5 cm
Stiftung Ludwig, 1976

Edward Kienholz, *Night of Nights (Nacht der Nächte),* 1961
Zink, Stahlwolle, Stuckkopf, 77 x 74 x 20 cm
Stiftung Ludwig, 1976

Edward Kienholz, *The Portable War-Memorial (Das tragbare Kriegerdenkmal),* 1968
Verschiedene Materialien, 285 x 960 x 240 cm
Stiftung Ludwig, 1976

Ernst Ludwig Kirchner, *Weiblicher Halbakt mit Hut,* 1911
Öl auf Leinwand, 76 x 70 cm
Stiftung Haubrich, 1946

Ernst Ludwig Kirchner, *Die Russin,* 1912
Öl auf Leinwand, 150,5 x 76 cm
Sammlung Haubrich, 1947

Ernst Ludwig Kirchner, *Fünf Frauen auf der Straße,* 1913
Öl auf Leinwand, 120 x 90 cm
Sammlung Haubrich, 1947

Ernst Ludwig Kirchner, *Die Eisenbahnüberführung,* 1914
Öl auf Leinwand, 79 x 100 cm
Schenkung W. Franz, Köln, 1960

Ernst Ludwig Kirchner, *Eine Künstlergemeinschaft,* 1925
Öl auf Leinwand, 168 x 126 cm
Sammlung Haubrich, 1953

Alain Kirili, *Commandment I (Gebot I),* 1979
geschmiedetes Eisen, 26 verschieden gestaltete Einzelstücke unterschiedlicher Größe zwischen 22,5 und 37 cm Höhe, 10 und 28 cm Breite bei 5,5 bis 18 cm Tiefe
Sammlung Ludwig, 1980

Ronald B. Kitaj, *Austro-Hungarian Foot Soldier (Österreichisch-Ungarischer Infanterist),* 1961
Öl, Collage, Leinwand, 152,5 x 91 cm
Stiftung Ludwig, 1976

Konrad Klapheck, *Der Supermann,* 1962
Öl auf Leinwand, 140 x 170 cm
Stiftung Ludwig, 1976

Konrad Klapheck, *Soldatenbräute,* 1967
Öl auf Leinwand, 120 x 170 cm
Stiftung Ludwig, 1976

Jürgen Klauke, *Formalisierung der Langeweile,* 1979/80
5teilige Fotoarbeit, je 110 x 180 cm
Stadt Köln, 1982

Paul Klee, *Kleiner Narr in Trance,* 1929
Öl auf Leinwand, 50,5 x 35,5 cm
Sammlung Strecker, 1958

Paul Klee, *Hauptweg und Nebenwege,* 1929
Öl auf Leinwand, Keilrahmen, 83 x 67 cm
Stadt Köln, 1974

Yves Klein, *Relief éponge bleu: RE 19 (Blaues Schwammrelief: RE 19),* 1958
Holz, Schwämme, Pigment, Kunstharz, 200 x 165 cm
Stiftung Ludwig, 1976

Yves Klein, *Anthropometrie: ANT 130,* 1960
Pigment und Kunstharz auf Papier und Leinwand, 194 x 127 cm
Stiftung Ludwig, 1976

Franz Kline, *Scranton,* 1960
Öl auf Leinwand, 177 x 124,5 cm
Sammlung Ludwig

Iwan Kljun, *Suprematistische Komposition,* um 1916
Öl auf Leinwand, 79 x 45,5 cm
Sammlung Ludwig

Imi Knöbel, *Ohne Titel,* 1967–75
Öl/Nessel auf Nessel, 8 Teile: 260 x 160 cm (4 x), 160 x 130, 160 x 140, 160 x 150, 160 x 160 cm
Sammlung Ludwig, 1975

Oskar Kokoschka, *Bildnis Tilla Durieux,* 1910
Öl auf Leinwand, 56 x 65 cm
Stiftung Haubrich, 1946

Oskar Kokoschka, *Die Heiden,* 1918
Öl auf Leinwand, 75,5 x 126 cm
Stiftung Haubrich, 1950

Oskar Kokoschka, *Dresden, Neustadt III,* 1921
Öl auf Leinwand, 70 x 99 cm
Stiftung Haubrich, 1946

Oskar Kokoschka, *Ansicht der Stadt Köln vom Messeturm aus,* 1956
Öl auf Leinwand, 85 x 130 cm
Schenkung Kulturkreis im BDI, 1956

Georg Kolbe, *Schwebende Tänzerin,* 1922
Bronze, H. 66 cm
Stadt Köln, 1948

Käthe Kollwitz, *Klage,* 1938
Getönter Gips, 28 x 25 cm
Stadt Köln, 1947

Willem de Kooning, *Untitled VII (Ohne Titel VII),* 1984
Öl auf Leinwand, 195 x 223,5 cm
Sammlung Ludwig

Joseph Kosuth, *Frame – One and Three (Rahmen – Eins und Drei),* 1965
Holzrahmen, 69 x 60 cm, 2 Resopalplatten, je 100 x 100 cm, Collage auf Karton 12,5 x 7,5 cm
Stiftung Ludwig, 1976

František Kupka, *Boîte à musique (Spieldose),* 1946
Öl auf Sperrholz, 51,4 x 50 cm
Stadt Köln, 1961

Michail Fedorowitsch Larionow, *Nature morte à l'écrevisse (Stilleben mit Krebs),* 1907
Öl auf Leinwand, 80 x 95 cm
Leihgabe Privatbesitz, 1982

Michail Fedorowitsch Larionow, *Saucisson et maquereaux rayonistes (Rayonistische Würstchen und Makrelen),* 1912
Öl auf Leinwand, 46 x 61 cm
Sammlung Ludwig, 1979

Henri Laurens, *La Guitare (Die Gitarre),* 1914
Eisenblech, bemalt, H. 44 cm
Sammlung Ludwig, 1979

Henri Laurens, *Guitare, verre et pipe (Gitarre, Glas und Pfeife),* 1918
Collage, 49 x 62 cm
Stadt Köln, 1967

Henri Laurens, *L'Adieu (Der Abschied),* 1940/41
Bronze, 70 x 85 x 82 cm
Stadt Köln, 1967

Fernand Léger, *Le Remorqueur rose (Der rosa Schleppdampfer),* 1918
Öl auf Leinwand, 65,5 x 92 cm
Stadt Köln, 1961

Fernand Léger, *Les Gémeaux (Die Zwillinge),* 1929/30
Öl auf Leinwand, 73 x 92 cm
Stadt Köln, 1970

Fernand Léger, *Le Partie de campagne (Die Landpartie),* 1954
Öl auf Leinwand, 194,5 x 194,5 cm
Kuratorium und Förderergesellschaft, 1978

Wilhelm Lehmbruck, *Frauentorso,* 1910
Bronze, H. 115 cm
Stadt Köln, 1925

Wilhelm Lehmbruck, *Jünglingskopf,* 1913
Steinguß, H. 46 cm
Stadt Köln, 1946

Aristarch Lentulow, *Landschaft mit Zypressen,* 1913
Öl auf Leinwand, 64,5 x 61 cm
Sammlung Ludwig

Barry Le Va, *Drei Studien zur documenta 1972,* 1972
Filzstift, Farbkreide, Kugelschreiber auf Papier,
je 73,2 x 102,2 cm
Stiftung Ludwig, 1976

Rudolf Levy, *Bildnis des Malers Purrmann,* 1931
Öl auf Leinwand, 93,3 x 73,2 cm
Stadt Köln, 1956

Sol LeWitt, *3 Part Set 789 (B) (Dreiteilige Folge 789 [B]),* 1968
farbiger Stahl, Tesastreifen, 80 x 208 x 50 cm
Stiftung Ludwig, 1976

Roy Lichtenstein, *Takka Takka,* 1962
Magna auf Leinwand, 173 x 143 cm
Stiftung Ludwig, 1976

Roy Lichtenstein, *M-Maybe (A Girl's Picture)*
(M-Möglicherweise; Bild eines Mädchens), 1965
Magna auf Leinwand, 152 x 152 cm
Stiftung Ludwig, 1976

Roy Lichtenstein, *Study for „Preparedness"*
(Studie für das Bild „Bereitschaft"), 1968
Magna auf Leinwand, 142,5 x 255 cm
Stiftung Ludwig, 1976

Roy Lichtenstein, *Rouen Cathedral (Seen at three different*
times of the day), Set No. 2 (Die Kathedrale von Rouen,
zu drei verschiedenen Tageszeiten gesehen, Folge Nr. 2), 1969
Magna auf Leinwand, 3 Teile, jeweils 160 x 106,8 cm
Stiftung Ludwig, 1976

Roy Lichtenstein, *Modular Painting with Four Panels Nr. 1*
(Vierer-Tafel aus Einheitselementen Nr. 1), 1969
Magna auf Leinwand, 4 Teile, je 137,3 x 137,3 cm
Stiftung Ludwig, 1976

Roy Lichtenstein, *Stillife with Net, Shell, Rope and Pulley*
(Stilleben mit Netz, Muscheln, und Tau mit Rolle), 1972
Magna und Öl auf Leinwand, 152 x 234,5 cm
Stiftung Ludwig, 1976

Roy Lichtenstein, *Landscape with Figures and Rainbow*
(Landschaft mit Figuren und Regenbogen), 1980
Öl und Magna auf Leinwand, 213,4 x 304,8 cm
Sammlung Ludwig, 1980

Richard Lindner, *Target No. 1 (Zielscheibe Nr. 1),* 1960–62
Öl auf Leinwand, 152,4 x 101,5 cm
Stiftung Ludwig, 1976

Richard Lindner, *Disneyland,* 1965
Öl auf Leinwand, 203 x 127 cm
Stiftung Ludwig, 1976

Richard Lindner, *Leopard-Lilly (Leoparden-Lilly),* 1966
Öl auf Leinwand, 177,8 x 152,4 cm
Stiftung Ludwig, 1976

Jacques Lipchitz, *Die Lesende,* 1919
Bronze, H. 77 cm
Stadt Köln, 1961

Alfred Lörcher, *Gespräch beim Baden,* 1955
Bronze, 14,3 x 8,8 x 12 cm
Stadt Köln, 1962

Morris Louis, *Daleth,* 1958/59
Acryl auf Baumwollsegeltuch, 250 x 350 cm
Stiftung Ludwig, 1976

Morris Louis, *Alpha-Ro,* 1961
Acryl auf Leinwand, 267 x 546,5 cm
Stiftung Ludwig, 1976

Morris Louis, *Pillars of Dawn (Pfeiler der*
Morgendämmerung), 1961
Acryl auf Leinwand, 220 x 122 cm
Stiftung Ludwig, 1976

Markus Lüpertz, *Il Principe,* 1983
Bronze bemalt, 49 x 19,5 x 24 cm
Leihgabe Privatbesitz

Heinz Mack, *Fünf Flügel eines Engels,* 1965
Aluminium auf Holz, 200 x 103 cm
Stiftung Ludwig, 1976

August Macke, *Dame in grüner Jacke,* 1913
Öl auf Leinwand, 44 x 43,5 cm
Sammlung Haubrich, 1947

August Macke, *Lesender Mann im Park,* 1914
Öl auf Leinwand, 86,5 x 100,3 cm
Sammlung Haubrich, 1948

Rene Magritte, *La Géante (Die Riesin),* um 1929–31
Öl auf Leinwand, Pappe, Papier, Tempera, 54 x 73 cm
Stadt Köln, 1974

Aristide Maillol, *Leda,* um 1902
Bronze, H. 28,5 cm
Stiftung Haubrich, 1946

Aristide Maillol, *Île de France,* 1925
Bronze, H. 166,5 cm
Stadt Köln, 1954

Kasimir Malewitsch, *Suprématisme dynamique*
(Dynamischer Suprematismus), 1916
Öl auf Leinwand, 102,4 x 66,9 cm
Sammlung Ludwig, 1978

Alfred Manessier, *Le feu (Das Feuer),* 1957
Öl auf Leinwand, 80,5 x 100 cm
Stadt Köln, 1958

Man Ray, *Lampshade (Lampenschirm),* 1919 (1959)
Stahlblech, weiß gestrichen, H. ca. 87 cm
Stadt Köln, 1967

Man Ray, *Retour à la Raison (Rückkehr zur Vernunft),* 1939
Öl auf Leinwand, 200 x 124,5 cm
Stadt Köln, Kuratorium und Förderergesellschaft
WRM/ML, 1980

Piero Manzoni, *Achrome (Farblos),* 1960
Stoff, genäht und grundiert, 80 x 60 cm
Stiftung Ludwig, 1976

Franz Marc, *Wildschweine,* 1913
Öl auf Leinwand auf Pappe, 73,5 x 57,5 cm
Schenkung Autohaus Fleischhauer, 1954

Gerhard Marcks, *Gefesselter Prometheus II,* 1948
Bronze, H. 78 cm
Stadt Köln, 1951

Brice Marden, *Humilatio (Unterwerfung),* 1978
Öl und Wachs auf Leinwand, 213 x 244 cm
Sammlung Ludwig, 1979

Marino Marini, *Klagendes Pferd,* 1950
Bronze, H. 51,5 cm
Sammlung Haubrich, 1954

Walter de Maria, *Pentagon (Series 5 to 9) (Fünfeck – aus der Serie 5 bis 9),* 1973
5 Aluminiumskulpturen, je 120 cm Durchmesser
Stadt Köln, 1975

Marisol, *La Visita (Der Besuch),* 1964
verschiedene Materialien, 152,5 x 226 cm
Stiftung Ludwig, 1976

Albert Marquet, *Bon Regret, Rabat (Schöne Erinnerung, Rabat),* 1935
Öl auf Leinwand, 50 x 61 cm
Stadt Köln, 1960

Karl Marx, *Paolozzi III,* 1978
Öl auf Hartfaserplatte, 100 x 90 cm
Schenkung des Künstlers, 1982

Andre Masson, *Chevaux dévorant des oiseaux (Vögelfressende Pferde),* 1927
Öl und Federn auf Leinwand, 110 x 50,5 cm
Stadt Köln, 1967

Ewald Mataré, *Weiblicher Torso,* 1932
Teakholz, H. 20 cm
Sammlung Haubrich, 1955

Henri Matisse, *Jeune fille assise (Sitzendes Mädchen),* um 1909
Öl auf Leinwand, 41,5 x 33,5 cm
Sammlung Strecker, 1958

Henri Matisse, *Femmes et singes (Frauen und Affen),* 1952
Collage, 71,7 x 286,2 cm
Sammlung Ludwig, 1978

Matta (Roberto Matta Echaurren), *Nu d'ensemble (Akt in einer Gruppe),* 1965
Öl auf Leinwand, 156 x 200 cm
Land NW und Wallraf-Richartz-Kuratorium 150 Jahre Museum, 1974

Wolfgang Mattheuer, *Was nun?,* 1980
Öl auf Hartfaser, 100 x 125 cm
Leihgabe Privatbesitz, 1982

Georg Meistermann, *Fisch will Vogel werden,* 1951
Öl auf Leinwand, 101 x 151 cm
Sammlung Haubrich, 1952

Carlo Mense, *Bildnis H. M. Davringhausen,* 1922
Öl auf Leinwand, 86,5 x 59,5 cm
Stiftung Haubrich, 1946

Rune Mields, *Ohne Titel (B 31/1971),* 1971
Öl auf Leinwand, 250 x 150 cm
Stadt Köln, 1972

Joan Miro, *Amour (Liebe),* 1926
Öl auf Leinwand, 146 x 114 cm
Stadt Köln, 1965

Paula Modersohn-Becker, *Stilleben mit Kürbis,* 1905
Öl auf Pappe, 69,5 x 89,5 cm
Sammlung Haubrich, 1947

Paula Modersohn-Becker, *Selbstbildnis,* 1906
Öl auf Pappe, 45,7 x 29,7 cm
Sammlung Haubrich, 1948

Amadeo Modigliani, *L'Algérienne (Die Algerierin),* 1917
Öl auf Leinwand, 55 x 30 cm
Sammlung Strecker, 1958

Laszlo Moholy-Nagy, *Auf weißem Grund,* 1923
Öl auf Leinwand, 101 x 80,5 cm
Schenkung W. Franz, 1962

Piet Mondrian, *Tableau I (Bild I),* 1921
Öl auf Leinwand, 96,5 x 60,5 cm
Stadt Köln und WDR, 1967

Henry Moore, *Draped Reclining Figure (Liegende Gewandfigur),* 1952/53
Bronze, H. 102 cm
Stadt Köln, 1954

Giorgio Morandi, *Stilleben,* 1921
Öl auf Leinwand, 44,7 x 52,8 cm
Leihgabe Privatbesitz, 1981

Malcolm Morley, *St. John's Yellow Pages (St. John's Branchenverzeichnis),* 1971
Öl auf Leinwand, 159 x 137 cm
Stiftung Ludwig, 1976

Robert Morris, *Untitled (Ohne Titel),* 1968
Aluminiumdraht, 92,5 x 360 x 360 cm
Stiftung Ludwig, 1976

Otto Mueller, *Zwei Mädchenakte,* um 1919
Leimfarbe auf Rupfen, 87,4 x 70,6 cm
Stiftung Haubrich, 1946

Otto Mueller, *Zwei Zigeunerinnen mit Katze,* um 1926/27
Öl auf Leinwand, 144,5 x 109,5 cm
Sammlung Haubrich, 1952

Horst Münch, *Victory,* 1983
Mischtechnik auf Nessel, 200 x 240 cm

Heinrich Nauen, *Der barmherzige Samariter,* 1914
Gouache auf Papier auf Leinwand, 170 x 120 cm
Sammlung Haubrich, 1952

Ernst Wilhelm Nay, *Frau im Taunus,* 1939
Öl auf Leinwand, 95,5 x 115,5 cm
Sammlung Haubrich, 1955

Ernst Wilhelm Nay, *Die Jakobsleiter,* 1946
Öl auf Leinwand, 96 x 81 cm
Stiftung Peill, 1976

Ernst Wilhelm Nay, *Blauflut,* 1961
Öl auf Leinwand, 190 x 340 cm
Stiftung Peill, 1976

Louise Nevelson, *Royal Tide IV (Königliche Gezeiten IV),* 1959/60
Holz, Goldfarbe, 35 Teile, 335 x 426 cm
Stiftung Ludwig, 1976

Barnett Newman, *Midnight Blue (Mitternachtsblau),* 1970
Öl und Acryl auf Leinwand, 193 x 239 cm
Stadt Köln, 1976

Emil Nolde, *Rote und gelbe Rosen,* 1907
Öl auf Leinwand, 64,5 x 83 cm
Stiftung Haubrich, 1946

Emil Nolde, *Familie (Bonnichsen),* 1915
Öl auf Leinwand, 73,3 x 89 cm
Sammlung Haubrich, 1948

Emil Nolde, *Schwärmer,* 1916
Öl auf Leinwand, 100,7 x 86,4 cm
Stiftung Haubrich, 1946

Emil Nolde, *Junge Frau und Männer,* 1919
Öl auf Sperrholz, 101 x 73 cm
Stiftung Haubrich, 1946

Richard Oelze, *Wachsende Stille,* 1961
Öl auf Leinwand, 98 x 125 cm
Schenkung BDI 150 Jahre WRM, 1974

Claes Oldenburg, *Men's Jacket with Shirt and Tie (Brown Jacket) (Herrenjacke mit Oberhemd und Krawatte, braune Jacke),* 1961
Draht, Stoff, Gips, Emaillelack, 115 x 80 cm
Stiftung Ludwig, 1976

Claes Oldenburg, *Green Legs with Shoes (Grüne Damenbeine mit Schuhen),* 1961
Gips, Draht, Stoff, Emaillelack, 149 x 100 x 20 cm
Stiftung Ludwig, 1976

Claes Oldenburg, *Soft Washstand (ghost version) (Weiches Waschbecken, Fassung in Stoff),* 1965
Leinen, Kapok, Farbe, Holz, H. 135 cm
Stiftung Ludwig, 1976

Claes Oldenburg, *The Mouse Museum (Das Maus-Museum),* 1965–77
Inventar: 389 Objekte, Raumgröße: 263 x 950 x 1020 cm
Sammlung Ludwig, 1978

Blinky Palermo (Peter Heisterkamp), *Himmelsrichtungen I,* 1976
Acryl auf Aluminium, 4 Teile, je 26,7 x 21 cm
Sammlung Ludwig, 1976

Eduardo Paolozzi, *Das Letzte der Idole,* 1963
Aluminium, Ölfarbe, 244 x 71 x 64 cm
Stiftung Ludwig, 1976

Max Pechstein, *Das grüne Sofa,* 1910
Öl auf Leinwand, 96,5 x 96,5 cm
Sammlung Haubrich, 1953

A. R. Penck, *Ohne Titel (Freundesgruppe),* 1964
Öl auf Hartfaserplatte, 170 x 275 cm
Sammlung Ludwig, 1976

A. R. Penck, *Ein mögliches System,* 1965
Öl auf Leinwand, 95 x 200 cm
Stiftung Ludwig, 1976

Alexander Nikolajewitsch Petrow, *Das Haus an der Eisenbahn,* 1981
Öl auf Leinwand, 150 x 120 cm
Leihgabe Privatbesitz, 1982

Antoine Pevsner, *Dernier Elan (Der letzte Aufschwung),* 1961/62
Bronze, vergoldet, H. 66,8 cm
Stadt Köln, 1965

Francis Picabia, *La Nuit espagnole (Die spanische Nacht),* 1922
Ripolin (Emailfarbe) auf Leinwand, 200 x 161 cm
Sammlung Ludwig, 1979

Francis Picabia, *La Mariée (Die Braut),* um 1929
Gouache auf Holz, 121,5 x 96,5 cm
Sammlung Haubrich, 1960

Pablo Picasso, *Femme à la mandoline (Frau mit Mandoline),* 1910
Öl auf Leinwand, 91,5 x 59 cm
Sammlung Ludwig, 1976

Pablo Picasso, *Harlequin (Harlekin),* 1923
Öl auf Leinwand, 129 x 96 cm

Pablo Picasso, *Mandoline, compotier, bras de marbre (Mandoline, Obstschale, Marmorfaust),* 1925
Öl auf Leinwand, 97,5 x 131 cm
Sammlung Strecker, 1958

Pablo Picasso, *La Femme à l'artichaut (Frau mit Artischocke),* 1942
Öl auf Leinwand, 195 x 132 cm
Sammlung Ludwig, 1978

Pablo Picasso, *Île de la Cité – Vue de Notre-Dame de Paris (26. Février 1945) (Île de la Cité – Blick auf Notre-Dame de Paris),* 1945
Öl auf Leinwand, 80 x 120 cm
Sammlung Ludwig, 1973

Pablo Picasso, *Tête de femme lisant (Kopf einer lesenden Frau),* 1953
Öl auf Sperrholz, 45,8 x 38 cm
Stadt Köln, 1953

Pablo Picasso, *Mangeurs de pastèque (Melonenesser),* 1967
Öl auf Leinwand, 114 x 146 cm
Stiftung Ludwig, 1976

Pablo Picasso, *Mousquetaire et Amour (Musketier und Amor),* 1969
Öl auf Leinwand, 194,5 x 130 cm
Stiftung Ludwig, 1976

Otto Piene, *Feuer, Rot und Schwarz auf Weiß,* 1962
Öl, Pigment auf Leinwand, 110 x 110 cm
Stadt Köln, 1971

Michelangelo Pistoletto, *Comizio Nr. 2 (Parteiversammlung Nr. 2),* 1965
Polierter Stahl, Collage, 215 x 120 cm
Stiftung Ludwig, 1976

Anne und Patrick Poirier, *Ausée,* 1975
Korkplatten, Zeichenkohle, ca. 10 x 5 m
Sammlung Ludwig, 1980

Sigmar Polke, *Kopf,* 1966
Öl auf Leinwand, 297,5 x 305 cm
Jubiläumsspende 150 Jahre WRM, 1974

Jackson Pollock, *Number 15 (Nummer 15),* 1951
Duco auf Leinwand, 142,2 x 167,7 cm
Stadt Köln, 1972

Ljubow Popowa, *Sitzender weiblicher Akt,* um 1913
Öl auf Leinwand, 106 x 87 cm
Sammlung Ludwig, 1978

Ljubow Popowa, *Relief,* 1915
Öl auf Papier und Pappe auf Holz, 66,3 x 48,5 cm
Sammlung Ludwig, 1977

Iwan Puni, *Sculpture – Variante Nr. 110 (Skulptur),* 1915
Holz, Weißblech, Karton, bemalt, 70,5 x 40,5 x 12 cm
Sammlung Ludwig, 1979

Hans Purrmann, *Blumen und Früchte,* 1949
Öl auf Leinwand, 81,5 x 100 cm
Sammlung Haubrich, 1958

David Rabinowitch, *Elliptical Plane in 3 Masses and Scales (Elliptische Fläche in 3 Teilen und 2 Maßstäben),* 1973
Stahl massiv, ca. 7,7 x 305 x 274 cm
Stadt Köln, 1979

Royden Rabinowitch, *Barrel Construction (Faßdauben und Deckel),* 1964
Eichenholz
David Bellman

Franz Radziwill, *Die Straße,* 1928
Öl auf Leinwand, 80,5 x 87 cm
Sammlung Haubrich, 1955

Arnulf Rainer, *Violettrot, vertikal,* 1961
Öl auf Leinwand, 200 x 130 cm
Sammlung Ludwig, 1976

Robert Rauschenberg, *Odalisque (Haremsfrau),* 1955–58
Verschiedene Materialien, 205 x 44 x 44 cm
Stiftung Ludwig, 1976

Robert Rauschenberg, *Allegory (Allegorie),* 1959/60
Verschiedene Materialien, 183 x 305 cm
Stiftung Ludwig, 1976

Robert Rauschenberg, *Wall Street,* 1961
Verschiedene Materialien, 182 x 226 cm
Stiftung Ludwig, 1976

Robert Rauschenberg, *Axle (Achse),* 1964
Öl und Siebdruck auf Leinwand, 274 x 610 cm
Stiftung Ludwig, 1976

Robert Rauschenberg, *Soundings (Echolotungen),* 1968
Plexiglas, Siebdruck, elektronische Anlagen, 244 x 1100 cm
Stiftung Ludwig, 1976

Robert Rauschenberg, *Radiant White 952 (Strahlend weiß 952),* 1971
Karton, Sperrholz, 230 x 991 x 36 cm
Stiftung Ludwig, 1976

Ray, s. Man Ray

Martial Raysse, *Simple and Quiet Painting (Schlichtes und ruhiges Gemälde),* 1965
Foto auf Pappe, Öl auf Leinwand, Plastikstoff, Kunststoffblumen, 130 x 195 cm
Stiftung Ludwig, 1976

Ad Reinhardt, *Abstract Painting (Abstraktes Bild),* 1954–59
Öl auf Leinwand, 276 x 102 cm
Stadt Köln, 1978

Germaine Richier, *Le Griffu (Das Krallenwesen),* 1952
Bronze, H. 91 cm
Stadt Köln und WDR, 1966

Gerhard Richter, *Ema – Akt auf einer Treppe,* 1966
Öl auf Leinwand, 200 x 130 cm
Stiftung Ludwig, 1976

Gerhard Richter, *Abstrakt Nr. 484,* 1981
Ölfarbe auf Leinwand, 200 x 320 cm
Stiftung Ludwig, 1982

Jean-Paul Riopelle, *Rencontre (Begegnung),* 1956
Öl auf Leinwand, 100 x 81 cm
Sammlung Haubrich, 1957

James Rosenquist, *Untitled (Joan Crawford says...) (Ohne Titel, Joan Crawford sagt...),* 1964
Öl auf Leinwand, 242 x 195 cm
Stiftung Ludwig, 1976

James Rosenquist, *Horse Blinders (Scheuklappen),* 1968/69
Öl und fluoreszierende Farbe auf Leinwand, Aluminium, 23 Teile, 275 x 2530 cm
Stiftung Ludwig, 1976

Mark Rothko, *Earth and Green (Erdbraun und Grün),* 1955
Öl auf Leinwand, 231,5 x 187 cm
Stadt Köln und Kuratorium, 1971

Ulrich Rückriem, *Dreieck* 1979
Naturstein, H. 110 cm, Seitenlängen je 100 cm
Stadt Köln

Reiner Ruthenbeck, *Glasplatte in Stofftasche II,* 1971
Glas, Stoff, 100 x 100 cm
Stadt Köln, 1979

Niki de Saint-Phalle, *Schwarze Nana,* 1968/69
Bemalter Polyester, 293 x 200 x 120 cm
Stiftung Ludwig, 1976

Oskar Schlemmer, *Zwei Sitzende auf geschwungenen Stühlen (Zwei Mädchen),* 1935/36
Öl auf Papier, 61,5 x 43 cm
Sammlung Haubrich, 1946

Oskar Schlemmer, *Vierzehner Gruppe in imaginärer Architektur,* 1930
Öl, Tempera auf Leinwand, 91,5 x 120,5 cm
Stadt Köln und NW, 1956

Karl Schmidt-Rottluff, *Stilleben mit Äpfeln und gelben Blumen,* 1908
Öl auf Leinwand, 66 x 48 cm
Sammlung Haubrich, 1958

Karl Schmidt-Rottluff, *Stilleben mit Negerplastik,* 1913
Öl auf Leinwand, 73 x 68,5 cm
Stiftung Haubrich, 1946

Karl Schmidt-Rottluff, *Gruß an Nolde,* 1936
Öl auf Leinwand, 89,5 x 75,5 cm
Stadt Köln, 1946

Nicolas Schoeffer, *Chronos 5,* 1960
Duralumin, Plexiglas, Elektromotoren, H. 200 cm
Stiftung Ludwig, 1976

Georg Schrimpf, *Mädchen am Fenster,* 1923
Öl auf Leinwand, 52,5 x 37,5 cm
Stiftung Haubrich, 1946

Bernard Schultze, *Rubyrr,* 1957/58
Draht, Textilien, Plastikmasse und Öl auf Leinwand, 120 x 120 cm
Schenkung 150 Jahre WRM, 1974

Bernard Schultze, *Migof-Ursula-Ahnentafel,* 1963
Mischtechnik, Draht, Textilien, Plastikmasse auf Leinwand, 125 x 150 x 32 cm
Stadt Köln, 1968

Emil Schumacher, *Deli,* 1975
Öl auf Leinwand, 170 x 130 cm
Stadt Köln, 1982

Kurt Schwitters, *Merzbild 9 B (Das große Ichbild),* 1919
Collage, 96,8 x 70 cm

Kurt Schwitters, *Relief,* 1923
Materialcollage, 35,5 x 30 cm
Stadt Köln, 1974

Paul-Adolf Seehaus, *Bergstadt,* 1915
Öl auf Leinwand, 100 x 77 cm
Stiftung Haubrich, 1946

Arthur Segal, *Der Hafen,* 1921
Öl auf Leinwand, 147 x 187,5 cm mit Rahmen
Sammlung Ludwig, 1980

George Segal, *The Restaurant Window (Das Restaurantfenster),* 1967
Gips, Restaurantfenster, Holz, Metall, Plexiglas, Neonröhren, Stuhl, Tisch, 243 x 335 cm
Stiftung Ludwig, 1976

Franz Wilhelm Seiwert, *Arbeiter,* 1926
Öl auf Leinwand, 81 x 60 cm
Stadt Köln, 1957

Franz Wilhelm Seiwert, *Stadt und Land,* 1932
Öl auf Sperrholz, 70,6 x 80,7 cm
Schenkung Dr. H. Schmitt-Rost, Köln, 1957

Richard Serra, *Moe,* 1971
Stahlplatten, 244 x 610 x 366 cm

Gino Severini, *Ballerina (Tänzerin),* 1913
Öl auf Leinwand, 61 x 50 cm
Leihgabe Privatbesitz, 1981

Nina Iwanowa Shilinskaja, *Der Kreuztragende,* 1979
Holz bemalt
Leihgabe Privatbesitz, 1982

Charles Simonds, *Park Model/Fantasy I (Parkmodell/Fantasie I),* 1974–76
Ton, Fotografien, 3teilig, je 81 x 51 x 18 cm
Sammlung Ludwig, 1978

Renée Sintenis, *Daphne,* 1930
Bronze, H. 145 cm
Stadt Köln, 1949

Mario Sironi, *Aeroplano giallo con paessaggio urbano (Gelbes Flugzeug mit Stadtlandschaft),* 1915
Gouache, Collage, 71 x 53 cm
Sammlung Ludwig, 1980

David Smith, *Untitled (Ohne Titel),* 1953
Stahl, H. 215 cm
Sammlung Ludwig, 1979

David Smith, *Voltron XV,* 1963
Stahl, H. 190 cm
Stadt Köln, 1979

Pierre Soulages, *Peinture (Gemälde),* 1964
Öl auf Leinwand, 202 x 143 cm
Stiftung Ludwig, 1976

Daniel Spoerri, *La Table de Robert (Roberts Tisch),* 1961
Holzplatte mit aufmontierten Gegenständen, 200 x 50 cm
Stiftung Ludwig, 1976

Nicolas De Staël, *L'Etagère (Das Regal),* 1955
Öl auf Leinwand, 88,5 x 116 cm
Land NW/Kuratorium/Stadt Köln und Jubiläumsspende 150 Jahre WRM 1974

Frank Stella, *Color Maze (Farblabyrinth),* 1966
Acryl auf Leinwand, 160 x 160 cm
Stiftung Ludwig, 1976

Frank Stella, *Ctesiphon III,* 1968
Fluoreszierendes Acryl auf Leinwand, 300 x 600 cm
Stiftung Ludwig, 1976

Frank Stella, *Bonin Night Heron No. 1 (Bonin-Nacht-Reiher Nr. 1),* 1976/77
Aluminium, Acryl, 1975 x 325 cm
Sammlung Ludwig, 1977

Clyfford Still, *Ohne Titel,* 1948/49
Öl auf Leinwand, 206 x 172,7 cm
Sammlung Ludwig, 1977

Nikolai Michailowitsch Sujetin, *Komposition,* um 1922/23
Öl auf Leinwand, 65 x 48 cm
Leihgabe Privatbesitz, 1982

Mark di Suvero, *Martian Ears (Marsmenschenohren),* 1975
Stahl, 200 x 170 x 180 cm
Sammlung Ludwig, 1979

Antoni Tàpies, *Traumgarten,* 1949
Öl auf Leinwand, 96 x 128,8 cm
Stadt Köln, 1964

Antoni Tàpies, *Blanc avec signe rose No LXXVII (Weiß mit rosa Zeichen Nr. 77),* 1958
Holz, Sand, Leinen, Farbe auf Leinwand, 130 x 162 cm
Stiftung Ludwig, 1976

Antoni Tàpies, *Graues Relief in vier Teilen,* 1963
Mischtechnik (Sand) auf Leinwand, 150 x 217 cm
Stadt Köln, 1965

Volker Tannert, *Ohne Titel,* 1982
Dispersion auf Leinwand, 300 x 200 cm
Stadt Köln, 1982

Paul Thek, *Sedan Chair (Sänfte),* 1968
Holz, Kunststoff, Farbe, Metall, 200 x 100 x 100 cm
Sammlung Ludwig, 1969

Jean Tinguely, *Balouba No. 3 (Baluba Nr. 3),* 1959
Holz, Metall, Glühbirne, Elektromotor, H. 144 cm
Sammlung Ludwig, 1969

Jean Tinguely, *Char No. 8 (Fuhrwerk Nr. 8),* 1968
Metall, Holz, Elektromotor, 79 x 267 x 100 cm
Sammlung Ludwig, 1969

Mark Tobey, *Hurrying Patterns (Hastende Muster)*, 1970
Tempera auf Pappe, 98,5 x 69,5 cm
Jubiläumsspende 150 Jahre WRM, 1974

Hann Trier, *Puya I*, 1954
Tempera auf Leinwand, 65,5 x 80 cm
Sammlung Haubrich, 1959

Hann Trier, *Tatort IV*, 1963
Tempera und Öl auf Leinwand, 97 x 130,5 cm
Stadt Köln, 1963

Richard Tuttle, *Mountain (Berg)*, 1965
Acryl auf Leinwand und Holz, 116 x 119 cm
Stiftung Ludwig, 1976

Cy Twombly, *Crimes of Passion (Verbrechen aus Leidenschaft)*, 1960
Öl, Kreide, Bleistift auf Leinwand, 190 x 200 cm
Stiftung Ludwig, 1976

Alexander Grigorjewitsch Tyschler, *Aus dem Lyrischen Zyklus Nr. 4*, 1928
Öl auf Leinwand, 73,4 x 55,6 cm
Sammlung Ludwig, 1982

Günther Uecker, *Große Spirale I (Schwarz), II (Weiß)*, 1968
Nägel auf Leinwand und Holz, je 150 x 150 cm
Sammlung Ludwig, 1969

Hans Uhlmann, *Stahlplastik*, 1956
Galvanisierter Stahl, H. 125 cm
Schenkung BDI, 1961

Ursula (Schultze-Blum), *C'est moi (Das bin ich)*, 1966
Samtbüste, Federn-Pelz-Assemblage, 52 x 25 x 23 cm
Stiftung Ludwig, 1976

Ursula (Schultze-Blum), *Köln-Bild*, 1972
Öl und Gold auf Holz, 88,7 x 129,7 cm
Stiftung Ludwig, 1976

Victor Vasarely, *Calota MC*, 1965–67
Tempera auf Leinwand, 150 x 100 cm
Stiftung Ludwig, 1976

Maria-Helena Vieira da Silva, *Le Port (Der Hafen)*, 1953
Öl auf Leinwand, 97 x 131 cm
Stadt Köln, 1962

Maurice de Vlaminck, *Stilleben mit Blumen und Früchten*, 1911
Öl auf Leinwand, 60 x 73 cm
Stiftung Haubrich, 1946

Friedrich Vordemberge-Gildewart, *Komposition Nr. 122/1941*, 1941
Öl auf Leinwand, 60,5 x 80,5 cm
Sammlung Haubrich, 1953

Wolf Vostell, *Miss Amerika*, 1968
Leinwandfoto, Lasurfarbe und Siebdruck auf Leinwand, 200 x 120 cm
Stiftung Ludwig, 1976

Franz Erhard Walther, *Um Brutalität zu verstehen (Vorschlag)*, 1967
4 Bretter mit Stoffüberzug, Stroh, 109 x 19 cm
Stiftung Ludwig, 1976

Andy Warhol, *Do-it-yourself – Landscape (Vorschlag für Sonntagsmaler – Landschaft)*, 1962
Acryl auf Leinwand, 178 x 137 cm
Stiftung Ludwig, 1976

Andy Warhol, *129 Die in Jet-Plane Crash (129 sterben im Jet)*, 1962
Acryl auf Leinwand, 254,5 x 182,5 cm
Stiftung Ludwig, 1976

Andy Warhol, *Red Race Riot (Roter Rassenaufruhr)*, 1963
Acryl und Liquitex auf Leinwand, 350 x 210 cm
Stiftung Ludwig, 1976

Andy Warhol, *Flowers (Blumen)*, 1964
Acryl auf Leinwand, 208 x 328 cm
Sammlung Ludwig, 1979

Tom Wesselmann, *Bathtub No. 3 (Badewanne Nr. 3)*, 1964
Öl auf Leinwand, Plastik, verschiedene Objekte, 213 x 270 x 45 cm
Stiftung Ludwig, 1976

Tom Wesselmann, *Landscape No. 2 (Landschaft Nr. 2)*, 1964
Papier, Foto, Ölfarbe, Plastik, Leinwand, 193 x 239 cm
Stiftung Ludwig, 1976

Tom Wesselmann, *Great American Nude No. 98 (Großer amerikanischer Akt Nr. 98)*, 1967
Öl auf fünf Leinwänden, 250 x 380 x 130 cm
Stiftung Ludwig, 1976

Fritz Winter, *Nächtlicher Regen*, 1952
Öl auf Leinwand, 95,5 x 131,4 cm
Sammlung Haubrich, 1952

Wols (Wolfgang Alfred Otto Schulze-Battmann), *Les Voyelles (Die Vokale)*, 1950
Öl auf Leinwand, 61 x 46 cm
Stiftung Ludwig, 1976

Wols (Wolfgang Alfred Otto Schulze-Battmann), *Das blaue Phantom*, 1951
Öl auf Leinwand, 73 x 60 cm
Stadt Köln, 1979

Personenregister

Die halbfetten Zahlen geben die Seiten an, auf welcher die Abbildungen zu finden sind.

Bildquellenverzeichnis